# 経済成長と経済政策

中央大学経済研究所 経済政策研究部会 編

中央大学経済研究所
研究叢書 65

中央大学出版部

# はしがき

　日本経済は，1991年のバブル経済の崩壊後，2000年代はじめまでの期間は「失われた10年」，さらに20年間にわたる期間は「失われた20年」と呼ばれ，いまなお長期停滞から脱却したとは言い難い状況である。そのような長期停滞にある状況において，2012年12月の第46回衆議院議員総選挙における自由民主党の大勝により，第2次安倍内閣が発足して，「アベノミクス」と呼ばれる，日本経済再生のための一連の経済政策が実行された。

　このような日本経済の状況および日本の経済政策により，経済成長に対する関心が益々高まってきている。本書は，上記の時代状況を踏まえて，現在の日本にとって重要な政策課題である経済成長の問題に対して，さまざまな視点から分析を試みた論文を収録している。

　本書の第1章から第5章には，経済成長に関係する基本的問題の分析を試みる論文を収録した。さらに，第6章から第11章は，日本を含む各国が，経済成長に関係する個別の政策分野における分析を試みる論文を収録している。このように大まかに2つの視点に区分できる各章の概要を，以下において紹介する。

　第1章の栗林世論文「日本経済の長期停滞と経済成長」は，とりわけ1980年以降の日本経済の成長要因に注目し，潜在成長力とデフレギャップの推計，潜在成長率とその決定要因などを分析し，潜在成長率を引き上げるための政策について検討している。

　日本経済の潜在成長率を引き上げるにあたり，直面する問題として，第1に，人口の減少と高齢化のさらなる進展，第2に，技術進歩率の停滞，第3に，フロンティアの減退，第4に，長期間にわたる低成長が法人企業の貯蓄率を高め資本の自己調達傾向を定着させていること（長期間にわたる過度の貯蓄超過），第5に政府の累積債務，第6に，グローバル化の影響が指摘されてい

る。これらの問題を考慮した上で，少子化に歯止めをかける長期の人口政策，高齢化から必要とされる医療・介護関連産業，それらの関連機器産業，教育・人的資源開発関連産業などに対する産業政策を推進し，製造業や農業ではグローバル化にともなう国際分業を進めることにより，潜在成長率2%強という無理のない政策目標が示されている。

　第2章の丸尾直美論文「ピケティの資本の理論と経済成長――その独自性と意義――」は，経済成長と分配問題，とりわけ資産の分配について論じている。

　長年にわたる丸尾氏の研究成果を踏まえて，トマ・ピケティの著書『21世紀の資本』において展開されている分配の問題，特に資産分配の問題の意義が，マルクスの議論とも関連付けて論じられている。さらに，資産分配の労資間の平等化を促す経済政策として，ピケティが示唆するような累進的資産税だけではなく，労働者がより高リターンの資産に投資しやすいような金融環境を整えることの必要性が論じられている。より具体的には，労働者共同基金のような組織的に労働者の資産を投資することに加え，低所得者の資産運用をより有利にする資産ベースの福祉政策が提言されている。

　第3章の寺本博美論文「成長・分配の現実と政策の方向――共生を基準とする経済政策の原理を求めて――」は，分配に関する数量分析の視角を概観し，政策評価の価値基準について論じている。

　分配に関わるいくつかの変数間における相関関係を見た上で，分配状態を判断する価値基準は，強い価値判断を前提としなければならないという主張がなされている。価値判断に関して，伝統的経済学では，最大多数の最大幸福の考え方を限りなく単純化・数学化することによって，意思決定する人間の行動とその行動を起こさせる生物学的性質が捨象されてきたとし，その一方で，行動経済学と神経経済学は，政策評価に生物学的性質を考慮する新しい視点を提供することが指摘されている。特に，たとえ相手が敵であっても大切にする，という哲学的背景に着目する行動経済学の視点に着目すると，共感と共生による政策評価が導かれることが示されている。

第4章の塩見英治論文「GDPを超える指標としての『幸福度』の測定に関する一考察——ステグリッツ委員会の勧告と『OECD幸福度白書2』をめぐって——」は，近年，GDPを超える指標として脚光をあび，経済学の領域に大きな影響を与えようとしている「幸福度」の測定に関する考察を行うものである。

　OECDのステグリッツ委員会の主要な勧告のテーマに添い，『OECD幸福度白書2』の報告内容の指摘を交えながら，国民統計のフレームワーク，暮らしの質の計測，持続可能性について検討している。次いで，GDPと幸福度の乖離の論点，所得水準および所得分布について言及し，さらに，日本人の幸福感の特徴を指摘し，最後に，「幸福度」の指数上の課題と問題点をあげまとめとしている。幸福度の測定は多次元を要するが，指標項目の相互関係の検討が必要であり，調査において質問表に多くを依拠する限り，正確性に限界があり，消費の外部性等の問題を伴う。そのため，GDPの代替には問題があるが，一層の精緻化を前提にすれば，GDPを補完し，格差是正に資するなど一部適用に努めるべきであるという見解が示されている。

　第5章の中野守論文「古典派経済学の視点からみた経済成長論」は，古典派経済学のいくつかの重要な視点が現代経済学から抜け落ちたことを指摘し，そのような視点から，経済成長の問題を検討している。

　古典派経済学として，フランソワ・ケネー（1694-1774）の『経済表』およびアダム・スミス（1723-1790）の『国富論』を想定し，さらに現代経済学から抜け落ちた古典派経済学の重要な視点として，生産的産業（労働）と不生産的産業（労働）の区別，基礎的産業と非基礎的産業の区別，生産された総生産物と剰余生産物（純生産物）の区別などが取り上げられている。それらの概念をモデル分析のなかで展開し，生産的産業の生産物に対する需要の一部は投資であり，それは将来の経済成長につながること，また不生産的労働の肥大化を防ぎ，それを生産的労働へ移行することにより，経済成長が達成できることなどが示されている。

　第6章の飯島大邦論文「福祉国家再編期におけるEU諸国の社会保護費負担

構造と政治経済状況」は，安定的な経済成長の下で，グローバル化が進行する状況において，EU 諸国の社会保護費負担構造がどのように変化しているかについて検討している。

1990 年代以降の福祉国家再編期における 16 の EU 加盟国の社会保護費負担構造の変化を検討するにあたり，欧州統合社会保護統計制度の収入データに対して主成分分析を行い，第 1 主成分「社会保険充実度」と第 2 主成分「公的負担による社会保護制度充実度」という主成分が抽出されている。その結果，2000 年代半ば以降，公的負担による社会保護制度の充実が急激に行われていることが確認されている。さらに主成分得点を用いてクラスター分析を行い，16 カ国をグループ分けしたところ，Esping-Andersen (1990) が定式化した「階層化」とある程度整合的である結果も確認された。また要因分析として，誤差修正モデルを用いて，社会保護制度項目別収入に影響を与える諸要因の分析がなされている。その結果は，福祉国家形成期における近代化仮説が示す影響とは異なり，経済のグローバル化および財政状況の厳しさを反映したものが確認された。さらに，政治状況の変化が社会保護費負担構造にあたえる影響は，政党のイデオロギーによる違いがなく，経済状況によって規定されると推察される結果が得られている。

第 7 章の川島康男論文「ネットワーク産業規制緩和と価格圧搾規制」は，経済成長のための戦略の一つである，産業に対する規制のあり方を，ヨーロッパ委員会の決定をひとつの事例として取り上げて検討している。

ヨーロッパにおいて 1980 年代後半から始まった，電話通信，水道事業，電力業等のネットワーク産業において規制緩和において生じた，既存企業の価格圧縮戦略の問題が，ゲーム理論の応用分析を踏まえて考察されている。ヨーロッパ委員会は，価格圧縮の判定に等質競争者テスト（Equally Efficient Competitor Test）を提唱したが，そのテストにおける，新規参入企業の平均費用は既存企業のそれと同じである仮定の重要性に注目して，コスト面に相違がある場合，ヨーロッパ委員会の価格圧縮制約は，規制がない時よりも，市場価格を高くし，市場の効率性を下げるという，無視できない重要な結論の相違を

はしがき　v

起こすことが指摘されている。

　第8章の本間聡論文「エネルギー効率と経済成長」は，化石燃料由来のエネルギー消費に焦点を当てて，エネルギー効率と経済成長を考察する。

　1971年から2011年までの77か国のデータに包絡分析法（Data Envelopment Analysis）を適用してエネルギー効率を評価し，エネルギー効率の推移やエネルギー削減量が示され，エネルギー効率を被説明変数としたパネルトービットモデルによる実証分析によって，経済成長や国際貿易がエネルギー効率に与える影響が考察されている。この分析の特徴として，77か国のデータを用いて比較的長期の分析を行っていること，DEAによる効率性評価に基づいて，経済に悪影響を及ぼさずに削減可能なエネルギーが定量的に示されていること，エネルギー効率の決定要因を経済成長や国際貿易との関係から考察していることなどである。分析の主な結果として，エネルギー消費の削減余地の大部分は発展途上国に属すること，エネルギー効率は概して経済成長とともに改善されること，貿易依存度の拡大はエネルギー効率に負の影響を与えていることなどが示されている。

　第9章の谷口洋志論文「中国の経済成長と電力消費」は，中国の経済成長と電力消費の関係について考察している。

　改革開放以降の中国における年率10%前後の超高速成長率に対しては，地方政府トップによるGDP成長率の水増し疑惑が指摘され，GDP成長率を中心とする統計データの信頼性に対する疑義を招いてきている。これに関連して，李克強首相が遼寧省党書記時代の2007年3月に語ったとされる仮説，すなわち「GDP統計よりも電力消費量，鉄道貨物輸送量，銀行融資の3指標が適切で信用できる」という仮説のうち電力消費量が取り上げられ，「GDPよりも電力消費量の統計データが信用できる」という仮説が批判的に検討されている。考察を通じて，地方政府トップによるGDP成長率水増しの継続は事実上困難であること，電力消費量の動向の背景には資源・エネルギーの賦存状況や各地域の電力需給ギャップを反映した政策的意図があること，結果として李克強首相の仮説には重大な欠陥があることなどが明らかにされた。

第 10 章の前川俊一論文「中古住宅市場の活性化のための理論的検討——住宅市場が住宅投資に与える影響を踏まえて——」は，経済活動の活性化という観点から，日本の中古住宅市場の問題を分析している。

　我が国では，民間住宅投資が新築住宅着工戸数に依存しており，さらに少子高齢化の進行により新築住宅着工戸数の落ち込みも予測され，これによる民間住宅投資の低下が経済に与える影響は大きいと考えられる。そのため，中古住宅市場およびリフォーム市場を活性化させ既存住宅ストックの活用の検討が求められている。このようなことを考慮し，民間住宅投資を説明する要因は何か検討し，その中心となる新築住宅着工戸数と空き家モデルを作成して今後の着工戸数の減少と空き家の増加の推定材料を提示した上で，中古住宅市場の活性化のための理論的な検討が行われている。その結果，情報開示に関して，リフォームなどの届け出制度を充実させ情報を蓄積して，立証可能性の確保の上で売り主に対して情報開示を義務付けることが必要であることが示されている。また，仲介業者に対する信頼性に関してはエージェンシー問題と捉え，仲介業者が依頼者である売り手または買い手のために働くための報酬体系が提案されている。

　第 11 章の矢尾板俊平論文「地方創生戦略における「制度」選択と政策——「集約化とネットワーク化」に基づく地域・都市のデザイン——」は，政府や地方自治体が取り組みを進めている「地方創生」戦略について検討を行い，人口減少，少子化，高齢化が進展する中で，今後の政策の方向性を示している。

　地方創生戦略という経済政策の基盤となる制度をいかに選択すべきか，という点に注目して検討がなされている。そのような制度のキーワードとして，集約化，ネットワーク化，ポリセントリシティ，多様性，開放性などを取り上げ，このようなキーワードを踏まえた「まち」を創る重要性が指摘され，さらに各地域の特色に応じた個別の戦略によって，「しごと」を生み出すことによって，地方創生がはじまることが指摘されている。

　なお，本書は，中央大学経済研究所経済政策研究部会に所属する研究員が執筆した論文を収録したものである。また，本書の刊行にあたり，中央大学経済

研究所の宮岡朋子氏および中央大学出版部の千葉智恵子氏に大変お世話になったことに対して，心から感謝を申し上げる。

2015 年 12 月

飯　島　大　邦

# 目　次

はしがき

## 第1章　日本経済の長期停滞と経済成長 …………… 栗林　世… 1
1. はじめに ……………………………………………………… 1
2. 21世紀に入っての先進国の経済成長率の鈍化傾向 ……… 2
3. 戦後日本の成長トレンド …………………………………… 7
4. 日本の潜在生産力とデフレギャップ ……………………… 16
5. 潜在成長率の分析 …………………………………………… 27
6. おわりに ……………………………………………………… 29

## 第2章　ピケティの資本の理論と経済成長
　　　　　──その独自性と意義── …………… 丸尾直美… 37
1. はじめに ……………………………………………………… 37
2. ピケティの資本の理論がなぜ話題になるのか …………… 38
3. ピケティの資本の理論の独自性 …………………………… 39
4. 資産所有の相対的分配の変動を左右する要因 …………… 40
5. 経済成長，資本係数，資産分配の相互関係 ……………… 43
6. 均衡成長とピケティの資本，資本収益率，経済成長率
　　──資産所有分配の不平等進行のメカニズム── …… 45
7. 労働者資産形成の所得と資産分配の将来 ………………… 46
8. 資産ベースの福祉政策の必要 ……………………………… 49
9. おわりに ……………………………………………………… 52

## 第3章　成長・分配の現実と政策の方向
### ──共生を基準とする経済政策の原理を求めて──
　　　　　　　　　　　　　　　　　　　　　　　　寺本博美… 55
1. はじめに………………………………………………………………… 55
2. 貧困の問題……………………………………………………………… 56
3. 社会保障と経済成長…………………………………………………… 68
4. 政策評価と価値判断…………………………………………………… 72
5. 脳内化学物資と政策評価の場………………………………………… 77
6. 共感と共生による政策評価…………………………………………… 80
7. おわりに………………………………………………………………… 83

## 第4章　GDPを超える指標としての『幸福度』の測定に関する一考察
### ──ステグリッツ委員会の勧告と
### 『OECD幸福度白書2』をめぐって──………塩見英治… 87
1. はじめに………………………………………………………………… 87
2. ステグリッツ委員会の勧告と『OECD幸福度白書2』の主要な論点… 88
3. GDPと幸福度指標との隔離…………………………………………… 97
4. 日本人の「幸福感」…………………………………………………… 99
5. 問題点と課題…………………………………………………………… 100
6. おわりに………………………………………………………………… 101

## 第5章　古典派経済学の視点からみた経済成長論……中野　守… 103
1. はじめに………………………………………………………………… 103
2. 産業の定式化…………………………………………………………… 104
3. 価値方程式……………………………………………………………… 107
4. 基礎的生産物と非基礎的生産物……………………………………… 108
5. 古典派経済学の視点…………………………………………………… 112
6. おわりに………………………………………………………………… 120

## 第6章 福祉国家再編期における EU 諸国の社会保護費負担構造と政治経済状況……飯島大邦… 123

1. はじめに……123
2. ESSPROS の項目別収入データの時系列的推移……125
3. 社会保護制度の負担構造の時系列的推移……129
4. 社会保護制度の負担構造による EU 諸国の類型化……133
5. 社会保護費負担構造とその要因……138
6. おわりに……159

## 第7章 ネットワーク産業規制緩和と価格圧搾規制……川島康男… 163

1. はじめに……163
2. モデル……166
3. 部分規制と価格圧縮制約……168
4. 無規制ゲームと価格圧縮制約……177
5. おわりに……183

## 第8章 エネルギー効率と経済成長……本間 聡… 187

1. はじめに……187
2. モデル……190
3. 結果……195
4. エネルギー効率の決定要因……200
5. おわりに……204

## 第9章 中国の経済成長と電力消費……谷口洋志… 213

1. はじめに……213
2. 実質 GDP と電力消費量（全国）……214
3. GDP と電力消費量（地区計）……217

4. おわりに……………………………………………………………… 230

## 第10章　中古住宅市場の活性化のための理論的検討
　　　　──住宅市場が住宅投資に与える影響を踏まえて──
　　　　……………………………………………………前川俊一　237

1. はじめに……………………………………………………………… 237
2. 住宅市場の現状……………………………………………………… 239
3. 住宅市場に関する実証分析………………………………………… 243
4. 我が国の中古住宅市場の実態と問題……………………………… 250
5. 隠れた情報に対する対応…………………………………………… 255
6. エージェンシー問題………………………………………………… 259
7. おわりに……………………………………………………………… 272

## 第11章　地方創生戦略における「制度」選択と政策
　　　　──「集約化とネットワーク化」に基づく地域・
　　　　　都市のデザイン──……………………矢尾板俊平　275

1. はじめに……………………………………………………………… 275
2. 東京・首都圏・三大都市圏への人口集中問題…………………… 278
3. 人口集中を緩和させる「コンパクト化とネットワーク化」…… 287
4. 教育と雇用の集中…………………………………………………… 293
5. 地方創生戦略における経済政策のアプリケーション…………… 299
6. おわりに……………………………………………………………… 302

# 第 1 章

# 日本経済の長期停滞と経済成長

栗 林 世

## 1. はじめに

　21世紀に入って，先進工業国（先進国）の経済成長率の鈍化，デフレ懸念に基づくゼロ金利・量的緩和の超金融緩和政策などが潜在成長率の低下を引き起こしているのではないかが注目され，議論を呼んでいる。その代表的なものが，Gordon（2012）の全要素生産性（TFP）の低下に基づく将来の潜在成長率低下，Summers（2014）による長期停滞懸念，および国際通貨基金（IMF）の『世界経済見通し』（2015年4月）での潜在成長率低下見通しである。

　日本では，1990年代半ばからの長期デフレと長期停滞が続き，2013年からの第3次安倍政権によるいわゆるアベノミクスの2年間でデフレ脱却の糸口を掴んだかが議論されている。今後デフレギャップを縮小すると同時に日本経済の潜在成長率を引き上げていくことができるどうかが問われている。本論文では，戦後の日本経済，特に第2次石油危機後の1980年以降の長期的趨勢（長期トレンド）と潜在成長率の動向を分析し，今後の成長率を高める政策について検討する。

　本論文の構成は以下のとおりである。第2節では，世界経済，特に先進国の中長期的趨勢が21世紀に入り鈍化している状況を確認し，Gordonおよび Summers が指摘している問題点を整理する。第3節では，戦後日本経済の趨

勢的変化について定量的に分析する。特に，1980年以降の成長要因について整理する。第4節では，1980年以降の潜在成長力とデフレギャップの推計について述べる。第5節では，潜在成長率とその決定要因について分析する。最後に，潜在成長率を引き上げるための政策について考える[1]。

## 2. 21世紀に入っての先進国の経済成長率の鈍化傾向

### 2-1 21世紀の世界経済動向

表1-1は，先進国を中心にした主要地域の成長率，インフレ率，失業率について，80，90，00年代における年平均増加率（成長トレンド），および00年以降の年々の動向をみたものである。世界経済全体でみると，21世紀に入っても，成長トレンドは鈍化していないが，これは新興国・発展途上国が依然として高い成長率を維持しているからである。先進国では，成長トレンドが大幅に鈍化している。特に日本経済は，90年代に1%，21世紀に入ってからは1%に満たない成長トレンドとなっている。また世界金融危機後のユーロ圏では，成長トレンドの低下が大きく，失業率の高止まりおよびインフレ率の低下が顕著である。その結果現在，日本，ユーロ圏ではゼロ金利のみならず量的緩和政策もとられている。米国では金融危機後の最近年における回復基調を受けて量的緩和政策は解除されたが，ゼロ金利政策は依然続いている。

15年4月に発表されたIMFの『世界経済見通し』は，世界経済の動向，特に潜在成長率に関して次のような点を指摘している。世界金融危機の後遺症から立ち直っていない国もあるが，15年には世界の経済成長は総じて高まるであろう。しかし，中長期的にみると潜在成長率は低下傾向にあることが問題である。世界金融危機は，これまでの経済危機と異なり，潜在生産力のレベルを引き下げただけでなく，潜在成長率をも低下させている。主要先進国および新興国の潜在成長率は，最近年になって低下している。特に先進国では，その低下は00年代初期から始まっている。

先進国では，潜在成長率は13-14年の期間に金融危機以前の06-07年の期間

---

1) 以後年表示に関しては，1950年以降は下2桁で表示する。

表 1-1 世界グループ別成長率, インフレ率, 失業率

| 暦年 | 成長率 |||||||| 失業率 |||||
|---|---|---|---|---|---|---|---|---|---|---|---|---|---|
| | 全世界 | 先進国 | ユーロ圏 | G7 | 米国 | 日本 | EU | 新興・途上国 | 先進国 | ユーロ圏 | G7 | 米国 | 日本 |
| 2000 | 4.8 | 4.1 | 3.8 | 3.7 | 4.1 | 2.3 | 3.9 | 5.8 | 6.0 | 8.7 | 5.6 | 4.0 | 4.7 |
| 2001 | 2.5 | 1.5 | 2.1 | 1.3 | 1.0 | 0.4 | 2.3 | 3.8 | 6.0 | 8.1 | 5.8 | 4.7 | 5.0 |
| 2002 | 2.9 | 1.7 | 0.9 | 1.3 | 1.8 | 0.3 | 1.4 | 4.5 | 6.5 | 8.5 | 6.4 | 5.8 | 5.4 |
| 2003 | 4.0 | 2.1 | 0.7 | 2.0 | 2.8 | 1.7 | 1.6 | 6.4 | 6.7 | 9.0 | 6.6 | 6.0 | 5.2 |
| 2004 | 5.4 | 3.2 | 2.2 | 2.9 | 3.8 | 2.4 | 2.6 | 7.9 | 6.5 | 9.2 | 6.4 | 5.5 | 4.7 |
| 2005 | 4.9 | 2.7 | 1.7 | 2.4 | 3.3 | 1.3 | 2.2 | 7.2 | 6.2 | 9.0 | 6.2 | 5.1 | 4.4 |
| 2006 | 5.5 | 3.1 | 3.2 | 2.6 | 2.7 | 1.7 | 3.7 | 8.2 | 5.8 | 8.3 | 5.8 | 4.6 | 4.1 |
| 2007 | 5.7 | 2.8 | 3.0 | 2.1 | 1.8 | 2.2 | 3.3 | 8.7 | 5.4 | 7.5 | 5.4 | 4.6 | 3.8 |
| 2008 | 3.1 | 0.2 | 0.5 | -0.2 | -0.3 | -1.0 | 0.7 | 5.8 | 5.8 | 7.6 | 5.9 | 5.8 | 4.0 |
| 2009 | 0.0 | -3.4 | -4.5 | -3.8 | -2.8 | -5.5 | -4.3 | 3.1 | 8.0 | 9.5 | 8.0 | 9.3 | 5.1 |
| 2010 | 5.4 | 3.1 | 2.0 | 2.9 | 2.5 | 4.7 | 2.0 | 7.4 | 8.3 | 10.1 | 8.1 | 9.6 | 5.0 |
| 2011 | 4.2 | 1.7 | 1.6 | 1.6 | 1.6 | -0.5 | 1.8 | 6.2 | 8.0 | 10.1 | 7.6 | 8.9 | 4.6 |
| 2012 | 3.4 | 1.2 | -0.8 | 1.4 | 2.3 | 1.8 | -0.4 | 5.2 | 8.0 | 11.3 | 7.4 | 8.1 | 4.3 |
| 2013 | 3.4 | 1.4 | -0.5 | 1.5 | 2.2 | 1.6 | 0.1 | 5.0 | 7.9 | 12.0 | 7.1 | 7.4 | 4.0 |
| 2014 | 3.4 | 1.8 | 0.9 | 1.7 | 2.4 | -0.1 | 1.4 | 4.6 | 7.3 | 11.6 | 6.4 | 6.2 | 3.6 |
| 80年代 | 3.4 | 3.3 | | 3.2 | 3.7 | 4.6 | 2.3 | 3.5 | 6.8 | | 6.8 | 7.1 | 2.5 |
| 90年代 | 3.3 | 2.8 | 2.2 | 2.6 | 3.6 | 1.0 | 2.2 | 3.9 | 6.8 | 9.9 | 6.5 | 5.6 | 3.3 |
| 00年代 | 3.9 | 1.7 | 1.2 | 1.3 | 1.9 | 0.8 | 1.6 | 6.3 | 6.5 | 8.7 | 6.5 | 6.1 | 4.7 |
| 01-14 | 3.8 | 1.6 | 0.9 | 1.4 | 1.7 | 0.7 | 1.3 | 6.0 | 6.9 | 9.4 | 6.6 | 6.5 | 4.5 |

インフレ率

| 暦年 | 全世界 | 先進国 | ユーロ圏 | G7 | 米国 | 日本 | EU | 新興・途上国 |
|---|---|---|---|---|---|---|---|---|
| 2000 | 4.9 | 2.3 | 2.2 | 2.2 | 3.4 | -0.7 | 3.3 | 8.6 |
| 2001 | 4.6 | 2.2 | 2.4 | 1.9 | 2.8 | -0.8 | 3.1 | 7.9 |
| 2002 | 3.9 | 1.6 | 2.3 | 1.3 | 1.6 | -0.9 | 2.6 | 6.9 |
| 2003 | 4.0 | 1.9 | 2.1 | 1.8 | 2.3 | -0.2 | 2.2 | 6.7 |
| 2004 | 3.8 | 2.0 | 2.2 | 2.0 | 2.7 | 0.0 | 2.4 | 6.0 |
| 2005 | 4.1 | 2.3 | 2.2 | 2.4 | 3.4 | -0.3 | 2.3 | 6.2 |
| 2006 | 4.1 | 2.4 | 2.2 | 2.4 | 3.2 | 0.2 | 2.3 | 6.1 |
| 2007 | 4.4 | 2.2 | 2.2 | 2.2 | 2.9 | 0.1 | 2.4 | 6.6 |
| 2008 | 6.4 | 3.4 | 3.3 | 3.2 | 3.8 | 1.4 | 3.7 | 9.4 |
| 2009 | 2.8 | 0.1 | 0.3 | -0.1 | -0.3 | -1.3 | 0.9 | 5.3 |
| 2010 | 3.8 | 1.5 | 1.6 | 1.4 | 1.6 | -0.7 | 2.0 | 5.9 |
| 2011 | 5.2 | 2.7 | 2.7 | 2.6 | 3.1 | -0.3 | 3.1 | 7.3 |
| 2012 | 4.2 | 2.0 | 2.5 | 1.9 | 2.1 | 0.0 | 2.6 | 6.1 |
| 2013 | 3.9 | 1.4 | 1.3 | 1.3 | 1.5 | 0.4 | 1.5 | 5.9 |
| 2014 | 3.5 | 1.4 | 0.4 | 1.5 | 1.6 | 2.7 | 0.5 | 5.1 |
| 80年代 | 17.0 | 5.6 | | 4.8 | 4.1 | 1.7 | 10.6 | |
| 90年代 | 17.9 | 2.7 | 2.2 | 2.4 | 2.7 | 0.8 | 7.9 | 47.7 |
| 00年代 | 4.2 | 2.0 | 2.1 | 1.8 | 2.6 | -0.1 | 2.4 | 6.7 |
| 01-14 | 4.2 | 1.9 | 2.0 | 1.8 | 2.4 | -0.1 | 2.3 | 6.5 |

(出所) IMF(2015)の Data base より作成。

よりも2%ポイント弱低下した。それは，資本ストック蓄積率の低下と人口要因の悪影響に起因している。今後15-20年の潜在成長率は，1.6%と予想される。これは金融危機直後の08-14年の平均1.3%よりはわずかに高いが，01-07年の$2\frac{1}{4}$%に比較するとかなり低くなっている。その主因は，人口の高齢化および資本ストック蓄積率の回復が緩慢なことである。

新興国では，潜在成長率は13-14年期間に約2%ポイント低下した。それはTFPの低下が主因である。15-20年には08-14年の平均6.5%から平均5.2%に低下すると予想されている。その主因は，人口高齢化，資本増加率に与える制約，および先進国への技術的キャッチアップが進んでいることに基づくTFPの低下である。

## 2-2　Gordonによる経済成長率低下予想

Gordon (2012) は，世界の最先端国 (frontier country) の超長期にわたる経済成長過程を分析し，経済成長についての基本的疑問を提起している。ソローに始まる「経済成長は永久に続くものである」という仮定を問題にし，実際に1750年以前には成長はなく，成長が永久に続くだろうという保証はない，としている。彼は，むしろ過去250年間の急速な進歩は人類の歴史においてユニークな出来事であることがわかることを示唆している，としている。彼の分析の出発点は，1300年以降の最先端国，1906年までの英国，そしてそれ以降の米国における一人当たり実質GDPの成長率である。この最先端国での成長は，1750年以降徐々に加速し，20世紀半ばにピークに達し，それ以降低下し続けている。

彼の分析は，低成長期と高成長期を３つの産業革命（IR's）と関連付けている：第１次産業革命（IR#1）（蒸気機関，鉄道：1750-1830年）；第２次産業革命（IR#2）（電機，内燃機関，水道水，屋内トイレ，通信，娯楽，化学，石油：1870-1900年）；第３次産業革命（IR#3）（コンピューター，ウェッブ，携帯電話：60年以後）。IR#2が他の産業革命より重要であり，1890年から1972年の約80年間の相対的に高い生産性上昇率に大きく貢献している。IR#2の派生的発明（飛行機，冷

暖房，州間幹線道路）が役割を果たし終えると，72-96 年の生産性上昇率はそれ以前よりも段階的に低下した。これとは対照的に，IR#3 は 96-04 年に生産性を再生させたが，その影響は短命であった。なお IR#2 の本来のあるいは派生の発明の中にも一過性のものが多くあった（都市化，輸送速度など）。

仮に 07 年以前の 20 年間の率で今後も成長できるとしても，米国は 6 つの逆風に直面し，そのために 1860-2007 年の期間に経験した成長率である年 1.9% の半分以下の長期的成長に引き下げられるであろう。彼が掲げている 6 つの逆風は，①人口の配当の逆転，②教育の停滞，③（所得）格差の拡大，④グローバル化と ICT 交互作用の悪影響，⑤エネルギーと環境問題（地球温暖化），⑥政府と家計の赤字（累積債務）である。1 つの試算は，「所得分布低位 99%の一人当たり消費の増加率は，今後数 10 年間年 0.5%以下となろう」という挑発的な結果を示している[2]。

### 2-3　Summers の長期停滞分析と Hansen の長期停滞論

近年の世界のマクロ経済状況を分析して，Summers（2014）は以下のように指摘している。マクロ経済学の性質が過去 7 年間に劇的に変わった。今は，与えられた傾向を安定させるように微調整することに関心があるのではなく，長期停滞を回避することに関心が集まっている。この関心の高まりは，短期的動向が長期的成長力に悪影響を与え，それを引き下げる履歴現象が起きていること，および利子率が下限に達してしまったときに金融政策がさらにより多くのことができないことに起因している。そして彼は，米国および先進国経済は以下の 3 つの問題に直面している，としている。

(1)　成長率が低下傾向にある（長期停滞論）。短期的景気循環が長期の成長に悪影響を与えている（履歴現象）。GDP ギャップは，需要を増加させることではなく，潜在成長率を低下させることによって縮小している。不況

---

[2]　なお Gordon は，他国が直面している逆風は異なるのでこの将来予想は米国のみに限定したものである，としている。

が潜在成長率を低下させている（TFP の低下というよりは[3]，投資の減少，労働力の低下により成長率が低下している）。その結果，政策的に複数目的（適切な成長，稼働率，金融の安定）の同時達成が困難になっている。

(2) これは，均衡または自然利子率の大幅な低下に関連している。

(3) これらの挑戦に立ち向かうためには，これまでとは異なった政策手法が必要である。

彼は安定的金融を伴う経済成長を達成する課題として以下の3つの可能な対処策を挙げている。

（ⅰ） 忍耐強く我慢し，回復を待つ。

これは，日本や米国の数年間の政策である。一種の逆セイの法則（inverse Say's Law）ともいえることが起きている：需要不足がそれ自身の供給不足を創造している（潜在成長率の低下）。持続的長期減退が起きている。

（ⅱ） 現実の実質金利を引き下げる。

FRB の政策である。これは（ⅰ）よりは良い政策といえる。

（ⅲ） 需要を喚起する（望ましい政策）。

与えられた金利下で需要を喚起する。緊縮財政は逆効果である。このための政策として Summers は，①規制・租税改革による民間投資促進，②輸出促進，および③公共投資をあげている。

Summers は，Hansen の長期停滞論には直接触れていないが，今後の日本経済を考える上で重要であると思われるのでここで簡潔に整理しておきたい[4]。第2次世界大戦直後 Hansen は米国経済の先行きに関して長期的に成長率が低下する可能性を指摘した。経済的進歩は，①発明（技術進歩），②フロンティア（新領土および新資源）の開発ないし発展，③人口増加の3つの構成要素からなっている。そしてこれら3つの構成要素に構造的変革が起きている，としている。それは，①人口増加率の逓減と②フロンティアの消滅といった外延的拡張

---

3) この点は Gordon の分析結果とは異なるといえよう。
4) Hansen（1941）およびヒギンズ（1952）参照。

の減退，および③技術進歩を基礎とする大産業（新産業の発達）の欠如と④企業資本の自己調達の傾向（資本補填投資に限定する傾向）といった内延的拡張の減退が歴史的に同時に起きており，米国経済の長期的停滞の可能性を論じた。なお貯蓄性向の上昇と資本節約的な技術進歩の問題点も挙げられている。

　Hansenの長期停滞論は50年代末以降世界経済の成長によりほとんど取り上げられてこなかった。しかし，上述の諸分析は今後の日本経済の潜在成長力を考える上で重要な視点を与えてくれる。日本経済は，90年代初めのバブル破裂後に，不良債権処理の失敗や長期にわたる円高の進行などを主因に90年代半ばからデフレに陥り，失われた20年ともいわれる長期停滞に陥った。現在の日本経済は，Gordon，Summers，Hansenが指摘している逆風に他の先進国よりも強く直面しているといえよう。日本経済が今後デフレから脱却し，潜在成長率を高め，財政健全化と安定的金融を伴う2％強の持続的成長を達成するためにはどのような方策が考えられるのだろうか。そこでまず，戦後，特に80年以降の日本経済の成長トレンドについてみる。

## 3．戦後日本の成長トレンド

　内閣府の景気循環日付によると，戦後日本経済は15の景気循環を経験しており，現在は12年第4四半期（11月）から始まる第16循環の拡張局面にある。統一した国民経済計算（SNA）で四半期データが利用可能な期間（58年以降）で，景気循環ごとの全期間および拡張期の成長トレンドを推計したのが表1-2である。実質GDP，名目GDP，およびGDPデフレータの年平均増加率を当該期間の四半期データに成長曲線を当てはめることにより推計している。拡張期と後退期を含む全期間（景気の谷─山─谷）でみると，第4-6循環（58-71年）では9％前後の成長トレンドの高成長期となっている。景気拡張期でみると，第7循環の拡張期（いわゆる列島改造ブーム）までは，9〜10％の高成長であったことがわかる。しかし，この高成長トレンドは2度の石油危機により終焉した。なお，石油危機以前の景気循環においては，各景気循環の後退局面はそれに続く景気循環の成長トレンドを大きく変えるような履歴現象は残してい

表 1-2 景気循環別成長率比較

(年率；%)

| 景気循環 谷—山—谷 | 平均成長率 全期間 実質 | 平均成長率 全期間 名目 | 平均成長率 拡張期 実質 | 平均成長率 拡張期 名目 | GDPデフレータ増加率 全期間 | GDPデフレータ増加率 拡張期 | 期間四半期数 全期間 | 期間四半期数 拡張期 |
|---|---|---|---|---|---|---|---|---|
| 第4　58/2-61/4-62/4 | 9.6 | 15.3 | 10.1 | 15.1 | 5.7 | 5.0 | 18 | 14 |
| 第5　62/4-64/4-65/4 | 8.5 | 14.6 | 10.2 | 15.9 | 6.2 | 5.7 | 12 | 8 |
| 第6　65/4-70/3-71/4 | 8.7 | 14.5 | 9.5 | 14.7 | 5.8 | 5.2 | 24 | 19 |
| 第7　71/4-73/4-75/1 | 5.1 | 20.5 | 9.2 | 20.0 | 15.5 | 10.8 | 13 | 8 |
| 第8　75/1-77/1-77/4 | 3.5 | 12.3 | 3.3 | 13.1 | 8.8 | 9.8 | 11 | 8 |
| 第9　77/4-80/1-83/1 | 3.2 | 8.1 | 5.6 | 10.4 | 4.9 | 4.7 | 21 | 9 |
| 第10　83/1-85/2-86/4 | 4.7 | 6.2 | 4.9 | 6.4 | 1.4 | 1.5 | 15 | 9 |
| 第11　86/4-91/1-93/4 | 3.9 | 5.8 | 5.8 | 7.5 | 1.9 | 1.7 | 28 | 17 |
| 第12　93/4-97/2-99/1 | 1.1 | 1.0 | 2.2 | 1.8 | -0.2 | -0.4 | 21 | 14 |
| 第13　99/1-00/4-02/1 | 0.9 | -0.3 | 1.9 | 0.6 | -1.2 | -1.3 | 12 | 7 |
| 第14　02/1-08/1-09/1 | 0.8 | 0.0 | 1.8 | 0.5 | -0.8 | -1.3 | 28 | 24 |
| 第15　09/1-12/2-12/4 | 1.8 | 0.1 | 2.1 | 0.3 | -1.7 | -1.9 | 15 | 13 |

(注)1. 第9循環までは68SNA(1990年基準)による。
 2. 第10循環からは，2005年基準SNAおよびその簡易遡及推計による。
 3. デフレータ増加率は（名目成長率－実質成長率）による計算。
 4. 各期間の平均増加率は成長曲線を当てはめて推計した。
(出所)内閣府経済社会総合研究所ホームページのSNA確報より作成。

ないといってよい[5]）。

　第7循環は，日本の成長トレンドの屈折期間である。国内の環境問題やニクソンショックによる71年不況の景気の谷からの拡張期（列島改造ブーム）は，国際通貨制度がブレトンウッズ体制からスミソニアン体制を経て変動相場制へと移行する期間でもある。国際通貨体制移行への対応から生じた過剰流動性によるインフレ高進期に，73年秋から74年初めにかけて生じた第1次石油危機は，日本経済に高インフレと大不況（stagflation）をもたらし，日本経済は74年に戦後初のマイナス成長を記録した。世界経済も大打撃を受け，75年に戦後初めてOECD全体の実質GDPはマイナス成長となった。日本経済も第7循環の後退期にはこの影響を受けて成長率が大幅に落ち込んでおり，拡張期は年平均9.2％の成長率にもかかわらず循環全体では5.1％という結果になってい

---

5) なお第4循環の拡張期である"岩戸景気"に続く62年不況で，62年度経済白書は転型期論をとなえ，日本経済の中期停滞論が議論された。

る。日本経済では，第1次石油危機時には世界的にも高い2桁のインフレ率となっており，インフレ終息のための引き締め政策等のために第8循環では3％台の年平均成長率に留まっている[6]。第9循環の拡張期には年平均5.6％の成長率まで回復したが，78年末から80年春にかけての第2次石油危機による後退期の不況で循環全体では3.2％の成長トレンドに留まっている。なお，第2次石油危機時には他国と異なり，第1次石油危機での経験から日本の適切な金融政策対応のため，日本ではインフレを1桁台に抑えることができ，80年代の成長トレンドに好影響をもたらしている。

　80年代に入り，第2次石油危機後の第10-11循環での拡張局面では，5％台の高い成長トレンドまで回復している。しかし，第11循環での後退期はバブル破裂に基づく3年弱の不況[7]の為に，循環全体の成長トレンドは約4％と第10循環よりも1％ポイント弱低くなっている。第2次石油危機後の83年以降の10年間は，列島改造ブームまでの高成長期の成長トレンドの半分弱の4％台の中成長トレンドとなっている。この期間は逆石油ショックで原油価格が低下し，円高が急激に高進した時期であり[8]，GDPデフレータにみられるようにインフレは鎮静化し，ディスインフレの期間でもあった。

　バブル破裂後の93年以降の第12-15循環では，各循環の拡張期では約2％の年平均成長率となっているが，日本経済の成長トレンドはさらに一段と屈折し，第15循環では若干高いが，約1％に低下している。この間，日本経済は対外的には，97-98年のアジア金融・経済危機，08-09年の世界金融危機，国内的には11年3月の東日本大震災という経済的および自然災害のショックを受けている。為替市場では02年以降12年までは円高がほぼ持続的に高進し，10年間で約39.3％の円高となっている。こうした外的ショックに，バブル破

---

6) 第8循環は循環期間が11四半期（31ヵ月）と最短であり，踊り場ともよばれる特異な循環である。そのために他の循環と異なり，年平均成長率が全期間よりも拡張期の方がわずかに低くなっている。

7) 第11循環の後退期は，第9循環の第2次石油危機による後退期に次ぐ11四半期（32ヵ月）におよぶ不況となっている。

8) 中成長期に原油は年平均4.2％で下落し，為替レートは年平均7.5％で円高が進んだ。第10循環の後退期は円高不況とも呼ばれている。

裂後の不良債権処理の先延ばしという失敗，97年の消費税引き上げなど財政再建政策，金融政策など対デフレ政策の失敗が重なり，日本経済は90年代半ばからデフレが始まり，98年からは賃金の持続的下落が起き，20年弱に及ぶ長期デフレに陥っている[9]。15年4月時点では，14年4月の3％ポイントの消費税率引き上げでミニ不況状況になり，前述したようにアベノミクスのリフレ政策等でデフレ脱却に至っているか，2％インフレ目標の達成は可能か，また2％強の成長トレンドに乗れるかが注目されている。なお長期間円高が高進していた為替レートは，15年6月時点で120円台まで戻っている（表1-3参照）。

この長期デフレ期間中に，表1-2にみられるように第12-15循環ではGDPデフレータは下落を続けており，名目GDPの長期トレンドは0％台となっている。これが税収の伸びを抑制し財政を悪化させている大きな要因の1つであることは明白といえよう。

この間日本経済では，Summersが指摘するように，短期的景気循環が長期トレンドに悪影響を与え，後述するように潜在成長率は低下しているが，有効需要不足のためデフレギャップは縮小しない状況が続いている。そこで潜在成長率を検討する前に，80年以降の現実の成長が需要面からみてどのように推移しているか，および制度部門別に貯蓄投資差額がどのように推移しているかをみておきたい。80年以降の実質GDPの需要項目別構成比および総需要（＝総供給）に対する輸出，輸入，公的固定資本形成（公共投資），および公的需要の比を示したのが表1-3である。そのうち主要な需要項目の対GDP比率をグラフにしたものが図1-1である。第2次石油危機後の約10年間の中成長期には，民間企業設備投資（設備投資）比率が83年の11.4％から91年の16.9％まで持続的に高まっており成長を牽引していることがわかる。中成長期には輸出比率と公共投資比率とは相互にほぼ逆サイクル的に推移していることより，80年代半ばまでは輸出が成長を牽引し，86年の円高不況時には公共投資が呼び水効果を発揮して補完し合いながら設備投資を誘発していることを示している。この中成長期には，公的需要の比率は81年の24.9％からバブル景気時の

---

9) 1980年以降の財政・金融政策については栗林（2010）参照。

第1章 日本経済の長期停滞と経済成長 11

表 1-3 実質国内総支出構成比

| 暦年 | 国内総支出成長率 | 民間最終消費支出 | 民間住宅 | 民間企業設備 | 民間在庫品増加 | 政府最終消費支出 | 公的固定資本形成 | 公的在庫品増加 | 公的需要 | 輸出 | 輸入 | 輸出 | 輸入 | 公的固定資本形成比(%) | 公的需要 | 消費者物価増加率 | GDPデフレータ増加率 | 為替レート 円/ドル |
|---|---|---|---|---|---|---|---|---|---|---|---|---|---|---|---|---|---|---|
| | | 対GDP構成比 (%) | | | | | | | | | | 対総需要構成比 (%) | | | | | | |
| 1980 | 4.5 | 59.7 | 6.9 | 11.8 | 0.5 | 15.7 | 9.2 | -0.1 | 24.8 | 7.4 | 7.9 | 6.8 | 7.3 | 8.6 | 23.0 | 7.8 | 7.3 | 226.7 |
| 1981 | 3.6 | 58.5 | 6.4 | 11.9 | 0.5 | 15.8 | 9.2 | -0.1 | 24.9 | 8.0 | 7.7 | 7.4 | 7.1 | 8.5 | 23.2 | 4.8 | 2.8 | 220.5 |
| 1982 | 3.0 | 59.2 | 6.1 | 11.7 | 0.5 | 16.0 | 8.6 | -0.1 | 24.5 | 7.8 | 7.4 | 7.3 | 6.9 | 8.0 | 22.8 | 2.8 | 1.5 | 249.1 |
| 1983 | 4.5 | 59.4 | 5.6 | 11.4 | 0.3 | 16.4 | 8.3 | -0.1 | 24.5 | 8.0 | 6.9 | 7.4 | 6.5 | 7.7 | 22.9 | 1.8 | 1.0 | 237.5 |
| 1984 | 6.2 | 58.6 | 5.3 | 11.9 | 0.3 | 16.2 | 7.8 | 0.1 | 24.1 | 8.8 | 7.3 | 8.2 | 6.8 | 7.3 | 22.5 | 2.4 | 1.5 | 237.5 |
| 1985 | 3.2 | 57.4 | 5.1 | 12.9 | 0.5 | 15.5 | 7.2 | 0.0 | 22.7 | 8.7 | 6.7 | 8.2 | 6.3 | 6.8 | 21.3 | 2.0 | 1.1 | 238.5 |
| 1986 | 4.0 | 57.8 | 5.3 | 13.2 | 0.6 | 15.5 | 7.4 | 0.1 | 23.0 | 8.1 | 6.7 | 7.5 | 6.3 | 6.9 | 21.6 | 0.7 | 1.6 | 168.5 |
| 1987 | 7.1 | 58.0 | 6.1 | 13.3 | 0.4 | 15.5 | 7.6 | -0.1 | 23.0 | 7.7 | 7.1 | 7.2 | 6.6 | 7.1 | 21.5 | 0.0 | -0.1 | 144.6 |
| 1988 | 5.4 | 57.0 | 6.4 | 14.5 | 0.8 | 15.0 | 7.5 | -0.2 | 22.4 | 7.7 | 7.8 | 7.1 | 7.3 | 7.0 | 20.8 | 0.8 | 0.4 | 128.1 |
| 1989 | 5.3 | 56.8 | 6.0 | 16.1 | 0.7 | 14.7 | 7.0 | -0.1 | 21.7 | 8.0 | 8.8 | 7.3 | 8.1 | 6.5 | 19.9 | 2.2 | 2.2 | 138.0 |
| 1990 | 3.4 | 56.6 | 5.5 | 16.7 | 0.5 | 14.4 | 7.1 | 0.1 | 21.6 | 8.1 | 8.6 | 7.5 | 8.3 | 6.5 | 19.8 | 3.1 | 2.3 | 144.8 |
| 1991 | 0.9 | 56.0 | 5.5 | 16.9 | 0.6 | 14.5 | 7.1 | -0.1 | 21.4 | 8.3 | 8.6 | 7.6 | 7.9 | 6.5 | 19.7 | 3.3 | 2.8 | 134.5 |
| 1992 | 0.2 | 56.7 | 5.1 | 15.6 | 0.2 | 14.8 | 8.0 | 0.0 | 22.8 | 8.6 | 8.4 | 7.9 | 7.7 | 7.4 | 21.0 | 1.7 | 1.8 | 126.7 |
| 1993 | 0.8 | 57.2 | 5.2 | 14.0 | 0.1 | 15.2 | 8.9 | 0.0 | 24.1 | 8.6 | 8.3 | 8.0 | 7.7 | 8.2 | 22.3 | 1.3 | 0.5 | 111.2 |
| 1994 | 1.9 | 58.0 | 5.5 | 13.1 | -0.1 | 15.6 | 8.9 | 0.0 | 24.5 | 8.9 | 8.9 | 8.2 | 8.2 | 8.0 | 22.5 | 0.6 | -0.3 | 102.2 |
| 1995 | 2.6 | 57.9 | 5.2 | 13.1 | 0.4 | 16.0 | 8.7 | -0.1 | 24.7 | 9.1 | 9.8 | 8.3 | 8.9 | 8.0 | 22.5 | -0.1 | -0.7 | 94.1 |
| 1996 | 1.6 | 57.7 | 5.6 | 13.1 | 0.5 | 16.1 | 9.0 | 0.0 | 25.0 | 9.4 | 10.9 | 8.4 | 9.8 | 8.1 | 22.6 | 0.1 | -0.6 | 108.8 |
| 1997 | -2.0 | 57.3 | 4.9 | 14.1 | 0.6 | 15.9 | 8.2 | 0.0 | 24.1 | 10.2 | 10.8 | 9.2 | 9.8 | 7.4 | 21.7 | 1.9 | 0.6 | 121.0 |
| 1998 | -0.2 | 58.0 | 4.3 | 13.5 | 0.3 | 16.5 | 7.9 | 0.0 | 24.4 | 10.2 | 10.3 | 9.2 | 9.4 | 7.2 | 21.7 | 0.6 | -0.1 | 130.9 |
| 1999 | 2.3 | 58.8 | 4.3 | 13.5 | -0.8 | 17.1 | 8.3 | 0.0 | 25.4 | 10.4 | 10.7 | 9.4 | 9.7 | 7.5 | 22.9 | -0.3 | -1.3 | 113.8 |
| 2000 | 0.4 | 57.8 | 4.2 | 13.6 | -0.1 | 17.5 | 7.4 | 0.0 | 24.8 | 11.4 | 11.6 | 10.2 | 10.4 | 6.6 | 22.3 | -0.7 | -1.2 | 107.7 |
| 2001 | 0.3 | 58.5 | 4.0 | 13.5 | -0.1 | 18.1 | 7.1 | 0.0 | 25.2 | 10.4 | 11.6 | 9.5 | 10.4 | 6.3 | 22.5 | -0.8 | -1.2 | 121.5 |
| 2002 | 1.7 | 59.0 | 3.8 | 12.8 | -0.4 | 18.6 | 6.7 | 0.0 | 24.5 | 11.4 | 11.6 | 10.2 | 10.4 | 6.0 | 22.6 | -0.9 | -1.6 | 125.3 |
| 2003 | 2.4 | 58.3 | 3.7 | 13.2 | -0.1 | 18.6 | 6.0 | 0.0 | 24.6 | 12.3 | 11.9 | 10.9 | 10.6 | 5.4 | 21.9 | -0.3 | -1.6 | 115.9 |
| 2004 | 1.3 | 57.6 | 3.7 | 13.3 | 0.4 | 18.4 | 5.4 | 0.0 | 23.8 | 13.6 | 12.5 | 12.1 | 11.1 | 4.8 | 21.2 | 0.0 | -1.4 | 108.2 |
| 2005 | 1.7 | 57.8 | 3.6 | 13.9 | 0.1 | 18.3 | 4.8 | 0.0 | 23.2 | 14.3 | 12.9 | 12.7 | 11.4 | 4.3 | 20.5 | -0.3 | -1.3 | 110.2 |
| 2006 | 2.2 | 57.4 | 3.6 | 14.2 | 0.0 | 16.5 | 4.5 | 0.0 | 22.5 | 15.5 | 13.3 | 13.7 | 11.7 | 4.0 | 19.4 | 0.3 | -1.1 | 116.3 |
| 2007 | -1.0 | 56.7 | 3.2 | 14.6 | 0.3 | 17.9 | 4.1 | 0.0 | 22.0 | 16.5 | 13.3 | 14.5 | 11.7 | 3.6 | 19.4 | 0.0 | -0.9 | 117.8 |
| 2008 | -4.7 | 56.8 | 3.0 | 14.4 | 0.5 | 18.0 | 3.9 | 0.0 | 21.9 | 16.9 | 13.5 | 14.9 | 11.9 | 3.4 | 19.3 | 1.4 | -1.3 | 103.3 |
| 2009 | 4.7 | 59.7 | 2.4 | 13.0 | -1.0 | 19.5 | 4.4 | 0.0 | 23.9 | 13.5 | 12.0 | 12.1 | 10.7 | 3.9 | 21.3 | -1.4 | -0.5 | 93.5 |
| 2010 | -0.5 | 58.6 | 2.4 | 12.5 | -0.1 | 19.0 | 4.2 | 0.0 | 23.2 | 16.1 | 13.6 | 14.3 | 11.9 | 3.7 | 20.4 | -0.7 | -2.2 | 87.8 |
| 2011 | 1.8 | 59.1 | 2.5 | 13.1 | -0.4 | 19.3 | 3.9 | 0.0 | 23.2 | 16.1 | 14.0 | 14.2 | 12.3 | 3.4 | 20.4 | -0.3 | -1.8 | 79.8 |
| 2012 | 1.6 | 59.4 | 2.6 | 13.3 | -0.2 | 19.3 | 3.9 | 0.0 | 23.2 | 15.8 | 14.2 | 13.8 | 12.5 | 3.4 | 20.4 | 0.0 | -1.0 | 79.8 |
| 2013 | -0.03 | 59.6 | 2.6 | 13.2 | -0.5 | 19.4 | 4.2 | 0.0 | 23.5 | 15.8 | 14.2 | 13.8 | 12.5 | 3.6 | 20.6 | 0.4 | -0.5 | 97.6 |
| 2014 | | 59.0 | 2.6 | 13.7 | -0.5 | 19.4 | 4.3 | 0.0 | 23.8 | 17.1 | 15.3 | 14.8 | 13.3 | 3.7 | 20.6 | 2.8 | 1.8 | 105.8 |

(出所) 内閣府経済社会総合研究所ホームページのSNA四半期速報より作成。為替レートは日銀, 消費者物価は総務省統計局のホームページより作成。

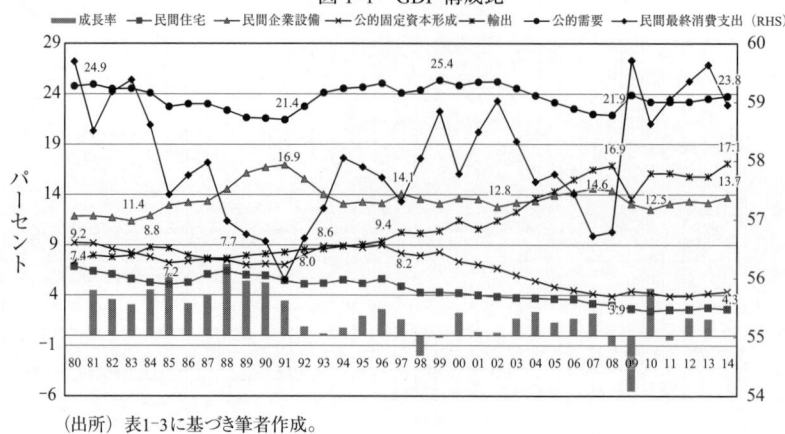

図1-1　GDP構成比

(出所) 表1-3に基づき筆者作成。

91年の21.4%までほぼ一貫して低下している。輸出比率は，80年の7.4%から84年の8.8%まで上昇した後88年の7.7%まで低下し，その後は上昇に転じている。また表1-3には明示されていないが，外生需要（＝輸出＋公的需要）の対総需要比率は84年の30.6%から91年の27.4%まで一貫して低下しており，中成長期は設備投資主導型成長であることを物語っている。このことが後述する潜在成長率の動向にも反映されている。この外生需要比率は，低成長期には93年の30.2%から14年の35.4%まで一貫して上昇していること，と対照的である。一方，表1-3に示されているように，海外からの供給である輸入の総供給に占める比率は，1980年代半ばまでは低下傾向にあったが，それ以降はほぼ一貫して上昇している。なお，家計部門をみると，住宅投資比率はなだらかな中期的循環を描きながらほぼ横這いであり，民間最終消費支出（民間消費）比率は，低下傾向である。

次に低成長期をみると，表1-2に示されているように，93年以降での成長トレンドは中成長期の4%台から約1%に低下している。特に第13，14循環では，1%以下である。この期間の主たる成長要因は輸出であることが図1-1に鮮明に現われている。90年代半ばまでは公共投資比率と輸出比率は約8%の水準を上下して推移していたが，輸出比率は97年以降ほぼ一貫して上昇し，04

年には設備投資比率を抜き08年には16.9％に達し，民間消費に次ぐGDPの第2の需要項目となっており，低成長期には輸出依存が急速に高まっていることがみてとれる。また，バブル破裂以降92-96年には，総合経済対策による公共投資を含む公的需要の対総需要比率が高まっていることより，公共投資など公的需要が景気を下支えしていることがわかる。しかし，97年以降では，公共投資比率は，ほぼ一貫して低下している。これは，財政健全化目標，政府の景気刺激策が公共投資から減税にシフトしたこと，およびデフレ対策としての金融政策[10]が主体となったことが影響している。第14循環の拡張局面（"平成景気"）は，戦後景気循環の中で最長（86ヵ月）であり，成長トレンドは1.8％と高くはないが，輸出増加に誘発されて設備投資比率が高まっている。この間失業率も約1.6％ポイント低下している。デフレ脱却には至っていないが，今後の成長戦略に多くの示唆を与えてくれる。低成長期の家計部門をみると，住宅投資比率はほぼ一貫して低下している。これは，日本の人口動態が影響しているものと思われる。民間消費比率は，その性質上成長率が低い時には上昇し，高い時には下落するという成長率の波とは逆サイクルを描いている。民間消費比率はバブル破裂以降傾向的に上昇しているが第14循環の拡張局面で2％ポイント強低下し，世界金融危機以前での低成長期では平均約58％となっている。世界金融危機後は平均59.2％へと上昇している。

　世界金融危機以降をみると，実質GDPは09年に5.5％下落し10年には4.7％回復しているが，平準化して考えると09-14年期間の成長トレンドは約0.9％である。10年の急回復および東日本大震災があった11年を除外して12,13年をみると，公共投資，住宅投資，民間消費，設備投資が堅調な動きをし，それぞれ1.8％，1.6％の成長をしているが，14年4月の消費税率引き上げで，14年には家計部門の民間消費，住宅投資が激減し，輸出，公共投資，設備投資は増加したが，実質GDPはマイナス成長となっている。15年以降は，デフ

---

[10]　98年4月には「新日銀法」が施行され，金融政策は日銀政策委員会・金融政策決定会合で決定されることになった。99年2月には「ゼロ金利政策」，01年3月には「量的緩和政策」が導入されている。

レを脱却し，実質賃金上昇に伴う民間消費の増加や輸出の促進により設備投資を誘発するような政策により低成長トレンドから脱出できるかが課題である。

さらにここで，低成長期における顕著な企業行動の変化についてみておく。図1-2は家計および法人企業の貯蓄投資差額の変化をみたものである。中成長期と低成長期で顕著な変化がみられる。90年代初期までの中成長期では景気循環の拡張期には家計のプラスの貯蓄投資差額（貯蓄超過）も法人企業のマイナスの貯蓄投資差額（投資超過）も大きくなっている。逆に景気の後退期には家計の貯蓄超過も法人企業の投資超過も縮小している。両者は景気循環で逆方向に変動し，法人企業が家計の貯蓄を借入活用している姿がみてとれる。両者合計すると貯蓄超過であるが，その超過分は政府と海外が吸収，すなわち財政の赤字および経常収支黒字（輸出超過）となっている。ちなみに，88-92年には一般政府は貯蓄超過であり赤字公債をゼロにした時期である。これに対して低成長期には，家計は依然として貯蓄超過であるが，それが減少傾向にあるのに対して，法人企業はこれまでの投資超過から貯蓄超過に転じ内部留保を積み上げている。特に98年以降のデフレが高進した時期にはそれが顕著であり，21世紀に入ると法人企業の貯蓄超過が家計のそれを大幅に上回っている。ここには示してないが，特に92年頃から04年頃までは不良債権処理等のために

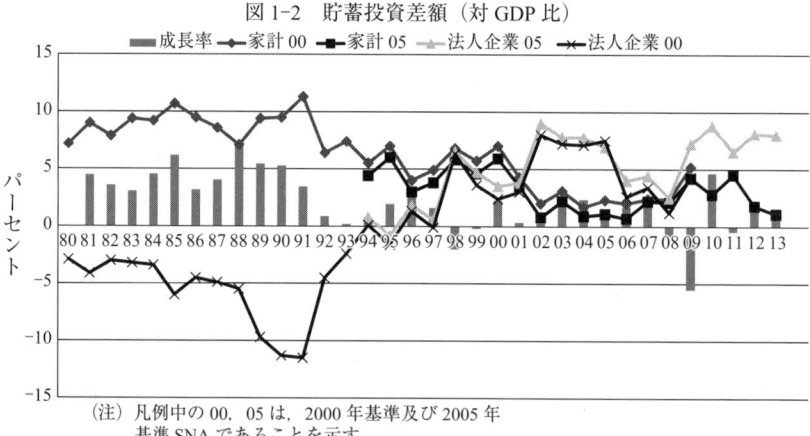

図1-2 貯蓄投資差額（対GDP比）

（注）凡例中の00，05は，2000年基準及び2005年基準SNAであることを示す。
（出所）SNA統計（内閣府）に基づき筆者作成。

金融部門の貯蓄超過が大きくなっている。非金融法人企業では 02 年から貯蓄超過が顕著である。この民間部門の貯蓄超過を政府の赤字と経常収支黒字（海外投資）でバランスさせているのが，中成長期と異なり，デフレを引き起こしている低成長期での特徴である。これが均衡利子率を引き下げ，ゼロ金利政策を誘発していることを意味している。

　成長率が鈍化する不況期に法人企業部門が貯蓄超過になる現象は，日本と同様に米国やドイツなど多くの先進国にみられる。たとえば一例として米国での法人企業（domestic business）と家計（households and institutions）をみると図 1-3 のようになっている。08-09 年の金融危機後にゼロ金利政策等が導入された背景が，日本での 99 年のゼロ金利導入時と類似していることがわかる。米国では 14 年には法人部門の貯蓄超過は解消に向かっているが，日本での問題は法人企業の貯蓄超過が 90 年代半ばから長期にわたり継続していることである。04 年頃までは金融機関の不良債権処理も大きな要因であったが，世界金融危機後は非金融法人企業の貯蓄超過が主因である。低成長からの脱却が，法人企業が内部留保を超えて借り入れにより積極的に国内投資を進めるかどうかにかかっていることがわかる。

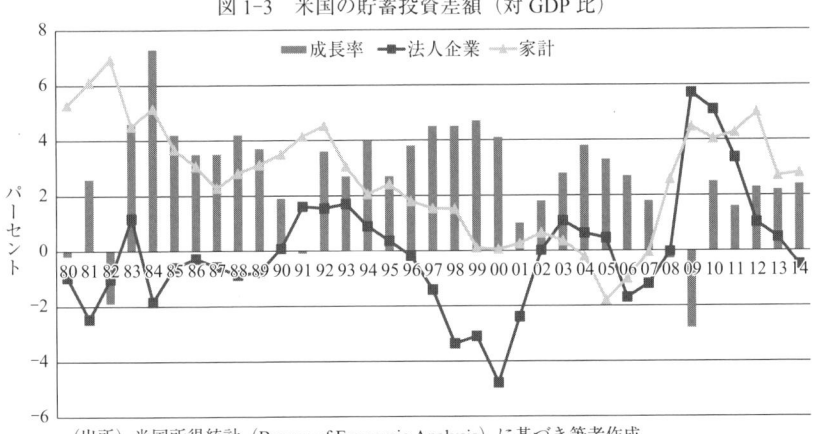

図 1-3　米国の貯蓄投資差額（対 GDP 比）

（出所）米国所得統計（Bureau of Economic Analysis）に基づき筆者作成。

## 4. 日本の潜在生産力とデフレギャップ

### 4-1 潜在生産力の推計

　潜在生産力は，国内では内閣府および日本銀行（日銀），国際機関ではIMFおよび経済協力開発機構（OECD）で推計されている。潜在生産力の推計にはいくつかの方法がある。内閣府（2011）では，時系列アプローチ，生産関数アプローチ，要素市場アプローチ，およびDSGEアプローチがあげられている。潜在生産力は，観測不可能な概念であるので，それを何の目的でどのように定義するかが重要となる。上述の機関はいずれも経済政策機関であり，経済の現状を判断し，将来の政策立案に活用する目的で，潜在生産力およびそれを用いたデフレギャップを定義し，推計している。IMF（2015）は，潜在生産力（potential output）を「（インフレまたはデフレ圧力のない）安定的なインフレと整合的な生産水準」と定義している[11]。経済は何かの衝撃を受けたときに，賃金および物価が短期的には硬直的であるために，均衡への調整が即座には行われずに時間がかかるとした，長期均衡水準と定義されている。現実の生産と潜在生産力との差が生産ギャップ（output gap, 以下デフレギャップ）と定義される。この潜在生産力は，経済学的定義であり，時系列を用いたトレンド生産とは異なる，としている。そのために，IMFでは，フィリップス曲線とオークンの法則を推定し，それらから得られるパラメータを用いて，生産関数アプローチで潜在生産力を推計している，と説明されている。一方，内閣府（2011）は，「潜在成長力，いわゆる平均的な供給力の成長経路」あるいは「経済の過去のトレンドから見て平均的な水準である生産要素を投入した時に実現可能なGDP」としており，日銀（2006）は，「潜在GDPとは，中期的に持続可能な経済の成長軌道であり，長い目で見たときに物価の安定と整合的な経済の姿を表したものといえる」としている。両者とも，IMFと同様，生産関数アプローチをとっている。

　本論文では，潜在生産力とは，現存する制度内で，安定的物価と整合的な資

---

11）しかし，インフレは何％の一般物価の上昇を意味するのかは明確でない。

本と労働を完全雇用したときの最大生産力と定義する。推計方法は，上述の4機関と同様生産関数アプローチをとる[12]。

### 4-1-1 生産関数

次のようなコブ・ダグラス型生産関数を用いる。

$$LN(GDP_t)=a_t+\alpha LN(EL_t)+(1-\alpha)LN(EKP_t) \tag{1}$$

ここで，$GDP_t$ は実質国内総生産，$EL_t$ は効率単位の労働投入，$EKP_t$ は効率単位の資本投入，$a_t$ は全要素生産性の対数（$LN(\mathrm{TFP}_t)$），$\alpha$ はパラメータ（労働分配率），$LN(x)$ は $x$ の自然対数を表す。各変数の添字 $t$ は時間を示す（なお以下では，添字 $t$ は省略する）。L を就業者数，h を一人当たり労働時間とし，$EL=$hL として，効率労働投入を人・時単位で考えている。教育水準などの労働の質は考慮していない。その意味で，労働の質的変化は TFP に含まれると考える。また，KP を民間資本ストック，$\rho$ を資本の稼働率とし，効率資本投入を $EKP=\rho$KP としている。推計では，製造業と非製造業に区分し，合成している。TFP は全期間を通じて一定率で上昇すると仮定すれば，次のように表される。

$$a_t=b+\lambda t \tag{2}$$

$\lambda$ は技術進歩率を表す。この TFP をどのように考えて推計するかが潜在生産力推計の重要な点となる。

### 4-1-2 生産関数のパラメータ $\alpha$，$\lambda$ の推計

労働分配率 $\alpha$ は，平成25年度 SNA 確報推計より以下の方法により推計した。

$$\alpha=雇用者報酬／（営業余剰（総）-営業余剰（持家）（総）+雇用者報酬） \tag{3}$$

2005年基準の計数は94年以降しか得られないので，2000年基準の計数を用いて遡及推計し，80-13年の平均値を用いて，$\alpha=0.655$ とした。なお，内閣府（2011）では，$\alpha=0.67$，日銀（2006）では，$\alpha=0.65$ が用いられている。

技術進歩率 $\lambda$ については，それほど変化するものではないと考えられるので，本論文では全期間一定とする場合と，前節での分析に基づき中成長期と低

---

12) ここでの推計は，栗林（2013）を修正し，新しいデータに基づき再推計したものである。

成長期に区分した場合とを推計している。なお，内閣府，日銀，IMFではλは可変と考え，残差として推計されるTFPを，時系列分析的にHPフィルターを用いてスムージングして推計している。残差として求められるTFPには産業別技術進歩，産業構造変化，労働の質的変化，さらに生産関数の推定誤差が混在するので可変とする仮定は容認されるが，四半期や年で変化すると仮定するのは無理があるように思われる。数年間は，λは一定と仮定するのが妥当であろう。

λは，(1)式より当該期間の年平均増加率を用いて次式（成長会計式）により推計した。

$$\lambda = (GDP の増加率) - \alpha \times (EL の増加率) - (1-\alpha) \times (EKP の増加率) \quad (4)$$

その結果は，表1-4のようになっている。なお，当該期間ではなく年々についてTFPを残差推計し，その残差に(2)式を適用し，最小二乗法でλを推定しても同一結果が得られる。

表1-4 労働分配率と全要素生産性

| 期間 | 実質国内総生産 GDP | 効率資本ストック EKP | 効率労働 EL | 分配率 $\alpha$ | 全要素生産性 $\lambda$ | 参考: $\alpha=0.67$ $\lambda$ | $\alpha=0.65$ $\lambda$ | 各要素の寄与度 資本 | 労働 | TFP |
|---|---|---|---|---|---|---|---|---|---|---|
| 80-14 | 1.81 | 3.47 | -0.22 | 0.655 | 0.759 | 0.815 | 0.741 | 1.20 | -0.14 | 0.76 |
| 80-92 | 4.55 | 6.97 | 0.83 | 0.655 | 1.600 | 1.692 | 1.569 | 2.41 | 0.54 | 1.60 |
| 93-14 | 0.80 | 1.78 | -0.45 | 0.655 | 0.481 | 0.515 | 0.470 | 0.61 | -0.30 | 0.48 |

(注) 1 80~82の非製造業の稼働率はデータが補足されている。
 2 分配率0.67は内閣府，0.65は日本銀行が採用している数値である。
 3 λは成長会計式により推計。
(出所) 筆者作成。

### 4-1-3 潜在GDPの推計：GDPP

上で求めた生産関数に潜在効率要素投入を代入することにより推計する。

(1) 潜在効率資本ストック：EKPP

製造業と非製造業に分けて推計し，両者を合成している。資本ストックKPのデータは内閣府の民間資本ストック推計値を用いた。稼働率に関しては，製造業は経済産業省の稼働率指数を，非製造業に関しては，日銀の

図 1-4 潜在稼働率

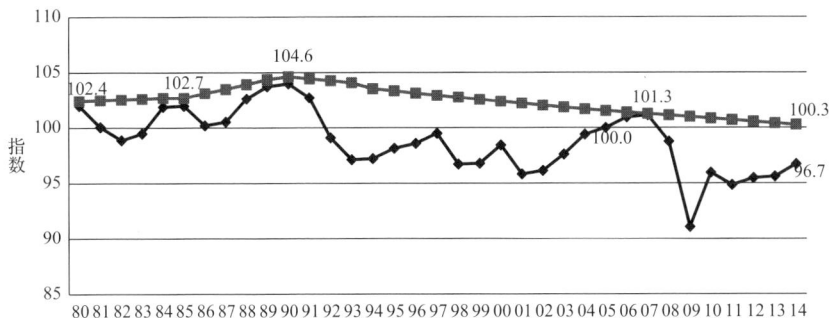

(注) データは付表参照。
(出所) 筆者作成。

推計方法を参考にして推計した (詳細は栗林 (2013) 参照)。潜在稼働率は,それぞれの実績稼働率を peak-to-peak 法により求めて合成した。全産業稼働率と潜在稼働率の推移は図 1-4 のようになっている。なお, 基礎データは付表に示してある。

(2) 潜在効率労働の推計：ELP

潜在効率労働は, 次式により求めた。

潜在労働投入 =15 歳以上人口 × 潜在労働力率 × 完全雇用失業率
　　　　　　× 潜在労働時間　　　　　　　　　　　　(5)

15 歳以上人口は, 労働力調査による実績値である。潜在労働力率は, 生産年齢人口と 65 歳以上人口に分け, それぞれの労働力率を peak-to-peak 法を基本として推計した。完全雇用失業率は, UV 分析による構造失業率の推移を参照して推計した[13]。長期デフレ期間で安定的物価と整合的な NAIRU を推計することは, 極めて困難である。その意味で, ここでの完全雇用失業率は, 高めの推計になっている可能性があり, 潜在生産力は過少推計になっている可能性が高い。潜在労働時間, 潜在労働力率, 完

---

13) ここで用いられている UV 分析や労働市場での構造変化に関しては, 栗林 (2013) や Kuribayashi (2014) を参照。

全雇用失業率は図1-5-1〜5-3のようになっている。低成長期には，労働時間，労働力率，および完全雇用失業率ともに潜在労働投入を低下させる方向に推移している。さらに，生産年齢人口は96年以降，15歳以上人口は12年以降それぞれ減少に転じている（付表参照）。

(3) 潜在生産力（潜在実質GDP）の推計：GDPP

潜在生産力は，2ケースについて推計した。労働分配率$\alpha=0.655$は両者同一とした。ケース1では，全期間（80-14年）でTFPの技術進歩率を$\lambda=0.759$とし，(1)と(2)式に潜在効率資本ストックおよび潜在効率労働を代入して，潜在生産力を求めている[14]。ケース2では，中成長期（80-92年）で$\lambda=1.600$，低成長期（93-14年）で$\lambda=0.481$として同様に潜在生産力を推計している（表1-4参照）。これらの潜在生産力より潜在成長率を計算すると表1-5のようになる。両ケースとも全期間での年平均潜在成長率は1.9%である。中成長期では，ケース1が3.8%，ケース2が4.7%であり，低成長期では，ケース1が1.1%，ケース2が0.8%である。日本経済の潜在成長率は，80年代の中成長期では約4%であったものが，バブル破裂以降の低成長期には約1%に低下してしまったことになる。

両ケースの相違は，技術進歩率$\lambda$の違いであり，生産要素の寄与度は同一である。潜在成長率については次節で詳しく分析するが，中成長期と低成長期の差の多くは要素寄与度の相違からきている。特に資本の寄与度の差が大きい。また労働の寄与度は，90年代以降マイナスとなっており，資本面のみならず労働投入面からくる潜在生産力の低下が課題であることが鮮明になっている。

**4-2 デフレギャップの推計**

本論文ではデフレギャップを次のように定義する[15]。

---

14) (2)式のbは，推定期間での残差の平均がゼロとなるように推計している。
15) 一般には，分子＝実質GDP－潜在生産力，とされ，デフレギャップはマイナスとなるように定義されているので，符号が異なることに注意していただきたい。

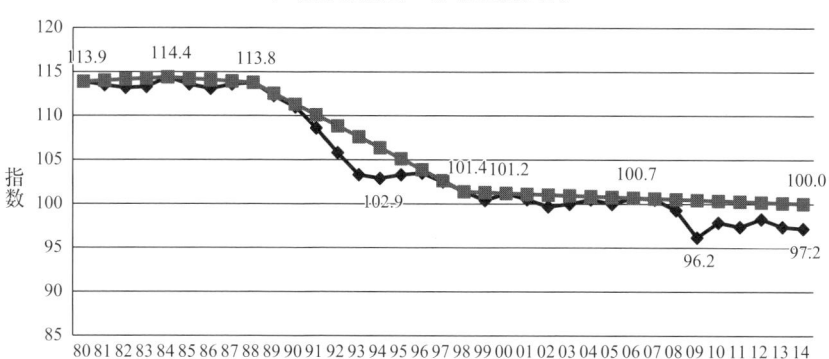

第 1 章　日本経済の長期停滞と経済成長　21

図 1-5-1　潜在労働時間
◆─労働時間指数　■─潜在労働時間

図 1-5-2　潜在労働力率
◆─労働力率　■─潜在労働力率

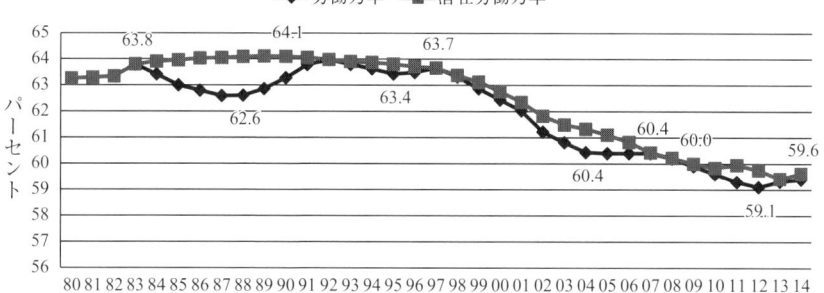

図 1-5-3　完全雇用失業率
◆─失業率　■─完全雇用失業率　▲─谷→谷

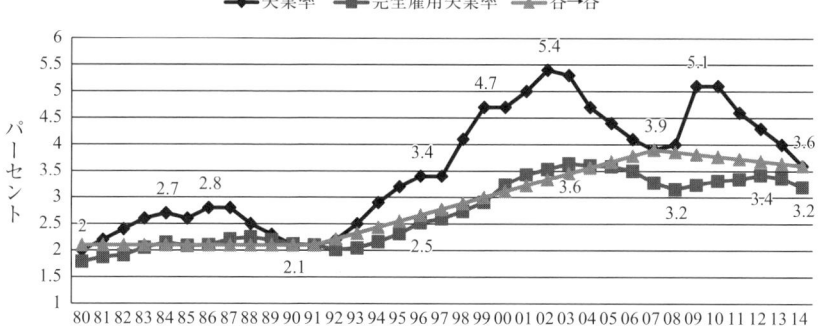

(出所) 上記 3 図　筆者作成。

表 1-5　潜在成長率

| 暦年 | 成長率 実績 | 潜在成長率 ケース1 | 潜在成長率 ケース2 | 潜在資本 | 潜在労働 | 要素合計 |
|---|---|---|---|---|---|---|
| 1981 | 4.5 | 3.6 | 4.5 | 2.21 | 0.67 | 2.9 |
| 1982 | 3.6 | 3.5 | 4.4 | 1.94 | 0.82 | 2.8 |
| 1983 | 3.0 | 3.7 | 4.6 | 1.65 | 1.29 | 2.9 |
| 1984 | 4.5 | 3.5 | 4.3 | 1.75 | 0.94 | 2.7 |
| 1985 | 6.2 | 5.4 | 6.3 | 3.86 | 0.83 | 4.7 |
| 1986 | 3.2 | 3.9 | 4.7 | 2.29 | 0.82 | 3.1 |
| 1987 | 4.0 | 4.1 | 5.0 | 2.60 | 0.77 | 3.4 |
| 1988 | 7.1 | 3.7 | 4.6 | 2.13 | 0.80 | 2.9 |
| 1989 | 5.4 | 3.5 | 4.3 | 2.56 | 0.17 | 2.7 |
| 1990 | 5.3 | 3.4 | 4.3 | 2.63 | 0.06 | 2.7 |
| 1991 | 3.4 | 3.6 | 4.4 | 2.90 | -0.05 | 2.8 |
| 1992 | 0.9 | 2.3 | 3.2 | 1.78 | -0.23 | 1.5 |
| 1993 | 0.2 | 1.8 | 0.4 | 1.36 | -0.29 | 1.1 |
| 1994 | 0.8 | 1.4 | 1.1 | 1.06 | -0.41 | 0.7 |
| 1995 | 1.9 | 1.5 | 1.2 | 1.23 | -0.52 | 0.7 |
| 1996 | 2.6 | 1.5 | 1.2 | 1.39 | -0.63 | 0.8 |
| 1997 | 1.6 | 1.9 | 1.7 | 1.54 | -0.33 | 1.2 |
| 1998 | -2.0 | 0.9 | 0.7 | 0.95 | -0.77 | 0.2 |
| 1999 | -0.2 | 1.4 | 1.1 | 0.78 | -0.11 | 0.7 |
| 2000 | 2.3 | 1.2 | 0.9 | 0.77 | -0.34 | 0.4 |
| 2001 | 0.4 | 1.0 | 0.7 | 0.55 | -0.31 | 0.2 |
| 2002 | 0.3 | 0.6 | 0.3 | 0.27 | -0.44 | -0.2 |
| 2003 | 1.7 | 0.8 | 0.5 | 0.26 | -0.27 | 0.0 |
| 2004 | 2.4 | 1.2 | 0.9 | 0.45 | -0.03 | 0.4 |
| 2005 | 1.3 | 0.9 | 0.6 | 0.34 | -0.18 | 0.2 |
| 2006 | 1.7 | 1.1 | 0.8 | 0.48 | -0.16 | 0.3 |
| 2007 | 2.2 | 1.4 | 1.2 | 0.79 | -0.12 | 0.7 |
| 2008 | -1.0 | 1.2 | 0.9 | 0.52 | -0.08 | 0.4 |
| 2009 | -5.5 | 0.6 | 0.4 | 0.16 | -0.28 | -0.1 |
| 2010 | 4.7 | 0.9 | 0.7 | 0.38 | -0.21 | 0.2 |
| 2011 | -0.5 | 1.3 | 1.0 | 0.44 | 0.05 | 0.5 |
| 2012 | 1.8 | 0.9 | 0.6 | 0.55 | -0.41 | 0.1 |
| 2013 | 1.6 | 0.7 | 0.4 | 0.40 | -0.43 | 0.0 |
| 2014 | -0.03 | 1.5 | 1.2 | 0.49 | 0.24 | 0.7 |

(出所) 筆者作成。

　　　　デフレギャップ ＝（潜在生産力 － 実績GDP）／潜在生産力　　　(6)

このとき，生産関数を推計するときの誤差が問題となる。そこでその推計誤差をデフレギャップから除外するために実績GDPの代わりに生産関数から求め

られる推計 GDP を用いることが考えられる。

$$\text{デフレギャップ} = (\text{潜在生産力} - \text{推計 GDP})/\text{潜在生産力} \quad (6')$$

この推計式によれば，潜在要素投入量と現実の要素投入量との相違のみがデフレギャップとして推計されることになる。これは，生産関数が現実の GDP を完全に説明できない限り，有効需要面の変動からくるデフレギャップを完全には捕まえられないことを意味する。そこで，ケース 1 とケース 2 に関して，(6)式によるギャップ（GAP1），(6')式によるギャップ（GAP2）および(6')の修正として（推計 $GDP_t$）＝$(1+gt)$（推計 $GDP_{t-1}$）としたギャップ（GAP3）の 3 種類

図 1-6-1　ギャップ比較（ケース 1）

（注）成長率差＝潜在成長率－実績成長率

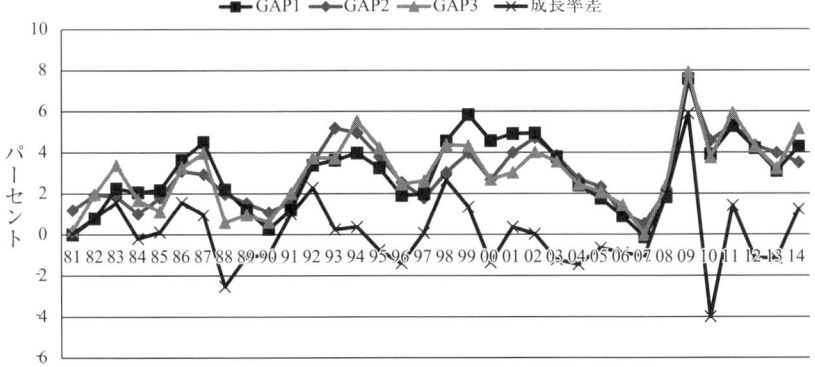

図 1-6-2　ギャップ比較（ケース 2）

（出所）上記 2 図　筆者作成。

のギャップを推計した(ただしgは当期の実績成長率である)。それぞれのケースについて3種類のギャップを比較したのが図1-6-1と1-6-2である。ケース1(図1-6-1)では，97年まで，特に中成長期ではGAP1はデフレギャップの水準に関して他と大きな差がある。変動に関しては，ほぼ同様であるといってよい。98年以降では，世界金融危機後に多少乖離が大きくなるが，ほぼ同様の動きをしている。

一方，2期間分割したケース2(図1-6-2)では，3指標共に大きな相違がなく，同様の変動を示している。このことは，2期間分割した方が生産関数の推計精度が高いことを意味しており，30年以上技術進歩率を一定と仮定することに問題があることを意味しているといってよいであろう。したがって，以下では2期間分割での潜在生産力推計を基本としてとり，デフレギャップとしてはGAP1とGAP2の折衷案であるGAP3を用いることとしたい[16]。1年を単位とした限界的変動でみると，成長率差(＝潜在成長率-実績成長率)がプラスのときにはデフレギャップは拡大し，マイナスのときには縮小すると一般には考えられる。両ケースともに，GAP1とGAP3はそうなっていることがわかる。

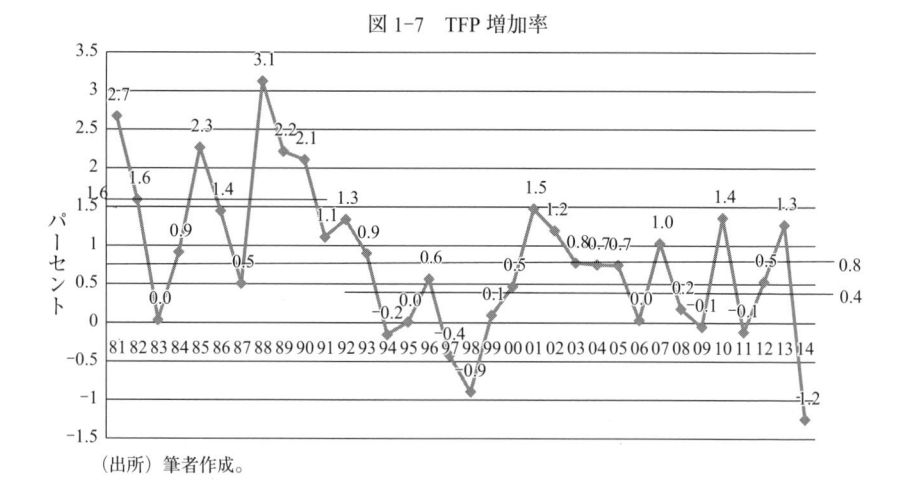

図1-7　TFP増加率

(出所)筆者作成。

---

16)　GAP3はGAP2を年ごとに推計誤差をコンスタント修正しているとみなしうるであろう。

GAP2もほとんどそうなっているが，2，3逆の動きをしている。なお，TFPの年ごとの変動は図1-7のようになっている。中成長期では，年々の変動が大きい。

他機関とのデフレギャップを比較すると，図1-8のようになる。前述したように，他機関はほぼ同様の概念で同様の推計方法を用いているために，それほど大きな差はない。栗林推計（本推計）は最大可能な生産概念を用いているために，デフレギャップは最も大きくなっている。特に，00年以前での差が大きく出ている。00年以降ではギャップの水準にそれほど大きな差はないが，世界金融危機後に差が拡大し始めている。これは他機関の推計は過去の平均トレンドを反映する度合いが高いために起きている現象といってよいであろう。デフレギャップの推移に関しては，本推計に比較して他の3機関のデフレギャップはやや上昇気味のトレンドを持っているようにもみえる。デフレギャップは，概念設定や推計方法により差が大きくなる可能性があるので，その水準を比較して議論するのには無理があるように思われる。デフレギャップの大きさではなく，それぞれのデフレギャップでの推計範囲内で，過去の景気局面との比較で政策判断するのが適当であると思われる。その意味で，本推計ではデフレギャップが0〜2%であれば適当な均衡状況と判断されることになろう。

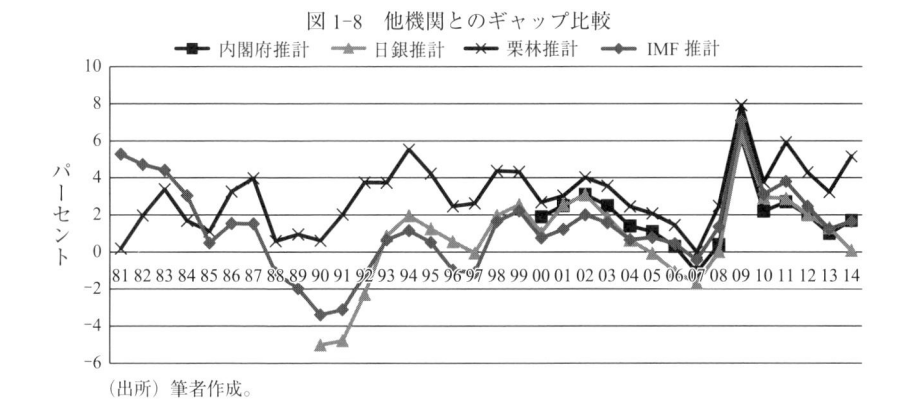

図1-8 他機関とのギャップ比較

（出所）筆者作成。

## 4-3 デフレギャップと物価

　デフレギャップはマクロ経済政策を立案する1つの重要な指標として用いられる。現在の日本の場合には特にデフレからの脱却のための財政金融政策の判断指標として政策当局のみならず，一般的にも注目されている。そこでインフレ率とデフレギャップとの関係式を推定すると表1-6のような結果が得られる。消費者物価上昇率をデフレギャップ，賃金上昇率，生産性上昇率，輸入物価上昇率，マネーサプライ上昇率で説明する式を推定し，有意な結果が得られる変数のみを説明変数としてとっている。輸入物価，マネーサプライは符号条件さえも満たさないので除外されている。消費税率引き上げダミーを用いた結果，3%ポイントの引き上げは，消費者物価の上昇率を1.5～1.9%ポイント引き上げるという結果が得られている。

表1-6　消費者物価関数

| 方程式 | 推定期間 | 定数 | ギャップ | 賃金 | 生産性 | ダミー | 決定係数 | 標準誤差 | ダービン・ワトソン比 |
|---|---|---|---|---|---|---|---|---|---|
| 1 | 81-14 | 1.583 | -0.27794 | 0.597 | -0.3592 | 1.537 | 0.88 | 0.5055 | 1.58 |
|   |       | 5.24  | -3.94    | 11.82 | -5.36   | 3.40  |      |        |      |
| 2 | 81-92 | 2.699 | -0.5367  | 0.6108| -0.5729 |       | 0.84 | 0.5143 | 1.34 |
|   |       | 2.06  | -2.18    | 3.27  | -4.18   |       |      |        |      |
| 3 | 93-14 | 1.11  | -0.2015  | 0.4227| -0.2547 | 1.942 | 0.78 | 0.4537 | 2.02 |
|   |       | 3.50  | -2.89    | 4.45  | -3.47   | 4.33  |      |        |      |

(注)1　係数の下段の数値は係数の t 値を示す。
　　2　係数は2式のギャップを除き1%有意水準で有意でり，それのみP値＝0.06である。
　　3　変数はダミーを除き，すべて増加率で%単位である。
　　4　ダミーは，97年＝2/3，14年＝1，で他はゼロである。
(出所)筆者作成。

　表1-6の低成長期の方程式3に基づいて消費者物価上昇率の数値計算をしてみたい。前述の本推計の特性を考慮して2%強の成長を数年続けデフレギャップを2%まで引き下げたと仮定する。定数とデフレギャップの要因から，0.71%の上昇となる。そこで，完全雇用に近い状況で生産性上昇率1.5%，そのわりには若干高めの賃金上昇率2.5%を想定すれば[17]，消費者物価上昇率は

---

17)　本推計における賃金（＝一人当たり雇用者報酬）の生産性（＝実質GDP／就業者）に対する弾性値は，全期間を通じて約1.1%である。

1.4％となる。したがって，デフレギャップが2％以下に低下し，かつ賃金が2％以上上昇するという状況は低成長期では起きておらず，短期間に2％の物価上昇率を持続的に達成するのは現在の状況では極めて困難なように思われる。

## 5. 潜在成長率の分析

日本経済の潜在成長率の長期トレンドは期間別にみると表1-7のようになる。表1-4に示されている各期間の成長トレンドと比較すると，ケース2では潜在成長率の方がどの期間でも高くなっているのに対して，ケース1では中成長期では潜在成長率の方が低く，低成長期では潜在成長率の方がかなり高くなっている。年平均潜在成長率は，80年代以降の平均技術進歩率（ケース1で約0.8％）を用いても，バブル破裂以降のそれ（ケース2で約0.5％）を用いても，失われた20年ともいわれている低成長期では1％弱であったと推計される。これまでの分析で明示したように，潜在成長率はTFP（特に技術進歩率），潜在効率資本，および潜在効率労働の3つの要因によって決定される。資本の寄与度が最も大きく，次にTFPが資本の約7割程度の寄与度となっている（表1-7参照）。労働の寄与度は，中成長期ではプラスであるが，低成長期ではマイナスである。この点がこれからの日本経済を考えるうえでの大きな逆風である。そこでまず潜在要素投入の動向をみておきたい。各要素の年々の変動は付表に示した。

表1-7 期間別潜在成長率トレンド

| 期間 | 潜在成長率 ケース1 | 潜在成長率 ケース2 | 潜在効率資本 年平均増加率 | 潜在効率資本 寄与度 | 潜在効率労働 年平均増加率 | 潜在効率労働 寄与度 | TFP ケース1 | TFP ケース2 |
|---|---|---|---|---|---|---|---|---|
| 80-14 | 1.89 | 1.90 | 3.58 | 1.24 | -0.15 | -0.10 | 0.76 | 0.76 |
| 80-92 | 3.81 | 4.69 | 7.02 | 2.42 | 0.98 | 0.64 | 0.76 | 1.60 |
| 93-14 | 1.09 | 0.81 | 1.72 | 0.59 | -0.40 | -0.26 | 0.76 | 0.48 |
| 93-97 | 1.56 | 1.27 | 3.78 | 1.30 | -0.75 | -0.49 | 0.75 | 0.46 |
| 98-14 | 1.02 | 0.74 | 1.31 | 0.45 | -0.30 | -0.19 | 0.76 | 0.48 |

(出所) 筆者作成

潜在効率資本ストック（EKPP）の動向を資本蓄積率である民間資本ストック（KP）と稼働率に分けてみる。KPは中成長期では年平均6.8％で増加し，バブ

ル破裂直後の調整期93-97年では4.1%，さらに98年以降（本格デフレ期）では1.5%で増加しており，民間資本蓄積率の鈍化が著しい。また稼働率は，90年までは上昇していたが，91年以降は一貫して低下している（図1-4参照）。その結果，EKPPも中成長期で年平均7.0%，調整期で3.8%，本格デフレ期で1.3%の増加となっている（表1-7参照）。バブル破裂以降の短期の景気循環で設備投資が沈滞し，資本ストックの増加率を引き下げ，さらに設備稼働率をも引き下げることにより，潜在成長力の最も重要な決定要因であるEKPPは，低増加率に留まり，潜在成長率を約1%に引き下げるという履歴効果が観測されることがわかる。

　潜在効率労働（ELP）は，日本の人口動態と労働市場制度を反映している（基礎データは付表参照）。労働力供給の基礎となる日本の15歳以上人口は，91年までは1%台で増加していたが，92年以降はほぼ毎年増加率が逓減し，11年からは減少に転じている。さらに労働の基幹となる生産年齢人口と65歳以上人口に区分してみると，生産年齢人口の15歳以上人口に占める割合は，80年88.1%，90年85.3%，00年79.9%，10年73.5%，14年70.4%と一貫して加速的に低下し，高齢化が進んでいる。その結果労働力率は，生産年齢人口で高まっているものの65歳以上人口では低下しているために，全体では低下している。したがって，前述したように潜在労働力人口（NLP）を2つの年齢区分で推計し，両者を合計して求めると，潜在労働力率が90年代以降低下するので（図1-5-2参照），NLPは，中成長期には1%強で増加しているが，調整期には増加率が低下し，00年以降は減少に転じている。完全雇用失業率（up）が一定ならば，潜在就業者（LP）はNLPと同様の動きをするが，図1-5-3に示されているようにupは93年以降上昇しているものと推計されるので，LPの推移は90年代後半のupが上昇する期間でNLPと異なっている。このLPに潜在労働時間（hP）を乗じたものがELP（＝hP×LP）である。図1-5-1に示されているように，労働時間（h）は，労働基準法の改定[18]（88年，91年，94年）により所定内労働時間の上限が引き下げられたこと（週48→46→44→40

---

18) 政府は中長期経済計画で年間1800時間を目標として政策を進めてきていた。

時間）を反映して，89年以降段階的に低下している。特に88-93年の低下が顕著である。その結果ELPは，88年までは年1％台の増加率であったが，89年から増加率が急激に低下し，91年以降はほぼ毎年減少している。したがって，15歳以上人口の増加率が逓減から減少，高齢化による労働力率の低下，完全雇用失業率の上昇，労働時間の減少という4つの要因により，潜在効率労働は，中成長期には年平均1.0％の増加，低成長期には年平均0.4％の減少となっている。低成長期でも，93-97年の調整期では減少率が大きく年平均0.8％の減少，98-14年の本格デフレ期では年平均0.3％の減少となっている。

## 6．お わ り に

最後に，これまでの日本経済の潜在生産力の分析に基づき，拡大均衡に向けて今後の潜在生産力を高めるための政策について整理したい。第3節でみた米国やその他の先進国が直面している「逆風」は，今後の日本経済にもあてはまる。特に日本の場合には，第1は人口の減少と高齢化のさらなる進展，第2は技術進歩率の停滞，第3はフロンティアの減退，第4は長期間にわたる低成長が法人企業の貯蓄率を高め資本の自己調達傾向を定着させていること（長期間にわたる過度の貯蓄超過），第5は政府の累積債務，第6はグローバル化の影響である。

人口面での「逆風」に対しては，長期的に必要とされる政策と比較的短期に効果をあげられる政策とがある。たとえば，15歳以上人口，特に生産年齢人口の減少を逆転させるには，海外労働力を活用する手段（移民政策）以外数十年不可能である。そして，海外からの労働移入を促進するには社会保障制度を含めた社会システム全体と整合性のとれた制度改革を必要とする。したがって，短・中期的には，1つは労働力率を高める政策である。特に日本ではまだ諸外国に比較して女性の労働力率が低いので，保育や家事労働問題を含め女性が働き易い総合的な労働政策により日本特有のM字型をなくすと同時に女性全体の労働力率を高めることである。さらに高齢者の健康維持と意欲のある高齢者の労働参加率を高める政策である。2つは完全雇用失業率を3％以下に引

き下げる政策である。栗林（2013, 2014）で分析されているように，長期デフレ下で労働市場におけるマクロ関係式には構造的変化が起きており，フィリップス曲線や UV 曲線はシフトして構造的失業率は中成長期よりも高くなっている。これをミスマッチ解消政策，人的能力開発政策により政府の 2％インフレ目標政策に整合的な 3％以下に引き下げることである。3 つは労働時間を図 1-5-1 に示されているような潜在労働時間の水準に維持することである。世界金融危機以降，現実の労働時間は一段と下方にシフトしている。これは深刻な不況の影響と同時に非正規労働者など短時間就業者が増加していることを反映している[19]。完全雇用失業率を達成すると同時に正規労働者比率を高め，労働の質的改善を図ることにより労働時間を潜在労働時間（これまで目標としてきた年間 1800 時間）に近づけることが必要である[20]。低成長期には潜在効率労働の潜在成長率への寄与度は 0.3％ポイントのマイナスであり，これをプラスにできれば潜在成長率は 0.3％ポイント以上高まる（たとえば，表 1-5 の 11 年と 14 年参照）。

　TFP を引き上げていくことは容易ではないが，各産業における技術革新を促進するインセンティブ政策と産業構造改革を推進すること，および人的能力開発政策を促進することが役立つであろう。教育への投資を促進することである。

　フロンティアの開発や新資源の開発は，日本経済の場合グローバル化と密接に関係している。海外市場の開発による輸出促進と海外投資による新資源の開発である。その意味で，世界貿易機構（WTO）による多角的貿易交渉が進まない現在，地域貿易協定（RTA）特に TPP をどのように推進していくかが重要な鍵となる[21]。グローバル化に伴い，日本企業の海外生産比率が高まっていくのは必然といえよう。しかし，グローバル化をどこまで推し進めるかは，国益に鑑みて農業，労働市場，社会保障制度などへの悪影響を十分に考慮したものでなければならない。

---

19) 労働力調査によると週間就業時間 35 時間未満の非農林雇用者比率は 93 年に 18.2％であったものが 14 年で 30.4％となっている。
20) 年間実労働時間は 08 年の 2,836 時間から 14 年には 1,741 時間まで逓減している。
21) グローバル化の詳細については栗林（2012, 2015）を参照。

表1-7からわかるように，潜在成長率を決定する最大の要因はEKPPである。さらにEKPPはKPすなわち民間資本の蓄積率と適切な稼働率の維持に依存している。そしてKPは過去の設備投資と設備の陳腐化によって決まることはいうまでもない。したがって，潜在生産力は設備投資動向により7-8割が決定される。今後の潜在成長率を高めていくためには，民間投資による経済成長をどのように達成していくかがポイントであり，アベノミクスの第3の矢の目標でもあろう。前述したように，低成長期での重大な問題点は，日本の法人企業の貯蓄超過行動が90年代半ばから20年以上続いていることである（図1-2参照）。この法人企業の蓄積された内部留保を国内投資に向け，さらに借り入れによる投資を積極的に行うような誘導政策を行うことが求められている。中成長期と比較して低成長期におけるこの異常な企業行動が「異次元の質的・量的」金融緩和政策下で起きていることは，将来の経済成長に関する不確実性を除去ないし軽減するための有効需要政策が求められていることを意味しているといえよう。

　このときに問題になるのが政府の累積債務問題である。財政の健全化は，重要な問題であることはいうまでもない。しかし，これまでの歴史は財政健全化目標を最優先させる政策は多くの場合失敗であったことを教えているといえる。政府の累積債務の名目GDP比率を目標値とし，経済の健全化を図り，デフレから脱却し，成長を確保した後に，支出削減，増税の順に財政健全化政策を進めていくことが最適と考えられる。

　本論文では，失われた20年ともいわれる低成長期における潜在成長率について分析した。今後の日本経済は，デフレから脱却し，持続的経済成長を達成することがまず必要である。2%強の成長を数年持続することにより失業率を完全雇用失業率まで引き下げられれば，賃金も2〜3%上昇し，2%インフレ目標も達成されることになろう[22]。その後は，潜在成長率を2%強に引き上げる政策が必要となる。本分析の結果によれば，人口面からの逆風に対してELPの寄与度をプラスに維持し，調整期程度のEKPPと全期間平均のTFPの寄与

---

22）　詳細は栗林（2014, 2015）参照。

度(約 0.8%の技術進歩率)を達成することができれば,潜在成長率を 2% 強に維持できることになる。達成可能な無理のない政策目標といえよう。少子化に歯止めをかける長期の人口政策,高齢化から必要とされる医療・介護関連産業,それら関連機器産業,教育・人的資源開発関連産業などの産業政策を推進し,製造業や農業ではグローバル化にともなう国際分業を進め,潜在生産力を高めていくことが望まれる。前述した日本の逆風には挙げなかったが,持続可能なエネルギー・地球環境問題に関連した長期・超長期のための投資を誘発していく政策も潜在生産力を高めるために必要であることはいうまでもないであろう。

## 参 考 文 献

石見　徹 (2014)「現代の世界経済が直面する課題について」(『経済学論集』79-4) 2-21 ページ,東京大学。

栗林　世 (2010)「長期不況期の日本のマクロ経済政策」飯島大邦・谷口洋志・中野守著 (『制度改革と経済政策』) 3-44 ページ,中央大学出版部。

栗林　世 (2012)「グローバリゼーションと日本経済」田中素香・林光洋編著 (『世界経済の新潮流』中央大学経済研究所研究叢書 56) 13-49 ページ,中央大学出版部。

栗林　世 (2013)「デフレ下の労働市場」『経済学論纂』第 53 巻第 5・6 合併号, 79-118 ページ,中央大学。

栗林　世 (2014)「今春季生活闘争での交渉力がカギ」—アベノミクスでデフレ脱却できるか—(『改革者』2014・3),52-55 ページ。

栗林　世 (2015)「第三の矢が問われている」—デフレ脱却はまだ初期段階—(『改革者』2015・1),26-29 ページ。

栗林　世 (2015)「グローバリゼーションと統合ルール」中城誠一・小森谷徳純編著 (『金融危機後の世界経済の課題』中央大学経済研究所研究叢書 60) 3-26 ページ,中央大学出版部。

世界銀行 (2006)『世界開発報告 2006』一灯舎。

内閣府 (2011)『日本経済 2011-2012』。

日本銀行 (2003)「GDP ギャップと潜在成長率」(日本銀行調査月報　2003 年 2 月号),69-112 ページ。

日本銀行 (2006)「GDP ギャップと潜在成長率の新推計」(伊藤智他『日銀レビュー』2006 年 5 月,調査統計局)。

ベンジャミン・ヒギンズ (1952)「長期停滞の概念と核心」,都留重人・永田清監修訳 (『所得・雇用及び政策』上巻 (A.H. ハンセン記念論文集)) 第 4 章, 87-117 ページ (小原敬訳),有斐閣。

Friedman, Benjamin M.（2005）, *The Moral Consequences of Economic Growth*, New York: Alfred A. Knopf.（地主敏樹・重富公生・佐々木豊訳(2011)『経済成長とモラル』）

Gordon, Robert J.（2012）, *Is U.S. Economic Growth Over? Faltering Innovation Confronts the Six Headwinds*, NBER Working Paper 18315.

Hansen, Alvin H.（1941）, *Fiscal Policy and Business Cycles*, W.W. Norton.（都留重人訳（1950）『財政政策と景気循環』日本評論社）

IMF（2015）, World Economic Outlook, April 2015.

Kindleberger, Charles P.（1986）, *The World Depression 1929 to 1939*, Revised and enlarged edition: University of California Press.（石崎昭彦・木村一郎訳（2009）『大不況下の世界　1929-1939』（改定増補版）岩波書店）

Kuribayashi, Sei（2014）, "Prolonged Deflation and Structural Change in the Labor in Japan", *The Journal of Econometric Study of Northeast Asia*, Vol. 9 No. 2, pp. 33-40.

Summers, Lawrence H.（2014）, "U.S. Economic Prospects: Secular Stagnation, Hysteresis, and the Zero Lower Bound", *Business Economics*, Vol. 49, No. 2, National Association for Business Economics.

付表　基礎資料

| 暦年 | 実質国内総生産 | 民間資本ストック 全産業 | 民間資本ストック 製造業 | 民間資本ストック 非製造業 | 稼働率 全産業 | 稼働率 製造業 | 稼働率 非製造業 | 人口 15歳以上 | 人口 生産年齢 | 人口 65歳以上 |
|---|---|---|---|---|---|---|---|---|---|---|
|  | GDP | KP | KPm | KPnm | $\rho$ | $\rho$m | $\rho$nm | POP15- | POP15-64 | POP65- |
|  | 10億円 | 10億円 | 10億円 | 10億円 | 05年=100 | 05年=100 | 05年=100 | 万人 | 万人 | 万人 |
| 1980 | 268,762.7 | 376,881.4 | 148,060.2 | 228,821.2 | 102.0 | 106.7 | 98.9 | 8932 | 7872 | 1060 |
| 1981 | 280,770.2 | 400,783.4 | 155,882.4 | 244,901.0 | 100.1 | 101.9 | 98.9 | 9017 | 7923 | 1094 |
| 1982 | 290,803.7 | 423,081.9 | 162,785.4 | 260,296.5 | 98.9 | 98.8 | 98.9 | 9116 | 7988 | 1128 |
| 1983 | 299,659.9 | 443,022.3 | 168,771.4 | 274,250.9 | 99.5 | 100.1 | 99.1 | 9232 | 8070 | 1162 |
| 1984 | 313,219.4 | 465,124.5 | 176,409.2 | 288,715.4 | 101.9 | 105.9 | 99.4 | 9347 | 8156 | 1191 |
| 1985 | 332,542.0 | 517,238.4 | 188,013.0 | 329,225.4 | 102.0 | 106.1 | 99.6 | 9465 | 8232 | 1233 |
| 1986 | 343,105.6 | 549,276.1 | 197,640.9 | 351,635.2 | 100.2 | 101.3 | 99.6 | 9587 | 8315 | 1272 |
| 1987 | 356,934.2 | 588,455.4 | 205,411.3 | 383,044.1 | 100.5 | 101.4 | 100.1 | 9720 | 8396 | 1324 |
| 1988 | 382,241.7 | 622,261.0 | 215,408.6 | 406,852.5 | 102.6 | 107.2 | 100.2 | 9849 | 8478 | 1371 |
| 1989 | 402,956.5 | 665,697.1 | 229,876.5 | 435,820.7 | 103.7 | 109.3 | 100.8 | 9974 | 8552 | 1422 |
| 1990 | 424,152.6 | 714,669.1 | 246,651.3 | 468,017.8 | 104.0 | 110.5 | 100.6 | 10089 | 8609 | 1480 |
| 1991 | 438,722.0 | 776,114.7 | 265,772.2 | 510,342.5 | 102.7 | 108.2 | 99.9 | 10199 | 8655 | 1544 |
| 1992 | 442,556.7 | 817,364.4 | 279,935.5 | 537,428.9 | 99.1 | 99.3 | 99.0 | 10283 | 8670 | 1613 |
| 1993 | 443,443.8 | 851,198.4 | 288,899.4 | 562,299.0 | 97.1 | 94.3 | 98.6 | 10370 | 8692 | 1678 |
| 1994 | 446,779.9 | 878,146.2 | 306,302.7 | 571,843.5 | 97.2 | 93.9 | 99.0 | 10444 | 8697 | 1747 |
| 1995 | 455,457.9 | 911,088.7 | 315,492.5 | 595,596.2 | 98.1 | 96.3 | 99.1 | 10510 | 8697 | 1813 |
| 1996 | 467,345.6 | 949,677.6 | 322,602.1 | 627,075.6 | 98.6 | 97.2 | 99.3 | 10571 | 8687 | 1884 |
| 1997 | 474,802.7 | 993,937.8 | 332,635.9 | 661,302.0 | 99.5 | 100.5 | 99.0 | 10661 | 8699 | 1962 |
| 1998 | 465,291.7 | 1,022,993.3 | 341,929.4 | 681,063.9 | 96.7 | 93.0 | 98.6 | 10728 | 8689 | 2039 |
| 1999 | 464,364.2 | 1,048,035.6 | 344,789.5 | 703,246.1 | 96.8 | 92.7 | 98.8 | 10783 | 8676 | 2107 |
| 2000 | 474,847.2 | 1,073,259.4 | 349,805.3 | 723,454.0 | 98.4 | 96.8 | 99.2 | 10836 | 8656 | 2180 |
| 2001 | 476,535.1 | 1,092,118.1 | 354,668.9 | 737,449.2 | 95.8 | 89.5 | 98.9 | 10886 | 8625 | 2261 |
| 2002 | 477,914.9 | 1,102,816.2 | 352,087.1 | 750,729.1 | 96.1 | 90.5 | 98.8 | 10927 | 8577 | 2350 |
| 2003 | 485,968.3 | 1,113,224.4 | 350,463.0 | 762,761.4 | 97.6 | 94.4 | 99.1 | 10962 | 8540 | 2422 |
| 2004 | 497,440.7 | 1,129,671.2 | 353,902.8 | 775,768.5 | 99.4 | 98.8 | 99.7 | 10990 | 8512 | 2478 |
| 2005 | 503,921.0 | 1,142,587.1 | 359,879.4 | 782,707.7 | 100.0 | 100.0 | 100.0 | 11008 | 8462 | 2546 |
| 2006 | 512,451.9 | 1,159,949.8 | 369,886.0 | 790,063.8 | 100.9 | 102.7 | 100.1 | 11030 | 8405 | 2625 |
| 2007 | 523,685.8 | 1,188,116.1 | 383,308.1 | 804,808.0 | 101.1 | 103.6 | 99.9 | 11066 | 8333 | 2733 |
| 2008 | 518,230.9 | 1,207,699.2 | 394,291.4 | 813,407.8 | 98.8 | 99.0 | 98.6 | 11086 | 8276 | 2810 |
| 2009 | 489,588.4 | 1,215,029.7 | 396,249.7 | 818,780.0 | 91.1 | 74.2 | 99.2 | 11099 | 8209 | 2890 |
| 2010 | 512,364.2 | 1,230,249.1 | 400,983.1 | 829,265.9 | 96.0 | 88.7 | 99.4 | 11111 | 8170 | 2941 |
| 2011 | 510,044.6 | 1,247,815.8 | 407,542.1 | 840,273.7 | 94.8 | 84.9 | 99.6 | 11111 | 8144 | 2967 |
| 2012 | 518,989.2 | 1,269,518.8 | 412,367.7 | 857,151.1 | 95.5 | 86.7 | 99.7 | 11098 | 8043 | 3055 |
| 2013 | 527,362.0 | 1,286,209.6 | 413,139.0 | 873,070.7 | 95.6 | 86.3 | 100.0 | 11088 | 7920 | 3168 |
| 2014 | 527,227.4 | 1,306,272.8 | 417,426.4 | 888,846.4 | 96.7 | 90.0 | 99.9 | 11082 | 7803 | 3278 |

（注）資料出所および推計方法は，本文中の当該箇所参照．

| 暦年 | 労働力人口 15歳以上 NL15- 万人 | 労働力人口 生産年齢 NL1-64 万人 | 労働力人口 65歳以上 NL65- 万人 | 労働力率 15歳以上 pr15- % | 労働力率 生産年齢 pr15-64 % | 労働力率 65歳以上 pr65- % | 就業者 L 万人 | 失業率 u % | 労働時間指数(30人) h 05年=100 | 潜在稼働率 全産業 $\rho^*$ 指数 | 潜在稼働率 製造業 $\rho m^*$ 指数 | 潜在稼働率 非製造業 $\rho nm^*$ 指数 |
|---|---|---|---|---|---|---|---|---|---|---|---|---|
| 1980 | 5650 | 5371 | 279 | 63.3 | 68.2 | 26.3 | 5536 | 2.0 | 113.9 | 102.4 | 106.7 | 98.9 |
| 1981 | 5707 | 5419 | 288 | 63.3 | 68.4 | 26.3 | 5581 | 2.2 | 113.5 | 102.5 | 106.6 | 99.1 |
| 1982 | 5774 | 5486 | 288 | 63.3 | 68.7 | 25.5 | 5638 | 2.4 | 113.2 | 102.5 | 106.5 | 99.3 |
| 1983 | 5889 | 5592 | 297 | 63.8 | 69.3 | 25.6 | 5733 | 2.6 | 113.3 | 102.6 | 106.4 | 99.6 |
| 1984 | 5927 | 5632 | 295 | 63.4 | 69.1 | 24.8 | 5766 | 2.7 | 114.4 | 102.7 | 106.2 | 99.8 |
| 1985 | 5963 | 5663 | 300 | 63.0 | 68.8 | 24.3 | 5807 | 2.6 | 113.6 | 102.7 | 106.1 | 100.0 |
| 1986 | 6020 | 5718 | 302 | 62.8 | 68.8 | 23.7 | 5853 | 2.8 | 113.1 | 103.1 | 107.0 | 100.2 |
| 1987 | 6084 | 5772 | 312 | 62.6 | 68.7 | 23.6 | 5911 | 2.8 | 113.6 | 103.5 | 107.8 | 100.5 |
| 1988 | 6166 | 5840 | 326 | 62.6 | 68.9 | 23.8 | 6011 | 2.5 | 113.8 | 103.9 | 108.7 | 100.7 |
| 1989 | 6270 | 5931 | 339 | 62.9 | 69.4 | 23.8 | 6128 | 2.3 | 112.3 | 104.4 | 109.6 | 100.9 |
| 1990 | 6384 | 6024 | 360 | 63.3 | 70.0 | 24.3 | 6249 | 2.1 | 111.0 | 104.5 | 110.4 | 100.9 |
| 1991 | 6505 | 6116 | 389 | 63.8 | 70.7 | 25.2 | 6369 | 2.1 | 108.6 | 104.4 | 110.0 | 100.8 |
| 1992 | 6578 | 6169 | 409 | 64.0 | 71.2 | 25.4 | 6436 | 2.2 | 105.8 | 104.3 | 109.6 | 100.8 |
| 1993 | 6615 | 6198 | 417 | 63.8 | 71.3 | 24.9 | 6450 | 2.5 | 103.3 | 104.1 | 109.2 | 100.7 |
| 1994 | 6645 | 6211 | 434 | 63.6 | 71.4 | 24.8 | 6453 | 2.9 | 102.9 | 103.8 | 108.8 | 100.7 |
| 1995 | 6666 | 6221 | 445 | 63.4 | 71.5 | 24.5 | 6457 | 3.2 | 103.3 | 103.5 | 108.4 | 100.6 |
| 1996 | 6711 | 6256 | 455 | 63.5 | 72.0 | 24.2 | 6486 | 3.4 | 103.2 | 103.0 | 108.0 | 100.6 |
| 1997 | 6787 | 6312 | 475 | 63.7 | 72.6 | 24.2 | 6557 | 3.4 | 102.5 | 102.9 | 107.6 | 100.6 |
| 1998 | 6793 | 6308 | 485 | 63.3 | 72.6 | 23.8 | 6514 | 4.1 | 101.4 | 102.8 | 107.2 | 100.5 |
| 1999 | 6779 | 6286 | 493 | 62.9 | 72.5 | 23.4 | 6462 | 4.7 | 100.4 | 102.4 | 106.8 | 100.5 |
| 2000 | 6766 | 6273 | 493 | 62.4 | 72.5 | 22.6 | 6446 | 4.7 | 101.2 | 102.4 | 106.4 | 100.4 |
| 2001 | 6752 | 6260 | 492 | 62.0 | 72.6 | 21.8 | 6412 | 5.0 | 100.5 | 102.2 | 106.0 | 100.4 |
| 2002 | 6689 | 6202 | 487 | 61.2 | 72.3 | 20.7 | 6330 | 5.4 | 99.7 | 102.0 | 105.6 | 100.3 |
| 2003 | 6666 | 6177 | 489 | 60.8 | 72.3 | 20.2 | 6316 | 5.3 | 100.0 | 101.8 | 105.2 | 100.3 |
| 2004 | 6642 | 6152 | 490 | 60.4 | 72.3 | 19.8 | 6329 | 4.7 | 100.5 | 101.7 | 104.8 | 100.2 |
| 2005 | 6651 | 6147 | 504 | 60.4 | 72.6 | 19.8 | 6356 | 4.4 | 100.0 | 101.4 | 104.4 | 100.2 |
| 2006 | 6664 | 6143 | 521 | 60.4 | 73.1 | 19.9 | 6389 | 4.1 | 100.7 | 101.3 | 104.0 | 100.1 |
| 2007 | 6684 | 6135 | 549 | 60.4 | 73.6 | 20.1 | 6427 | 3.9 | 100.5 | 101.3 | 103.6 | 100.1 |
| 2008 | 6674 | 6108 | 566 | 60.2 | 73.8 | 20.2 | 6409 | 4.0 | 99.3 | 101.1 | 103.2 | 100.1 |
| 2009 | 6650 | 6071 | 579 | 59.9 | 74.0 | 20.1 | 6314 | 5.1 | 96.2 | 101.0 | 102.8 | 100.1 |
| 2010 | 6632 | 6047 | 585 | 59.7 | 74.0 | 19.9 | 6298 | 5.1 | 97.9 | 100.8 | 102.4 | 100.1 |
| 2011 | 6591 | 6008 | 583 | 59.3 | 73.8 | 19.7 | 6289 | 4.6 | 97.4 | 100.5 | 102.1 | 100.0 |
| 2012 | 6555 | 5946 | 609 | 59.1 | 73.9 | 19.9 | 6270 | 4.3 | 98.3 | 100.6 | 101.7 | 100.0 |
| 2013 | 6577 | 5927 | 650 | 59.3 | 74.8 | 20.9 | 6311 | 4.0 | 97.4 | 100.4 | 101.3 | 100.0 |
| 2014 | 6587 | 5889 | 696 | 59.4 | 75.5 | 21.9 | 6351 | 3.6 | 97.2 | 100.3 | 100.9 | 100.0 |

| 暦年 | 潜在労働力率 15歳以上 pr15-* % | 潜在労働力率 生産年齢 pr15-64* % | 潜在労働力率 65歳以上 pr65-* % | 完全雇用失業率 u* % | 潜在労働時間 h* 指数 | 成長率 実績 g1* % | 潜在成長率 ケース1 g2* % | 潜在成長率 ケース2 % | デフレギャップ ケース1 GAP3 % | デフレギャップ ケース2 GAP3 % | 生産要素投入増加率 効率資本(EKP) 実績 % | 生産要素投入増加率 効率資本(EKP) 潜在 % | 生産要素投入増加率 効率労働(EL) 実績 % | 生産要素投入増加率 効率労働(EL) 潜在 % |
|---|---|---|---|---|---|---|---|---|---|---|---|---|---|---|
| 1980 | 63.3 | 68.2 | 26.3 | 1.8 | 113.9 | | | | | | | | | |
| 1981 | 63.3 | 68.4 | 26.3 | 1.9 | 114.0 | 4.5 | 3.6 | 4.5 | -0.7 | 0.2 | 4.3 | 6.4 | 0.5 | 1.0 |
| 1982 | 63.3 | 68.7 | 25.5 | 1.9 | 114.2 | 3.6 | 3.5 | 4.4 | 1.1 | 2.0 | 4.3 | 5.6 | 0.8 | 1.2 |
| 1983 | 63.8 | 69.3 | 25.6 | 2.1 | 114.3 | 3.0 | 3.7 | 4.6 | 2.6 | 3.4 | 5.4 | 4.8 | 1.8 | 2.0 |
| 1984 | 63.4 | 69.1 | 24.8 | 2.1 | 114.4 | 4.5 | 3.5 | 4.3 | 0.9 | 1.7 | 7.5 | 5.1 | 1.6 | 1.4 |
| 1985 | 63.0 | 68.8 | 24.3 | 2.1 | 114.3 | 6.2 | 5.4 | 6.3 | 0.3 | 1.1 | 11.3 | 11.2 | 0.0 | 1.3 |
| 1986 | 62.8 | 68.8 | 23.7 | 2.1 | 114.1 | 3.2 | 3.9 | 4.7 | 2.4 | 3.3 | 4.4 | 6.6 | 0.3 | 1.3 |
| 1987 | 62.6 | 68.7 | 23.6 | 2.2 | 114.0 | 4.0 | 4.1 | 5.0 | 3.2 | 4.0 | 7.5 | 7.5 | 1.4 | 1.2 |
| 1988 | 62.6 | 68.9 | 23.8 | 2.2 | 113.8 | 7.1 | 3.7 | 4.6 | -0.2 | 0.6 | 7.9 | 6.2 | 1.9 | 1.2 |
| 1989 | 62.9 | 69.4 | 23.8 | 2.2 | 112.6 | 5.4 | 3.5 | 4.3 | 0.1 | 1.0 | 8.1 | 7.4 | 0.6 | 0.3 |
| 1990 | 63.3 | 70.0 | 24.3 | 2.1 | 111.3 | 5.3 | 3.4 | 4.3 | -0.2 | 0.6 | 7.6 | 7.6 | 0.8 | 0.1 |
| 1991 | 63.8 | 70.7 | 25.2 | 2.1 | 110.1 | 3.4 | 3.6 | 4.4 | 1.2 | 2.0 | 7.3 | 8.4 | -0.3 | -0.1 |
| 1992 | 64.0 | 71.2 | 25.4 | 2.0 | 108.8 | 0.9 | 2.3 | 3.2 | 2.9 | 3.7 | 1.6 | 5.1 | -1.6 | -0.3 |
| 1993 | 63.8 | 71.3 | 24.9 | 2.0 | 107.6 | 0.2 | 1.8 | 0.4 | 5.0 | 3.7 | 2.1 | 3.9 | -2.2 | -0.4 |
| 1994 | 63.6 | 71.4 | 24.8 | 2.2 | 106.4 | 0.8 | 1.4 | 1.1 | 5.8 | 5.5 | 3.3 | 3.1 | -0.3 | -0.6 |
| 1995 | 63.4 | 71.5 | 24.5 | 2.3 | 105.1 | 1.9 | 1.5 | 1.2 | 4.5 | 4.2 | 4.7 | 3.6 | 0.5 | -0.8 |
| 1996 | 63.5 | 72.0 | 24.2 | 2.5 | 103.9 | 2.6 | 1.5 | 1.2 | 2.7 | 2.5 | 4.7 | 4.0 | 0.6 | -1.0 |
| 1997 | 63.7 | 72.6 | 24.2 | 2.6 | 102.6 | 1.6 | 1.9 | 1.7 | 2.9 | 2.6 | 5.6 | 4.5 | 0.1 | -0.5 |
| 1998 | 63.3 | 72.6 | 23.8 | 2.7 | 101.4 | -2.0 | 0.9 | 0.7 | 4.6 | 4.4 | 0.1 | 2.8 | -1.7 | -1.2 |
| 1999 | 62.9 | 72.5 | 23.4 | 2.9 | 101.3 | -0.2 | 1.4 | 1.1 | 4.6 | 4.3 | 2.5 | 2.3 | -1.8 | -0.2 |
| 2000 | 62.4 | 72.5 | 22.6 | 3.2 | 101.2 | 2.3 | 1.2 | 0.9 | 3.0 | 2.7 | 4.1 | 2.2 | 0.5 | -0.5 |
| 2001 | 62.0 | 72.6 | 21.8 | 3.4 | 101.1 | 0.4 | 1.0 | 0.7 | 3.3 | 3.0 | -0.9 | 1.6 | -1.2 | -0.5 |
| 2002 | 61.2 | 72.3 | 20.7 | 3.5 | 101.0 | 0.3 | 0.6 | 0.3 | 4.3 | 4.0 | 1.3 | 0.8 | -2.1 | -0.7 |
| 2003 | 60.8 | 72.3 | 20.2 | 3.6 | 101.0 | 1.7 | 0.8 | 0.5 | 3.8 | 3.6 | 2.5 | 0.8 | 0.1 | -0.4 |
| 2004 | 60.4 | 72.2 | 19.8 | 3.6 | 100.9 | 2.4 | 1.2 | 0.9 | 2.7 | 2.5 | 3.3 | 1.3 | 0.7 | 0.0 |
| 2005 | 60.4 | 72.6 | 19.8 | 3.6 | 100.8 | 1.3 | 0.9 | 0.6 | 2.3 | 2.1 | 1.8 | 1.0 | -0.1 | -0.3 |
| 2006 | 60.4 | 73.1 | 19.9 | 3.5 | 100.7 | 1.7 | 1.1 | 0.8 | 1.7 | 1.5 | 2.5 | 1.4 | 1.2 | -0.2 |
| 2007 | 60.4 | 73.6 | 20.1 | 3.3 | 100.6 | 2.2 | 1.4 | 1.2 | 0.3 | 0.0 | 2.6 | 2.3 | 0.4 | -0.2 |
| 2008 | 60.2 | 73.8 | 20.2 | 3.2 | 100.5 | -1.0 | 1.2 | 0.9 | 2.7 | 2.5 | -0.7 | 1.5 | -1.5 | -0.1 |
| 2009 | 59.9 | 74.0 | 20.1 | 3.2 | 100.5 | -5.5 | 0.6 | 0.4 | 8.2 | 7.9 | -7.2 | 0.5 | -4.6 | -0.4 |
| 2010 | 59.7 | 74.0 | 19.9 | 3.3 | 100.4 | 4.7 | 0.9 | 0.7 | 4.0 | 3.8 | 6.7 | 1.1 | 1.5 | -0.3 |
| 2011 | 59.3 | 73.8 | 19.7 | 3.3 | 100.3 | -0.5 | 1.3 | 1.0 | 6.2 | 5.9 | 0.3 | 1.3 | -0.6 | 0.1 |
| 2012 | 59.1 | 73.9 | 19.9 | 3.4 | 100.2 | 1.8 | 0.9 | 0.6 | 4.6 | 4.3 | 2.4 | 1.6 | 0.6 | -0.6 |
| 2013 | 59.3 | 74.8 | 20.9 | 3.4 | 100.1 | 1.6 | 0.7 | 0.4 | 3.5 | 3.2 | 1.5 | 1.2 | -0.2 | -0.7 |
| 2014 | 59.4 | 75.5 | 21.9 | 3.2 | 100.0 | -0.03 | 1.5 | 1.2 | 5.4 | 5.2 | 2.7 | 1.4 | 0.4 | 0.4 |

# 第 2 章

## ピケティの資本の理論と経済成長
――その独自性と意義――

丸 尾 直 実

## 1. はじめに

　経済の成長と安定に関する研究に比べると経済的平等に関する研究特に資産分配に関する研究は少ない。分配問題が経済学界の中心テーマとして論じられたのは1960年代であったが，問題を提起したのはイギリスの経済学者のニコラス・カルドア，J. E. ミード等のイギリスの経済学者であった。経済学の主流の新古典派の学者はこの問題を避けているのではないかと疑いたくなるほど資産分配問題には無関心である。資産分配問題への関心を示した著名な経済学者は，イギリスのケンブリッジ系の経済学者であるニコラス・カルドア，J. E. ミード，アマルティア・センであり，それにスウェーデンのグンナー・ミュルダールやアメリカの哲学者のジョン・ロールズなどであった。
　最近，分配問題特に資産分配の不平等化を取り上げて世界的に話題となった本も，主流の経済学者でもアメリカの経済学者でもなく，フランスの経済学者のトマ・ピケティの著書であった。アメリカと日本の主流の経済学者もこのピケティの本を無視しようとしている感があるが，少なくともその内容を知り，なぜ世界的な話題になったのかを，知るべきであろう。アメリカだけでなく，アメリカの影響の強い日本でも安部政権の下で分配の不平等化が進行している。経済成長が始まり，株などの資産価値が高くなっているのだからそれでよ

いではないかとの声もある。しかし，経済成長や株などの資産価値上昇だけでなく，賃金も上がり，生活も社会保障も充実して安定する，より平等で豊かな社会を実現する道はないものか？　それを研究することも経済学の課題であろう。

## 2. ピケティの資本の理論がなぜ話題になるのか

経済成長と所得分配に関する研究は，第 2 次大戦後では 1960 年代に当時のケンブリッジ大学のニコラ・カルドアや J. E. ミード，L. L. パシネッティによって提起され，ポール・M・サミュエルソンや R. M. ソロー，エドモンド・フェルプス（1961）なども参加して華やかな論争がなされた。しかし，その後，J. E. ミード以外には分配，特に資産分配を研究する著名経済学者はなぜかいなかったが，フランス人のトマ・ピケティ（Thomas Piketty）著の『21 世紀の資本』が提起した分配，特に資産分配の問題が世界的な話題になっている。

資産／国民所得比率や資本所得分配率の定義と観察対象期間についてはピケティと欧米の主流の経済学者および筆者とでは異なる。ピケティは，はるかに長期に多数の国を対象にしているうえに，彼が重視する資本／国民所得比は米英・日本の経済学者の用いる資本係数（資産／国民所得比）などの定義と多少異なる。しかし，資本／国民所得比，資本利潤率，経済成長率，利潤分配率（＝1－労働分配率），資産分配等のマクロ的関係を扱う点では米英の主流経済学者とあまり違いはない。

筆者も 1960 年代以降，経済成長，資本係数，資本利潤率，労働分配率の関係を長年，研究してきたので，ピケティの論には非常に関心があり，同時に，重要問題でありながら主流の経済学者が 1960 年代以降は軽視してきたこの問題に，研究者の関心が高まったことを歓迎する。

筆者が資本係数や分配率の趨勢について 1960 年代から 1990 年代に書いた著書や論文では，時系列の場合，主に第 2 次大戦後の日本とアメリカを対象としていたが，ピケティは 19 世紀にまで観測期間を広げ，しかも多くの国々を対象としており，その膨大な資料に圧倒される。

筆者は当初，資本係数（ピケティの資本／国民所得比に近い）が第 2 次大戦後，上昇趨勢を取り，やがて低下するとの趨勢に注目した。他方，労働分配率（＝ 1 － 利潤分配率）はサイモン・クズネッツの所得分配曲線のように一時，低下趨勢を取るが，その後，上昇してＶ字型趨勢変動をすると考えた。しかし，1980 年代以降，資本係数が再び上昇し，労働分配率が再び低下する国が生じたので，近年著した筆者の論文では，その原因を示唆するとともに，その傾向が続けば，所得分配が労働階級に不利になり，分配の不平等が進行する恐れがあると指摘した。ただ，ピケティと異なり，雇用所得を受け取る「労働者」が数において圧倒的に多くなり，労働階級の貯蓄性向も高くなるので，長期的には資産分配の不平等化を緩和するメカニズムも働くことを論理的に示唆した（第 4 節）。この点が資本／国民所得比率の上昇傾向に注目して資産分配の不平等化が進行すると推定するピケティの資産分配論との違いである。ただ，ピケティのいうスーパー経営者を資本家とみなし，その所得を資産所得とみなすと，ピケティの結論により近くなる。

## 3．ピケティの資本の理論の独自性

ピケティが特に問題として重視するのは，そして本稿が重視することは，資産分配の不平等が進行する 1980 年以降の「資産／国民所得比」の動向である。ピケティが指摘するように経済成長率 g，資本収益率 r，資本／国民所得比 $\beta$ の間には(1)式のような関係がある。定義に若干の違いがあり，資本の概念も若干異なるものの，この点は，エブセイ・ドーマーやハロッドが重視したことであり，マクロ経済成長論を学んだ者には周知の関係である。米英，日本の経済学者の主流の新古典派的立場の経済学者は，その後，経済成長には均衡化メカニズムが働くことを重視するようになったが，ピケティの論で注目されるのは，成熟した資本主義国では，経済成長率 g を資本収益率 r 以上に維持することは期待できないが，資本は増え続けるという点である。そうであるとすると，(1)式の関係から資本／国民所得比 $\beta$ は趨勢的に増加を続け，資本を持つ少数者の所得が一層，国民所得の多くの比重を占め，豊かになるとピケティは

推定している。

$$\beta = r/g \tag{1}$$

そして事実，1980年頃から資産分配の不平等が進行していることを豊富なデータでいくつかの先進国に関して実証している。

本稿では第1に，近年ピケティの問題提起で世界的に関心が高くなった経済成長率と資本係数（ピケティの資本／国民所得比に近い），資本利潤率（ピケティ資本収益率）の関係[1]とそれに関連する資本の利潤分配率（＝1－労働分配率，ピケティの本で資本分配率）の相互関係を簡潔に示す。第2に，資本利潤率が経済成長率を上回り続けることによって，分配の不平等が拡大し続けるメカニズムが働くというピケティに対して，資本所有の不平等化を緩和する調整メカニズムも論理的には働くという筆者の論を説明する。そして第3に，経済成長の維持と所得・資産の分配の公正とを両立させるための政策を示唆する。

### 4. 資産所有の相対的分配の変動を左右する要因

先進工業国では，資産所有の分配の不平等は拡大傾向にある。一度，上昇趨勢にあった先進工業国の労働分配率が，近年，再び低下している場合もあるが，それも資産分配の格差拡大が関係しているものと推定される。資産分配の不平等化はこのまま進行するだろうか。

歴史的経験では資産分配の不平等化の進行を止める要因は，1つは戦争であり1つはバブル崩壊などで起こる大不況である。大不況の典型的な例がアメリカでは2回，生じている。アメリカの資産分配の不平等は1930年代初めにピークに達したが，1930年代初頭の世界的大恐慌の発生により，資産分配の不平等は縮小した。ピケティも指摘するように，戦争も資産分配の不平等化の進行を止めた。さらに2008年の金融危機直前にも，アメリカでは資産分配の不平等がピークに達したが，金融バブルの崩壊で所得と資産不平等化の傾向は一

---

1) 筆者のいう資本係数の分母はピケティの場合と同じ国民所得であるが，ピケティのいう資本／国民所得比の分子の資本は米英や日本の経済学者のいう資本よりも広く，個人の住宅資産などをも含む。また筆者の実証研究は米，英，日本などの限られたものだったが，ピケティの研究対象は時間も国も広い。

時止まった。所得と資産の不平等化が極端に進むと，有効需要の不足から恐慌や不況が生ずることは，J. A.ホブソン，カール・マルクス，J. M.ケインズなどが指摘してきたことである。バブルが生じて，それが崩壊する理由の1つは，バブル期には資産は所得以上に膨張するが，所得分配の不平等化が進行すると，有効需要が不足するためである。それは「悪魔の見えざる手」ともいうべき悪しき市場メカニズムの結果である（丸尾（1999））。

こうしてバブルが崩壊すると，資産分配の不平等度は，事後的・結果的に，縮小するが，近年では不況対策が改善されたこともあって，1980年頃から分配，殊に資産分配の不平等化進行の兆候がみられる。そのような懸念が感じられるのに，主流の経済学者特に米英や日本の主流経済学者は，現実経済からは乖離した精緻なミクロ経済分析に精力を注いで，分配問題特に資産の分配問題には殆ど関心を示さなかった。その時，主流とはいえないフランスの経済学者が，一見，マルクスの資本論を思わせる題名の大著『21世紀の資本』を出したことが，反響が大きかった理由であろう。近年で世界的に話題となったジョン・ロールズの『正義論』もパットナムの『ボーリング・アロン――アメリカにおけるコミュニティの喪失と再興――』も大著であり，近年，世界的に話題になった書である。

### マルクスの資本論との関係

ピケティのこの大著が世界的に注目されたのは『21世紀の資本』という一見，マルクスの『資本論』を連想させる大著の題名のためでもある。マルクスの理論では，資本構成，利潤率等の間に(2)式のような関係があり，資本主義社会の下では，資本の有機的構成 $C/V$ が高度化すると，搾取率 $M/V$ を上回る率で上昇しない限り，資本利潤率が低下するとみる。資本家はこれを避けようとして搾取率 $M/V$ を高めようとするので，労働階級は窮乏化し，やがて窮乏化した労働階級が革命を起こす，という筋書きである。

ピケティの論は，資本／国民所得比が高まり，分配の不平等が進行するのを資本への累進課税で是正する対策を提案しているので，マルクスとは異なる。

強いてイデオロギー的立場を推定するとすれば，社会民主主義的立場である。今日ではマルクス主義は資本主義を脅かす「亡霊」ではなくなったが，ピケティの論が脅威であるとすれば，1980年以降，新自由主義の天下になり，退潮したと思われていた社会民主主義の社会改革論が復活したのではと思わせるピケティの資本論が世界的に反響を呼んでいるからであろう。クーグルマンのようなアメリカではラジカルと思われている経済学者以外には，多くの主流の経済学者がピケティの論を「それがどうした」と無視しようとするか，批判する1つの理由がここにもある。

マルクス理論では，資本利潤率 $=\dfrac{M}{C+V}$ であり，分子分母を $V$ で除すると，(2)式になる。

$$\text{資本利潤率} = \dfrac{M}{C+V} = \dfrac{\dfrac{M}{V}}{\dfrac{C}{V}+1} \tag{2}$$

〈記号の説明〉
$M$：剰余価値，$C$：不変資本，$V$：可変資本，$M/V$：剰余価値率，$C/V$：資本の有機的構成

ピケティの資本／国民所得比が高くなるという論は，マルクスの資本の有機的構成の高度化論を想起させる。しかし，マルクスの場合は，資本の有機的構成（$C/V$）の高度化の結果，資本の利潤率が低下するので，それを避けるために搾取率（$M/V$：剰余価値率）を高めるとみる。その結果，労働階級がますます搾取され，窮乏化して革命を起こすという。他方，ピケティはラジカルな累進資本課税などで資本／国民所得比の上昇を緩和できると考えている点でも社会民主主義的である。現にピケティはフランスの現在の与党社会党に近いという。ピケティの論が主流の経済学者にとって脅威なのは，経済学会で主流の地位を確保した新古典派経済学者に，死滅したはずの社会民主主義の「亡霊」を想起させるからであろう。

## 5. 経済成長，資本係数，資本分配の相互関係

**経済成長率，資本係数，貯蓄率，資本利潤率の相互関係**

本論に入る前に，マクロレベルでの資本利潤率，経済成長率，資本係数（資本／国民所得比），貯蓄率など所得・資産分配と経済成長率に関連する主要変数間の相互関係が一目でわかる図2-1をみていただきたい。この図は1960年代から筆者が経済成長，資本係数，資本利潤率，分配率等の相互関係を示すために，度々利用してきた図表である（丸尾直美・藤田至孝（1964），丸尾（1975））。この図で，マクロの貯蓄率，経済成長率，資本利潤率，資本所得の利潤分配率，資本係数の相互関係をみることができるし，経済の均衡成長や，フェルプスのいう黄金律の均衡経済成長がどのような条件のときかが一目でわかる。ピケティのいう $\beta = r/g$ がどのような場合で，$r=g$ の場合と，$r>g$ が続く場合はどうなるかをもみることができる。

この図の第1象限（図2-1の向かって右上）は貯蓄率 s と経済成長率 g との関

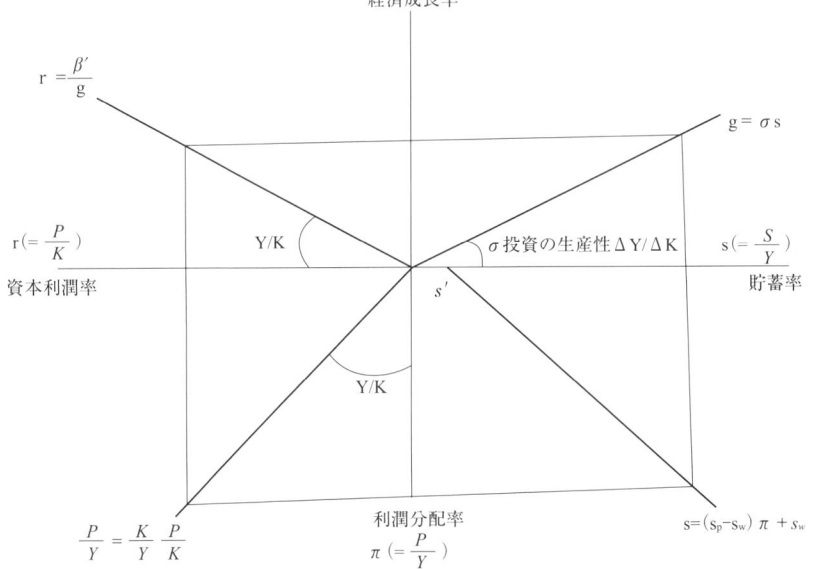

図2-1 経済成長率，資本利潤率，利潤分配率，貯蓄率の相互関係

$r = \dfrac{\beta'}{g}$

$g = \sigma s$

$r(=\dfrac{P}{K})$ 資本利潤率

Y/K

$\sigma$ 投資の生産性 $\Delta Y/\Delta K$

$s(=\dfrac{S}{Y})$ 貯蓄率

$s'$

Y/K

利潤分配率
$\pi (=\dfrac{P}{Y})$

$\dfrac{P}{Y} = \dfrac{K}{Y}\dfrac{P}{K}$

$s=(s_p - s_w)\pi + s_w$

係を示すドーマー式に相当する(3)式を図示したものである。この式のσは国民所得の増分／投資（=ΔY/I）であり，投資の生産性とも呼ぶべきものであるが，それは Y/K の限界値（ΔY/ΔK）であり，ピケティのいう資本／国民所得の逆数に近い値である。単純化のため，資本を所有し資本所得を得る資本家階級と，雇用され労働所得で生活する労働階級に二分する2階級モデルを想定する。この想定で貯蓄関数を示すと，(4)式のようになる。図2-1の第4象限のs－s′線は(4)式を図示したものである。

ただし，筆者の論では資産として住宅資産などを除く経済活動に用いられる資産を想定しているが，ピケティのいう資本は，より広くて住民が所有する住宅資産なども含む。実際の経済成長率は(4)式の貯蓄関数と投資関数とが交わる点で決まる。

$$g = \sigma s \tag{3}$$

$$s = (s_p - s_w)\frac{P}{Y} + s_w \tag{4}$$

次に第2象限は，ピケティの本で中心的役割を果たす経済成長率 g，資本利潤率 r（ピケティの本では資本収益率に相当する），資本係数（ピケティのいう資本／国民所得比に相応する）の関係を示す。ピケティの本の中心に置かれる基本式は(1) $\beta = s/g$ だから，変形すると，$g = s/\beta$ となる。$\beta$ は資本／国民所得比であり，(3)式のドーマー式のσは資産／国民所得の比の逆数の限界値である。したがって資産／国民所得の比が一定の場合は，σは資産／国民所得比の逆数である。だから，その場合，(1)式のピケティの基本式 $\beta = s/g$ とドーマーの(3)式は同義である（ただし，先に述べたように，ピケティの資本の範囲は広いという点では異なる）。

次に第3象限は資本利潤率と利潤分配率の関係を示す。式では(5)式のようになる。

$$r = \sigma\pi \tag{5}$$

第4象限は，資本の利潤分配率πと貯蓄率sの関係である。資本家階級と労働者階級の2階級モデルで表せば，貯蓄率がどのような変数の関数かを示す

貯蓄関数は(4)式の関係から図2-1のs-s′線のようになる。

〈記号の説明〉
s：貯蓄率（＝S/Y），s_p：資本家階級の貯蓄性向，s_w：労働階級の貯蓄性向，$\sigma$：投資の生産性＝資本の限界生産性（＝$\Delta Y/I=\Delta Y/\Delta K$），g：経済成長率（＝$\Delta Y/Y$），r：資本利潤率（＝P/K），$\pi$（＝P/Y）：資本所得（利潤）の分配率（＝1－労働分配率）

## 6. 均衡成長とピケティの資本，資本収益率，経済成長率
――資産所有分配の不平等進行のメカニズム――

これらの変数間の関係で興味深いのは，ピケティが重視するg，r，$\beta$の関係である。図2-2のG-O線（第2象限）のときが，均衡経済成長が持続するフェルプスのいう経済成長の黄金律の場合である。この時，経済成長率＝資本利潤率（r=g）となるので，経済成長率と資本利潤率の関係は図表2-2の第3象限の黒線のようになり，O-G線はr/gで45度になる。新古典派経済学では，市場メカニズムが十分機能すれば，そのような均衡成長率に近づくかのように想定していた。

ところがピケティは，資本収益率rが経済成長率gに等しくなる均衡成長になるメカニズムを描くのでない。r＞gが続くので，(1)式の右辺が1.0以上になり，資産を所有する人は益々豊かになり，資産分配の不平等化が進行するメカニズムが働くという。そしてアメリカでは2000年には所得階層の上位1％が国の全所得の45～50％を得るようになったという。トップの1％の人が35％近くの資産を持っており，0.1％が10％近くの国民所得を得るに至っており，革新的な資産分配の平等化政策を取らない限り，この不平等化はさらに進行するという。図2-2でいえば，第2象限のG-O線の勾配r/gがG′-Oのようになり，資本／国民所得比は上昇を続ける蓋然性が高いとみるのである。その場合，国民所得に占める資本収入の比率も大きくなる。資本と所得の不平等が大きいアメリカでは，所得人口の上位0.1％が8～10％の資本を所有しているとピケティはいう。

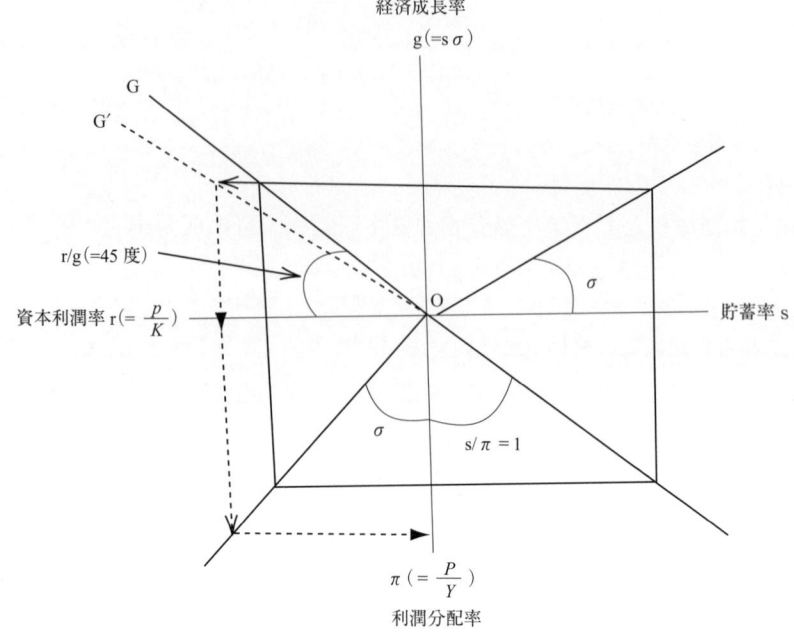

図 2-2 経済成長の黄金律の場合とピケティのいうケース（点線）

## 7. 労働者資産形成の所得と資産分配の将来

### 7-1 労働者の貯蓄と資産所有

筆者は 1960 年から図 2-1, 2 のようなマクロ経済成長率，資本係数，資本利潤率などのマクロ経済指標の相互関係に興味を持っていくつかの著書（丸尾・藤田（1964），丸尾（1975）他）と論文を書いた。米英，日本の経済学者とピケティの経済成長と所得・資産分配論とでは基本的に異なる点がいくつかある。1 つには，ピケティがこれらの経済成長につれて資本分配の不平等が進むとみるのに対して，米英，日本の主流経済学者は均衡成長に向かうメカニズムが働くとみる点である。

筆者の場合，1960〜80 年代には，労働分配率はクズネッツの所得分配の趨勢仮説と同様，労働分配率も U 字型趨勢変動をすると想定していた。しかし，

1980年代から資産分配の不平等化の進行で，労働分配率が再び悪化する恐れがあると考えるようになった。

しかし，最先進国では雇用されて働く就業者が圧倒的に多くなり，労働分配率と労働階級の貯蓄率が高くなると，労働階級の資産も増え，資産分配の不平等化が緩和され，資産分配の平等化へとU字型趨勢変動をするメカニズムが働くと想定するようになった。成熟段階の経済では，高い労働分配率と所得再分配はフローの分配政策の限界を示すと同時に資産再分配による平等化の経済条件を生む（丸尾（1977），丸尾・荘（2012））。

被雇用者という意味での労働階級の資産が多くなるメカニズムを説明するために，カルドア・モデルを用いて国民所得を労働階級の所得と資産所得を得る資本家階級だけの二階級モデルを想定しよう。その場合，労働所得は賃金Wだけでなく，労働階級も貯蓄する以上（貯蓄性向$s_w>0$)，資産$A_w$を所有し，利潤所得$P_w$を得る。wの添え字は，労働階級のものであることを，Pの添え字は資本家階級のものであることを示す。かつてケインズは投資の需要創出効果を認めながら，投資の供給能力創出効果を無視したが，このことに注目してエブセイ・ドーマーは，投資の二重効果を考慮して，経済成長論モデルを作った。N．カルドアは貯蓄の二重効果を考慮に入れ，労働階級が貯蓄することを認める(4)式のような貯蓄関数を用いた。しかし，労働階級も資産を形成して，資産所得を得て，資産を増やすことまでは考慮しなかった。本稿はカルドアも考慮に入れなかった労働者の貯蓄の結果としての労働者資産所有を考慮に入れて，カルドア・モデルを発展させたものともいえる。

「労働階級の得る利潤$P_w$を含む労働者所得」を$W^*$と表すと，労働階級の所得は次式のように労働所得＋労働者の利潤になる。

$$W^*=W+P_w \tag{6}$$

$W^*$の国民所得に占める比率を，カルドア・モデルの賃金分配率（$\Omega=W/Y$）と区別して，$\Omega^*$と表し，$\Omega^*=(W+P_w)/Y$とする。労働階級の所得$W^*$（$=W+P_w$）に，労働階級の貯蓄性向（これを$s_w$と表す）を乗じた値がその年の労働階級の貯蓄(7)式になり，労働階級の資産の増加（$\Delta A_w$）になる。

$$\Delta A_w = S_w = s_w \Omega^* Y \tag{7}$$

労働階級の資産合計$\overline{A}_w$は，労働階級の当初資産が$\overline{A}_w$であったとすると，(8)式のようになる。

$$\begin{aligned} A_w &= \overline{A}_w + \Delta A_w \\ &= \overline{A}_w + s_w \Omega^* Y \end{aligned} \tag{8}$$

〈記号の説明〉

W：労働者階級の労働所得（賃金），労働階級の所得総額：$W^* = W + P_w$，資本家階級の資産所得，$P^* = P - P_w$，r：資本の利潤率。添え字のwは労働階級であることを表す添え字，添え字のpは資本家階級であることを示す添え字。今日では労働階級というよりも，雇用者（雇用されて働く人）と呼ぶほうが適切かもしれない。

Aの上のバー（ ¯ ）印は初期値であることを示す。$s_w$：労働階級の貯蓄性向，$s_p$：資本家階級の貯蓄性向，$\Omega^* = W^*/Y$：労働階級の利潤所得を含む労働分配率，$P^*/Y$：資本家階級の利潤分配率 $= 1 - \Omega^*$

## 7-2 資本家階級の資産所得額と労働階級の資産所有額，逆転の可能性

他方，資本家階級の利潤はPでなく，利潤Pから労働階級が取得する利潤（$P_w$）を引いた額だから，$P - P_w$である。これを$P^*$と表すと$P^* = P - P_w$となる。資本家階級の資産増加額$\Delta A_p$は$s_p P^*$であり，$Y = P^* + W^*$だから，$P^* = (1 - \Omega^*)Y$である。したがって資本家階級の資産増加は，次のようになる。

$$\Delta A_p = s_p (1 - \Omega^*) Y$$

資産（A）は，既存資産（$\overline{A}$）に新たに所得からの貯蓄によって形成される資産と既存資産の運営によって得られる利潤からの貯蓄で構成される。資本家階級であることをPの添え字で表わし，既存額であることを示すために，―印を付すと，資本家階級は既存資本$\overline{A}_p$を持つので，資本家階級のある期の資産合計は $A_p = \overline{A}_p + \Delta A_p = \overline{A}_p + s_p P^*$ となる。

この式をYで除し，資本家階級の利潤分配率（$P^*/Y$）が$1 - \Omega^*$であることを考慮すると(9)式が得られる。

資本家階級の資産合計 　$A_p = \overline{A}_p + s_p (1 - \Omega^*) Y$ 　　　(9)

図 2-3 労働階級と資本家階級の資産を左右する要因

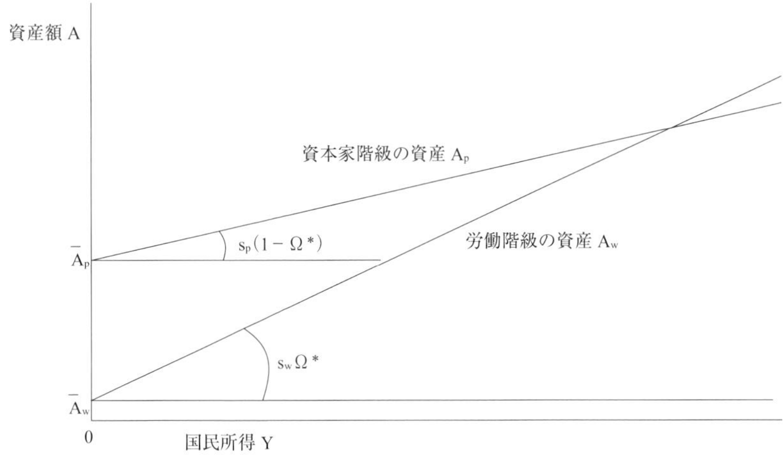

労働階級も資産を所有すれば，利潤（資産運用による収益）を得る。図 2-3 には既存資産の利潤を考慮していないが，利潤を考慮に入れれば，図 2-3 の勾配は労働階級の場合は $s_w\Omega^*(1+r_w)$ に，資本家階級は $s_p(1-\Omega^*)(1+r_p)$ になる。労働所得の比重が最先進諸国のように国民所得の 80～90% になれば，$s_w\Omega^*(1+r_w) > s_p(1-\Omega^*)(1+r_p)$ になる可能性がある。そうなれば，労働階級の資産の増加 $\Delta A_w$ は資本家階級の資産の増加 $\Delta A_p$ を相対的に上回る（すなわち $\Delta A_w > \Delta A_p$）。したがって時間が経つにつれて，元の $\overline{A_w}/\overline{A_p}$ に対して $\Delta A_w/\Delta A_p$ の累積値が次第に大きくなり，長期的には $A_w/A_p$ が $\Delta A_w/\Delta A_p$ に近づき，いわゆる資本家階級と労働階級の資産形成格差は縮小し，さらに所有する資産額も逆転する可能性もある（丸尾（1977, 2003, 2007, 2012），丸尾・荘（2012）参照）。図 2-3 はそのような逆転の場合を図示したものである。

## 8. 資産ベースの福祉政策の必要

ただし，当初は労資の資産所有格差が大きい上に，資産所有の経験の少ない労働者は概してリスク回避的で，収益率 r の低い資産を所有するので，労働者の貯蓄が増え，資産が増えても，労働階級の資産の収益率 $r_w$ は，資本家階級の資産の収益率 $r_p$ より低い（$r_w < r_p$）。それだけ労資の資産格差縮小は遅れる。

それゆえにこそ資産分配の労資間の平等化を促すためには，ピケティが提唱する資本への累進課税と併せて，労働者がより高リターンの資産に投資しやすいような金融環境を整えることが必要である。低所得者の資産運用をより有利にする「資産ベースの福祉政策」が資産分配平等化に必要な理由はここにもある（資産ベースの福祉政策とその意義については，HMCR（2007），Regan（2001），丸尾（2004, 2007）を参照されたい）。

こうして $\Delta A_w > \Delta A_p$ の状態が続けば，資産分配関係が逆転して，漸進的に資産所有が平等化することも少なくとも論理的には可能である。

## 8-1 ドラッカーのいう「見えざる革命」とスウェーデンの労働者共同基金の意義

このように労働階級の資産が巨大な額になることは，仮定の問題でも夢でもない。現に膨大になった労働者の資産に注目した論がアメリカでもヨーロッパでも現れた。

アメリカでは経営学で著名なピーター・ドラッカーが，労働階級の年金資産が巨額になり，やがては「全産業の発行株式の3分の2，および他人資本のおそらく4割を所有するようになる」という（ドラッカー，佐々木智男・上田淳生訳（1976））。かくて「アメリカは意識することなく，しかも経済の国有化もなしに，経済の社会化を実現した」（同書）という。日本でも東証株価時価総額は2015年4月時点で600兆円ほどであるが，働く人の公的年金資産と企業年金資産だけでも150兆円以上ある。

年金資産だけでなく，被雇用者という意味での労働者の数は最先進諸国では，自営業者を除く就業人口の90％台に達しており，その資産総額は膨大な額に達している。労働階級の貯蓄を組織的に株式投資に回せば，労働階級が主要な企業の筆頭株主になれる資産を持つ。ただその資産は無自覚に使われていて，労働階級による企業の資本参加という形で組織的には使われていない。

労働者が大株主になれる資産を持つことに注目して労働者共同基金を設立して，企業の株を組織的に購入しようとした試みが1980年代のスウェーデンの

社民党政権下で導入された労働者共同基金である。労働者共同基金は実現したが，経営側の強い抵抗にあって 2000 年までに廃止された。しかし，この労働者共同基金の実現は，「資本所有者としての」労働階級の潜在力を示す 1 つの契機になった（丸尾（1985））。市場化・国際化・IT 化の流れの中で，1980 年頃をピークに先進諸国の労働階級の影響力は弱くなっているが，人数でも所得でも資産でも被雇用者という意味での労働階級は優位になってきている。ピケティがいうように r/g が大きくなって，K/Y が大きくなっても，より多くの K を労働階級が所有するようになれば，分配不平等は進行しない。

そろそろ労働階級の持つこの K 所有の潜在力を活用する動きがあってよいころである。

### 8-2　スーパー経営者は資本家か

本稿では単純化のため階級を労働者と資本家に二分して分析したが，ピケティも指摘するように，近年，特にアメリカでは，ストック・オプション制度の普及などにより多くの株を持つ経営者や多額の報酬を得ているスーパー経営者が多くなり，所得の上位 1％に占める経営者の資産の比重も高い。特にアメリカの場合，所得上位 1％の所得者が「労働収入」の拡大によるものでもあることは，ピケティ以外でも指摘されているとおりである（例えば『中央公論』2015 年 4 月号）。

そのような経営者をピケティはスーパー経営者と呼んでいるが，かつてガルブレイスがテクノストラクチャーと呼んだ高給被雇用者以上に，ストック・オプション制度などで企業の利潤からの巨額な収入を得ている雇われ経営者が増えた。そのスーパー経営者の資産と所得をどう評価するかで，分配不公正への評価も違ってくる。

## 9. おわりに

### なぜ資産ベースの福祉政策が必要か

前節のようなメカニズムが働くとはいえ，当初は労資の資産所有格差が大きい上に，資産所有の経験の少ない労働者は概してリスク回避的で，収益率の低い資産を所有するので，労働者の貯蓄が増え，資産が増えても，労働階級の資産の収益率$r_w$は，資本家階級の資産の収益率$r_p$より低いと想定すると（$r_w<r_p$），それだけ労資の資産格差縮小は遅れる。

それゆえにこそ資産分配の労資間の平等化を促すためには，ピケティが示唆するような累進的資産税に加えて，労働者がより高リターンの資産に投資しやすいような金融環境を整えることが必要である。先に述べたスウェーデンの労働者共同基金のように組織的に労働者の資産を投資することに加え，イギリスのように低所得者の資産運用をより有利にする資産ベースの福祉政策が資産分配平等化に必要な理由はここにもある（資産ベースの福祉政策については，HMCR (2007), Regan (2001), 丸尾（2004, 2007）を参照されたい）。

このような可能性を現実のものとするには，その可能性を経済学者も自覚して，可能性を実現する政策の研究を進めることであろう。

### 参考文献

「特集 ピケティの罠」（『中央公論』2015年4月号）中央公論新社。
トマ・ピケティ（2014）（山形浩生・守岡桜・森本政史訳）『21世紀の資本』みすず書房。
ドラッカー，ピーター著，佐々木智男・上田淳生訳（1976）『見えざる革命―来たるべき高齢化社会の衝撃』ダイヤモンド社。
丸尾直美・藤田至孝（1964）『賃金分配の新しい在り方』ダイヤモンド社。
丸尾直美・荘発盛（2012）「市場メカニズムと最適資源配分・所得分配機能」（『総合政策論集』第14号）尚美学園大学。
丸尾直美「資産活用型福祉政策」（『週刊社会保障』1999年6月7日号）。
丸尾直美（1962）「経済発展段階と所得分配」（『三田学会雑誌』）2月。
丸尾直美（1975）『福祉の経済政策』日本経済新聞社。
丸尾直美（1977）「減速成長下の福祉政策の4つのジレンマ」（『安定成長下の福祉政策』日本経済政策学会年報 XXV）。

丸尾直美（1983）『入門経済政策，改訂版』中央経済社。
丸尾直美（1985）「労働者資産所有社会―第三の経済体制」（『社会主義経済の現状分析』）中央大学経済研究所研究叢書（15），中央大学出版部，323-341 ページ。
丸尾直美（1990）「米英の勤労者株式所有制の発展：その背景・意義，問題点」（『経済学論纂』第 31 巻 1・2 号合併号）中央大学出版部，3 月。
丸尾直美（1996）『市場指向の福祉改革』日本経済新聞社。
丸尾直美（1996）「資産政策と勤労者の資産形成」（『LDI Report』）10 月。
丸尾直美（1999）「90 年代の不況と資産政策」（『中央大学経済研究所年報』第 29 号）中央大学出版部。
丸尾直美（2003）「福祉ミックスの医療保険改革：計画・市場・インフォーマル・システムの最適配分」（『計画行政』）9-15 ページ，9 月。
丸尾直美（2004）「福祉政策の新展開：所得再分配から資産ベースの福祉へ」，（『中央大学経済研究所年報』第 34 号）中央大学出版部，3 月。
丸尾直美（2006）「福祉国家の発展：市場と再分配の再設計」（『経済集志研究紀要』）日本大学，4 月。
丸尾直美（2007）「資産ベースの福祉政策の設計」（『尚美学園大学総合政策論集』）尚美学園大学，12 月。
丸尾直美（2010）「スウェーデンの年金制度：日本の年金改革と対比して」（『尚美学園大学総合政策論集』）尚美学園大学。
丸尾直美（2011）「第三の道と福祉ミックス論」（『週刊社会保障』）法研。
丸尾直美（2012）「スウェーデンの新福祉国家路線と労働教育：その成果と課題」（『経営民主主義：新しい参加時代のパイオニア誌』）経営民主基本法制推進ネットワーク，12 月。
Ackerman, Bruge, Anne Aslott and Phillipe Van Parijs（2006）, *Redesigning Distribution: Basic Income and SteakholderGrants as Cornerstones for an Egalitarian Capitalism*, London and New York: Verso.
Bladdon, Lesley, Laurie Hunter, Jeff Hyman Leopold and harvie Ramsay（1989）, *People's Capitalism?*, London and New York: Routledge.
Blasi, Rjoseph（1988）, *Employee Ownership: Revolution or Ripoff?*, Massachusetts: Ballinger Publishing Company.
Copeman, George（1991）, *Employee Share Ownership*,: Kogan Page.
Gates, Jeft（1998）, *The Ownership Solution: Toward a S for the Twenty-first Century*, T: Penguin Press.
Gianaris, Nicholas V.（1996）, *Modern Capitalism: Privatization, Employee Ownership, and Industrial Democracy*, London: Praeger.
Gramer, Reid（2007, November）, "Asset-based Welfare Policy in the UK: Findings from the Child Trust Fund and Saving Gateway Initiatives", New Economic Foundation Asset Building Program.
HM Treasury（2001）, *Savings and Assets for All*, HMSO.
HMCR（2007）, *Child Trust Fund Statistical Report 2007*.
Kaldor, Nicholas（1960）, *Essays on Value and Distribution*, London: Duckworth.

Kaldor, Nicholas (1964), *Essays on Economic Policy*, London: Duckworth.

Keister, Lisa A. (2000), *Wealth in America: Trends in Wealth Inequality*, Cambridge University Press.

Kelly Gavin and Lessauer, Rachel (2000), *Ownership for All*, London: IPPR.

Kelso, Louis & Patricia Hetter Kelso (1986), *Democracy and Economic Power*.

Lindbeck, Assar (1993), *The Welfare State,*: Edward Elgar.

Maruo, Naomi (1989), *Economic Policy Management*, Chuo University Press.

Maruo, Naomi (2006), 'A Contribution to the Theory of Distribution and Welfare', *Shobi Journal of Policy Studies*, Shobi University.

Maruo, Björklund and Le Grand eds. (2004), *Welfare Policy and Labour Markets*, Almqvst International. 2005 年 1 月.

Meade, J. E. (1993), *Liberty, Equity and Efficiency*, Macmillan.

Paxton, Will ed. (2003), *Equal Shares?*, IPPR.

Paxton, Will and Stuart White (2006), *The Citizen's Stake: Exploraring the Future of Universal Asset Policies*, Policy Press Org. UK.

Regan, Sue ed. (2001), *Assets and Progressive Welfare*, IPPR.

Rosen, Corey and Karen M. Young (1991), *Understanding Employee Ownership*, ILR Press.

Wadensjö, Eskil and Naomi Maruo eds. (2001), *Changing Labour Market and Economic Policy: Towards the Post-Welfare State*, Life Design Institute.

Weitzman, Martin L. (1984), *The Share Economy*, Harvard University Press.

第 3 章

## 成長・分配の現実と政策の方向
――共生を基準とする経済政策の原理を求めて――

寺 本 博 美

## 1. はじめに

　最近,フランスの経済学者 Thomas Piketty が著した『21 世紀の資本論』(*Capital*) は,資本主義経済体制における成長と分配の問題を,特に資産分配の格差に焦点をあて,フランスの長期データに基づいて論じ,一躍脚光を浴びた。しかしながら,元来,経済成長と所得分配は,古くて新しい経済学の問題である。理論分析,数量分析ばかりでなく,経済哲学あるいは経済倫理の側面においても探究・論究され続けている。

　経済政策における成長と分配の議論は,その理論的原点を Arthur Cecil Pigou の『厚生経済学』(*Welfare Economics*) に求めることができる。改めて言及するまでもなく,経済政策の目的は,成長,安定,分配の三位一体にあり,これらを経済的厚生の下位目的として,最上位の目的である社会的厚生の最大化である。成長と安定は,名目経済成長率 5%,インフレ率 2% など具体的に目標を立てることができるのに対して,分配は目標を立てることが困難である。成長と分配との間には経済政策における価値判断,あるいは政策評価と価値基準における次元の相違がある。

　本稿では,分配に関する数量分析の視角を概観し,政策評価の価値基準につ

いて論じた。数量分析は分配に関わるいくつかの変数間における相関関係を見るにとどめ，因果関係を特定してはいない。

他方，分配状態を判断する価値基準は，強い価値判断を前提としなければならない。一般に，経済学の領域では規範的な側面を回避する傾向にある。そこで，現代における共生社会のひとつの形態である福祉国家の代表擁護論者の1人であるノーベル賞経済学者 Karl Gunnar Myrdal の価値基準明示主義の立場に従うことにする[1]。

## 2. 貧困の問題

日本では1961年に，すべての国民が医療保険および年金による保障を受けられるという画期的な「国民皆保険・皆年金」を実現していた。日本における福祉国家建設に向けての起点は，政治的には，田中角栄政権下，高度経済成長を背景に政府による福祉政策の目標，すなわち，老人医療費の無料化，医療保険の給付率の改善，年金の物価スライド制の導入などが行われた1973年であると考えることができる。

白波瀬（2010，8ページ）は，「不平等を語る理由は，日本の格差や不平等に対する鈍感さが政治の未熟とも関係しており，それが学術面での未整備の背景にある」と指摘する。

以下では，格差を考えるときに用いられるいくつかの概念や変数を数量的に確認しておく。

### 2-1 相対的貧困

分配問題には，周知のように機会均等（事前の平等），過程の平等（ルール適用の平等）および結果（事後）の平等という3つの視点がある。他方，分配問題は，セーフティネットの問題でもある。特に近年，時論的に取り上げられる社

---

[1] 本稿は，寺本（2014）および寺本（2015）に基づいており，それを加筆修正したものである。また，本稿の記述において，外国人研究者によるデータ分析のサーベイについては大坪（2008）に拠っている。なお，計量的な処理はRを使用した。

会保障政策はまさにセーフティネットをいかに構築するかということを示唆している。セーフティネットを整備しようとするときに大事なのは，貧困の問題へのアプローチである。

貧困には，3つの要素が考えられる。1つは，働く意思はあるが病気などで働けないという，生活保護の問題，2つ目は，働いているが低賃金すぎて生活が困難であるという，最低賃金の問題，3つ目は，働く意欲はあるが仕事がないという雇用政策の問題である。

貧困の定義には2つある。絶対的貧困（Absolute poverty）と相対的貧困（Relative poverty）である。絶対的貧困は，食料・衣服・衛生・住居について最低限の要求基準により定義される貧困レベルであり，収入や支出が一定基準（貧困線）に達していない状態を指す。客観的なミニマム要求の数量化は容易ではない。国際的な基準としては，世界銀行が2008年に設定した1日あたり1.25ドル未満（世界の最貧国10～20カ国の貧困線の平均）という基準が使われる。1日2ドル未満という基準が使われることもあるが，これは発展途上国の中央値である。世界銀行によると，2008年には1日1.25ドル未満で暮らす貧困層は，12億9,000万人（発展途上国の人口の22%に相当）いたと推定されている。これは1981年の19億4,000万人と比較すると，大きく減少していることがわかる。しかし，貧困の問題を過小評価してはいけない。

他方，相対的貧困率は数学的に定式化され，主観が入りにくく国際比較が可能であるということから用いられることが多い。相対的貧困率は，等価可処分所得（世帯の可処分所得を世帯人員数の平方根で割って調整した所得）の中央値の2分の1に満たない世帯員の割合で測られる。貧困率の国際比較（OECD）において，OECD対日経済審査報告書（日本語概要版，2006年）は，日本がOECD諸国の中で世界第2位になったことを指摘した。OECDのFactbook 2010（2000年代半ばのデータ）では，当時のOECD加盟国30カ国のうちで，相対的貧困率がもっとも高かったのはメキシコ（約18.5%），2番目がトルコ（約17.5%），3番目は米国（約17%），そして日本は4番目（約15%）であった。

厚生労働省の2010年調査によれば，日本の相対的貧困率は16.0%（2009年）

表 3-1　貧困率の推移

|  | 1985 | 1988 | 1991 | 1994 | 1997 | 2000 | 2003 | 2006 | 2009 |
|---|---|---|---|---|---|---|---|---|---|
| 相対的貧困率（％） | 12.0 | 13.2 | 13.5 | 13.7 | 14.6 | 15.3 | 14.9 | 15.7 | 16.0 |
| 子どもの貧困率（％） | 10.9 | 12.9 | 12.8 | 12.1 | 13.4 | 14.5 | 13.7 | 14.2 | 15.7 |
| 子どもがいる現役世帯（％） | 10.3 | 11.9 | 11.7 | 11.2 | 12.2 | 13.1 | 12.5 | 12.2 | 14.6 |
| 大人が1人（％） | 54.5 | 51.4 | 50.1 | 53.2 | 63.1 | 58.2 | 58.7 | 54.3 | 50.8 |
| 大人が2人以上（％） | 9.6 | 11.1 | 10.8 | 10.2 | 10.8 | 11.5 | 10.5 | 10.2 | 12.7 |
| 名目値（万円) |  |  |  |  |  |  |  |  |  |
| 中央値（a） | 216 | 227 | 270 | 289 | 297 | 274 | 260 | 254 | 250 |
| 貧困線（a/2） | 108 | 114 | 135 | 144 | 149 | 137 | 130 | 127 | 125 |
| 実質値（1985年基準）（万円） |  |  |  |  |  |  |  |  |  |
| 中央値（b） | 216 | 226 | 246 | 255 | 259 | 240 | 233 | 228 | 224 |
| 貧困線（b/2） | 108 | 113 | 123 | 128 | 130 | 120 | 117 | 114 | 112 |
| GDP成長率（％） |  |  |  |  |  |  |  |  |  |
| 名目 | 7.2 | 7.0 | 4.9 | 1.4 | 1.0 | 0.8 | 0.8 | 0.7 | −3.2 |
| 実質 | 6.3 | 6.4 | 2.3 | 1.5 | 0.1 | 2.0 | 2.3 | 1.8 | −2.0 |

(注) 1. 対象年：1985，1988，1991，1994，1997，2000，2003，2006，2009年
　　 2. 1994年の数値は，兵庫県を除いたものである。
　　 3. 貧困率は，OECDの作成基準に基づいて算出している。
　　 4. 大人とは18歳以上の者，子どもとは17歳以下の者をいい，現役世帯とは世帯主が18歳以上65歳未満の世帯をいう。
　　 5. 子どもの相対貧困率は，17歳以下の子ども全体に占める，中央値の50％に満たない17歳以下の子どもの割合。
　　 6. 等価可処分所得金額不詳の世帯員は除く。
　　 7. 名目値とはその年の等価可処分所得をいい，実質値とはそれを1985年を基準とした消費者物価指数（持家の帰属家賃を除く総合指数）で調整したものである。
　　 8. 国内総生産は，1980年度から1993年度まで（前年度比は1981年度から1994年度まで）は「平成21年度国民経済計算（2000年基準・93SNA）」，1994年度（前年度比は1995年度）以降は「2012年1-3月期四半期別GDP速報（2次速報値）」による。
(出所) 厚生労働省「平成22年国民生活基礎調査の概況」，内閣府「国民経済計算」，総務省「労働力調査」

であり，先進国の中で最低レベルであるということが示された[2]。厚生労働省による貧困率の年次調査を示したのが，表3-1である。

　図3-1は，実質経済成長率と相対的貧困率との関係を表している（単相関の結果は表3-2）。1985年～2009年の3年毎の数値を対応させている。直線は傾向線である。経済成長率を貧困率の説明変数とするには詳細なモデル分析を必要とするが，一次近似としては経済成長率の減少が貧困率の上昇に寄与してい

---

  2) 厚生労働省では，日本の貧困問題を直視するため，2009年10月に相対的貧困率の公表を初めて行った。

図 3-1　実質 GDP 成長率（GDP）と相対的貧困率（Poverty）（1985-2009 年）

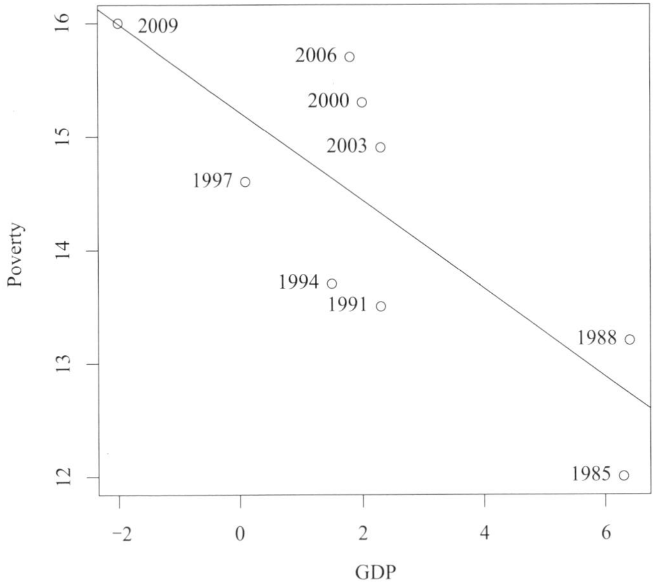

[図：横軸 GDP、縦軸 Poverty の散布図。点：2009 (≈-2, 16), 2006 (≈2, 15.5), 2000 (≈2, 15.2), 2003 (≈2.5, 15), 1997 (≈1, 14.5), 1994 (≈2, 14), 1991 (≈2.5, 13.9), 1988 (≈5, 13.5), 1985 (≈5.5, 12.2)。右下がりの回帰直線。]

（注）表 3-1 より筆者作成。

表 3-2　実質 GDP 成長率（GDP）と相対的貧困率（Poverty）（推計値）

Coefficients:

|  | Estimate | Std. Error& | t value | Pr（>\|t\|） |
|---|---|---|---|---|
| (Intercept) | −2.697e＋04 | 6.624e＋04 | −0.407 | 0.68785 |
| GDP | 4.006e−01 | 1.380e−01 | 2.903 | 0.00825** |

Signif. codes: 0 '***' 0.001 '**' 0.01 '*' 0.05 '.' 0.1 ' ' 1
Residual standard error: 41760 on 22 degrees of freedom
(24 observations deleted due to missingness)
Multiple R-squared: 0.2769, Adjusted R-squared: 0.2441
F-statistic: 8.427 on 1 and 22 DF, p-value: 0.008251

（出所）表 3-1 より筆者推計。

るように見える。Making Regression Make Sense（たかが回帰，されど回帰）(Angrist and Pischke (2009))。こうしたことから，政治的には経済成長優先の政策が取られることになる。しかしながら，近年の 0〜2％台の実質成長率に注目すると，相対的貧困率と成長率の間には相関関係は見られず，相対的貧困率は上昇しており，むしろ庶民の感覚と合致している。日本の場合，相対的貧困水

準の年間所得水準を求めると3人家族で112万円（国民生活基礎調査，2008年）である。

　平均所得は556万円で中位所得448万円と約100万円の差がある。相対的貧困所得額は，単身者の月あたり平均所得額約12万円に，また，就業形態別で見たパートタイム労働者の手取り月間給与額91,047円に相当する。数値は厚生労働省『国民生活基礎調査』（2008年），『毎月勤労統計調査』（2012年1月分）による。2012年調査では，平均所得548万2000円，中位所得432万円である。米国は独自の貧困の定義により4人家族で1日約60ドルを貧困所得水準としている[3]。

　日本の相対的貧困率が高い理由のひとつとして，女性の労働環境があげられる[4]。日本の雇用構造において，2007年では非正規労働者の比率が雇用者の35.6％，1,894万人，女性非正規労働者の割合が雇用者の55.3％，1,300万人であり，非正規雇用は全体的に増えており，貧困が拡大する原因になっている。パート，アルバイト，派遣労働者，契約社員と就業形態もさまざまである[5]。非正規雇用は正規雇用より賃金が低いだけでなく，景気悪化で仕事を失うことも多く，貧困に陥りやすい。女性は，非正規雇用の中でも特に賃金が低いパートやアルバイトが多く，正規雇用の場合も，管理職への登用が少ない[6]。女性非正規の職員・従業員の年収は100万円未満が47.7％，100～199万円が38.5％で，200万円未満が86.2％を占め，年収200万円未満女性非正

---

3) 特に，米国の貧困については，ジャーナリスト堤未果（2008，2010，2013）のレポートを参照。

4) 日本の場合，年齢階級別女性労働力率は，M字カーブに反映されている。しかし，欧米では今日ほとんど見られない。労働政策研究・研修機構（2013，53ページ）を参照。

5) 厚生労働省（2012，第2章）および厚生労働省（2013，第3章第3節）を参照。日本経済の動態と非正規雇用については労働政策研究・研修機構（2012b）を参照。

6) 女性の非正規職員・従業員を，役員を除く雇用者の多い上位5産業別に見ると，医療・福祉226万人（42.56），卸売・小売業329万人（68.12），製造業151万人（52.43），宿泊・飲食サービス業164万人（83.67），教育・学習支援業70万人（45.75）である。（　）内数値は，各産業別雇用者全体に対する比率（％）である。「労働力調査ミニトピックス No. 9」（平成25年8月13日）（http://www.stat.go.jp/data/roudou/tsushin/pdf/no09.pdf）。

表 3-3　就業者に占める女性の割合

|  |  | 1990 | 2000 | 2005 | 2010 | 2011 | 2012 |
|---|---|---|---|---|---|---|---|
| 日本 | JPN | 40.6 | 40.8 | 41.4 | 42.2 | 42.2 | 42.3 |
| 米国 | USA | 45.2 | 46.5 | 46.4 | 47.2 | 46.9 | 47.0 |
| カナダ | CAN | 44.4 | 46.0 | 46.8 | 47.3 | 47.7 | 47.5 |
| イギリス | GBR | 43.6 | 45.7 | 46.0 | 46.5 | 46.4 | 46.3 |
| ドイツ | DEU | 41.5 | 43.8 | 45.1 | 46.1 | 46.1 | 46.1 |
| フランス | FRA | 46.1 | 45.0 | 46.5 | 47.5 | 47.5 | 47.6 |
| スウェーデン | SWE | 48.0 | 47.9 | 47.5 | 47.2 | 47.4 | 47.6 |
| 韓国 | KOR | 40.8 | 41.4 | 41.7 | 41.6 | 41.6 | 41.7 |

(出所) 労働政策研究・研修機構 (2012a, 89 ページ)。労働政策研究・研修機構 (2013, 89 ページ)。労働政策研究・研修機構 (2014, 107-114 ページ) より筆者作成。

規職員において，いわゆる「パレートの法則」が成立しているように見える。ひとり親家庭の相対的貧困率は表 3-1 にあるように 50.8％と，高い水準となっている。ひとり親世帯の貧困率が高いのも，大半が母子家庭で，親の収入が少ないためである。

　就業者に占める女性の割合の国際比較は表 3-3 に示される。女性就業者と賃金格差を対応させると図 3-2 に見るように女性就業者比率が高い国ほど男女間賃金格差が小さい[7]。男女平等度の低い東アジア（日本と韓国）は賃金格差が大きい。世界経済フォーラム（World Economic Forum, WEF）「The Global Gender Gap Report 2014」（2014 年 10 月 28 日発表）によれば，日本の男女平等（ジェンダー・ギャップ）指数は 142 カ国（前年 136 カ国）中 104 位であった。1 位は 6 年連続アイスランドで，最も男女が平等に近い国である。2 位フィンランド，3 位ノルウェー，4 位スウェーデンまでは前年と順位が同じで，欧州が上位を占める。アジアの中で 1 位は前年同様フィリピンで，前年の世界 5 位から 9 位に順位を下げている。中国 101 位（前年 69 位），韓国 117 位（前年 111 位），インド 114 位（前年 101 位）も同様に後退している。

---

7)　日本の場合，労働課税が労働時間に与える影響に関連して有配偶のパートタイム労働者の収入調整，いわゆる「103 万・130 万円の壁の問題」が存在する。

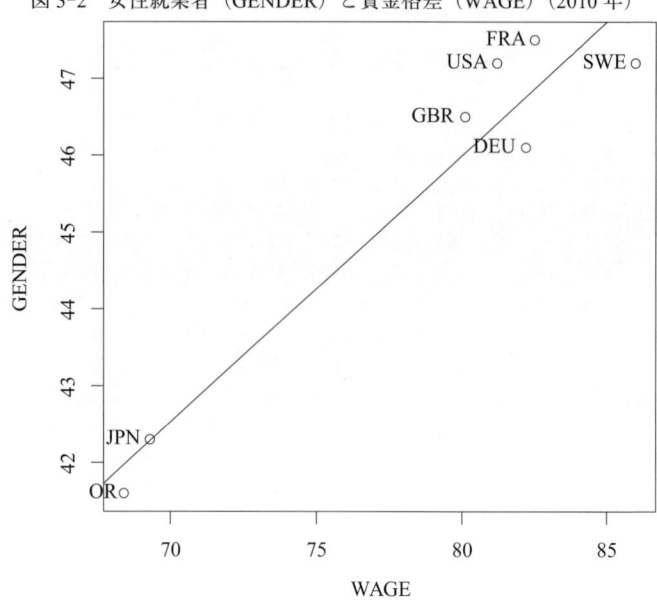

図 3-2　女性就業者（GENDER）と賃金格差（WAGE）（2010 年）

（注）賃金格差（WAGE）は男性＝100 として計算，女性就業率（GENDER）は％表示である。
（出所）労働政策研究・研究機構（2012a, 89, 173 ページ）より筆者作成。

### 2-2　クズネッツの逆 U 字曲線

　パキスタンやウクライナ，チェコ，チリ，ヨルダンなどをはじめとする中・高所得国の貧困は 1981 年以来 50％以上減っている。しかし，発展途上国での進展によく目を向けて見ると，主にそれをけん引しているのは，経済の急成長で近年貧困率が低下している中国とインドである。他方，35 の「低所得」国（うち 26 カ国はアフリカ）の極度の貧困は 33％弱しか減っていない。むしろ，低所得国の極度に貧しい人の人数は 1981～2010 年に 1 億 300 万人増えている。また，低所得国の子供の半数近くは極度の貧困にある[8]。

　経済成長率の高い国は貧困率が低いという仮説については，日本経済が高度経済成長を実現した際の結果として観察された分配効果に見られる。しかし，

---

8)　*The Wall Street Journal*, Monday, November 11, 2013.

表3-4 女性就業者と賃金格差（推計値）

Coefficients:

|  | Estimate | Std. Error& | t value | Pr（>|t|） |
|---|---|---|---|---|
| （Intercept） | 18.23959 | 3.37349 | 5.407 | 0.002926** |
| WAGE | 0.34696 | 0.04282 | 8.103 | 0.000464*** |

Signif. codes: 0 '***' 0.001 '**' 0.01 '*' 0.05 '.' 0.1 ' ' 1
Residual standard error: 0.7196 on 5 degrees of freedom
Multiple R-squared: 0.9292, Adjusted R-squared: 0.9151
F-statistic: 65.66 on 1 and 5 DF, p-value: 0.0004642
（出所）労働政策研究・研究機構（2012a, 89, 173ページ）より筆者推計。

一般に貧困削減は経済成長および所得・資産の分配が及ぼす削減効果の2つに分けられる。成長効果と分配効果を独立して扱えるかどうかは，経済成長と不平等のトレードオフ（Growth-Inequality trade-off），または「クズネッツ仮説（Kuznetz' hypothesis）」や分配の不平等が経済成長や経済効率に寄与するかどうかの検証に依存する。

経済成長と所得分配の不平等との関係は逆U字型曲線（inverted U-curve）で表わされ，経済発展の初期には所得分配の不平等は悪化し，中所得国のある段階を過ぎ成熟国へ移行するにつれてそれは改善されるという。経済発展の初期段階から中所得国のある段階に至るまでは，経済成長と所得分配の平等の間にはトレードオフが存在し，所得の増加を享受するためには，分配の不平等はその副産物として甘受されるべきものとされていた。

「クズネッツの逆U字曲線」の存在については，1970年代のクロスカントリー分析では確認された。しかし，1990年代の諸国の家計調査データを集め，時間軸を追加（パネル分析）した研究では否定されている。他方，「経済成長が貧困削減の王道」であるという主張については，クロスカントリー分析による経済成長と貧困削減の平均的な関係の把握からは大体支持されている[9]。

---

9) 格差と成長に関するクズネッツの逆U字曲線の関係が，近年の先進国においては，そのまま当てはまらないようなケースがみられるようになった。特に，米国，英国，カナダといった先進国の一部について，それぞれの経済水準と格差の指標を時系列でみると，正の相関を持つことが示される。その一方で，ドイツ，イタリア，フランスといったヨーロッパ大陸の国々においては，そうした明示的な正の相関がない

しかしながら，経済成長のトリクルダウン効果（trickle-down effects）により貧困削減を果たすに当たり，所得なり所得増加の不平等，特に投資を行う富裕層への所得・富の集中は致し方のないことであるとされていた。経済成長のトリクルダウン効果は先進国が経済成長を優先政策とすることの背景になっている[10]。

貧困削減の経済成長（所得・消費増大）弾性値推計に関する世界銀行の諸研究においては，単純貧困率よりも，貧困ギャップ，2乗貧困ギャップを被説明変数とした場合の推計弾性値が大きくなることが観測され，経済成長の果実享受（貧困削減効果）は貧困線付近の貧困層のみにとどまらず，貧困線から離れた極貧層にもそれが及んでいることの証左が得られている（Adams (2003)）。

### 2-3 ジニ係数

分配状態は，所得の不平等度係数のひとつであるジニ係数で示される。ジニ係数は，周知のとおり，イタリアの統計学者，人口統計学者，社会学者 Corrado Gini が 1914 年に，社会における所得分配の不平等さを測る指標として考案した。ジニ係数は 0 から 100 までの間の値をとる。説明を簡単にするために，ジニ係数は百分率で表されることが多い。日本では高度経済成長期には所得の不平等がトリクルダウン効果によって縮小したといわれている。ジニ係数の値を下げることが再分配政策の目的ではなく，あくまで結果である。再分配政策を行うときの参考値の役割を果たす。ジニ係数を説明する要素は複数あり，経済成長，雇用機会，学歴，男女別などが複雑に関連している。ここでは，名目 GDP 成長率とジニ係数との関係が図 3-3 に示されている（対象年は 1985，1995，2000，2003，2006，2009 年。単相関の推計結果は表 3-5）。

---

ことがうかがえる。また，ヨーロッパ大陸のうち，特に平等度が高いとされる北欧諸国は，ジニ係数（後述）が全体として低いものの，デンマーク以外のノルウェー，スウェーデンではわずかながら正の相関を持っている。

10) バブル崩壊後，日本はトリクルダウン政策に走った。所得税と法人税の税率を下げ，規制緩和を推し進め，社会保障費を削減した。企業や高額所得者という競争強者にインセンティブを与えて，彼らの生み出すパイの拡大によって経済の活性化を図った。

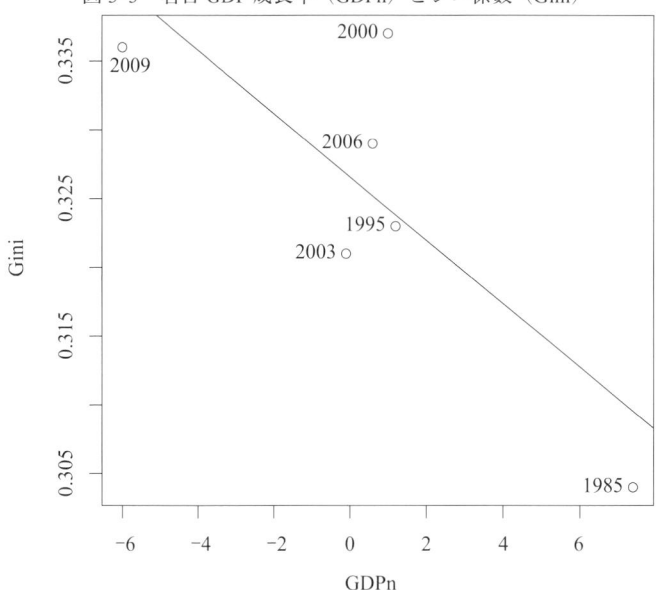

図 3-3　名目 GDP 成長率（GDPn）とジニ係数（Gini）

（出所）厚生労働省「平成 22 年国民生活基礎調査の概況」，内閣府「国民経済計算」より筆者作成。

表 3-5　名目 GDP 成長率とジニ係数（推計値）

Coefficients:

|  | Estimate | Std. Error& | t value | Pr（>\|t\|） |
|---|---|---|---|---|
| （Intercept） | 0.3265734 | 0.0033467 | 97.580 | 6.61e−08*** |
| GDPn | −0.0023026 | 0.0008475 | −2.717 | 0.0532 |

Signif. codes: 0 '***' 0.001 '**' 0.01 '*' 0.05 '.' 0.1 ' ' 1
Residual standard error: 0.008074 on 4 degrees of freedom
Multiple R-squared: 0.6486, Adjusted R-squared: 0.5607
F-statistic: 7.382 on 1 and 4 DF, p-value: 0.05315

（出所）厚生労働省「平成 22 年国民生活基礎調査の概況」，内閣府「国民経済計算」より筆者推計。

　他の国々のジニ係数は，OECD Income Distribution Database によれば，平等主義で有名なスウェーデンでは 26.9（2010）である。米国のジニ係数は 38.0（2010），体制転換後のロシアでは，振興財閥に席巻されており 42.8（2008）で 40 を超えている。高度経済成長下にある中国でも状況は似ている。中国国家

統計局によれば，2012年は47.4である[11]。EU加盟国の大半が30〜35程度である。相対的には日本33.6 (2009)，韓国31.1 (2011) は35以下でやや平等である。米国，ロシア，中国は過去20年間で不平等度は増加している。国民の平均所得を倍増するだけでなく，国富の配分を改善し，中低所得層への配分を増やすべきである，という再分配政策が示唆される。

経済成長とジニ係数について Ravallion (2005) では，貧困の削減率を平均所得成長率（経済成長率）と全弾力性（totalelasticity）の積として分解している。ここで，全弾力性は不平等指数（ここではジニ係数）の非線形関数として定義され，そのパラメタが推計されている[12]。不平等の効果と経済成長の効果が合成された弾性値を推計していることになる。62のサンプル国に推計式を当てはめると，貧困削減の経済成長弾力性は，ジニ係数が20強から60程度に悪化するにつれて，−4.3から−0.6に縮小する (Ravallion (2005, p. 11))。

この結果を使って Ravallion (2005) は，年率2%の1人当たり所得増加（1980〜2000年の途上国平均）があり，貧困率 (headcount index) が40% (1980年頃の途上諸国平均) であったとすると，ジニ係数が30と不平等度の低い国であれば貧困率は年率6.4%で低下し，10.5年で半減するが，ジニ係数が60と不平等度の高い国であれば貧困率は年率1.2%でしか低下せず，貧困率半減までに57年かかるとしている。不平等は，貧困削減の成長弾性値 (total elasticity) を減少させることによっても貧困削減を妨げることになる[13]。

### 2-4 労働分配率

労働分配率と実質GDP成長率との関係を示したのが，図3-4である（単相関の推計結果は表3-6）。雇用者所得と密接に関係しているのが労働分配率である。これは企業の付加価値に占める人件費の割合であり，企業にとってみれば低い方が良いことを示唆する。労働分配率は被雇用者の分配状態を示唆する

---

11) OECD Factbook 2012 によれば41である。
12) 貧困削減率 = [ $Constant \times (1-不平等指数)^{\theta}$ ] × 経済成長率，$Constant < 0$，$\theta \geq 1$。
13) Ravallion (2005), p. 10.

図 3-4　労働分配率（SNAf）と実質 GDP 成長率（GDPrf）（1960-2009 年度）

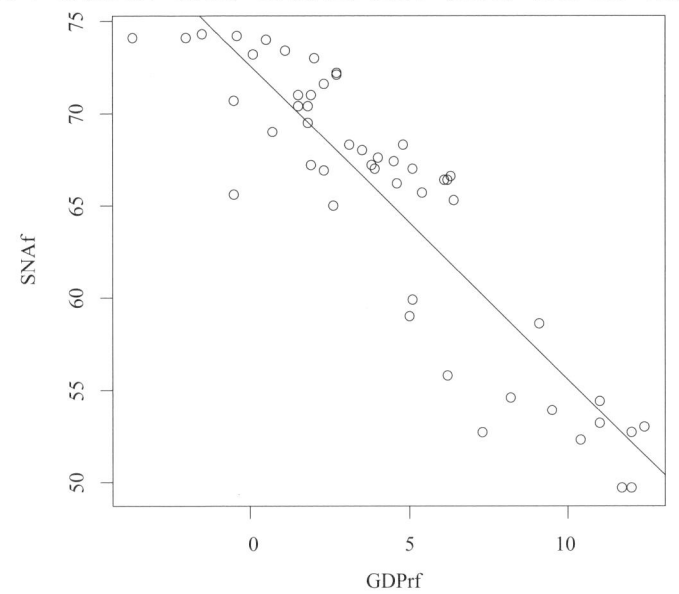

（注）労働分配率（国民経済計算）＝雇用者報酬 ÷ 国民所得 ×100
（出所）内閣府「国民経済計算」より筆者作成。

表 3-6　労働分配率と実質 GDP 成長率（推計値）

Coefficients:

|  | Estimate | Std. Error& | t value | Pr（＞|t|） |
| --- | --- | --- | --- | --- |
| （Intercept） | 72.6014 | 0.6776 | 107.15 | ＜2e－16*** |
| GDPrf | －1.7032 | 0.1151 | －14.79 | ＜2e－16*** |

Signif. codes: 0 '***' 0.001 '**' 0.01 '*' 0.05 '.' 0.1 ' ' 1
Residual standard error: 3.229 on 48 degrees of freedom
Multiple R-squared: 0.8201, Adjusted R-squared: 0.8164
F-statistic: 218.8 on 1 and 48 DF, p-value: ＜2.2e－16
　（出所）内閣府「国民経済計算」より筆者推計。

が，失業者や所得を年金に依存している高齢者の所得分配状態を含まない。

　マクロ的には，日本の労働分配率は，65％〜75％の範囲にあり，2011 年では先進 7 カ国中，日本 70.7％，米国 67.4％，イギリス 69.8％，ドイツ 66.9％，フランス 72.0％，イタリア 60.4％，スウェーデン 72.9％で，第 3 位

である[14]。

## 3. 社会保障と経済成長

### 3-1 社会保障費の増加

1980年以降の社会保障関係費と経済成長との関係を示したのが，図3-5である（単相関の推計は表3-7）。社会保障関係費は政府の政策の数量的側面を示しており，経済成長と連動する税収の大きさに依存する。しかし社会保障制度の硬直性から，近年，経済成長が停滞する一方で，社会保障関係費の自然増が顕著であり，傾向線からの乖離が観察される。

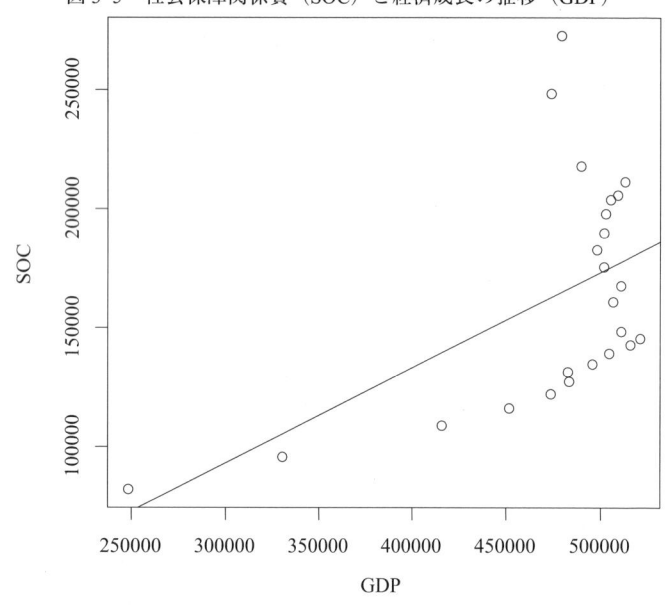

図3-5 社会保障関係費（SOC）と経済成長の推移（GDP）

（注）単位10億円。対象年度：1980，1985，1989-2010年度。
（出所）財務省財務総合政策研究所「財政金融統計月報」，内閣府経済社会総合研究所「国民経済計算年報」より筆者作成。

---

14) 2010年においてカナダは71.1％である。労働分配率と労働生産性との対応は，ミクロ経済理論では市場経済の機能的分配によって理解することができる。高賃金率＝高労働生産性の公式が妥当する。日本の場合，企業における人件費の占める割合が高い労働分配率をもたらし，労働生産性の高さに依存していない。

表 3-7　社会保障関係費と経済成長の推移（推計値）

Coefficients:

|  | Estimate | Std. Error& | t value | Pr（>\|t\|） |
|---|---|---|---|---|
| (Intercept) | −2.697e+04 | 6.624e+04 | −0.407 | 0.68785 |
| GDP | 4.006e−01 | 1.380e−01 | 2.903 | 0.00825** |

Signif. codes: 0 '***' 0.001 '**' 0.01 '*' 0.05 '.' 0.1 ' ' 1
Residual standard error: 41760 on 22 degrees of freedom
(24 observations deleted due to missingness)
Multiple R-squared: 0.2769, Adjusted R-squared: 0.2441
F-statistic: 8.427 on 1 and 22 DF, p-value: 0.008251

（出所）財務省財務総合研究所「財政金融統計月報」，内閣府経済社会総合研究所「国民経済計算年報」より筆者推計。

社会保障と経済成長とがトレードオフにあるのか，そうでないのかは，その国の事情にも依存する。スウェーデンは高負担国家にもかかわらず，マクロ経済における経済成長率や労働生産性がOECD諸国の平均を大きく上回っている。すなわち高福祉・高負担と高成長率が両立するスウェーデンを，人口938万人にすぎない小国として無視するわけにはいかないであろう[15]。

### 3-2　生活保護

再分配政策における社会保障関係事業は，大別すると高齢者向けの事業と生活保護を含む児童母子福祉事業である。生活保護世帯は，1960年以降増加傾向にある。1980年代後半から90年代初めにかけてのバブル景気時（1986年12月〜1991年2月までの51カ月間）には減少傾向を辿ったが，バブル経済崩壊後，高い増加傾向を示している。平均変化率は49.86である（図3-6）。

他方，児童母子福祉事業費の平均増加率（2008-2011年度）は，73.66である。同期間の生活保護世帯変化率は23.33である。表3-1に示されているとおりひとり親家庭の相対的貧困率が50.8であるように，社会保障関係事業における児童母子福祉事業と生活保護事業は，将来の福祉政策の重要性を示唆している。

---

15) Johan Gustaf Knut Wicksellを北欧学派の祖とし，Myrdalを産んだスウェーデンについて，湯元（2010），翁（2012），レグランド（2012）を参照。

表 3-8　生活保護世帯の推移（推計値）

Coefficients:

|  | Estimate | Std. Error& | t value | Pr（>\|t\|） |
|---|---|---|---|---|
| (Intercept) | －183622297 | 29411076 | －6.243 | 6.49e－08*** |
| YEAR | 97170 | 14831 | 6.552 | 2.04e－08*** |

Signif. codes: 0 '***' 0.001 '**' 0.01 '*' 0.05 '.' 0.1 ' ' 1
Residual standard error: 1842000 on 55 degrees of freedom
Multiple R-squared: 0.4384, Adjusted R-squared: 0.4281
F-statistic: 42.93 on 1 and 55 DF, p-value: 2.041e－08

（出所）「生活保護」に関する公的統計データ（2013 年 10 月 16 日）「被保護実世帯・保護率の年次推移」国立社会保障・人口問題研究所, http://ipssgojp/s-info/j/seiho/seiho.asp より筆者推計。

図 3-6　生活保護世帯（LIFE）の推移

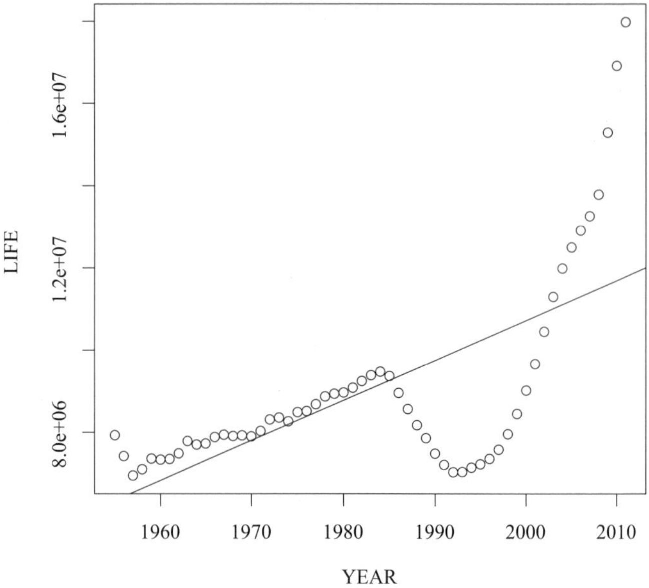

（出所）「生活保護」に関する公的統計データ（2013 年 10 月 16 日）「被保護実世帯数・保護率の年次推移」国立社会保障・人口問題研究所, http://ipss.go.jp/s-info/j/seiho/seiho.asp より筆者作成。

## 3-3　国民負担率

政策当局が目指す経済政策の目標は，一定の経済成長率と貧困率または平等度の同時達成である。しかしながら，これまでの経済政策の変遷を見ると，2つの政策目標の間には，周知のように，トレードオフが存在する。経済成長に陰りが出ると，分配状態が着目される。日欧米先進国の経済停滞下で公表された相対的貧困の問題は政策の転換点を示唆してる。

撲滅するべきは貧困であるとしても，不平等の価格を看過するわけにはいかない。価格はいうまでもなく機会費用である。その際，社会保障給付率（対国民所得比）と国民負担率（対国民所得比）との関係を見ておくことも必要であろう。社会保障給付率と国民負担率の決定は，政治の問題である。社会保障給付率と国民負担率との対応，言葉を換えていえば，便益と費用の差は政治的に決

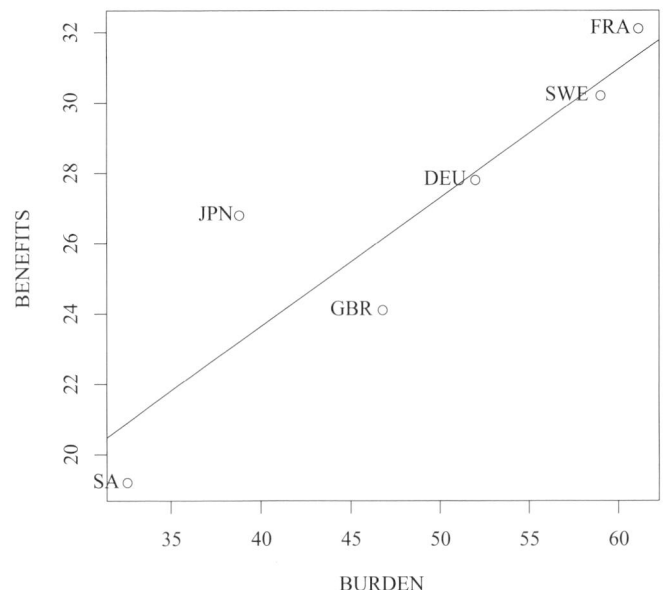

図 3-7　社会保障給付率（BENEFITS）と国民負担率（BURDEN）

（注）国民負担率について日本は 2011 年度，他の国は 2008 年。社会保障給付率について日本は 2011 年度，他の国は 2009 年。
（出所）労働政策研究・研究機構（2012a）OECD Stat (data extracted on Sep. 2013) より筆者作成。

表 3-9　社会保障給付率と国民負担率（推計値）

Coefficients:

|  | Estimate | Std. Error& | t value | Pr（>|t|） |
| --- | --- | --- | --- | --- |
| （Intercept） | 8.99801 | 4.46648 | 2.015 | 0.1142 |
| BURDEN | 0.36600 | 0.09033 | 4.052 | 0.0155* |

Signif. codes: 0 '***' 0.001 '**' 0.01 '*' 0.05 '.' 0.1 ' ' 1
Residual standard error: 2.275 on 4 degrees of freedom
Multiple R-squared: 0.8041, Adjusted R-squared: 0.7551
F-statistic: 16.42 on 1 and 4 DF, p-value: 0.01545

　　（出所）労働政策研究・研究機構（2012a），OECD Stat（data extracted on Sep. 2013）より筆者推計。

定される。したがって，不平等はミクロ経済行動，すなわちレント・シーキング（rent seeking）としてのフリーライダーの結果から生じる。レント・シーキングの大きさを機会費用と考える[16]。

　対象年に不整合があるが，各国の状態を比較したのが，図 3-7 である。高福祉・高負担の関係を確認することができる。図 3-7 の傾向線から，日本の政策対応は，社会保障給付比を維持しながら国民負担率を高めていくのか，国民負担率を維持する一方で社会保障給付比を下げていくのか，という両極の方向が示唆される。

## 4．政策評価と価値判断

　以上分配に関するいくつかの要素について経済成長と関連させながら，そしてそれらの統計数値に言及しながら，再分配政策を展開する際の視角を概観してきた。貧困あるいは不平等の説明変数は，単純ではない。ここでは初歩的な単相関を中心に庶民感覚を念頭に一次近似を行った。

　さて，吉本（2008）のつぎの言葉，「数量分析は現場の，現実を表現する。」は，いわゆる「sein」の問題である。これに対して，分配は「sollen」の問題である，と解釈することができるであろう。

---

16）　不平等という市場の失敗を政治的に解決しようとするとき，不平等が拡大する米国では，ノーベル経済学者 Joseph Eugene Stiglitz は，「米国民の 1％の，1％による，1％のための」（Of the 1%, for the 1%, by the 1%.）政治を問題にする。Stiglitz（2012）を参照。

「もし，もっといい方向を探し出そうとするなら，変化の兆候をよく見極めることが重要です。いいかげんに考えていると，見誤ります。言葉や文学についてもそうですし，現実社会に対してもそうです。」（吉本（2008，21 ページ））

　わが国で政策評価の問題が一般化したのは，2002 年 4 月に施行された「行政機関が行う政策の評価に関する法律」（行政評価法）に端を発する。政策評価は政策分析の基礎をなし，政策分析の基本は，政策がもたらす社会的な便益と費用を推計することである。政策分析は定量的分析を分析の中心に据える。その際，数量化は不可避である。定量的分析のモデルの基礎にはミクロ経済学のモデルがある。そこでの基準が合理性あるいは効率性であることはいうまでもない。

　政策評価は，わが国においても国および地方自治体の政策問題に関連して一般化しつつある。しかしながら，政策問題は社会全般に関わる問題，すなわち公共政策であるがゆえに，定性的な分析を必要とするということから，政策評価に反対する議論や見解が見られる。直近の例ではエネルギー政策に関連した原子力発電の再開があげられる。国防，健康，福祉，教育，自然環境など定性的要因を含む分野への政策対応は，政策決定の段階で多くの困難さを残している。政策決定に際しては，一方で公共選択（Public Choice）の問題から逃れることはできないであろうし，他方で政策の価値判断から自由ではない。

　政策評価の理論は，厚生経済学あるいは政策評価のミクロ経済学の核心部分である。政策評価のフレームワークは，伝統的には厚生経済学におけるパレート効率性のモデルである。パレート効率性は政策評価のミクロ経済モデルの基礎を提供する。他の事情が等しい限り，選好が安定的で外生的であるならばパレート効率性は優れた基準である。しかしながら，実際の政策評価に際しては，絶対的に不変で外生的な価値観を基礎にするというよりもむしろその時の状況に応じて選好が変化し，評価が変化することが多い[17]。今日，政策評価を効率性の基準にのみで行うことに対する批判，言い換えれば「市場原理主

---

17）　大垣（2011）および大垣（2014，233-243 ページ）を参照。

義」という言葉に要約され,批判されることが多い。新自由主義の経済思想に導かれる内外の経済政策に対する批判は,グローバルな経済活動の側面においても顕著である。批判の背景には,イギリスを例に見ると,労働党党首 Clement Richard Attlee が採った第1の道である福祉国家 (Welfare State),すなわち,国家の機能を安全保障や治安維持などに限定 (夜警国家) するのではなく,社会保障制度の整備を通じて国民の生活の安定を図ることを目的とした国家の建設を源流としている[18]。

しかし,イギリスは,1960 年代以降には,経済が停滞するなか,充実した社会保障制度や基幹産業の国有化などの政策によって,国民が高福祉に依存する体質となったり,勤労意欲が低下したり,既得権益にしがみついたりすることによって,さらに経済と社会の停滞を招くという病理現象,英国病に罹患する。1980 年代には,英国病を克服するために,Margaret Hilda Thatcher は,第2の道,構造改革 (民営化・行政改革・規制緩和) という社会的外科手術に着手する。日本や米国が,同様に,新自由主義の経済思想に強く影響を受け,日本では小泉純一郎首相,安倍晋三首相の経済政策に引き継がれている。

歴史的には,2つの政策基準と評価が交互に主役を交代させているように見える。1990 年中葉には,基本的にサッチャリズムの改革の成果を継承しつつも,最低限の社会的セーフティーネットを構築することで格差拡大にも配慮しようとする路線,第3の道が Anthony Charles Lynton "Tony" Blair によって採られた。

第3の道について内橋 (2006) は次のように指摘する。市場が人間を支配する思想である市場原理主義は,実体経済を破綻させ,人心を荒廃させる「悪魔のサイクル」を生み出した。この思想への対抗軸は「国家でもない,市場でもない,第三の道がある。国家が市場を計画し,すべてを決めるのではなく,市場が人間を支配するのでもない,第三の道,それは人間が市場を使いこなすと

---

[18] 「福祉国家」の語は,1928 年にスウェーデンの社会大臣 Gustav Moller が選挙パンフレットで用いたほか,英語圏ではイギリスの William Temple が著した『市民と聖職者』(1941 年) の中に見られる。

いう道である」。

　経済が，市場が人間を支配するという側面は否定し難い。したがって，経済社会と人間の関係に着目する立場は，政策の決定に際し，最終的には主観的・裁量的な要素が強く支配することから，「人間の顔をした経済政策」を志向し，経済を見る倫理の眼を要求する。しかし，ここでは内橋のように第2の道の全面的な否定ではなく，経済倫理として冷静な洞察が有益であろう。

　倫理的評価の対象として，塩野谷（2009）は，(1)社会の「制度」ないしルール，(2)個々人の「存在」ないし性格，および(3)個々人の「行為」の3つを区別する。それぞれを評価する価値言語として，(1)正（正義），(2)徳（卓越），および(3)善（効率）を指定する。「正」の理論は人々の権利を基底とする Immanuel Kant および John Rawls の思想と関連し，「徳」の理論は人々の能力を基底とする Aristoteles および Thomas Hill Green の思想の下にある。そして，「善」の理論は人々の効用を基底とする功利主義者たち（Jeremy Bentham, John Stuart Mill, および Henry Sidgwick）の思想から形成される。

　正，徳，善の理論の間には「正」＞「徳」＞「善」の倫理的階層関係がある。塩野谷（2009）は，次のように理解する。人々は利己心と合理性を前提として，個人的効用＝「善」を追求するが，希少性の世界では「善」の追求は競争的対立を回避できない。社会が公正な協同のシステムであるためには，個人的効用の追求が互いに両立するような制度ルールを確立しなければならない。それが「正」である。したがって「正」は「善」に優越する。他方，「徳」は，人間の性格・能力・品格を倫理的に評価するものであるから，人々が追求する「善」の質を批判的に評価する位置にある。したがって，「徳」は「善」に優先する。「正」は，人々の共存を図る制度的ルールであるから「善」に対して優越するばかりでなく，「徳」に対しても優先する。

　所得分配における公平の問題は，自由主義と公正との関連において Rawls（1971）の格差原理に言及されることが多い。ロールズの第2原理において，社会的・経済的不平等は次の2条件を満たすものでなければならないことが示されている。すなわち，それらの不平等がもっとも不遇な立場にある人の利益

を最大にすること，とする格差原理と公正な機会の均等という条件の下で，すべての人に開かれている職務や地位に付随するものでしかないこと，とする機会均等原理である。周知のように，無知のベール（不確実性）に包まれた人間の行動から得られる合理的な解答は，弱者救済策の採用である。格差原理が公平の基準を支持している。社会保障政策の全体評価は，この基準を用いることになる。現実には，高齢者社会における公共政策の評価が，費用便益分析による説得の数理としての効率性は有効であろうが，納得の手段としては限定的である。社会保障政策ばかりでなく，教育政策の評価についても格差原理は妥当する。

　格差原理は，「正」の倫理学の中心問題である。人々は，個人の能力，資産の初期賦与の条件の下で，それぞれの生き方を通して個人的な目標（効用）の最大化を行動原理とする。自由な社会では「格差」は当然の帰結であり，機会均等原理の下では放置してもかまわない，という自由主義の考え方があり，他方で，分配は厳密に均等でなくてはならず，「格差」は解消されるべきであり，事前ばかりでなく事後を含めた平等を主張する立場がある。自由と平等は共存するのではなく，対立することになる。この場合には「自由」を政策評価の基

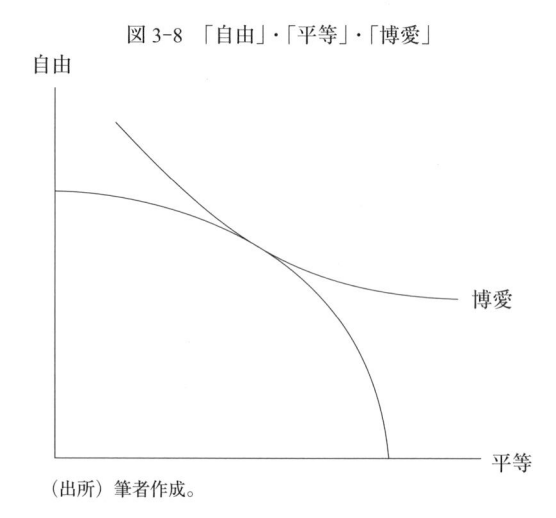

図 3-8　「自由」・「平等」・「博愛」

（出所）筆者作成。

準とするか，「平等」を政策評価の基準とするか，「博愛」を政策評価の基準とするか，という問題を想定することができる。

「自由」と「平等」とが対立軸に描かれるならば，「博愛」が決定要因となる，と考えることも可能である。「自由」と「平等」の組み合わせを「博愛」が行うことになる。経済学では慣れ親しんできたトレードオフ関係上の選択である。非常にナイーブな議論であるが，論点を図 3-8 によって確認をしておこう。政策評価の「自由」と「平等」という倫理的空間において決定要因は「博愛」である。

経済体制を比較分析するときの基礎には，Adam Smith の 2 つの著作があることを看過してはならない。すなわち，『国富論』の世界は，人間の本質への真の関心をいっさい無視してまで数学化した経済学の源流にある。他方，『道徳感情論』では，経済学が道徳哲学の支流として誕生したという事実を合わせ持つ。優しくて寛大な行動は，他者への愛着の感覚から生まれる，ということが主張されている。『国富論』を「善」の理論とすれば，困っている人を目にすれば，ただちに大きな力が働く。その力は人間の心理的性質として本来備わっており，社会的な関係から自然に引き出されると考える『道徳感情論』を「徳」の理論と理解することができる。もちろん，Adam Smith が，元来，「正」の理論から出発していることを想起すべきである。

## 5. 脳内化学物資と政策評価の場

政策評価の場を比較経済体制論の文脈において理解し，それを人間の意思決定・行動に影響を及ぼしている脳内化学物質との関係に投影して描いた概念図が図 3-9 である。横軸に脳の中に存在する神経伝達物質，ドーパミン（dopamine）とセロトニン（serotonin）を計る。ドーパミンは「快感＝壊苦」を，セロトニンは「抑制＝慈悲」を特徴とする。

ドーパミンを経済主体の意思決定に関連付けると，消費者については効用最大化に，生産者については利潤最大化の行動として具現する。すなわち，ドーパミンによる報酬系の活性化の度合いが，報酬の大きさ・価値を決めるための

図 3-9 脳内化学物質と政策評価の場

```
                    testosterone  テストステロン（攻撃性と処罰）
                                  （男性）
                                  （効率性）
                              │
                              │   資本主義経済体制
                              │        ──→ 競争経済
     Adam Smith               │
      『国富論』                │   市場経済
      『道徳感情論』             │
                              │
                              │
   serotonin セロトニン         │        dopamine ドーパミン
  ─────────────────────────────┼─────────────────────────────
   抑制 -「慈悲」                │        快感 =「壊苦（えく）」
                              │
                              │   混合経済
                              │
     社会主義経済体制            │        ──→ 公共経済
                              │
       ──→ 共生経済             │        福祉経済
              福祉国家          │
                              │
                    oxytocin オキシトシン（共感と協力）
                                  （女性）
                                  （公平性）
```

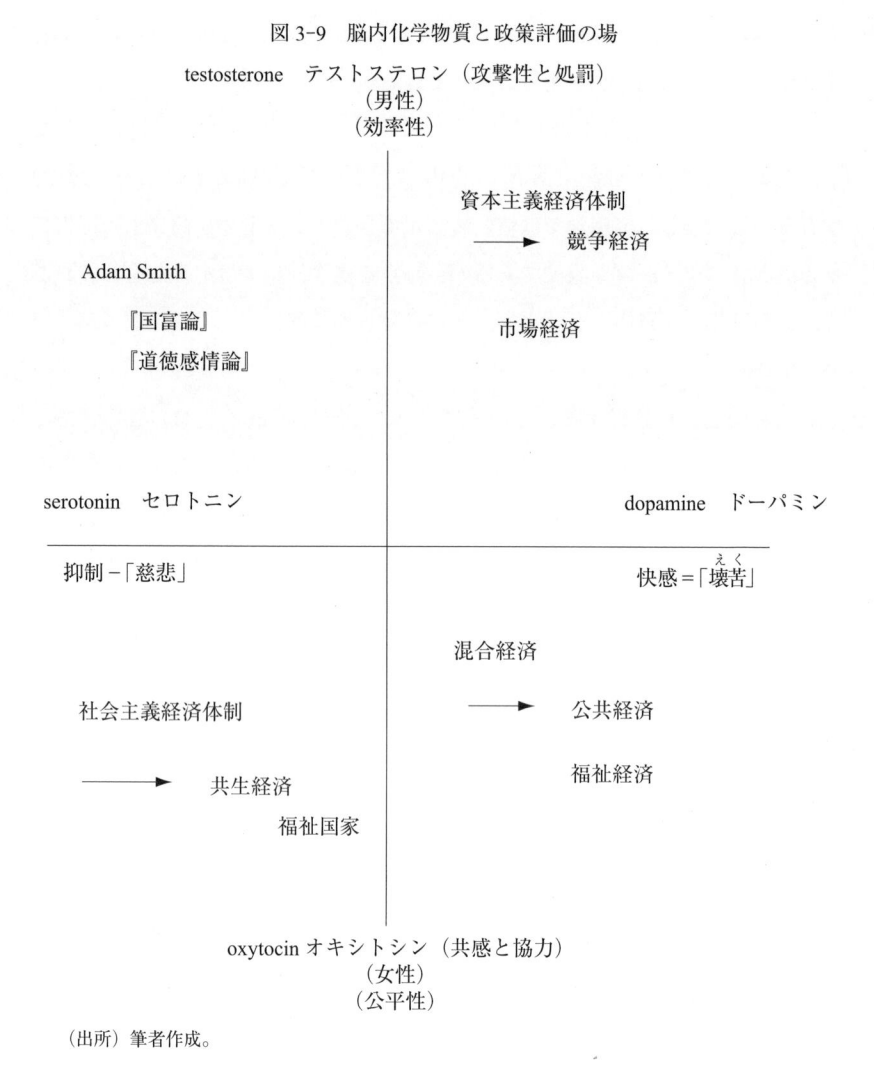

（出所）筆者作成。

物質の物差しとして使われている[19]。

　縦軸にホルモンを計る。テストステロン（testosterone）は主に男性が多く分泌する刺激ホルモンであり，「攻撃性と処罰」を表す。他方，オキシトシン（oxytocin）は抹消組織で作用するホルモンであり，男性にも存在するが，最初

---

19）ドーパミンと人間行動については，たとえば中野（2014）を参照。

は女性に特有な機能に必須なホルモンとして発見された。「共感と協力」を特徴とし，母性や人間関係の形成などの社会行動や不安の解消などに大きく関係している，といわれてる。したがって愛情ホルモンまたは幸福ホルモンと呼ばれている。ポール・J・ザック（2013）は，信頼ホルモン「オキシトシン」の人間行動に及ぼす影響を興味深い言葉で表現している。

　第1象限では市場経済における評価基準として経済効率の基準が支配する。完全競争を想定すれば，経済主体は価格受容者であり，価格を媒体として最適行動が導かれる。説明変数の組み合わせは，（ドーパミン，テストステロン）である。資本主義経済体制の特徴は市場を核とした競争経済であり，行動は期待と欲望によって突き動される。ジェンダーの文脈では男性中心の評価になる。前述の Adam Smith の『国富論』における時代精神を特徴づける，現代的には仮想的で純粋な「経済的な人間」すなわちホモ・エコノミクスの評価領域である。経済学では生産と消費の側面において，生物学では生存と生殖の側面において「競争」は「善」である。

　第2象限は，ホモ・エコノミクス（経済学と物理学）とホモ・サピエンス（経済学と生物学）の両者の原点として理解することができる。第3象限は第1象限と対称的な関係にあり，内橋（2011）は，それを共生経済として理解するが，脳内化学物質（セロトニン，オキシトシン）の組み合わせは，社会主義経済体制あるいは福祉国家の政策を評価する。そこでの評価対象は，医療・年金・福祉・介護などの社会保障である。ポール・J・ザック（2013）によれば，オキシトシンは，自らが分泌させる2つの快楽神経化学物質セロトニンとドーパミンとあいまって「ヒトオキシトシン媒介共感」（Human Oxytocin Mediated Empathy: HOME）回路を作動させ，ドーパミンが「他人に優しい行動」を強化し，セロトニンが気分を高揚させる。オキシトシンは共感を生み出し，共感が原動力となって人々は道徳的な行動を採り，道徳的行動が信頼を招き，信頼がさらにオキシトシンの分泌を促し，オキシトシンがいっそうの共感を生み出す。ドーパミンの分泌が少ないときに社会は，セロトニンに依存し，この場合には共感の可能性が抑制されることになる。

第4象限は，市場と国家あるいは政府との経済関係が重なりあう領域を評価の対象としている。イギリスが第3の道として指向している経済体制である。ここではドーパミンの分泌が多ければ，公共の領域といえども「善」(効率性)の理論が評価基準の基礎となる。具体的には，国や地方自治体の財政状況が評価の制約となり，共感と協力における自発性の程度，オキシトシンが評価の大きさを左右する。第4象限の大きさは，政治経済学的には，公共選択あるいは民主主義の経済学によって決定されるであろう。

　第3象限と第4象限における政策評価の違いは，国家などの行政組織と人々との間のコミットメントの程度に依存する。「繁栄する経済と思いやりのある社会の両立」，言い換えれば図3-8に表される政策評価の観念である。

## 6. 共感と共生による政策評価

　経済学における政策基準が，「徳」(分配の公平性)と「善」(効率性)の二項対立の罠に陥っている，というのは避けがたい現実である。現代社会における評価の基準は，第3象限をその場とするのか，あるいは第4象限をその場とするのか，という問題が残される。Adam Smithの共感を政策評価の基礎とするのか，あるいは内橋(1995)が主張する「共生」を道徳とするのか，それに対する正答はない。

　共感と共生は図3-9の第3象限と第4象限の政策評価要素である。本来的には生物学の世界に帰着する[20]。共生という言葉は，日本では1980年代後半から言論，マスコミ関係で取り上げられ一種の流行を生んだ。政策の現場では，21世紀になり，2011年の東日本大震災を契機に改めて問われかけている。第1象限に見られる競争は，単線的競争から多元的競争に，他方でグローバル社

---

[20]　共生は生物学・生態学ではsymbiosisの邦語訳であり，自然界の現象を特徴づける。これに対して社会科学，人文科学の分野や流行語的マスコミ用語で使われる共生の概念あるいは意味は明解ではない。共生の概念，共生の現実的課題，共生への現実的道筋などの解明についての詳細な議論については，別の機会に譲る。東京農工大学研究グループの研究成果(矢口(2007)，尾関(2007)，亀山(2007))や慶應義塾大学経済学部の「市民的共生の経済学」(慶應義塾大学経済学部(1999)，慶應義塾大学経済学部(2003))を参照。

会における地域圏経済間の競争と国内における地域経済あるいは地方経済の競争，さらにはコミュニティ間の競争に変質してきている。集積と共存の利益が市場経済の質の変化をもたらしている。

　共生の理念が持続可能な社会を実現する理念である，とするならば，元来その発想の原点は環境破壊や資源の浪費の克服である。したがって，共生は，生物学，生態学，環境科学，都市工学，建築学，農学などの自然科学系（理系）の分野と密接な関連がある。しかしながら今日，自然科学系（理系）の分野に踏みとどまらず，共生が，教育学，社会学，哲学，政治学，法学，経済学，経営学などの社会科学系（文系）の分野において，人間が本源的に共同的な存在である，ということに着目して言及される機会が増えている。

　第4象限では，公共事業の対象となる道路や港湾といった物的な社会間接資本，社会のフォーマルな基盤的仕組みである法律，ルールといった制度資本が，政策評価の対象になる。しかしこれに加えて，人々の信頼関係に基づく社会のネットワークを指す Robert David Putnam の「ソーシャル・キャピタル（Social Capital）」と呼ばれるものがある（Putnam (2006)）。

　ソーシャル・キャピタル論は，リベラリズム（自由主義）とコミュニタリズム（共同体主義）との間の対立を契機として，Friedrich August von Hayek や Robert Nozick の自由至上主義と Rawls の社会契約主義を含む自由主義の双方に論争を挑む。それは「善」の政策評価と図3-9の第1象限に対する攻撃を意味する。ソーシャル・キャピタル論は，人間関係の信頼性が，共同体組織における「共通善」の追求を通じて社会の運営により良く寄与する，ということに注目する。

　図3-10は，ソーシャル・キャピタル論における二重の費用を描いている。新古典派経済学が想定する社会は完全である。しかしながら現実社会は，複雑であり，知識や情報は不完全であり，予測が困難で不確実な社会である。市場で円滑な取引が行われるのは，Coase (1990) の「取引費用」(transaction cost) がゼロの時である。もし，高い取引費用がかかるのであれば，市場で取引をするよりも企業やコミュニティという組織をつくり，組織内部で生産のための資源

図3-10 取引費用とと信頼費用

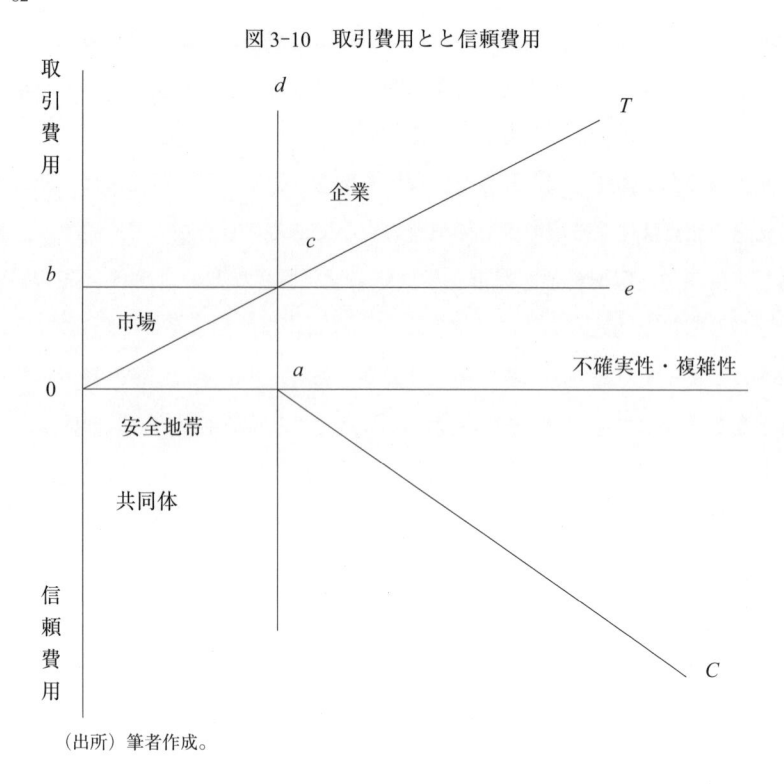

(出所) 筆者作成。

配分を行うことが有利となる。

　他方，例えば，国や自治体が公共財を供給する時を想定してみよう。人々がどんな公共財を望んでいるのか，またどの程度望んでいるのか。これらの情報を探索し，収集する必要がある，財政需要を満たすためには，当事者間における信頼関係が決定要因になる。「信頼費用」の存在である。公共財の需要と供給について，人々が信頼する領域は安全地帯である。長期的な人間関係をベースとしてさまざまな制裁を用いて非効率な行動を抑制する伝統的共同体を考えることができる。

　不確実性・複雑性を横軸に縦軸に取引費用をそれぞれ測る。右上がりの $T$ 直線が取引費用 $b$ までは市場での取引を，それを超えると企業の内部での取引を表している。企業の内部での取引は，図3-10では，$dce$ の領域で表現され

ている。他方，信頼費用を縦軸に社会の複雑性や不確実性を横軸に測る。信頼費用がゼロであれば，公共財は共同体の内部で供給される。しかし，フリーライダーの存在は安全地帯を破壊し，信頼費用が増加する。図 3-10 では，$a$ 点を越えると信頼費用が増加する，ということが，直線 $C$ で表現されている。

## 7. お わ り に

分配の現実に対峙するとき，新しい発見というよりも伝統的経済学，行動経済学の背景にある政策評価の哲学的・倫理的側面を看過するわけにはいかない。幸福追求の功利主義は伝統的経済学の政策評価の基礎である。伝統的経済学は最大多数の最大幸福の考え方を限りなく単純化・数学化することによって，意思決定する人間の行動とその行動を起こさせる生物学的性質は捨象されてきた。

図 3-9 に表現されるように，行動経済学と神経経済学は政策評価に新しい視点を提供する。特に，主流派経済学では，パレート基準が，外生的・安定的な選好（効用）関数を前提とした政策評価である。しかし，たとえ相手が敵であっても大切にする，という哲学的背景に着目する行動経済学では，「無条件の愛」を価値判断の基礎として政策評価のフレームワークを構築しようとしている（大垣（2011））。

量的な政策評価は「善」の理論によって支持され，「徳」の理論は質的な政策評価を支持する。図 3-9 の意味をさらに展開・分析しなければならない。政策評価の哲学的・倫理的側面を抜きにしては語れない。政策評価の技術的側面を見るためにもさらなる時間を要する。

特に貧困あるいは不平等を説明する社会経済モデルを必要とする。かつて，Vilfredo Frederico Damaso Pareto は経済効率性の基準としてパレート基準を示す一方で，分配に関しては，分配の法則，すなわちパレートの法則を示した。パレート最適は規範的であるのに対して，パレートの法則は実証的である。

この 25 年間，英米だけでなく至るところで平等化の傾向が急反転している事実を統計数値は示している。不平等はクズネッツ仮説のようではなく，上昇，下降，また上昇している。この理由を明快に説明する理論はない。「今日，

不平等を研究する経済学者は，すべて 55 年前に書かれたクズネッツの論文から出てきた」という Milanovic（2012, p. 91）の指摘は真実であろう。

　将来，グローバルな不平等がどの方向に進むかを予測することは容易でない。グローバルな不平等に関する統計研究は有意ではない。拡大したグローバルな不平等への不平不満を直接ぶつける相手などいない。しかし一国においては人々は同じ政府を共有する。したがって，もし人々が，不平等は非常に深刻であり，社会はあまりにも不正であると感じたら，その意思を知らしめる政治的メカニズムを有している。そこに，政治的目的としての再分配政策の意味を見出すことができる[21]。

### 参 考 文 献

内橋克人（1995）『共生の大地』岩波書店，岩波新書。

―――（2006）『悪夢のサイクル―ネオリベラリズム循環』文藝春秋。

―――（2011）『共生経済が始まる―人間復興の社会を求めて』朝日新聞社出版，朝日文庫。

大垣昌夫（2011）「行動経済学における政策評価と無条件の愛」『行動経済学』第 4 巻，39-42 ページ。

大垣昌夫・田中沙織（2014）『行動経済学―伝統的経済学との結合による新しい経済学を目指して』有斐閣。

大坪滋（2008）「経済成長―不平等―貧困削減の三角関係に関する一考察」『国際開発研究フォーラム』第 36 巻，21-44 ページ，3 月（http://www.sanno.ac.jp/tandai/bulletin/kiyou_43/43_2.pdf）。

翁百合・西沢和彦・山田久・湯元健治（2012）『北欧モデル―何が政策イノベーションをうみだすのか』日本経済新聞社。

尾関周二（2007）「共生概念と共生型持続社会への基本視点」矢口芳生・尾関周二編『共生社会システム学序説―持続可能な社会へのビジョン―』青木書店，10-45 ページ。

亀山純生（2007）「"人間と自然の共生"理念の意味と風土」矢口芳生・尾関周二編（2007），46-64 ページ.

慶應義塾大学経済学部編（1999）『変わりゆく共生空間』市民的共生の経済学 1，弘文堂。

―――（2003）『経済学の危機と再生』市民的共生の経済学 4，弘文堂。

厚生労働省（2012）「平成 24 年版　労働経済の分析―分厚い中間層の復活に向けた課題―」research report，（独）労働政策研究・研修機構（http://www.mhlw.go.jp/toukei_hakusho/hakusho/）。

---

21)　Milanovic（2012），Bhagwati（2007）を参照。

厚生労働省（2013）「平成25年版　労働経済の分析―構造変化の中での雇用・人材と働き方―」research report，(独) 労働政策研究・研修機構（http://www.mhlw.go.jp/toukei_hakusho/hakusho/）．

塩野谷祐一（2009）『エッセー　正・徳・善―経済を「投企」する』ミネルヴァ書房．

白波瀬佐和子（2010）『生き方の不平等―お互いさまの社会に向けて』岩波新書（新赤版）1245，岩波書店．

堤未果（2008）『ルポ貧困大国アメリカ』岩波新書（新赤版）1112，岩波書店．

―――（2010）『ルポ貧困大国アメリカⅡ』岩波新書（新赤版）1225，岩波書店．

―――（2013）『(株) 貧困大国アメリカ』岩波新書（新赤版）1430，岩波書店．

寺本博美（2014）「分配に関する数量的分析の視角」（『淑徳大学研究紀要（総合福祉学部・コミュニティ政策学部）』）第48号，101-119ページ．

―――（2015）「研究ノート　政策評価と価値基準としての共感と共生―行動経済学および神経経済学の観点から―」（『淑徳大学研究紀要（総合福祉学部・コミュニティ政策学部）』）第49号，131-142ページ．

中野信子（2014）『脳内麻薬―人間を支配する快楽物質ドーパミンの正体』幻冬舎，幻冬舎新書．

ポール・J・ザック（2013）『経済は「競争」では繁栄しない―信頼ホルモン「オキシトシン」が解き明かす愛と共感の神経経済学』ダイヤモンド社．

矢口芳生・尾関周二編（2007）『共生社会システム学序説―持続可能な社会へのビジョン―』青木書店．

湯元健治・佐藤吉宗（2010）『スウェーデン・パラドックス―高福祉，高競争力経済の真実』日本経済新聞社．

吉本隆明（2008）『貧困と思想』青土社．

レグランド塚口淑子（2012）『「スウェーデン・モデル」有効か―持続可能な社会に向けて』ノルディック出版．

労働政策研究・研修機構（2012a）『データブック国際労働比較』(独) 労働政策研究・研修機構．

―――（2012b）『非正規就業の実態とその政策課題―非正規雇用とキャリア形成，均衡・均等処遇を中心に―』JILPT第2期プロジェクト研究シリーズ，(独) 労働政策研究・研修機構．

労働政策研究・研修機構（2013）『データブック国際労働比較』(独) 労働政策研究・研修機構．

―――（2014）『データブック国際労働比較（2014年版）』(独) 労働政策研究・研修機構．

Adams, Richard (2003), "Economic Growth, Inequality, and Poverty: Finding from a New Data Set," *World Bank Policy Research Working Paper*, Vol. 2972.

Angrist, Joshua D. and Joren-Steffen Pischke (2009), *Mostly Harmless Econometrics: An Empiricist' Companion*: Princeton University Press.（大森義明・小原美紀・田中隆一・野口晴子訳（2013）『「ほとんど無害」な計量経済学』NTT出版）

Bhagwati, Jagdish Natwarlal (2007), *In Defense of Globalization*: Oxford Univ Pr (T);

Reprint.（鈴木主税・桃井緑美子訳（2005）『グローバリゼーションを擁護する』日本経済新聞社）

Coase, Ronald Harry（1990）, *The Firm, the Market and the Law*: University of Chicago Press.（宮沢健一・後藤晃・藤垣芳文訳（1992）『企業・市場・法』東洋経済新報社）

Milanovic, Branko（2012）, *The Haves and the Have-Nots: A Brief and Idiosyncratic History of Global Inequality*: Basic Books; First Trade Paper.（村上彩訳（2005）『不平等について 経済学と統計が語る 26 の話』日本経済新聞社）

Putnam, Robert David（2006）, *Bowling Alone: the Collapse and Revival of American Community*: Simon & Schuster.（柴内康文訳『孤独なボウリング―米国コミュニティの崩壊と再生』）

Ravallion, Martin（2005）, "Inequality is Bad for the Poor," *World Bank Policy Research Working Paper*, Vol. 3677.

Rawls, Jhon（1971）, *A Theory of Justice*: Harvard University Press, 1971, revised ed., 1999,（矢島欽一監訳（1979）『正義論』紀伊國屋書店）

Stiglitz, Joseph Eugene（2012）, *The Price of Inequality*: W.W.Norton & Company, Inc.

# 第 4 章

## GDP を超える指標としての『幸福度』の測定に関する一考察
――ステグリッツ委員会の勧告と『OECD 幸福度白書2』をめぐって――

塩 見 英 治

## 1. はじめに

　近年，GDP を越える指標として「幸福度」の研究成果が脚光を浴び，経済学に「革命」ともいうべき影響を与えようとしている。その意義は大きいものがあるが，4つに大別される。第1は経済理論上の意義で，「幸福度」を従来の経済学の効用概念に納得いく形で代理させる可能性の高まりであり，人間の行動を理解し，「幸福度」の指標を経済学の新流域へと拡張させる動きである。さらに，失業などの経済要因が「幸福度」に与える影響の把握である。第2には，政策上の意義で，「幸福度」の指標をもとに，従来とは異なる我々の生活の質の向上に資する政策の提案である。第3は，学際領域での意義で，「幸福度」の測定は心理学から多くの提案を得ているが，経済領域での検証結果を政治学，社会学領域に適用する可能性である。第4は，近年の政府などの「幸福度」に対する関心の高まりと取り組みの動きである。これは，国連，フランス，ブータンなどにみられる。ブータンでは自国の国民総幸福の数値開発に長年取り組んでいる。日本の政策当局でも，近年，幸福度指標に対する関心が高まっている。

　本論文は，以上の意義を踏まえたうえで，ステグリッツ委員会の主要な勧告

と『OECD 幸福度白書 2』の主要な論点を考察し，次いで，GDP と幸福度の隔離の論点としての所得水準と所得分布について言及し，さらに，日本人の幸福感の特徴を指摘し，最後に，「幸福度」指数適用上の課題と問題点について考察するものである。

## 2. ステグリッツ委員会の勧告と『OECD 幸福度白書 2』の主要な論点

フランスの旧サルコジ大統領が召集し，ノーベル経済学賞の受賞者で世界銀行顧問のジョセフ・ステグリッツを委員長，同じノーベル賞受賞者のアマティア・センを顧問とする「経済業績と社会進歩を測定する委員会（ステグリッツ委員会）を 2008 年に設定した。当委員会の目標は，経済業績と社会進歩を計測する指標としての GDP の限界を明らかにすることであった。当委員会は，3つのグループ編成によって検討を進めた。第 1 グループは，標準的な国民所得統計に取り組んでいる。第 2 グループは，暮らしの質の計測につとめている。第 3 グループは，地球温暖化問題によって浮上した持続可能性についてのグループである。いずれのグループも，横断的に分配問題に焦点をあてている。報告は，主に，市民組織を対象にしている。2009 年に報告書を刊行し，12 項目からなる勧告を行った。一方，『OECD 幸福度白書 2』はステグリッツ委員会の勧告内容を一部に踏まえ，2011 年の最初の白書に次いで，OECD の加盟国とその他の主要国における人々の幸福度を再評価したもので，世界金融危機が幸福度に及ぼす影響，幸福度における男女格差，職場における幸福，幸福の経時的な持続可能性の 4 つのテーマに注目し，2013 年に OECD が編集したものである。以下，ステグリッツ委員会の勧告と『OECD 幸福度白書 2』の主要内容について検討し，主要な論点を整理してみたい[1]。以下では，ステグリッツ

---

1) ジョセフ・E. ステグリッツ，アマティア・セン，ジャンポール・フィトゥシ（福島清彦訳）(2010)『暮らしの質を測る―経済成長率を超える幸福度指標の提案―』金融財政事情研究会及び OECD 編著，西村美由紀訳（2015）『OECD 幸福度白書 2』明石書店（原著は，Joseph E. Stigliz, Amatya Sen, Jean-Paul Fitossi (2010), *Mismeasuring Our Lives:Why GDP Doesn't add up*？(Proface), New Press.である。）を参照したが，本文は，直接，Steglitz Joseph E., Sen Amartya , Fitoussi Jean-Paul (2009), *Report by the*

委員会の主要な提言のテーマに沿って，それぞれの論点について，著者・塩見と『OECD 幸福度白書 2』との見解を述べている。

○"Look at income and consumption rather than production." [2]「物質的な幸福度を評価する場合，生産よりも消費と所得をみるべきである」とステグリッツ委員会は勧告の冒頭に提示している。GDP は，経済活動を評価するのに最も多く利用されている。GDP は，経済活動を主に計測するが，それに基づく政策は，幸福度と隔離する。物質的生産自体も，GDP より，実質的家計所得および消費とより密接に結びついているとしている。OECD のヘッドライン指数では，消費額に近づけるために，家計資産を減らすことなく，あるいは家計の負債を増やすことなく，世帯員が消費できる最大額を示す一人当たり家計調整純可処分所得を算出している。資産に関しては，国民経済計算体系に従い，貨幣用金，現金通貨及び預金，株式以外の証券，貸付，株式及びその他の持ち分（投資信託受益証券を含む），保険技術準備金，その他の売り上げ債権及び買入債務の合算から，家計が保有する金融負債を差し引いたものを意味する一人当たり家計保有正味金融資産を算出している[3]。どちらも，GDP や生産性などの全経済規模の指標との整合性が保たれているが，資産については，住居，土地，そして準法人の経済的生産に寄与する資産など，世帯員にとって物質的幸福度に影響をもつ要素が含まれていない。

○"Consider income and consumption jointly with wealth."[4]
「所得，消費にむすびついた資産の，分配を重視せよ」
　所得，消費，および所得の平均値は，その分配状況を示す指標を添えて測定

---

*Commission on the Measurement of Economic Performance and Social Progress*, www., Stiglitz-sen-fotoussi. Fr 及び OECD 編著，西村美由紀訳（2015）『OECD 幸福度白書 2』明石書店を参照している。

2）　Steglitz Joseph E., Sen Amartya , Fitoussi Jean-Paul（2009），p. 39.
3）　OECD 編著，西村美由紀訳（2015），49 ページ。
4）　Steglitz Joseph E., Sen Amartya , Fitoussi Jean-Paul, *op. cit,* p. 39.

表示すべきとしている。中位消費（所得あるいは資産）の方が，平均消費（所得あるいは資産）よりも典型的な個人や家計になにが起きているかをよく表す。しかし，多くの目的からすると，所得あるいは資産の分類で，最低水準にいる人々，あるいは最高水準にいる人々も情報を知ることが重要である。情報は単独でなく，統合された分配状態を示した次元の情報が望ましいとしている。経済学では，一般に序列効用，かつ，個人間の効用を比較せず，特に，パレード効率性では，所得分配は語らない。しかし，現実の政策論議や政策決定に所得再分配は不可欠である。一般に，低所得が一般的な社会では，高所得ほど幸福で，高所得が一般的な社会では幸福度は所得によらない関係が示される。貧困地域では，依然，相対所得水準が問題とされる。消費は見えるが相対所得は比較的見えにくいとされる。主流の経済学では，効率性を重視する限界効用を追求する主要部分が支配して，富や所得の「分配」の問題は，経済学の主流部分から脱落し，潜在的成長が全体のパイを押し上げ，不平等がなくなる見方があった。しかし，現実には，格差は拡大している。『OECD 幸福白書 2』は，総報酬においても，毎年，多くの労働者が，労働時間の変化，就業や失業，給料の変化によって大きな変動を経験し，その不安定さは各国間で大きな差があるとの指摘を行っている[5]。ピケティは，富裕国では，資本を実物資産と金融資産にあてはめ 1975 年から 2010 年にかけて，国民所得に占める比率が増加し，その収益率も国民所得の比率以上に上昇し，富裕国で偏在しているとの指摘を行っている[6]。

○"Broaden income measures to non-market activities."[7]
「市場外活動にまで，所得の計測範囲を広げよ。」

近年，非市場部門でのサービスは拡大している。市民社会の定義も，近代市民社会では，ルソーなどの契約論やヘーゲルのような市場の植民地化という矛

---

[5]　OECD 編著，西村美由紀訳（2015），191 ページ。
[6]　トマ・ピケティ（2015），267-391 ページ。
[7]　Steglitz Joseph E., Sen Amartya , Fitoussi Jean-Paul（2009），p. 40.

盾した国家による止揚のように，国家と市場経済を二元的に捉え，市民社会の担い手を限定する傾向があった。社会民主革命も崩壊した現在，公共的空間領域の独自的発展，ボランティア，NPO 活動が盛んであり，この面での取引も拡大しつつある。社会的企業の活動など，活動分野も多面的になっている。この変化は国民経済計算では，所得の上昇として現れ，このサービスの提供が非市場部門から市場部門に転移し，それで生活水準が変わったかのような誤解を与えているとしている。国や地域によっては，共同体に類似した相互の物物交換経済や家庭内の家族相互の介護のような労働も，カウントされないことになる。両者ともに，これらに傾斜している国の国際比較は，正確を期すことができないことになる。

○"Emphasise the household perspective."[8]「家庭内の側面を重視せよ。」

　前者の項目と関連している項目である。家庭内の所得と消費を重視している。所得に関し，経済学では，長い間，生産的労働か否かが論争の対象になってきた。家庭の主婦の労働には賃金が支払われていないために，GDP に計測されない。結婚し共稼ぎで被雇用者である限り，GDP に労働がカウントされるのに対し，結婚し専業主婦になると，労働がカウントされない問題が生じる。高齢者社会での家庭内の介護等の金銭で現わされない相互扶助サービスはカウントされないことも問題となる。

　『OECD 幸福度白書2』では，有償労働と無償労働における男女格差を取り上げ，全体的に最近では学歴取得率の上昇などが作用しているにもかかわらず，依然として，女性は週に 23.8 時間の有償労働と 31.9 時間の無償労働を行っており，家事の大部分を担っているとの指摘がなされている。無償労働が生み出す経済価値の定量化を試みる「サテライト勘定」の構築にとって，生活時間日記は重要なツールになっている[9]。

---

8) Ibid., p. 39.
9) OECD 編著，西村美由紀訳（2015），144 ページ。

○"Quality-of-life indicators in all dimensions they cover should assess inequalities in a comprehensive way."[10]

「暮らしの質に関する指標は，それが対象としているすべての次元で，不平等を包括的に評価すべきである。」

　暮らしの質を国際比較する場合，人間の条件の不平等と，それが時間の経過とともにどのように進展しているかを知る情報が不可欠としており，諸次元の相互関係の分析が求められる。暮らしの不平等は，人間集団間で，社会的・経済的集団間で，性別・世代別で検討すべきであり，移民がいる場合，特段の考慮を払うべきとしている。特に，新古典派経済学モデルでは，労働や資本の部門間の移動は自由であり，各生産要素市場における格差は発生しないとしているために，格差は二次的扱いになる傾向にあった。しかし，現実の資本主義では，政策決定や制度などで，移動の制約を伴い，この面でも格差は生じる。

　幸福度は多くの次元からなる。幸福とは何かを定義するには，多くの次元で定義を行わねばならない。ステグリッツ委員会は，考慮すべき主要な次元として以下の項目をあげている。①物質的な生活水準，②健康，③教育，④仕事を含む個人的活動，⑤政治への発言と統治，⑥社会的なつながりと諸関係，⑦環境（現在および将来の諸条件），⑧経済的および物理的な安全度，である。これらすべての次元が幸福度を形作るとしている。幸福度の客観的・主観的次元の選定は，幸福度の測定のプロセスにおいて，最も重要な作業である。伝統的所得計算はそうした多くの次元を見落としている[11]。

　一方，GNH（国民幸福度）を提唱しているブータンでは，指標として，①持続可能で公正な社会経済開発，②環境保護，③伝統文化の保護と振興，④良い統治力の強化の4つの柱と，9つの領域として，①基本的な生活，②健康，③教育・教養，④環境の多様性と弾力性，⑤伝統文化の多様性と弾力性，⑥時間の使い方，⑦精神的な幸福，⑧地域の活力，⑨ガバナンスを掲げ，さらに72項目を目標としている。2010年度の調査では，これらの項目に沿った，合計

---

10) Steglitz Joseph E., Sen Amartya , Fitoussi Jean-Paul (2009), p. 59.
11) Ibid., pp. 216-217.

33 の指標を立てている。幸福関連の選定に際して，社会環境の変化，国民性などにあたっては，さまざまな要素を踏まえねばならない。しかし，一方では，人生の達成度として，責任，自尊心，自由，自己啓発，忠誠など，幸福に直接的に関連しないとして軽視される項目がある。選定は慎重を要する。その他，勧告項目で，人々の有する潜在能力を重視し，教育など，改善する手だてを講じているのは，注目される[12]。

　一方，『OECD 幸福白書 2』は，人（すなわち個人や世帯），人がおかれている状況，居住地や職場における人間関係に注目し，幸福のインプットやアウトプットだけでなく，その成果（アウトプット）に目を向け，母集団の平均的達成度だけでなく，下位集団の分布にも目を向け，幸福の客観的側面と主観的側面の両面に目を向ける特徴を持つ。この上で，物質的な生活条件と生活の質に関し，ヘッドライン指標として，次の 11 の指標を示している。①経済的資源として，リスクへの対応ともなりうるのは所得と資産である。②人々の願望を実現させ，技能と能力を発達させる要素となるのは就業と仕事の質である。③健康と主観的幸福の重要な決定因子でもあるのは住居である。④幸福に貢献する個人的及び社会的活動を可能にするのは心身の健康である。⑤多くの経済的及び非経済的幸福成果の達成に貢献することに役立つのは教育と技術である。⑥家庭生活の幸福にとって重要なのはワーク・ライフ・バランスである。⑦生活への影響力を持つ政治的決定に意思を反映させたり，共同体の幸福を作る討議に貢献したりする点で重要なのは市民参加である。⑧それ自体，重要で幸福度に関連するのは社会とのつながりである。⑨それ自体，重要で人々の健康や活動能力にとっても重要なのは居住地や勤務地の自然環境の質である。⑩幸福感を生み出すことに重要なのは安全な環境で暮らすこと。⑪物質的な生活条件と生活の質の客観的条件に加えて重要な条件となるのは主観的幸福である。これらは普遍的条件として捉えられているが，2011 年に提示された 11 の指標に加え，2013 年には，住居費，予想教育年数，水質に対する満足度，短期在職者率，成人力の 5 つのヘッドライン指数を提示し，複合指数，統合指数の利用が

---

12)　日本 GNH 学会（2013），41-70 ページ。

望ましいとしているが，多数の国にその情報がないことからその構築を目指さず，25の指標から得た情報を集約して3段階から評価している[13]。

○"Quality-of-life also depends on people's objective conditions and opportunities. Steps should be taken to improve measures of people's health, education, personal activities, political voice, social connections, environmental conditions and insecurity."[14]
「暮らしの質は，人々の置かれた客観的な諸条件と機会によって決まってくる。人々の健康，教育，個人的な活動，政治的発言，社会的な諸関係，取り巻く自然環境と安全度についての計測を改善する手だてを講じるべきである。」

　暮らしの質の評価に関する情報には，人々が果たしている機能と自由度を含めるべきで，この計測には，主観的及び客観的データが求められる。各要素は，広く社会的参加に関わっている。特に教育は，長期間にわたって最終的に広く質の向上に貢献する要素であり，格差改善によって機会を得る手だてを要する。教育は各人の潜在的能力を伸ばすものでなければならない。社会的なつながり，政治への発言および安全度の低さを計測する，確固とした信頼できる手法に改良し，計測を行うことに，特に大いなる努力をするべきである。

　幸福度の代表的指数として，健康・安全があげられる。健康に関しては，実際的には，平均寿命の長さ，自己申告健康度によることが多いが，世界保険機関（WTO）は，「健康とは，病気でないとか体が弱っていないということでなく，肉体的にも精神的にも，そして社会的にも，すべてが満たされた状態である」と定義している。生活の質に関し，広範な捉え方が必要で，集計に工夫を要する。身体・安全は古くはロックが私的財産とともに保全の為に国家契約を求めたが，自治共同体組織，私的結社や組織にも委ねることができる。安全性は地域によって左右され，刑事事件・犯罪発生率によって指標化している[15]。

---

13) OECD編著，西村美由紀訳（2015），28-40ページ。
14) Steglitz Joseph E., Sen Amartya , Fitoussi Jean-Paul（2009），p. 58.
15) キャロル・グラハム（2011），137-169ページ。

○ "Surveys should be designed to assess the links between various quality-of-life domains for each person, and this information should be used when designing policies in various fields."[16]
「暮らしの質を評価するために作る調査票は，1人ひとりの暮らしの質に関わる多様な諸領域の間のつながりが評価できるように作るべきである。この調査で得られた情報を多様な分野における政策企画に生かすべきである。」

○ "Statistical offices should provide the information needed to aggregate across quality-of-life dimensions, allowing the construction of different scalar indexes."[17]
「統計局は，いくつかの異なる指標を作ることを認めたうえで，暮らしの質の諸次元を合算するのに必要な諸情報を提供すべきである。」

○ "Measures of both subjective and objective well-being provide key information about people's quality of life. Statistical offices should incorporate questions to capture people's life evaluations, hedonic experiences and priorities in their own surveys."[18]
「主観的かつ客観的な幸福度を計測することが，人々の暮らしに関する情報の鍵になる。統計局は，人々がもっている暮らしに関する評価と快楽の経験と経験度を，調査項目のなかに入れるべきである。」

持続可能性に関しては

○ "Sustainability assessment requires a well-identified aub-dashboard of the global dashboard of indicators, the distinctive feature of all components of this sub-dashboard should be interpretable as variations of some underlying 'stocks'."[19]
「持続性の評価は，指標のよく確認された付属指標を必要とする。持続可能性

---

16) Steglitz Joseph E., Sen Amartya, Fitoussi Jean-Paul (2009), p. 59.
17) Ibid., p. 59.
18) Ibid., p. 58. より作成。
19) Ibid., p. 265. より作成。

を示すすべての付属的な計測指標類の構成要素の際だった特徴は，人間の幸福を下支えする諸諸の残高の変容ぶりを伝えるものでなければならない。」

持続可能性を示すには，残高を維持，増加するかの情報を要する。残高は天然資源のみならず，人的・社会的，および物理的資本も包括され，それらの質と量の残高が問題とされる。

○"Sustainability assessment requires a well-identified sub-dashboard of indicators the global dashboard to be recommended by the commission."[20]
「持続可能性を評価するには，勧告に従って作成され十分な鑑定を受けたグローバル規模の付属的計測指標を必要とする。」

20世紀後半以降は，地球システムの改変が，気候だけでなく，資源の枯渇，生物の多様性の減少，水資源の汚染など多くの環境要素を変えつつあるだけに，特別の配慮を必要とする。これまでのローマクラブ報告が示すように，経済成長に限界があり，廃棄物の処理費用を資源利用のようにコスト算定しなければならないこと，人口の変化が基本的指数となってさまざまな指標の相関に影響を与えること，将来の世代のニーズを満たす能力を損なうことなく，現在の世代のニーズを満たす開発の必要性とそのための障害の存在から，包括的な特別の配慮が必要である。大量の化石燃料と金属資源の使用は，自然界で蓄積されていた化石燃料や金属資源の消耗や浪費を意味する。我々は，これら自然環境からの物質・天然資源投入を抑制し，自然環境への老廃物の排出を抑止し，再利用する策を講じねばならない。このための前提として，特段，別の勧告項目にある「残高」を示す指標が求められる[21]。この残高を示す指標は，資源のみならず，国債残高など，他の項目にも求められる。

『OECD幸福度白書2』は，資源（資本）ベースのアプローチを持続可能な幸福の測定に適用する方法として，①建物，機械など人工資本，金融資本を指す経済資本，②さまざまな環境機能と相互作用を含む自然資本，③個人の知識，

---

20) Ibid., p. 265.
21) 飯吉厚夫・稲葉一郎・福井弘道編 (2014), 8-127ページ。

技能，能力，健康などの側面を指す人的資源，④ガバナンスや公共機関に関する側面を指す社会的関係資本，という4つのタイプの資源の検証を要するとしている。以上の項目は包括的に各領域で検討される項目であるが，相互に関連している[22]。

相互に関連しているかについては，単独で意義のあるスティグリッツ委員会の第1グループの包括的なその他の勧告は，『OECD 幸福度白書2』のフレームワークにも反映されている。スティグリッツ委員会の勧告内容は，次のように，詳細な評価票，統計局の指針にも及んで具体的手続きを示している点でも特徴的である。

## 3．GDP と幸福度指標との隔離

所得の上昇と幸福度の相関をみてみよう。内閣府の統計によると，一人当たり実質 GDP の推移は，バブル崩壊後の 1996 年から 1999 年の間の一時期に若

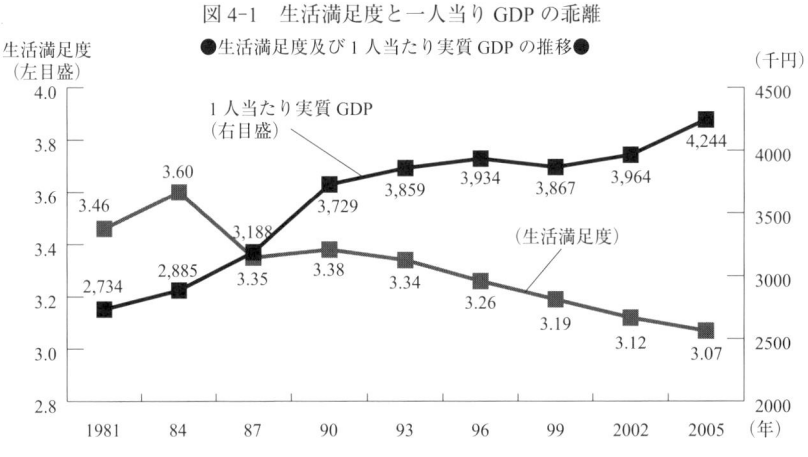

図4-1　生活満足度と一人当り GDP の乖離
●生活満足度及び1人当たり実質 GDP の推移●

(注) 1. 「生活満足度」は「あなたは生活全般に満足していますか。それとも不満ですか。(○は一つ)」と尋ね，「満足している」から「不満である」までの5段階の回答に，「満足している」= 5 から「不満である」= 1 までの得点を与え，各項目ごとに回答者数で加重した平均得点を求め，満足度を指標化したもの。
2. 回答者は，全国の15歳以上75歳未満の男女（「わからない」，「無回答」を除く）。
(出所) 内閣府「国民生活選好度調査」，「国民経済計算確報」（1993年以前は平成14年確報，1996年以後は平成18年確報），総務省「人口推計」により作成。

---

22) OECD 編著，西村美由紀訳（2015），210-220 ページ。

干の減少があるが，長期的に上昇傾向にある。にもかかわらず，1987年以降，幸福度と相関せず，隔離幅が拡大している。具体的にみれば，一人当たりGDPは1981年に約273万であったのが，2005年には約424万に上昇し，1981年までは幸福度は上昇傾向にあったが，87年以降，下降の一途をたどっている。国際比較・時系列比較しても幸福度上昇と所得増加はリンクしない。これは幸福度のパラドックスという現象で，バブル期に幸福度が減少していることが注目される。

リンクしないのは，所得の絶対額でなく，周辺の人々との比較で決まるともいわれる。貧困国での幸福感の均一水準はこれに説明が求められる。第2は，幸福感の慣れであり，結婚直後と数年経過後に，それぞれ基本となる幸福感の水準に回帰する「ベースライン仮説」ともいわれる説によって説明される。今度も，経済成長のみが幸福度の上昇につながらないことを物語っている。国際

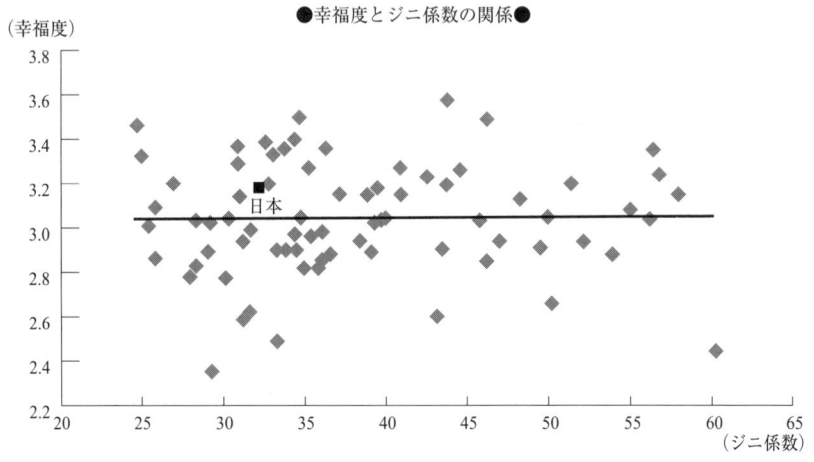

図4-2 所得の不平等と幸福度との相関の不一致
●幸福度とジニ係数の関係●

(注) 1. ジニ係数は各国最新のものを使用（日本は厚生労働省「平成17年所得再分配調査」等価再所得によるジニ係数）。
    2. 分析結果
       (幸福度) = 3.0285 + (0.0003) × (ジニ係数), $\bar{R}^2 = -0.0134$
                  (23.75)   (0.08)          ※( )内はt値
(出所) ジニ係数については「WDI」，幸福度については以下のデータを仕様。
       Veenhoven, R., World Database of Happiness, Distributional Findings in Nations, Erasums University Rotterdam, Available at: http://worlddatabaseofhappiness.eur.nl(2008/11/18).

比較のために，縦軸に幸福度，横軸に所得水準を示し，相互の相関をみた場合，77 カ国の比較では，所得水準が低いランクでは，正の相関の可能性が示唆されるが，日本を含む先進国の高所得水準の域では幸福度との相関は薄れ，幸福度はほぼ水平で，高所得につれて相関性はなくなっている。これは，効用概念が持つ限界的低減の性向によるのか，生活の質の他の要因によるのか，他人との相対的所得の比較によるのか，検討が待たれる。

一方では，所得の不平等との幸福度と相関はどうであろうか。所得の不平等の係数としてジニ係数を使い，76 カ国を対象に，縦軸に幸福度，横軸にジニ係数をとり相互の相関をみると，正の相関はみられない。その要因についても，論議の対象になっており，実際上，格差がさまざまな深刻な問題を起こしている以上，従来の計測の GDP のみで格差を表せない問題を生起している。他の要因とともに検討する課題が残されている。

## 4．日本人の「幸福感」

以上のように，GDP で表示される所得や平等・不平等以外の要因が幸福度に作用を与えているのであろうか。これまでのアンケート結果によると，選択された項目によって整理すると，次のようになる。内閣府が平成 21 年度，22 年度に行った調査では，「とても幸せ」を 10 点として，その平均は 6.5 点であり，世代間別でもほぼ同様な結果であった。幸福感を判断する際に重要に感じる項目では，健康状態が約 7 割と最も多く，次いで 6 割台が家族関係と家計状況という回答が示されている。幸福感を高めるための手段としては家族との助け合いが 6 割強と最も多く，次いで，自分自身の努力が 6 割弱で続き，さらに 2 割台に友人や仲間との助け合いと続いている。世界の GNH ランキングでも日本は先進国の中で下位にあり，内閣府の国内生活白書にも，GDP は幸福度とは相関しないと結論づけている。具体的に，これまでの研究成果では，性別，学歴，身分，扶養の子供の有無，有職か失業か，交友関係，既婚か独身か，ストレスやトラブル経験の有無に関して分析している。これによると，幸福度にプラスに作用する要因としては，女性であること，子供がいること，世

帯全体で年収が多くなっていること，大学または大学院生であること，困ったことがあるときに相談できる人がいることであり，マイナスに影響を与える要因として，高年齢であること，失業中であること，ストレスを有していること，自営業であること，何らかのトラブル経験を有することとなっている。性別では，女性の方が生物学的にみて幸福感を感知しやすく，社会的文化的性差の存在を指摘する傾向もあるが，正確な回答を期す究明は今後の課題として残されている。年齢と幸福感の関係では，諸外国の研究では，U字形の関係が指摘されている。これは，一定の年齢に達すると，これまでの人生目標と野心の充足，高目標への諦念，その後の人生設計の見直しや変更によるものと思われる。この傾向から離れ，L字形の，高年齢での一貫した幸福度の低位が，日本の特徴とされる。社会とのつながりをみると，ネットワークによる支援は，OECD諸国では，年とともに低下傾向にあるが，65歳を超えると再び上昇している。U字型の傾向は，若年者に対して親が，高齢者に対しては成人した子供や配偶者が，それぞれを支えていることが反映しているが，日本では高齢者を尊敬する文化があるといわれているだけに，この面が乏しくなっているのかどうか検証が求められる。余暇の過ごし方，社会保証制度の状況など，日記式の質問データの集積などで関連分析が求められる。子供がいて，既婚が幸福であることは，今後の少子高齢の進展，晩婚化の高まりの中で，マイナス要因としての一層の高まりが予想される。失業，学生としての身分は，社会参加などの要因との分析が待たれる。社会参加の幸福感は，以前より高まっているように思われる。OECDでは，社会的ネットワーク支援のほか，ガバナンスに関して，投票率，法的規制に関する協議も複合指数として用いられており，日本では若者の政治への関心の低さが問題視されている中で参考になる。高学歴は年収の高さに相関しており，失業，零細自由業の比率のあり方については，政策要因として重視しなければならない。

5. 問題点と課題

経済体制において独裁体制である場合を除き，一貫的に結果をランクづけで

きる社会的厚生関数はないとされる。経済学では，個人の厚生は序数でのみ計測可能で，効用を基数で個人間を比較することは意味のないこととされる。アンケートなどの調査によるが，生活環境などの多くの回答が自己申告によるものなので短期的な影響に左右される回答しか期待できないし，質問の仕方と質問項目によって，回答が異なる傾向があるためである。一般に，幸福度に間接的にマイナスの影響しか与えない項目は除外される傾向がある。政策領域では，政策的に反映される指標は，政策意思決定に関わる官僚などの操作が入る余地がある。また，回答者が他人と比較して答え，事実と乖離する外部性[23]の問題がある。このような問題を伴うので，幸福度の指標を GDP に代替し最大限利用するのは問題があるが，GDP を補完し格差是正など多元的政策の実現に資するため，精緻化に一部適用につとめるのは一考に値する。

## 6. おわりに

所得と幸福度との相関は，希薄になった。幸福度の測定は多次元を要する。ステグリッツ委員会の勧告は幸福度の包括的な研究成果であり，調査票の作成に至るまで，具体的でもある。政策作成当局，市民組織は参考にすべきところが多い。ただし，国民統計は，これのみでは問題が残る。指標項目の相互関係の検討の深まりが必要である。消費の外部性などの問題があり，また，質問票に依拠する限り，正確を期することが困難である。幸福度の指標を GDP に代替し最大限利用するのは問題があるが，GDP を補完し格差是正など多元的政策の実現に資するため，精緻化と一部適用につとめるべきである。

### 参 考 文 献

飯吉厚夫・稲崎一郎・福井弘道編（2014）『持続可能な社会をめざして：「未来」をつくる ESD』平凡社．
稲葉陽二編著（2008）『ソーシャル・キャピタルの潜在力』日本評論社．
猪木武徳（2012）『経済学に何ができるか──文明社会の制度的枠組み』中公新書．
猪口孝（2014）『データから読む　アジアの幸福度──生活の質の国際比較』岩波書店．

---

[23] ブルーノ・S. フライ（白石小百合訳）（2008），179-208 ページ。

OECD 編著，西村美由紀訳（2015）『OECD 幸福度白書 2—より良い暮らし指標：生活向上と社会進歩の国際比較』明石書店。
神野直彦（2002）『地域再生の経済学—豊かさを問い直す』中公新書。
キャロル・グラハム（多田洋介訳）（2011）『幸福の経済学—人々を豊かにするものは何か』日本経済新聞出版社。
ジョセフ・E. ステグリッツ，アマティア・セン，ジャンポール・フィトゥシ（福島清彦訳）（2012）『暮らしの質を測る—経済成長率を超える幸福度指標の提案—』金融財政事情研究会。
トマ・ピケティ（山形浩生・守岡桜・森本正史訳）（2014）『21 世紀の資本』みすず書房。
日本 GNH 学会編集（2013）「ブータンの GNH に学ぶ」『GNH 研究』，1 月。
ブルーノ・S. フライ（白石小百合訳）（2012）『幸福度をはかる経済学』NTT 出版。
ロバート・D. パットナム（河田潤一訳）（2001）『哲学する民主主義—伝統と改革の市民的構造』NTT 出版。
ロバート・D. パットナム（柴田康文訳）（2006）『孤独なボウリング—米国コミュニティの崩壊と再生』柏書房。
Steglitz, Joseph E., Sen Amartya, Fitoussi Jean-Paul（2009）, *Report by the Commission on the Measurement of Economic Performance and Social Progress,* www.,Stiglitz-sen-fotoussi. Fr.
平成 21 年度　国民生活選好度調査：内閣府。
平成 22 年度　国民生活選好度調査：内閣府。

# 第 5 章

## 古典派経済学の視点からみた経済成長論[1]

中野　守

## 1. はじめに

　経済成長の問題を考える際には，いくつかの視点が存在する。ここでは古典派経済学の視点からこの問題を考えてみたい。なぜ今更古典派なのか？　現代マクロ経済学があるではないか，と思うのは当然なことなので，その理由をいくつか述べておかねばならない。第1に，古典派経済学のいくつかの重要な視点が現代経済学から抜け落ちたように，わたしには思われるからである。たとえば，生産的産業（労働）と不生産的産業（労働）の区別，基礎的産業と非基礎的産業の区別，生産された総生産物と剰余生産物（純生産物）の区別などである。第2に，数理経済学の発展により古典派経済学の難解な命題の解明に光りがあたえられたことである。わたしはピエロ・スラッファの『商品による商品の生産』[2]による分析用具を借用して，古典派のいくつかの命題を定式化したいと考えた。ただし，わたしの関心はあくまでも現代経済である。したがって，古典派経済学の今日的解釈が必要であり，これは非常に難しい問題とな

---

1) Eltis, Walter (1984) *The Classical Theory of Economic Growth*: Macmillan Publishers. （関劭監訳，角村正博・佐藤良一・竹治康公訳（1991）『古典派の経済成長論』多賀出版）。

2) Sraffa, Piero (1960) *Production of Commodities by means of Commodities*: Cambridge at the University Press. （菱山泉・山下博訳（1962）『商品による商品の生産』有斐閣）。

る。第3に，古典派経済学を研究することによって，現代経済学との違いに気付き，古典派経済学の分析の内容の豊かさに驚かされる。古典派経済学を研究することは失われた視点をとりもどすことにもなる。もちろんそれが必要であることが前提となるのであるが。

　ここで論ずる古典派経済学とは，フランソワ・ケネー（1694-1774）の『経済表』とアダム・スミス（1723-1790）の『国富論』である。順次取り上げてゆくことにする。

## 2. 産業の定式化

### 2-1 単純な例

　古典派経済学では産業が基本単位となる。産業は投入と産出という技術的側面を持つ。「a」，「b」という商品が存在し，各商品は個々の産業によって生産されるものとする。生産期間を1年とし，毎年生産される「a」の生産量をAとし，毎年生産される「b」の生産量をBとする。また，Aを生産する産業によって毎年用いられる（生産手段と労働者の生存資料として）「a」，「b」の量を$A_a$，$B_a$とし，同様に，Bを生産する産業によって毎年用いられる（上と同様）「a」，「b」の量を$A_b$，$B_b$としよう。ここで注意すべきは，各商品の投入量の中には生産財としての生産手段のみならず，労働者に支払うべき賃金としての生活資料も含まれている，ということである。したがって，ここでは各産業において投入と産出の関係は純粋に技術的関係のみならず，資本と労働との間の分配関係をも表している。後ほどこのことは重要になる。

　以上の説明を図式化しておこう：

図 5-1　投入と産出

| 投　入 | | | 産　出 | |
|---|---|---|---|---|
| a | b | | | |
| $A_a$ | $B_a$ | → | A | ・・・「a」産業 |
| $A_b$ | $B_b$ | → | B | ・・・「b」産業 |
| 投入合計 $A_a+A_b$ | $B_a+B_b$ | | | |

（出所）筆者作成。

図 5-1 では，各産業の投入と産出が対応している。この図では投入の側について，行を合計することはできないが，列を合計することはできる。そうすることによって「a」商品の投入合計（$A_a+A_b$）と「b」商品の投入合計（$B_a+B_b$）を得ることができる。ところで，1 年間という生産期間における「a」商品の生産量は A であり，「b」商品の生産量は B であるから，同期間における剰余生産量が次のように定義できる：

「a」生産物の剰余生産量 $A_s$ は

$$A-(A_a+A_b)=A_s \tag{1}$$

であり，「b」生産物の剰余生産量 $B_s$ は

$$B-(B_a+B_b)=B_s \tag{2}$$

である。上の(1)式と(2)式がプラスである経済は「剰余を含む経済」といわれる。

すでに述べたように，図 5-1 の投入量が生産財としての生産手段と労働者への賃金財に分解されることも，ここで定式化しておこう：

まず，賃金財からみておこう。労働者の生活にとって 1 日あたり必要な消費量として

$$(A_w, B_w)$$

とする。ここで，$A_w$ は賃金財としての「a」財であり，$B_w$ は賃金財としての「b」財である。また，T によって 1 日の労働時間を表わすとすれば，

$$a_w=A_w/T, \quad b_w=B_w/T$$

は 1 時間あたり必要な賃金財としての各財の消費量となる。さらに，1 年間という生産期間において「a」産業で A だけ生産するのに直接用いられる労働量を $L_a$，「b」産業で B だけ生産するのに直接用いられる労働量を $L_b$ として

$$l_a=L_a/A, \quad l_b=L_b/B$$

と表せば，生産量 1 単位あたりの賃金財の数量が各財・各産業について

$$a_w \cdot l_a \qquad b_w \cdot l_a \qquad \cdots \quad \text{「a」産業}$$
$$a_w \cdot l_b \qquad b_w \cdot l_b \qquad \cdots \quad \text{「b」産業}$$

と表すことができる。

ここで，労働制約についても明らかにしておこう：

経済全体の労働供給量をNとすれば，各産業によって投入される直接労働量の合計は

$$A \cdot l_a + B \cdot l_b \leq N$$

を満たさなければならない。上の式において，等式＝の場合は完全雇用ということになる。

### 2-2 もう1つの定式化

今度はベクトルと行列を用いて上の命題を定式化しておこう。(1)式と(2)式はそれぞれ

$$A - \{(A_a/A)A + (A_b/B)B\} = A_s$$
$$B - \{(B_a/A)A + (B_b/B)B\} = B_s$$

と書き直すことができる。これをベクトルと行列で表すと

$$\begin{bmatrix} A \\ B \end{bmatrix} - \begin{bmatrix} A_a/A & A_b/B \\ B_a/A & B_b/B \end{bmatrix} \begin{bmatrix} A \\ B \end{bmatrix} = \begin{bmatrix} A_s \\ B_s \end{bmatrix} \quad (3)$$

と表すことができる。また同じことだが，次のように表現することもできる：

$$X = \begin{bmatrix} A \\ B \end{bmatrix}, \quad \alpha = \begin{bmatrix} A_a/A & A_b/B \\ B_a/A & B_b/B \end{bmatrix}, \quad S = \begin{bmatrix} A_s \\ B_s \end{bmatrix}$$

としたとき，(3)式は

$$X - \alpha X = S$$

または

$$(E - \alpha) X = S$$

したがって，

$$X = (E - \alpha)^{-1} S \quad (4)$$

と，書き表すことができる。ただしここで，Eは単位行列である。(4)式は大変興味ぶかい。ここではつぎのように述べておこう：

生み出された剰余生産物Sが有効需要となって処分される仕方が各生産物に対する生産量を決定するのである。もちろん，Xは完全雇用という労働供

給制約に従うので，Sを自由にとることはできない。

## 3. 価値方程式

### 3-1 均等利潤率

剰余を含む経済は，生産手段と賃金に必要な補填以上を生産することができる経済である。このような経済の財貨の価格を決定するには，各産業の利潤率を均等化する価値方程式が必要である。利潤率均等の価値方程式とは

$$(A_a P_a + B_a P_b)(1+r) = A P_a$$
$$(A_b P_a + B_b P_b)(1+r) = B P_b \qquad (5)$$

である。ただしここで，$P_a$は[a]商品の価格，$P_b$は「b」商品の価格であり，rは利潤率である。ここでは3つの未知数——利潤率rと2つの価格$P_a$と$P_b$——と2つの方程式があるから，1つの価格をニュメレールに指定することによってこの連立方程式は利潤率ともう1つの価格を決定することができる。

上述の価値方程式(5)にある2つの式を合計して，移項することによって次式がえられる：

$$r(A_a P_a + B_a P_b + A_b P_a + B_b P_b)$$
$$= [A-(A_a+A_b)]P_a + [B-(B_a+B_b)]P_b \qquad (6)$$

(6)式の左辺はこの経済全体の利潤を表し，右辺は(1)式と(2)式から明らかなように，経済全体の剰余生産物の価値額を表す。(6)式はそれらが等しいことを述べている。

(4)式と(6)式とをあわせて考えると，次のように述べることができる：

各生産物に対する需要を決定するのは剰余生産物（＝利潤）の所有者すなわち，資本家であるということである。もっと厳密にいうならば，利潤を処分するのにどの財をどれだけ需要するか，あるいは投資と消費にどう配分するか，ということである。

## 3-2 ベクトルと行列による表示

上述した 2-2 で用いた生産行列 $\alpha$ と,新たに価格ベクトル P

$$P=[P_a \quad P_b]$$

を用いて,(5)式を定式化しておこう。(5)式において,両辺を各産業の生産量で除しておけば

$$(1+r)P\alpha=P \tag{7}$$

が得られる。

## 4. 基礎的生産物と非基礎的生産物

### 4-1 定　　義

ここでは 2 種類の生産物,「a」商品と「b」商品,のみが表れているが,投入量と産出量の符号について説明しておかねばならない。まず,すべての産出量はプラスである：

$$A>0 \quad かつ \quad B>0$$

投入量についてはすべて非負値である。つまり,中にゼロがあってもよいことになる。もちろん,図 5-1 の投入と産出の関係において,無から有は生じないと仮定されているので,すべての投入がゼロということは許されない。このことから次の 2 つのケースが考えられる。1 つめのケースは,すべての投入量が正値であったり,または $B_b$ のみがゼロで他はすべて正値であるような場合である。この場合には「a」商品はすべての商品の生産に用いられており,「b」商品は「b」商品の生産に直接用いられていないが「a」商品の生産に直接用いられており,かつ [a] 商品は「b」商品の生産に直接用いられているから,したがって「b」商品は「b」商品の生産に間接的に用いられていることになる。このように,直接的または間接的にすべての商品の生産に用いられている商品は基礎的生産物といわれる。そうでない商品は非基礎的生産物といわれる。したがって第 1 のケースではすべての商品が基礎的である。第 2 のケースでは,たとえば,$A_b=0$ かつ他はすべて正値であるような場合である。この場合,「b」商品は基礎的生産物であるが,「a」商品は「b」商品の中に直接

的にも間接的にも入らない。よって「b」商品は非基礎的である。

1つの産業では1つの生産物のみが生産される「単一生産物体系」では，上述の基礎的生産物と非基礎的生産物の区別は非常に重要である。なぜならば，利潤率rと諸価格の決定に関して，基礎的生産物の生産価値方程式のみによってまず，利潤率rと基礎的生産物の諸価格が決定され，その後で，そのようにして決定された利潤率rと基礎的生産物の諸価格を用いて，非基礎的生産物の生産価値方程式から非基礎的生産物の諸価格を決定するのである。この因果関係を理解しておくことが重要である。

**4-2 この区別のもう1つの重要な視点**

基礎的生産物と非基礎的生産物という区別は経済学にとって重要な含意を持つ。それは根源と派生，つまり根源とそこ（根源）からの派生との区別である。このことを理解することが経済学の誕生と歴史からの重要な教訓なのである。非基礎的産業(生産物)は基礎的産業(生産物)から派生したのである。もちろん，派生が可能であるためには条件が存在する。すなわち，その条件とは：

「非基礎的産業は，基礎的生産物産業によって生み出された剰余の一部を自らの投入物に用いることによって，今までになかった生産物，「c」商品を生産する」

ということである。これを定式化しておこう：

まず，歴史的に先行して存在する2つの産業，「a」商品を生産する産業と「b」商品を生産する産業，すなわち図 5-1 があったとする。ここでは双方の商品について剰余 $A_s$, $B_s$ が存在していたと仮定する。この剰余の一部を用いて，いままで存在しなかったC生産物を生産する「c」産業が生まれると考えることができる。ただし，剰余が存在するだけでは新しい産業を生み出すことはできない。労働力が必須である。そこで人口が増大したと仮定してみよう。すると，経済全体は図 5-1 から図 5-2 に移行する。

図5-2　新しい投入と産出

```
     投　　入              産　　出
   a         b
   A_a       B_a      →     A    ・・・「a」産業
   A_b       B_b      →     B    ・・・「b」産業
   e・A_s    f・B_s    →     C    ・・・「c」産業
```

（出所）筆者作成。

ここで，eとfはあるプラスの割合をあらわし，$0<e, f<1$ である。

ここで，新しい商品「c」が当初のうちは非基礎財であることに注意せよ。なぜなら，「c」商品は既存の商品を用いて生産されたのであり，生産された「c」商品はいかなる産業にも用いられていないからである。また，既存産業から剰余が新しい産業「c」へ投資されるためには，既存産業の利潤率に等しい利潤率が得られなければならない。そうでなければ，既存産業の剰余の所有者である資本家は納得しないであろう。こうして考えると，新産業が生まれるためには，いくつもの条件が満たされなければならないことがわかる。ここで明らかにされただけでも：

(1) 既存産業の剰余の存在
(2) 人口（労働力）の増加
(3) 新規の産業の利潤率は既存産業のそれを下回らない。
(4) 新規の生産物を生産する技術的条件が生まれること，そしてその新規生産物にたいする需要が存在すること

最後の条件(4)に関係するのであるが，新規商品「c」が非基礎的商品から基礎的商品に変化することも考えられる。ここでは歴史的にみて，農業から工業が派生し，工業が生まれた当初は非基礎的であったものが，やがて農機具が工業によって生み出され，農業と工業の関係は一方的なものから相互依存関係へと変化してきたと考えることができる。このことを，われわれの定式化の中へ導入することができるであろうか？

1つの考えとして，次のように考えることもできよう：

生産された工業製品が農業に用いられるには，例えば，農業の労働に取って

代わるような場合である。この問題は理論経済学的には技術の転換（switch of technique）の問題として現在ではなじみのある問題である。ここではこれ以上踏み込まないことにする。この場合には図 5-3 のようになる。

図 5-3　新しい投入・産出関係（続き）

|   投　入   |         |       |   | 産　出 |            |
|---|---|---|---|---|---|
| a | b | c |  |  |  |
| $A_a'$ | $B_a'$ | $C_a$ | → | A | ・・・「a」産業 |
| $A_b$ | $B_b'$ | $C_b$ | → | B | ・・・「b」産業 |
| $A_c$ | $B_c$ | $C_c$ | → | C | ・・・「c」産業 |

（出所）筆者作成。

ここでは，A，B で表された生産量は不変とし，ダッシュ記号「′」を付した投入量は以前と比べて減少を意味するものとする。

　上述の説明の中で，剰余生産物（＝利潤）の所有者は資本家であるから，彼らが利潤の一部を蓄積に向けることが必要である。それによって新商品が生産される。新商品を生み出すのはあくまでも既存の商品である，ということである。この場合，新商品は既存の商品の投入物には入っていないので，非基礎的商品である。非基礎的商品は基礎的商品から派生したのである。

　この命題がわれわれに語りかける教訓は非常に示唆に富んでいる。つまり，人間にとって，なぜ経済が必要なのか？　経済は人間が生きていくために必要なのである。人間が生きていくためには，人間にとって必要な生産物，つまりまずは生活必需品（衣，食，住）である。また，生産には必ず労働が必要であるから，労働の再生産こそが経済の存続可能性の必要十分条件なのである。ヒトの経済の歴史をこのように考えることは十分理にかなっているように思う。つまり，ヒトは，生きるために，まずは食い物を求め，衣服を着，家族のために住居をつくった。社会が形成され，生産性が上がって，必ずしもすべての人が働かなくても食べていけるようになると，支配階級や上流階級の人々は贅沢品をも消費するようになる。この物語は上述したわれわれの財の区別に符号することが理解できよう。つまり，労働者にとっての生活必需品（賃金財といってもよい）およびそれらの生産に用いられる原材料が基礎的生産物であり，贅

沢品は非基礎的生産物である。

## 5. 古典派経済学の視点

### 5-1 生産的労働と不生産的労働

経済学の歴史の中で長い間論争を引き起こしてきた概念，生産的労働と不生産的労働（不胎化労働）という，もう1つの概念をここで取り上げてみよう。ここでは，F. ケネーと A. スミスによる分析を取り上げてみよう。

初めにケネーの見解を取り上げてみよう。幸い，A. スミスはその著『国富論』第4編第9章 農業主義について，すなわち，土地の生産物がすべての国の収入と富の唯一または主要な源泉だとする政治経済学の諸体系について，ケネーまたは重農主義の考え方を簡潔にまとめている[3]。それによれば，「彼らはその国の土地と労働の年々の生産物に寄与する3つの階級を区別する：第1は土地所有者の階級である。第2は耕作者，農業者，農村労働者の階級で，彼らは生産的階級といわれる。第3は工匠（職人），製造業者，商人の階級で，彼らは不妊階級または不生産階級という不名誉な名称でよばれる。

所有者階級は土地の改良に支出することによって，生産に貢献している。それによって耕作者は，同一資本でより多くの生産物を収穫し，したがってより大きい地代を支払うことができる。土地所有者のこのような支出すなわち資本は土地支出とよばれる。

耕作者または農業者は自らおこなう土地の耕作に投下する原支出および年支出によって生産に貢献する。原支出は耐久資本，すなわち，農耕用具，家畜，種子と，農業者が土地占有第1年目の少なくとも大部分の期間，すなわち彼が土地から幾らかの収穫を取得できるまでの期間の，彼の家族，使用人，家畜の維持費である。年支出は，種子，農耕用具の摩損，農業者の使用人と家畜の，また彼の家族のうち耕作に使用される使用人とみなしうるかぎりの，年々の維持費である。これら2つの支出は農業者が耕作に使用する2つの資本であり，

---

3) Smith, Adam (1776), *An Inquiry into the Nature and Causes of the Wealth of Nations*（水田洋監訳，杉山忠平訳 (2012)『国富論』岩波文庫，第4編第9章，301ページ).

それらの資本が妥当な利潤をともなって回収されることによって，生産が維持される。また，正当に地主に帰属する地代は，総生産物をつくるためにまえもって投下されなければならないすべての必要経費を，完全に支払った後に残る純生産物だけである。重農主義の体系において，この階級の人々が『生産的階級』とよばれるのは，耕作者の労働がこの種の純生産物（『地代』）を提供するからである。彼らの原支出と年支出は生産的支出とよばれる。なぜなら，それは自らの価値を回収したうえでなお純生産物を再生産するからである。さらに，上述した地主のいわゆる『土地支出』も生産的支出とよばれる。なぜなら，その支出が利潤とともに，増加地代として回収されるからである。」

以上のA. スミスの説明は単純明快である。われわれは，もう少し詳しく分析してみよう。それによって，問題点も摘出されるからである：

3種類の基礎的生産物「a」，「b」，「c」を仮定し，これらはすべて，いわゆる一次産業（農業や鉱業や漁業など）の生産物とする。とりわけ，「c」生産物は農産物（穀物）としよう。そして，穀物は2種類の「土地」$\Lambda_1$, $\Lambda_2$ で生産されるとする。そうすれば，価値方程式は

$$(A_a P_a + B_a P_b + C_a P_c)(1+r) = A P_a$$
$$(A_b P_a + B_b P_b + C_b P_c)(1+r) = B P_b$$
$$(A_{c1} P_a + B_{c1} P_b + C_{c1} P_c)(1+r) + \Lambda_1 \rho_1 = C_1 P_c$$
$$(A_{c2} P_a + B_{c2} P_b + C_{c2} P_c)(1+r) + \Lambda_2 \rho_2 = C_2 P_c \tag{8}$$

ただしここで，$C_1$, $C_2$ はそれぞれ土地 $\Lambda_1$, $\Lambda_2$ で生産される穀物の生産量であり，$\rho_1$, $\rho_2$ はそれぞれの土地の地代である。上述の(8)式は，基礎的生産物，すなわち，生活必需品のみからなる価値方程式であり，まだ全体の一部のみを表わしているにすぎない。最後の重要な仮定，(8)式の最後の方程式で表される土地 $\Lambda_2$ は限界地であり，したがって，$\rho_2 = 0$ と仮定される。まず，利潤率 r, 諸価格 $P_a$, $P_b$, $P_c$ および地代 $\rho_1$ の決定について検討しておこう。上述3つの価格のうち1つの価格をニュメレールに選択すれば，(8)式のうち上から2つの方程式と最後の限界値の方程式からなる3つの方程式によって，利潤率と残り2つの価格が決定され，そのあとで第3番目の方程式によって地

代 $\rho_1$ が決定される。つまり，地代は利潤率と諸価格の関数として最後に決定されるのである。

さて，本節の主題，ケネーによる生産的労働と不生産的労働の解明に移ろう：

彼によれば，生産的労働とはその生産活動によって地代が得られる産業部門である。(8)式から直ちにわかることは，穀物産業は生産的産業部門である。ただし，限界地の穀物産業は，地代がゼロなので，生産的とはいえない。では地代変数を持たない「a」産業と「b」産業はどうか？　実は，これらの産業は生産的なのである。その理由は，「a」産業について説明すれば，そこで生産される生産物「a」は直接または間接的に穀物「c」生産物の生産に入ることによって，穀物産業の地代の獲得に貢献するからである。同様にして，「b」商品も生産的である。

次に，非生産的労働の説明に移ろう：

そのために，(8)式の各方程式をすべて加えてみよう。

$$[(A_a+A_b+A_{c1}+A_{c2})P_a+(B_a+B_b+B_{c1}+B_{c2})P_b+(C_a+C_b$$
$$+C_{c1}+C_{c2})P_c]r+\Lambda_1\rho_1+\Lambda_2\rho_2$$
$$=[A-(A_a+A_b+A_{c1}+A_{c2})]P_a+[B-(B_a+B_b+B_{c1}+B_{c2})]P_b$$
$$+[C_1+C_2-(C_a+C_b+C_{c1}+C_{c2})]P_c \qquad (9)$$

(9)式を言葉で表せば，

　　　利潤 ＋ 地代 ＝ 剰余生産物の価値　　　　　　　　　　　(9')

または，同じことであるが，

　　　地代 ＝ 剰余生産物の価値 － 利潤　　　　　　　　　　　(9'')

上式によって，基礎的産業の利潤または地代の一部，同じことであるが，基礎的産業の剰余生産物の一部を用いて非基礎的産業である非生産部門「d」が形成される：

図5-4　不生産的産業の投入と産出

|  | 投　入 |  |  | 産　出 |
|---|---|---|---|---|
| a | b | c |  |  |
| $A_d$ | $B_d$ | $C_d$ | → | D |

(出所) 筆者作成。

ただしここで，$A_d$，$B_d$，$C_d$ は上述の「a」，「b」，「c」の剰余生産物の一部であり，D は商品「d」の生産量，$P_d$ はその価格である。

対応する価値方程式は

$$(A_d P_a + B_d P_b + C_d P_c)(1+r) = D P_d \tag{10}$$

ここで注意しなければならないのは，(10) 式の左辺の利潤率とすべての投入物の価格は基礎的価値方程式によってすでに決定済みであるということである。ただ，右辺の「d」商品の価格のみが (10) 式によって決定される。「d」商品はいかなる基礎的商品の中にも入らないので，地代の獲得には全く貢献しない。したがって，「d」商品は非生産的なのである。

ここでもう一度当時の経済にたいするケネーの（生産的支出と不生産的支出の）分類を列挙しておこう[4]：

生産的支出は，農業，草原，牧野，森林，鉱山，漁業，等々に用いられ，その目的は，穀物，飲料，木材，家畜，手工加工品の原料などのかたちで，富を永続させるものである。

不生産的支出は，手工業商品，居宅，衣装，金利，僕婢，商業経費，外国産製品などにたいする支出である。

確認のために，(9) 式によって表されている生産的産業（基礎的産業）の剰余生産物，すなわち，生産的産業の利潤と地代から (10) 式の右辺，つまり非生産的階級の生産物に対する需要はでてくるのである：

図 5-5 が述べているのは，(9) 式で示された生産的産業の利潤または地代の

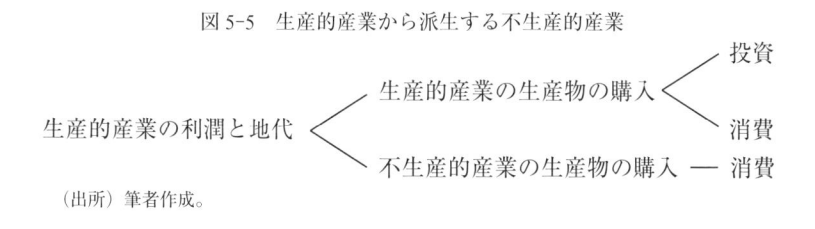

図 5-5 生産的産業から派生する不生産的産業

```
                          ┌─ 生産的産業の生産物の購入 ┬─ 投資
生産的産業の利潤と地代 ─┤                           └─ 消費
                          └─ 不生産的産業の生産物の購入 ── 消費
```

(出所) 筆者作成。

---

4) Quesnay, François (1758), *Tableau Économique*（平田晴明・井上泰夫訳 (2013)『ケネー経済表』岩波文庫，37 ページ）。

処分について，2つのことに注目する必要がある。1つは，それらのうちの一部が生産的産業の生産物に対する需要に，そして残りは不生産的産業の生産物に対する消費需要を形成するということ，もう1つは生産的産業の生産物需要は一部は投資のためであり，残りは消費のためである。そしてこの投資目的に用いられた部分こそが次期の経済成長へとつながるのである。この図からみてとれるように，上述の地代（と利潤）が不生産的部門に多く流出するにつれて，将来の経済はそれだけ衰退することになる。さらにもう1つの重要な含意，それは上述の蓄積目的に支出される地代が回収されるまでは，それに課税してはならないということである。もしそうでなければ，蓄積したがって経済成長はストップしてしまうであろう。

### 5-2　A. スミスによる生産的労働と不生産的労働

　A. スミスは『国富論』第2編第3章　資本の蓄積について，あるいは生産的労働と不生産的労働について，においてこれら2つの労働の区別を詳述している：

　「労働のうちある種類のものは，それが投下された対象の価値を増加させるが，もう一つ別の種類の労働があって，それはそのような効果をもたない。前者は価値を生産するのだから生産的と呼び，後者は不生産的と呼んでいいだろう。こうして製造工の労働は，一般に，彼が加工する材料の価値にたいして，彼自身の生活費の価値と彼の雇い主の利潤の価値をつけ加える。これに反して，家事使用人の労働はなんの価値もつけ加えない。……製造工に前払された賃金は，製造工の労働が投下された対象の増大した価値のなかに，利潤とともに回収される。ところが，家事使用人の価値はけっして回収されない。人は多数の製造工を使用することによって富み，多数の家事使用人を維持することによって貧しくなる。ただし，後者の労働も価値をもっており，前者の労働と同様に報酬に値する。」[5]

　続けて，スミスは生産的労働には，農業，鉱業，漁業，商業，製造業を，不

---

5)　前掲『国富論』第2編第3章，109ページ。

生産的労働には，司法や軍事官僚，全陸海軍などの公共組織，教会人，法律家，医師，文筆家，俳優，道化師，音楽家，歌手，ダンサーなどの専門職，などがふくまれる，としている。

　ここで，もう1度生産的労働と不生産的労働との間のスミスの区分についての3つの基準をまとめておこう：(1) その労働が利潤を生むか否か，(2) その労働が貯蔵可能なものを生むか否か，(3) その労働がすんだのちも存続して，あとでそれとひきかえに頭領の労働を入手できるような，持続的な対象または販売できる商品に固定または実現されるか否か。これらの3つの基準すべてを満たす農業労働や製造業は生産的であるが，3つの基準すべてを満たさない家事労働は不生産的である。しかし，道路建設や輸送業などはある基準を満たすが，他の基準を満たさない。したがって，生産的かそれとも不生産的かは不明である。こうした不確定領域を残すものの，生産的か不生産的かの区別は経済成長の分析にとって重要である，と私には思われる。生産的労働の範疇について，スミスとケネーの違いは明らかである：

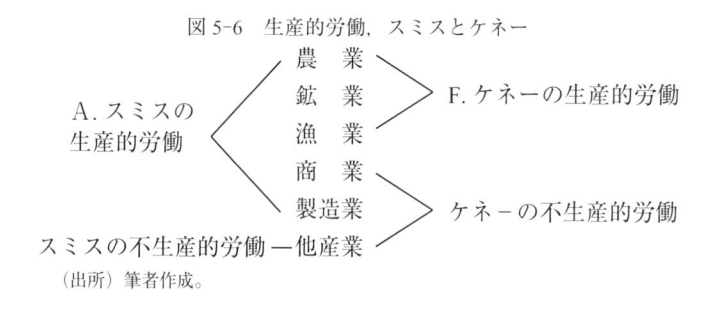

図5-6　生産的労働，スミスとケネー

A. スミスの生産的労働　┬　農業
　　　　　　　　　　　　├　鉱業　┐
　　　　　　　　　　　　├　漁業　┴→ F. ケネーの生産的労働
　　　　　　　　　　　　├　商業
　　　　　　　　　　　　└　製造業　┐
スミスの不生産的労働―他産業　　　　┴→ ケネーの不生産的労働

（出所）筆者作成。

「生産的労働者も不生産的労働者も，また全然労働しない人もすべて等しくその国の土地と労働の生産物によって維持される。……したがって，生産物のうちで，ある年に不生産的な人手を維持するのに使用される（生産物の）割合の大小に応じて，生産的な人手に残されるものは大きかったり小さかったりするだろうし，それに応じてまた翌年の生産物も大きかったり小さかったりするだろう。なぜなら，年々の全生産物は生産的労働の成果だからである。」[6] 上記

---

6)　前掲『国富論』第2編第3章，111ページ。

の文章から，スミスのいう「国富」の意味が明らかになる。「国富」とは生産的労働の生産物のことである。A. スミス，あるいは古典派の「国富」という概念と現代マクロ経済学の「国民所得」という概念との違いは，もはや，明らかであろう。

　生産的労働と不生産的労働に関する，スミスとケネーとの違いは実際の産業分類では存在するが，理論上は存在しない。ただし，不生産労働についてのスミスの説明には，(10)式にかわって，(9)式と連立して

$$A_d P_a + B_d P_b + C_d P_c = D P_d \tag{11}$$

が，不生産的「産業」の方程式である。しかも，この不生産的「産業」にたいする需要は(9)式の剰余生産物，すなわち，生活必需品からなる基礎的商品産業の地代と利潤からくるのである。すなわち，(9')式より，

$$\text{基礎的商品産業の地代または利潤の一定割合} = DP_d \tag{12}$$

である。たとえば，貴族（地主）が召使いを雇ったとすれば，そのことは(12)式によって表され，さらに，召使いは(11)式によって賃金が支払われる。しかし，召使いというサービス労働は不生産的労働であるから，なんら価値を生み出すものではなく，召使いの賃金は雇い主である貴族の地代が移転したものであり，サービス労働も生産的部門から移転したと考えることができる。

　それでは，生産的労働と不生産的労働との割合はどのように決まるのか？この問題を考えるために，次のように単純化の仮定をおいてみよう。：

仮定：　基礎的産業の地代または利潤はすべて非基礎的産業の需要に向かうとする。そうであれば，基礎的産業の全生産物 Q は，それを生産する資本 A と結果としての剰余生産物 R に分解される。さらに，上述の仮定によって，剰余生産物と不生産的生産物 H は等しい。

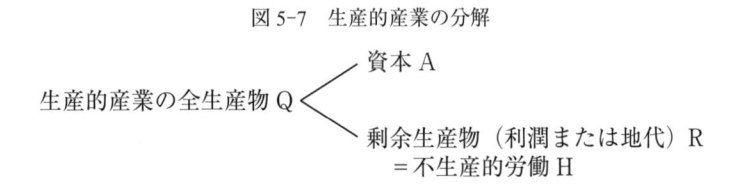

図 5-7　生産的産業の分解

生産的産業の全生産物 Q ＜ 資本 A
　　　　　　　　　　　　剰余生産物（利潤または地代）R
　　　　　　　　　　　　＝不生産的労働 H

または，

$$Q=A+R=A+H \quad \text{あるいは} \quad H/Q=1-(A/Q) \qquad (13)$$

(13)式より，不生産的労働と生産的労働との比率は生産的産業の資本と生産的産業の全生産物との割合の大小に依存する。スミスによれば，年々の生産物Qのうち資本の回収に当てられる割合は富国と貧国では非常に異なる。また，封建制から民主社会に移行することにより，この割合も次第に大きくなってきた。その結果，不生産的労働にたいする生産的労働の割合も大きくなってきた。したがって，経済はそれだけ豊かになってきたのである。経済成長のカギは，肥大化した不生産的労働から生産的労働への移行をどれだけ行うことができるか，に依存している。

最後に，生産的労働と不生産的労働との区別，すなわち定義を明確にしておきたい：

生産的労働とは，その産業の活動によって生活必需品産業（＝基礎的産業）の地代または利潤を獲得できる産業である。したがって，その産業の活動によって，そのようなことができない産業は不生産的労働である。

現代の経済政策問題を考えるとき，現実の産業を上記2つの産業にどのように割り振るかが重要となる。これは非常に困難な問題である。


**5-3 資本の異なる産業への使用の効果**

A. スミスは『国富論』第2編第5章 資本のさまざまな使用について，において一見奇妙な，しかし興味を引き起こす命題を提出した：

等額の資本で，農業者の資本ほど多量の生産的労働を活動させるものはない。それはこの資本の使用がその社会の土地と労働の年々の生産物につけ加える価値が大きいのと同様である。農業の次には，製造業が年々の生産物に最大の価値をつけ加える。輸出貿易に使用される資本はこの3つのうちで最小の効果しか持たない。

等しい資本額という条件の下で，農業と製造業との比較において，利潤率が両産業で等しいかぎり，地代を持つ農業の付加価値のほうが地代を生まない製

造業のそれよりも大きいことがわかる。輸出については少し説明が必要であるが，輸出が生じるのは国内で必要以上に生産された財が存在する場合である。つまり，剰余生産物の一部分のことである。この剰余生産物の一部分が消費にも投資にも利用されない場合，必要以上に生産された財，すなわち余剰と定義される。余剰であるから，その価値はゼロまたはそれに近いものである。

スミスは述べる；

どれか一つの産業部門の生産物がその国の需要が必要とするところを超えている場合には，その余剰は国外へ送られて，何か国内で需要があるものと交換されなければならない。

例えば，その国は「a」商品を輸出し，「b」商品を輸入するとしよう。それは次のことを意味する。「a」商品にたいするその国の需要 $D_a$ よりも「a」商品の生産量が大きく，「b」商品はその反対であることを意味する。ここで，需要 $D_a$ は

$D_a =$ 各産業に投入される「a」商品の量 ＋ 消費 ＋ 蓄積

であるから，「a」商品生産量 $A$ はこれより大きいことになる。すると，「a」商品の価格 $P_a$ は $P_a'$ に下落する。同様に，「b」商品の価格は $P_b$ から $P_b'$ に上昇する。こうした事態に直面して，輸出・輸入業を営む貿易商人は国内で「a」商品を安く購入して，逆の事情にある外国に高く売る。そして，逆の事情にある外国から「b」商品を安く購入して，国内で高く売る。こうしてこの貿易商人の産業方程式は

$P_a - P_b' \cdot A_{ex} + (P_b' - P_b) \cdot B_{im} =$ 貿易産業の労働の維持費

となる。ただしここで，$A_{ex}$ は「a」商品の輸出量，$B_{im}$ は「b」商品の輸入量である。また，輸出品は外国に $P_b$ の価格で売ることができ，輸入品は外国で $P_b$ の価格で購入できたものと仮定する。ここで注意すべきは，上式からわかるように，貿易産業は不生産的労働産業である，ということである。したがって，利潤をもたらさないものと理解されている。

## 6. おわりに

最後に，これまでの研究に照らした本論文の意義について若干述べておこう。主題である生産的労働と不生産的労働の区別には特別の努力を要した。労働者の生活必需品の再生産であるということと，基礎的・非基礎的という技術的条件とを関連づけたこと，そして何よりも数式展開なくしては命題を理解することは困難であることを明らかにできたはずである。

### 参 考 文 献

Eltis, Walter (1984), *The Classical Theory of Economic Growth*: Macmillan Publishers. (関劭監訳，角村正博・佐藤良一・竹治康公訳 (1991)『古典派の経済成長論』多賀出版)

Sraffa, Piero (1960), *Production of Commodities by means of Commodities*: Cambridge at the University Press. (菱山泉・山下博訳 (1962)『商品による商品の生産』有斐閣)

Smith, Adam (1776), *An Inquiry into the Nature and Causes of the Wealth of Nations.* (水田洋監訳，杉山忠平訳 (2012)『国富論』岩波文庫，第 4 編第 9 章，301 ページ)

Quesnay, François (1758), *Tableau Économique.* (平田晴明・井上泰夫訳 (2013)『ケネー経済表』岩波文庫，37 ページ)

# 第 6 章

## 福祉国家再編期における EU 諸国の社会保護費負担構造と政治経済状況

飯 島 大 邦

## 1. はじめに

　第2次世界大戦後，ヨーロッパ諸国は，福祉国家の建設に努めてきた。福祉国家建設の過程を見ると，概ね3つの期間に分けることができる。第1の期間は，第2次世界大戦終了から1970年代半ばに発生する2度の石油危機までの力強い経済成長に支えられた福祉国家の「形成期」である。第2の期間は，1970年代半ばに発生する2度の石油危機発生後に生じる新自由主義的政策思想の興隆に対応する，福祉国家の「縮減期」である。第3の期間は，1990年代から現在に至る福祉国家の「再編期」である。

　このような現実の福祉国家建設の過程が考慮され，福祉国家に関するさまざまな先行研究が存在する。福祉国家の形成期に対応して，福祉国家の発展の普遍性を主張する近代化論がある。例えば Wilensky (1975) は，パス解析を用いて，福祉国家の発展を社会保障支出対 GDP 比で測り，それと社会経済的要因との関係を分析している。具体的には，経済発展によって，65歳人口比率が上昇し，または社会保障制度がより早期に導入され，社会保障支出対 GDP 比が増大する，すなわち福祉国家が発展すると結論付けている。福祉国家の形成期では，何れの国でも経済成長が達成されたので，社会保障支出対 GDP 比の

増大という結論は，福祉国家の発展の普遍性という考え方と結びつく。なお，Wilensky (1975) は，政治的要因は，社会保障支出対 GDP 比に直接的な影響をもたらさないという結論も導いている。

Esping-Andersen (1990) は，Wilensky (1975) のように社会保障支出対 GDP 比を用いて福祉国家の発展水準を一次元的に捉えるのではなく，「脱商品化」と「階層化」という視点を用いて社会保障制度の構造面に注目している。具体的には，因子分析を用いて脱商品化などの得点が算出され，それに基づいて福祉国家の類型化が試みられ，自由主義レジーム，保守主義レジームおよび社会民主主義レジームという 3 つのレジームが設定されている。すなわち，Esping-Andersen (1990) は，Wilensky (1975) のように福祉国家の発展は一様であると捉えるのではなく，福祉国家の発展の多様性を分析している。さらに，Esping-Andersen (1990) は，Wilensky (1975) のように政治的要因が福祉国家の発展に影響をもたらさないと結論付けているのではなく，政治的要因も福祉国家の発展に影響をもたらしていると結論付けている。つまり，自由主義レジームは自由主義の影響を受け，保守主義レジームはキリスト教民主主義の影響を受け，社会民主主義レジームは社会民主主義の影響を受けている。

Wilensky (1975) および Esping-Andersen (1990) は，何れも福祉国家の形成期に焦点をあてているが，Bonoli (2005, 2007) は，福祉国家の縮減期および再編期，とりわけ再編期に焦点をあてている。具体的には，福祉国家が保護すべき個人のリスクに注目し，福祉国家の形成期における個人のリスクを「伝統的社会的リスク (Old social risks)」，福祉国家の削減期および再編期における個人のリスクを「新しい社会的リスク (New social risks)」と類型化し，それぞれについて分析が試みられている。

Wilensky (1975)，Esping-Andersen (1990) および Bonoli (2005, 2007) は，それぞれ社会政策の歳出面を分析対象としているが，社会政策の歳入およびその負担構造に注目した先行研究は少ない。そこで本章では，福祉国家の再編期における EU 諸国の社会保護制度の歳入およびその負担構造に注目した分析を試みる。具体的には，以下のように分析を進める。第 2 節では，本章で用いる

EU 諸国の社会保護制度に関する欧州統合社会保護統計制度 ESSPROS（The European System of Integrated Social Protection Statistics）の収入データの定義およびその動向について説明する。第3節では，ESSPROS の収入データを用いて主成分分析を行い，社会保護制度の負担構造の特徴付けを試みる。さらに，主成分分析から導出された主成分得点を用いて，社会保護制度の負担構造の時系列的推移について検討する。第4節では，第3節の主成分分析から導出された主成分得点に対して，クラスター分析を用いて，EU 諸国の社会保護費負担構造の類型化を試み，それぞれの類型の特徴付けを試みる。第5節では，EU 諸国の社会保護費負担構造の要因分析を試み，どのように社会保護費負担構造が社会経済変数および政治変数の影響を受けるか検討する。第6節では，結論付ける。

## 2. ESSPROS の項目別収入データの時系列的推移

第2節では，ESSPROS の項目別収入データを用いて，EU 諸国の社会保護制度の負担の時系列的推移について検討する。

まず，ESSPROS の収入データの概略について説明する。ESSPROS の収入データには，「発生源（origin）」と「種類（type）」という2通りの分類がある。「発生源」とは，社会保護制度の負担を分担する主体を意味し，企業，一般政府，家計，対家計非営利団体および海外部門からなる。一方，「種類」とは，社会保護制度に対する負担の性質や根拠を意味する。具体的には，社会保険拠出（Social contribution），一般政府による拠出[1]（General government contributions）およびその他収入（Other receipts）からなる。さらに社会保険拠出は，使用者による社会保険拠出[2]（Employers' social contribution），被保護者からの社会保険拠出[3]（Social contribution paid by the protected persons）からなる。したがって，社会保護制度収入＝使用者拠出＋被保護者拠出＋一般政府拠出＋その他収入という関係が成立する。以下の分析では，この関係式における右辺の（その他の収入を除く）

---

1) 以後，「一般政府拠出」と呼ぶことにする。
2) 以後，「使用者拠出」と呼ぶことにする。
3) 以後，「被保護者拠出」と呼ぶことにする。

表6-1　社会保護制度項目別収入対 GDP 比の記述統計

|  | 最小値 | 最大値 | 平均値 | 変動係数 |
|---|---|---|---|---|
| 社会保護制度収入対 GDP 比 | 13.700 | 46.900 | 28.538 | 0.169 |
| 使用者拠出対 GDP 比 | 2.900 | 14.700 | 9.761 | 0.294 |
| 被保護者拠出対 GDP 比 | 1.700 | 14.900 | 5.739 | 0.481 |
| 一般政府拠出対 GDP 比 | 4.600 | 29.200 | 11.431 | 0.401 |
| サンプル数 | 288 ||||

（注）最小値，最大値，平均値の単位は%，変動係数は単位なし（無名数）。
（出所）ESSPROS データより筆者作成。

　各項の GDP に対する比率，つまり使用者拠出対 GDP 比，被保護者拠出対 GDP 比，一般政府拠出対 GDP 比，さらに関係式における左辺の GDP に対する比率，つまり社会保護制度収入対 GDP 比について検討する。

　分析対象期間は，1995年から2012年までの18年間である。また分析対象国は，16カ国である。具体的には，ベルギー，デンマーク，ドイツ，アイルランド，ギリシャ，スペイン，フランス，イタリア，オランダ，オーストリア，ポルトガル，フィンランド，スウェーデン，イギリス，ノルウェー，スイスである。なおこれらの国々は，福祉レジーム論において分析対象とされる EU 諸国を網羅している。つまり，アイルランドおよびイギリスは自由主義レジームに属し，フィンランド，フランス，ドイツ，イタリアおよびスイスは保護主義レジームに属し，オーストリア，ベルギー，デンマーク，オランダ，ノルウェーおよびスウェーデンは社会民主主義レジームに属し，イタリア，スペイン，ギリシャおよびポルトガルは南欧・地中海モデルに属する。

　表6-1には，分析に用いる社会保護制度項目別収入対 GDP 比の記述統計が示されている。サンプル・サイズは，16(国)×18(年)=288である。社会保護制度項目別収入対 GDP 比の平均値について，使用者拠出対 GDP 比と一般政府拠出対 GDP 比は10%前後であるのに対して，被保護者拠出対 GDP 比は6%弱である。一方，社会保護制度項目別収入対 GDP 比の変動係数を見ると，最も平均値が小さい被保護者拠出対 GDP 比（0.481）が最も大きく，平均値ではともに10%前後であった，一般政府拠出対 GDP（0.401）と使用者拠出対 GDP

表6-2 社会保護制度項目別収入対 GDP 比の相関係数

|  | 社会保護制度収入対 GDP 比 | 使用者拠出対 GDP 比 | 被保護者拠出対 GDP 比 | 一般政府拠出対 GDP 比 |
| --- | --- | --- | --- | --- |
| 社会保護制度収入対 GDP 比 | 1 | 0.277** | 0.447** | 0.445** |
| 使用者拠出対 GDP 比 | 0.277** | 1 | 0.138* | −0.386** |
| 被保護者拠出対 GDP 比 | 0.447** | 0.138* | 1 | −0.385** |
| 一般政府拠出対 GDP 比 | 0.445** | −0.386** | −0.385** | 1 |

(注) ** 相関係数は 1% 水準で有意（両側）である。
　　 * 相関係数は 5% 水準で有意（両側）である。
(出所) ESSPROS データより筆者作成。

(0.294) では，ばらつきの程度に違いが生じている。なお，社会保護制度収入対 GDP 比の平均値および変動係数より，社会保護制度収入は平均的に GDP の 3 割程度であり，各国間のばらつきの程度はそれほど大きくないことがわかる。

表 6-2 には，社会保護制度項目別収入対 GDP 比のピアソンの積率相関係数が示されている。負の相関関係を示しているのは，使用者拠出対 GDP 比と一般政府拠出対 GDP 比，および被保護者拠出対 GDP 比と一般政府拠出対 GDP 比である。使用者拠出および被保護者拠出はともに社会保険拠出の構成要素であるので，社会保険拠出と一般政府拠出の代替関係が示されている。また，社会保護制度収入対 GDP 比は，何れの社会保護制度項目別収入対 GDP 比とも正の相関関係を示しているが，被保護者拠出対 GDP 比との相関係数および一般政府拠出対 GDP 比とのそれは，それぞれ 0.4 以上で一定水準以上の正の相関関係がある。さらに，使用者拠出対 GDP 比と被保護者拠出対 GDP 比との間には，弱い正の相関関係しか認められず，両者の間に代替関係が存在する訳ではない。

図 6-1 には，社会保護制度項目別収入対 GDP 比の平均値について，1995 年から 2012 年までの時系列的推移が示されている。使用者拠出対 GDP 比および被保護者拠出対 GDP 比は，ほぼ一定の水準で推移している。また，一般政府

図 6-1　社会保護制度項目別収入対 GDP 比の平均値の時系列的推移

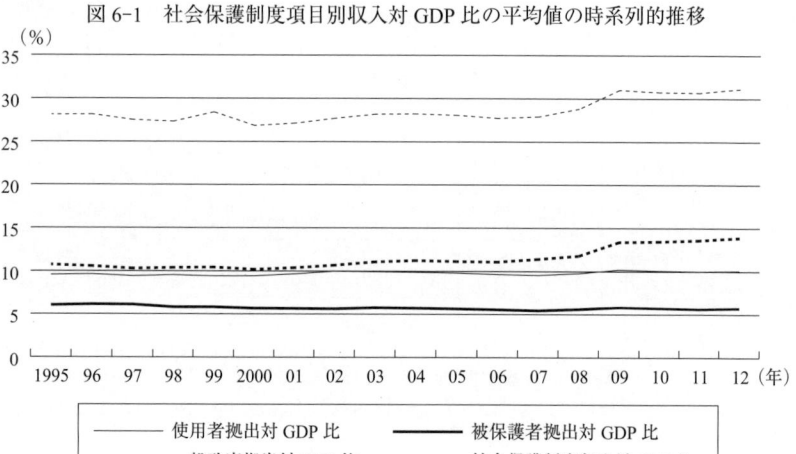

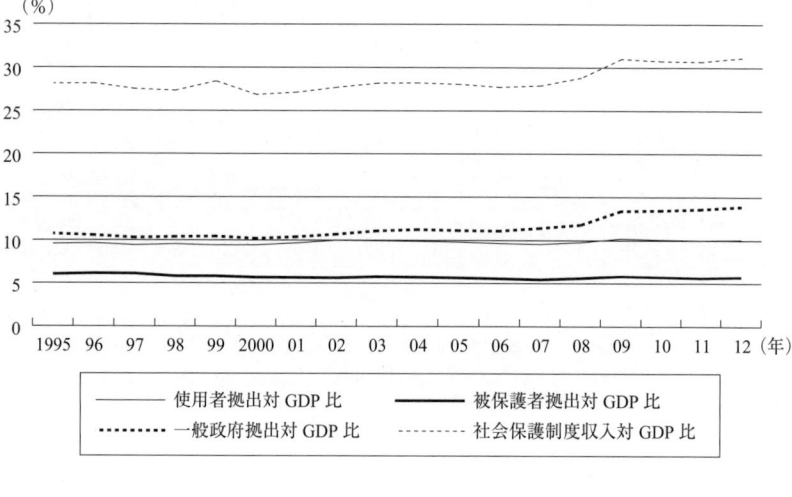

凡例：使用者拠出対 GDP 比／被保護者拠出対 GDP 比／一般政府拠出対 GDP 比／社会保護制度収入対 GDP 比

図 6-2　社会保護制度項目別収入対 GDP 比の変動係数の時系列的推移

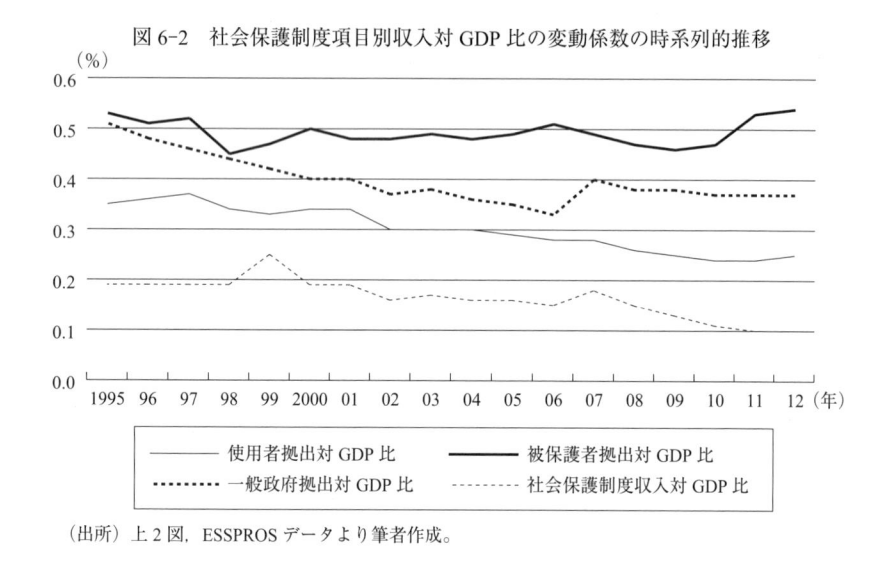

凡例：使用者拠出対 GDP 比／被保護者拠出対 GDP 比／一般政府拠出対 GDP 比／社会保護制度収入対 GDP 比

（出所）上 2 図，ESSPROS データより筆者作成。

拠出対 GDP 比および社会保障制度収入対 GDP 比は，2000 年代半ば以降上昇傾向を示している。

図 6-2 には，社会保護制度項目別収入対 GDP 比の変動係数について，1995 年から 2012 年までの時系列的推移が示されている。社会保護制度項目別収入

対 GDP 比の変動係数について，分析対象期間中，表 6-1 に示された大小関係が一貫して維持されており，さらに被保護者拠出対 GDP を除いた変動係数は，減少傾向を示している。

第 3 節では，本節で説明した社会保護制度項目別収入対 GDP 比のデータを用いて主成分分析を行い，社会保護制度の負担構造の特徴付け，およびその時系列的推移について検討する。

## 3. 社会保護制度の負担構造の時系列的推移

本節では，主成分分析を用いて，第 2 節で説明した社会保護制度項目別収入対 GDP 比のデータより主成分を抽出して社会保護制度の負担構造の特徴付けを試み，さらに分析対象期間について，各主成分得点の毎年の平均値の時系列的推移より，社会保護制度の負担構造の変化について検討する。

主成分分析の手順を説明する。第 2 節で述べたように，本章の分析において用いるデータは，16 カ国の 18 年間にわたるデータである。このように，繰り返しのあるデータに対する主成分分析としては，サンプルを合併する方法または変数を合併する方法，さらに合併したデータ全体を一括して分析する方法またはデータ全体をいくつかに分けて分析する方法などがある[4]。しかし本章では，EU 諸国の社会保護制度の負担構造の変化について検討するにあたり，合併したデータ全体を一括して分析する方法をとることにする。具体的には，16 カ国の 4 項目の変数に主成分分析を行い，4 項目の変数から，固有値の大きさおよび累積寄与率を基準にして，より少数の合成変数（主成分）をつくる。さらに主成分負荷量を考慮して，それぞれの主成分の意味づけを行い，4 項目の変数の関係を探る。

表 6-3 には，4 項目からなる社会保護制度項目別収入対 GDP 比に対する主成分分析の結果が示されている。なお，Bartlett の球面性検定の結果は $p<0.01$ であるので，主成分分析を行うことは妥当であると結論づけることができる。

---

4) 繰り返しのあるデータに対する主成分分析については，内田（2013）を参照せよ。

表6-3 主成分分析の結果（固有値，寄与率，累積寄与率，主成分負荷量）

| 変数 | 第1主成分 | 第2主成分 |
|---|---|---|
| 被保護者拠出対 GDP 比 | **0.79** | 0.16 |
| 使用者拠出対 GDP 比 | **0.70** | −0.09 |
| 社会保護制度収入対 GDP 比 | 0.45 | **0.88** |
| 一般政府拠出対 GDP 比 | −0.58 | **0.80** |
| 固有値 | 1.65 | 1.46 |
| 寄与率 | 41.33 | 36.43 |
| 累積寄与率 | 41.33 | 77.75 |

(出所) ESSPROS データより筆者作成。

主成分の数の決定にあたっては，固有値の値が1以上となる主成分まで採用した。すなわち，第1主成分の固有値が1.65，第2主成分の固有値が1.46であるので，2つの主成分を採用した。なお寄与率より，全体の情報のうち，第1主成分のみで41.33％を説明することができ，第2主成分のみで36.43％を説明することができる。また累積寄与率より，2つの主成分で，全体の情報の77.75％を説明することができる。

表6-3には，主成分負荷量も示されているが，その絶対値が0.70以上のものが太字で示されている。この主成分負荷量に基づいて，2つの主成分の解釈をする。第1主成分に関する主成分負荷量について，被保護者拠出対 GDP 比は0.79であり，使用者拠出対 GDP 比は0.70である。第1主成分について正の大きな主成分負荷量を示すこれらの変数は，何れも社会保険拠出の構成要素である。したがって，第1主成分を，「社会保険充実度」と解釈することにする。

第2主成分に関する主成分負荷量について，社会保護制度収入対 GDP 比は0.88，一般政府拠出対 GDP 比は0.80である。ところで，表6-2より，社会保護制度収入対 GDP 比は，使用者拠出対 GDP 比，被保護者拠出対 GDP 比および一般政府拠出対 GDP 比，何れとも正の相関関係が成立する。さらに，一般政府拠出対 GDP 比は，使用者拠出対 GDP 比および被保護者拠出対 GDP 比，何れとも負の相関関係を持ち，代替関係が成立している。したがって，第2主成分を「公的負担による社会保護制度充実度」と解釈することにする。

このような2つの主成分について，分析対象である16カ国の主成分得点の平均値について検討する。図6-3には，2つの主成分について，1995年から

第6章 福祉国家再編期におけるEU諸国の社会保護費負担構造と政治経済状況　131

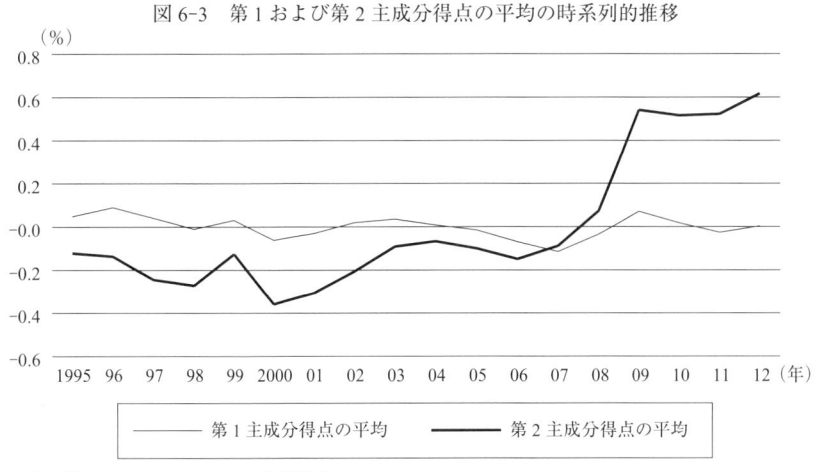

図6-3　第1および第2主成分得点の平均の時系列的推移

(出所) ESSPROS データより筆者作成。

2012年までの16カ国の主成分得点の平均値の時系列的推移が示されている。第1主成分「社会保険充実度」の主成分得点の平均値は，分析対象期間である18年間において，上下の変動はあるが，傾向的な変化は認められない。第2主成分「公的負担による社会保護制度充実度」の主成分得点の平均値は，第1主成分得点の平均値よりも変動幅が大きく，2000年代半ば以降急激に大きくなっている。このような第1主成分および第2主成分の主成分得点の平均値の動向より，社会保護制度において，社会保険よりも公的負担の役割が急激に重要となっていることがわかる。

次に，分析対象である各国の主成分得点の時系列的推移について検討する。図6-4には，1995年から2012年にわたる各国の第1主成分得点の時系列的推移が示されている。各国の第1主成分得点は，＋2と－2の間に一様に分布し，各国の第1主成分得点の大小関係は比較的安定している。分析対象国のうち，オランダ，フランス，スイス，ドイツ，オーストリアおよびベルギーは，第1主成分得点が一貫して比較的大きい。一方，分析対象国のうち，アイルランド，デンマーク，ノルウェーおよびポルトガルは，第1主成分得点が一貫して比較的小さい。なお，このような各国の第1主成分得点の時系列的推移と福祉国家レジーム論との関係を見いだすことは困難である。

図 6-4　各国別の第 1 主成分得点の時系列的推移

凡例：オーストリア　ベルギー　スイス　ドイツ　デンマーク　ギリシャ　スペイン　フィンランド　フランス　アイルランド　イタリア　オランダ　ノルウェー　ポルトガル　スウェーデン　イギリス

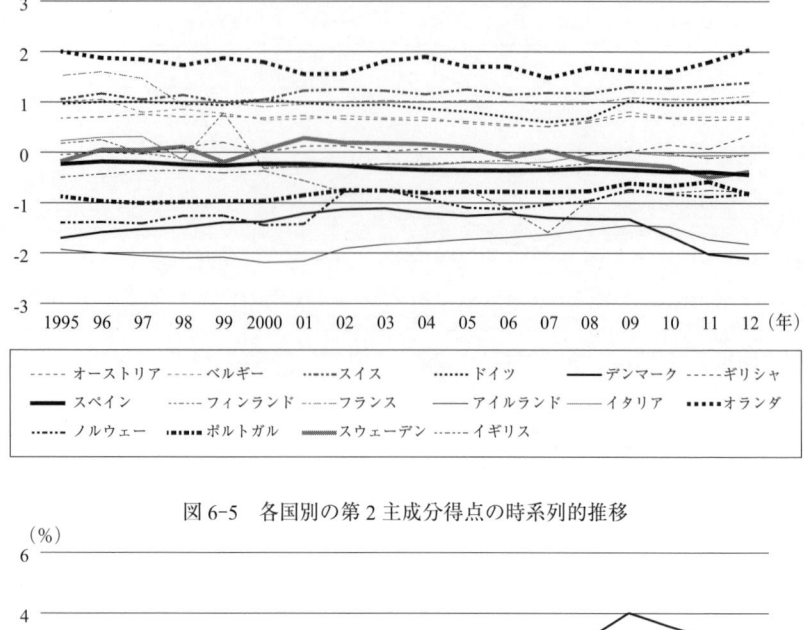

図 6-5　各国別の第 2 主成分得点の時系列的推移

凡例：オーストリア　ベルギー　スイス　ドイツ　デンマーク　ギリシャ　スペイン　フィンランド　フランス　アイルランド　イタリア　オランダ　ノルウェー　ポルトガル　スウェーデン　イギリス

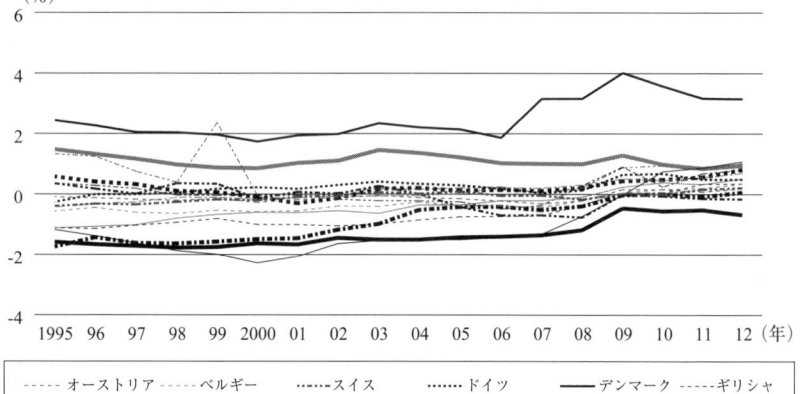

（出所）上 2 図，ESSPROS データより筆者作成。

　図 6-5 には，1995 年から 2012 年にわたる各国の第 2 主成分得点の時系列的推移が示されている。各国の第 2 主成分得点は，デンマークを除いて，収束する傾向が認められる。デンマークの第 2 主成分得点は，一貫して高い水準で推移している。したがって，「公的負担による社会保護制度充実度」について，

デンマーク以外の国々の間では違いが縮小するようになっているのに対して，デンマークは，その傾向が一貫して強い。

本節の最後において，2つの主成分について，各国の主成分得点の時系列的推移と福祉国家レジーム論との関係の考察を試みたが，困難であると言わざるをえない。そこで第4節において，各国の主成分得点に対して階層的クラスター分析を適用して，分析対象国の類型化を独自に試みる。

## 4. 社会保護制度の負担構造によるEU諸国の類型化

本節では，第3節において行われた主成分分析から導出された分析対象国18カ国の主成分得点に対して階層的クラスター分析を適用して，分析対象国をグループ分けし，独自の類型化を試みる。

階層的クラスター分析の手順について説明する。まず，各国ごとに，2つの主成分得点それぞれについて，分析対象期間である18年間の平均値を求めた。さらに，2つの主成分得点の平均値のデータそれぞれを標準化した。また，各国間の距離の測定には，平方ユークリッド距離を用い，さらにクラスター間の距離の測定には，ウォード（Ward）法を用いた。

図6-6には，上記の階層的クラスター分析より得られたデンドログラムが示されている[5]。デンドログラムからクラスター数を決定する客観的基準は存在しないが，本章の分析では5つを目安にした。

図6-6のデンドログラムより，分析対象国を，以下のように5つのグループに分けることができる。

第1グループ：オーストリア，ベルギー，スイス，ドイツ，フランス，オランダ

第2グループ：デンマーク

---

5) 以下のように16カ国それぞれをアルファベット2文字で表す。
BE:ベルギー，DK:デンマーク，DE:ドイツ，IE:アイルランド，EL:ギリシャ，ES:スペイン，FR:フランス，IT:イタリア，NL:オランダ，AT:オーストリア，PT:ポルトガル，FI:フィンランド，SE:スウェーデン，UK:イギリス，NO:ノルウェー，CH:スイス

図 6-6　社会保護制度負担構造に関する主成分得点を用いたデンドログラム

```
              0        5        10       15       20       25
        CH ┐
        FR ┤
        DE ┤
        AT ┤
        BE ┤
        NL ┤
        FI ┤
        SE ┤
        DK ┤
        EL ┤
        IT ┤
        ES ┤
        PT ┤
        NO ┤
        UK ┤
        IE ┘
```

（出所）ESSPROS データより筆者作成。

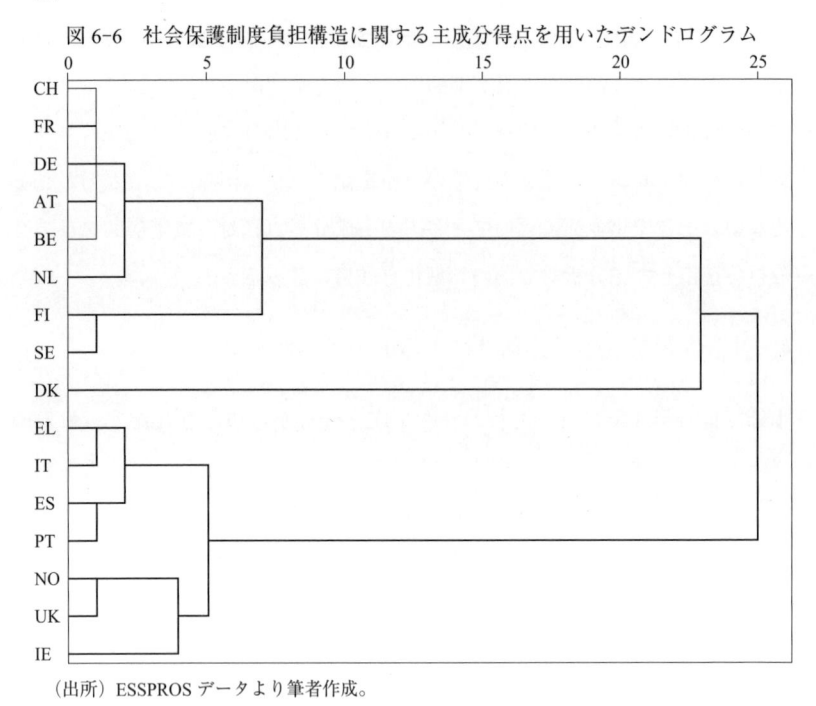

　第3グループ：ギリシャ，スペイン，イタリア，ポルトガル

　第4グループ：フィンランド，スウェーデン

　第5グループ：アイルランド，ノルウェー，イギリス


　このような5つのグループ分けと福祉レジーム[6]との関係について検討する

---

6) Esping-Andersen（1990）によると，自由主義レジーム，保守主義レジームおよび社会民主主義レジームは，以下のようにグループ分けがなされている。なお，南欧・地中海モデルは，Esping-Andersen（1990）によるものではない。
　　自由主義レジーム：オーストラリア，カナダ，アイルランド，ニュージーランド，イギリス，アメリカ
　　保守主義レジーム：フィンランド，フランス，ドイツ，イタリア，日本，スイス
　　社会民主主義レジーム：オーストリア，ベルギー，デンマーク，オランダ，ノルウェー，スウェーデン
　　南欧・地中海モデル：イタリア，スペイン，ギリシャ，ポルトガル

第 6 章　福祉国家再編期における EU 諸国の社会保護費負担構造と政治経済状況　135

図 6-7　使用者拠出対 GDP 比の時系列的推移

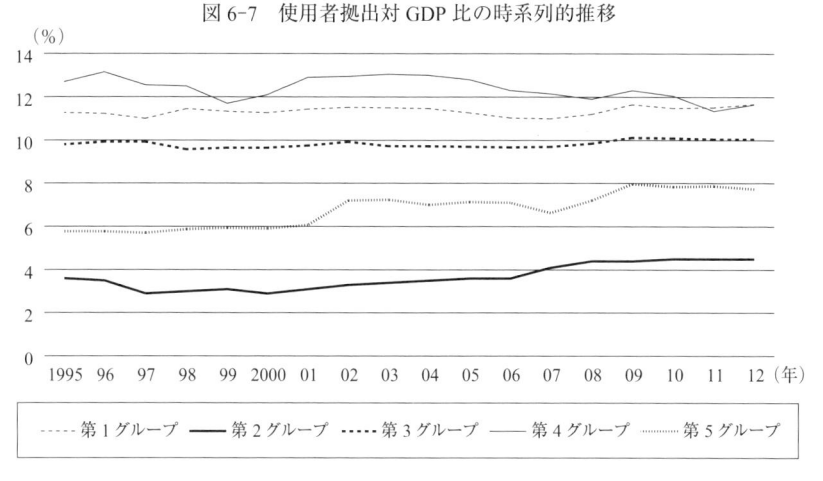

図 6-8　被保護者拠出対 GDP 比の時系列的推移

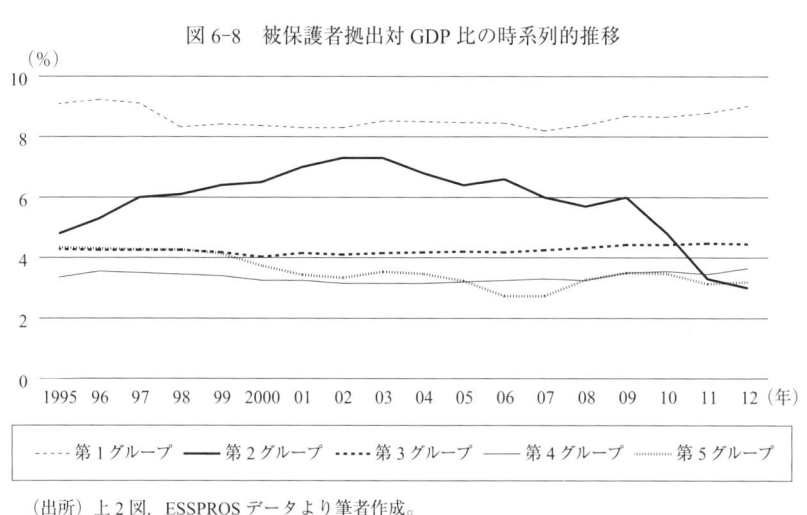

(出所) 上 2 図, ESSPROS データより筆者作成。

と, 第 3 グループに属する国々は, 南欧・地中海モデルに属する国々と一致する。それ以外は, 福祉レジーム論による類型化と一致するわけではなく, 特に, 社会民主主義レジームと保守主義レジームの違いが明確になっていない。

図 6-7 から図 6-10 には, 4 つの社会保護制度項目別収入対 GDP 比に関して, 5 つのグループの平均値の時系列的推移が示されている。図 6-7 と図 6-8 より, 使用者拠出対 GDP 比と被保護者拠出対 GDP 比との関係について検討す

図 6-9　一般政府拠出対 GDP 比の時系列的推移

------ 第1グループ　―― 第2グループ　----- 第3グループ　―― 第4グループ　……… 第5グループ

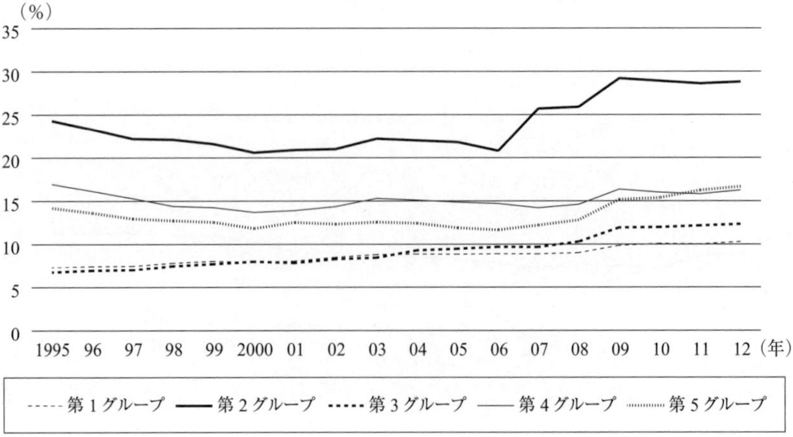

図 6-10　社会保護制度収入対 GDP 比の時系列的推移

------ 第1グループ　―― 第2グループ　----- 第3グループ　―― 第4グループ　……… 第5グループ

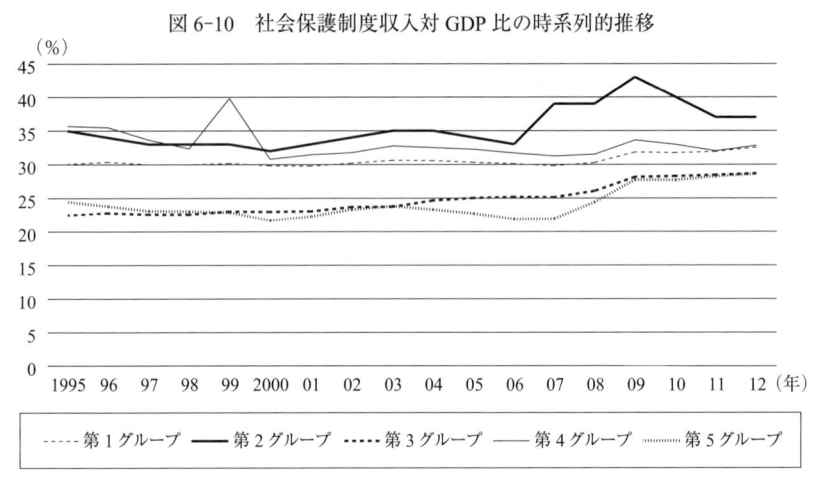

（出所）上2図，ESSPROS データより筆者作成。

ると，第3グループと第4グループは，使用者拠出対 GDP 比が相対的に高いのに対して，被保護者拠出対 GDP 比は相対的に低い。また，第1グループは，使用者拠出対 GDP 比および被保護者拠出対 GDP 比ともに相対的に高い。このように，社会保護制度に関する，使用者と被保護者との負担のあり方について，グループ間で違いが生じている。

図 6-9 より，一般政府拠出対 GDP 比について，第2グループの水準は，分

第 6 章　福祉国家再編期における EU 諸国の社会保護費負担構造と政治経済状況　137

図 6-11　5 つのグループに関する第 1 および第 2 主成分得点
の時系列的推移 (1995 年～2012 年)

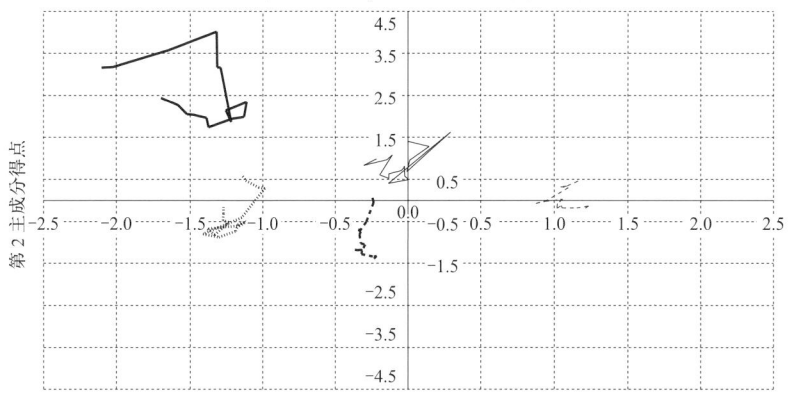

------- 第 1 グループ　——— 第 2 グループ　・・・・・ 第 3 グループ　——— 第 4 グループ　・・・・・・ 第 5 グループ

（出所）ESSPROS データより筆者作成。

析対象期間において一貫して際立って高いが，その他のグループの水準の散らばりは縮小している。また図 6-10 より，社会保護制度収入対 GDP 比について，分析対象期間にわたって一貫して水準が低い第 3 および第 5 グループの水準が若干増加し，さらに各グループの水準の散らばりは縮小している。これらの結果は，図 6-5 の結果，すなわち一般政府拠出対 GDP 比および社会保護制度収入対 GDP 比の影響を大きく受けている各国の第 2 主成分得点の散らばりが縮小していることと整合的である。

このように，図 6-7 から図 6-10 による 4 つの社会保護制度項目別収入対 GDP 比に関する検討から，5 つのグループの若干の特徴を捉えることができるが，各グループの主成分得点の平均値の時系列推移に関してはより明確な特徴を捉えることができる。図 6-11 には，5 つのグループに関する第 1 および第 2 主成分得点の平均値の時系列的推移が示されている。5 つのグループの時系列的推移を示す軌跡は互いに重なることがなく，各グループの特徴を明確に捉えることができる。まず，第 2 主成分得点に関して，第 2 グループを除く各グル

ープの間の散らばりは大きくないので，それらのグループの軌跡は，横軸付近で分布している。一方，第2グループの軌跡は，第2主成分得点が他のグループと比較して際立って大きいので，横軸より上方で他のグループとは離れた領域にある。さらに，第1主成分得点に関して，各グループ間の散らばりは一定程度以上あるので，各グループの軌跡は，横軸方向に散らばっている。

　以上の図6-11に関する考察より，第2グループを除いた各グループを特徴付けるものは，第1主成分である社会保険充実度であることがわかる。第2グループを除く各グループの社会保険充実度に関して，第1グループの水準が最も高く，第5グループの水準が最も低く，第3および第4グループの水準は中程度である。ところで，(6カ国からなる) 第1グループに属する国々のうち3カ国は，保守主義レジームに属する国々である。また，(3カ国からなる) 第5グループに属する国々のうち2カ国は，自由主義レジームに属する国々である。したがって，第1主成分である社会保険充実度に関する結果は，Esping-Andersen（1990）が定式化した「階層化」とある程度整合的であるとも考えることができる。一方，第2グループは，第1主成分の社会保険充実度が低いのと同時に第2主成分の公的負担による社会保護制度充実度が非常に高いという，際だった特徴を持っている。

　これまでの節では，分析対象国16カ国および（階層的クラスター分析によって導出された）5つのグループに関して，4つの社会保護制度項目別収入対GDP比および2つの主成分得点がどのように分布しているか検討してきた。しかし，4つの社会保護制度項目別収入対GDP比および2つの主成分得点が，どのような要因によって決定されるかについて検討していない。そこで，第5節では，4つの社会保護制度項目別収入対GDP比および2つの主成分得点が，どのような要因，特に，どのような社会経済変数および政治変数の影響を受けているか検討する。

## 5. 社会保護費負担構造とその要因

　第4節までは，4つの社会保護制度項目別収入対GDP比および2つの主成

第6章　福祉国家再編期におけるEU諸国の社会保護費負担構造と政治経済状況　139

表6-4　社会経済変数の記述統計

|  | 最小値 | 最大値 | 平均値 | 標準偏差 |
|---|---|---|---|---|
| 1人あたりGDP | 18080.503 | 91655.453 | 43806.396 | 15681.476 |
| 経済成長率 | −8.864 | 10.778 | 2.052 | 2.692 |
| インフレーション率 | −5.205 | 15.434 | 2.178 | 1.972 |
| 65歳以上人口比率 | 10.700 | 21.000 | 16.082 | 1.967 |
| 失業率 | 1.640 | 24.787 | 7.624 | 3.644 |
| 経済開放度 | 37.028 | 190.782 | 82.124 | 33.509 |
| 人口 | 267.400 | 82502.000 | 24447.585 | 25704.241 |
| サンプル数 | 288 |||| 

（注）経済成長率，インフレーション率，65歳以上人口比率，失業率の単位は％，
　　　1人あたりGDPの単位は百万米ドル，人口は千人である。
（出所）OECDデータより筆者作成。

分得点がどのように分布しているか検討してきたが，本節においては，社会保護費負担構造を示すそれらの変数が，どのように政治，経済および社会的要因の影響を受けているか検討する。

まず，政治，経済および社会的要因として，本節の分析で用いるデータについて説明する。経済変数としては，1人あたりGDP，経済成長率，インフレーション率，経済開放度および失業率を用い，社会変数としては，65歳以上人口比率および人口を用いる。なお，経済開放度は，輸出の対GDP比と輸入の対GDP比の合計である。

表6-4には，経済変数および社会変数の記述統計が示されている。なお，分析対象期間および対象国は第4節までのデータに合わせて，分析対象期間は1995年から2012年までであり，分析対象国は16カ国である。経済成長率の最小値よりマイナス成長の期間が含まれ，インフレーション率の最小値よりデフレーションの期間が含まれることがわかる。また，最大値と最小値の差に注目すると，1人あたりGDP，65歳以上人口比率，失業率，経済開放度および人口は，分析対象国の間または分析対象期間において，一定以上の幅で分布していることがわかる。

政治変数としては，右翼政党閣僚比率，中道政党閣僚比率，左翼政党閣僚比率および有効政党数を用いる。なお有効政党数は，Laakso and Taagepera

表6-5 政治変数の記述統計

| | 最小値 | 最大値 | 平均値 | 標準偏差 |
|---|---|---|---|---|
| 右翼政党閣僚比率 | 0 | 100 | 33.378 | 34.844 |
| 中道政党閣僚比率 | 0 | 100 | 20.244 | 26.404 |
| 左翼政道閣僚比率 | 0 | 100 | 42.136 | 37.177 |
| 有効政党数 | 2.119 | 9.080 | 4.111 | 1.577 |
| サンプル数 | | | 288 | |

(注) 右翼政党閣僚比率,中道政党閣僚比率および左翼閣僚比率の単位は％である。
(出所) Armingeon K., Isler C., Knopfer L., Weisstanner D. and S. Engler (2015)

図6-12 5つのグループに関する1人あたり GDP の時系列的推移

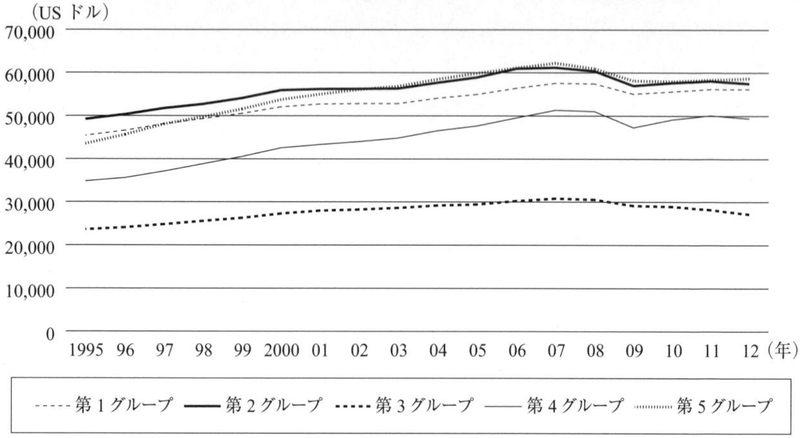

(US ドル)

――― 第1グループ ――― 第2グループ ――― 第3グループ ――― 第4グループ ――― 第5グループ

(出所) ESSPROS データより筆者作成。

(1979) に基づいて計算されたものである[7]。表6-5には，政治変数の記述統計が示されている。第4節までと同様に，分析対象期間は1995年から2012年までであり，分析対象国は16カ国である。右翼政党，中道政党，左翼政党それぞれに関して，閣僚比率の最小値が0％，最大値が100％である。つまり，右翼政党，中道政党，左翼政党それぞれに関して，すべての閣僚を占めるケース，または全く閣僚がいないケースがあることがわかる。また有効政党数は，最小値が約2で，平均値は約4である。

---

7) 政治変数の詳細については，Armingeon K., Isler C., Knopfer L., Weisstanner D. and S. Engler(2015)にある，変数名 gov_right1, gov_cent1, gov_left1, effpar_leg の解説を参照。

第6章 福祉国家再編期におけるEU諸国の社会保護費負担構造と政治経済状況　141

図6-13　5つのグループに関する経済成長率の時系列的推移

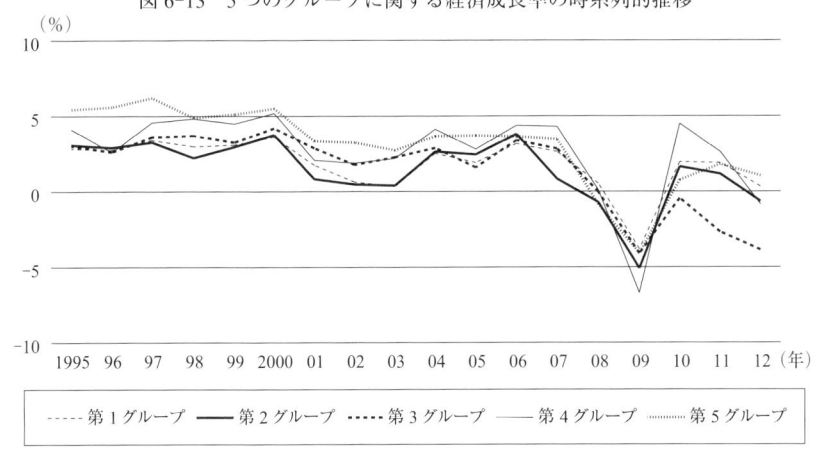

図6-14　5つのグループに関するインフレーション率の時系列的推移

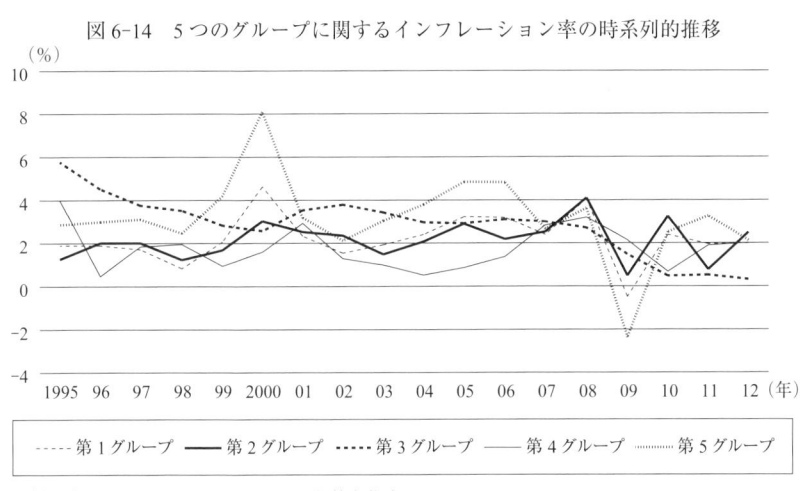

（出所）上2図，ESPROSデータより筆者作成。

　次に，第4節で抽出された5つのグループに関して，経済変数および社会変数の時系列的推移を確認する。図6-12には，5つのグループに関して，1人あたりGDPの平均値の時系列的推移が示されている。南欧・地中海モデルに属する国々からなる第3グループは，際だって小さいことがわかる。さらに，第1，第2および第5グループそれぞれの1人あたりGDPの平均値は，一貫して大きいが，これらのグループは，第1主成分「社会保険充実度」に関しては両

図 6-15 5つのグループに関する経済開放度の時系列的推移

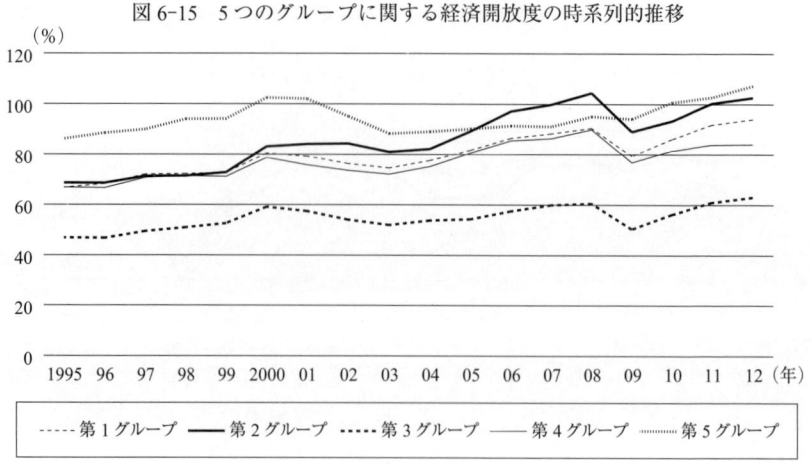

(出所) ESSPROS データより筆者作成。

極端の国々である。したがって，1人あたり GDP と社会保険の充実とは，関連性を見いだすことはできない。

　図 6-13 および図 6-14 には，5つのグループに関して，経済成長率の平均値およびインフレーション率の平均値の時系列的推移が示されている。経済成長率およびインフレーション率について，各時点においてグループ間で一定の幅があるが，時系列的には概ね同じように推移している。ただし，インフレーション率に関して，自由主義レジームの国々が含まれる第5グループの振れの幅は，他のグループと比較すると大きい。

　図 6-15 には，5つのグループに関して，経済開放度の平均値の時系列的推移が示されている。南欧・地中海モデルに属する国々からなる第3グループの平均値は，一貫して小さいことがわかる。一方，自由主義レジームの国々が含まれる第5グループの平均値は，一貫して大きいが，第1および第2グループの平均値は，増大傾向を示し，第5グループの平均値との差が縮小してきている。

　図 6-16 には，5つのグループに関して，失業率の時系列的推移が示されている。南欧・地中海モデルに属する国々からなる第3グループの平均値は，

第6章 福祉国家再編期におけるEU諸国の社会保護費負担構造と政治経済状況　143

図6-16　5つのグループに関する失業率の時系列的推移

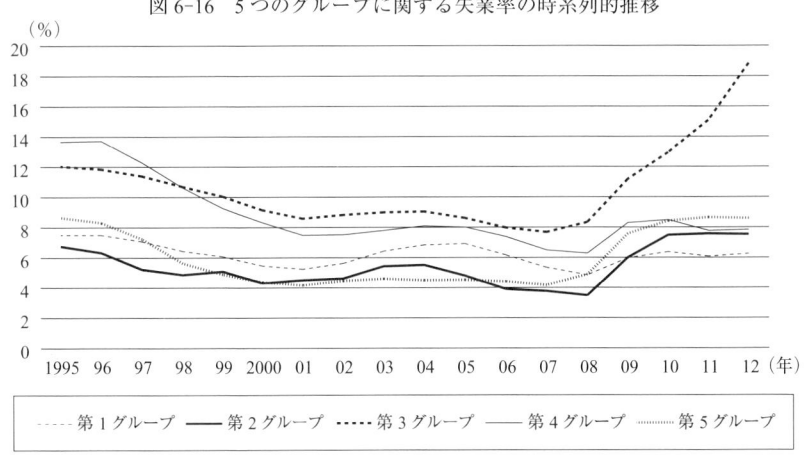

図6-17　5つのグループに関する高齢化率の時系列的推移

（出所）上2図，ESSPROSデータより筆者作成。

2000年代後半から急激に大きくなり，他のグループと比較して格段に大きくなっている。また，フィンランドおよびスウェーデンからなる第4グループの平均値は，急速に小さくなり，第1，第2および第5グループと同じぐらいの水準になっている。

　図6-17には，5つのグループに関して，高齢化率の時系列的推移が示されている。自由主義レジームの国々が含まれる第5グループの平均値は，ほぼ一

定であり,一貫して最も小さい。一方,第5グループ以外の平均値は,増加傾向を示し,とりわけ,南欧・地中海モデルに属する国々からなる第3グループの平均値は,1990年代末より一貫して大きい。

図6-12から図6-17において,5つのグループに関して,6つの社会経済変数の時系列的推移について確認した。その結果,南欧・地中海モデルに属する国々からなる第3グループを除くと,どのグループの平均値も概ね同じように推移している。一方,第3グループの平均値に関して,1人あたりGDP,経済開放度,失業率および高齢化率の時系列的推移は,同グループの経済状態が良くないことを示唆する。なお,第3グループの社会保護制度収入対GDP比は,図6-10より,かなり低い水準で推移していることがわかる。

次に,実証分析に先立ち,先行研究などを踏まえ,7つの社会経済変数(1人あたりGDP,経済成長率,インフレーション率,経済開放度,失業率,65歳以上人口比率および人口)および4つの政治変数(右翼政党閣僚比率,中道政党閣僚比率,左翼政党閣僚比率および有効政党数)が,4つの社会保護制度負担に関する変数(社会保護制度収入対GDP比,使用者拠出対GDP比,被保護者拠出対GDP比,一般政府拠出対GDP比)に対して,どのような影響を与えるかを検討する。

まず,社会経済変数の社会保護制度収入対GDP比に対する影響について検討する。福祉国家形成期に関する「近代化仮説」によれば,経済発展と関連すると考えられる,1人あたりGDP,経済成長率,65歳以上人口および人口は,社会保護制度収入対GDP比に正の影響をもたらすと予想される。しかし福祉国家再編期においては,社会保護制度収入の増大は大きくないと考えられる。したがって,1人あたりGDP,経済成長率は,社会保護制度収入対GDP比の分母に正の影響をもたらすと考えられるので,社会保護制度収入対GDP比へは負の影響をもたらすと予想される。また,失業率の上昇によって,社会保護制度支出は増大し,それに対応して社会保護制度収入も増大し,GDPは減少すると考えられる。したがって,失業率は,社会保護制度収入対GDP比に正の影響をもたらすと予想される。さらに,インフレーション率に関して,政府が貨幣価値の変化に対して合理的に対応するならば,社会保護制度収入対

GDP比は影響を受けないと予想される。ところで，経済開放度が増大すると，グローバリゼーションの進展によって影響を受ける被保護者への社会保護制度の支出が増大すると考えられる。その支出増大に対する負担増大は，社会保護制度費用の負担者のうち，被保護者以外の使用者および一般政府の負担が増大すると予想される。それにともない，経済開放度は，社会保護制度収入対GDP比に正の影響をもたらすと予想される。

政治変数の社会保護制度収入対GDP比に対する影響について検討する。福祉国家形成期では，政党のイデオロギーを政策に反映させることが容易であると考えられるので，左翼政党閣僚比率は社会保護制度収入対GDP比に対して正の影響をもたらし，右翼政党閣僚比率は社会保護制度収入対GDP比に対して負の影響をもたらすと予想される。さらに有効政党数は，社会保護制度収入対GDP比に対して正の影響をもたらすと予想される。なぜならば，有効政党数が大きければ，政策過程がより多元的になり，その結果，社会保護制度支出の増大圧力が強くなり，それに対応して社会保護制度収入対GDP比が大きくなると考えることができるからである。ところで，グローバル化が進展し，かつ財政状況が厳しい状況にある福祉国家再編期では，社会保護制度支出を増大させる余地が少ないため，左翼的イデオロギーや多元的政策過程が社会保護制度支出を増加させるとは限らない。そのため，場合によっては，左翼政党閣僚比率，中道政党閣僚比率，右翼政党閣僚比率および有効政党数は，何れも社会保護制度収入対GDP比に対して負の影響をもたらすことも予想される。

社会経済変数および政治変数の使用者拠出対GDP比に対する影響について検討する。65歳以上人口比率は，使用者拠出対GDP比に対して負の影響をもたらすと予想される。なぜならば，65歳以上人口比率が大きくなると，生産年齢人口が減少し，それにあわせて雇用者も減少すると，使用者拠出も減少すると考えられるからである。また，失業率も，使用者拠出対GDP比に対して負の影響をもたらすと予想される。なぜならば，失業率が上昇し，雇用者が減少すると，使用者拠出も減少すると考えられるからである。さらに経済開放度は，社会保護制度収入対GDP比への影響の検討において述べたように，使用

者拠出対GDP比に対して正の影響をもたらすと予想される。一方，イデオロギー的要素を考慮して政治変数の影響を検討すると，左翼政党閣僚比率は使用者拠出対GDP比に対して正の影響をもたらし，右翼政党閣僚比率はそれに対して負の影響をもたらすと予想される。しかしながら，グローバル化が進展し，かつ財政状況が厳しい状況にある福祉国家再編期においては，イデオロギーの違いが，使用者拠出対GDP比に対して異なる影響をもたらさないかもしれない。

経済変数および政治変数の被保護者拠出対GDP比に対する影響について検討する。失業率は，被保護者拠出対GDP比に対して負の影響をもたらすと予想される。なぜならば，失業率が上昇すると，雇用者が減少するので，被保護者拠出対GDPも減少すると予想される。一方，イデオロギー的要素を考慮して政治変数の影響を検討すると，左翼政党閣僚比率は被保護者拠出対GDP比に対して負の影響をもたらし，右翼政党閣僚比率はそれに対して正の影響をもたらすと予想される。しかしながら，グローバル化が進展し，かつ財政状況が厳しい状況にある福祉国家再編期においては，イデオロギーの違いが，被保護者拠出対GDP比に対して異なる影響をもたらさないかもしれない。

経済変数および政治変数の一般政府拠出対GDP比に対する影響について検討する。経済開放度は，社会保護制度収入対GDP比への影響の検討において述べたように，一般政府拠出対GDP比に対して正の影響をもたらすと予想される。一方，イデオロギー的要素を考慮して政治変数の影響を検討すると，左翼政党閣僚比率は一般政府拠出対GDP比に対して正の影響をもたらし，右翼政党閣僚比率はそれに対して負の影響をもたらすと予想される。さらに，有効政党数は，政策過程がより多元的になり，その結果，一般政府拠出対GDP比に対して正の影響をもたらすと予想される。しかしながら，グローバル化が進展し，かつ財政状況が厳しい状況にある福祉国家再編期においては，イデオロギーの違いおよび政策過程の多元化が，一般政府拠出対GDP比に対して異なる影響をもたらさないかもしれない。

このような政治，経済および社会的要因の社会保護制度負担構造への影響に

関する予想を，TSCS（Time-Series-Cross-Section）データを用いた回帰分析により確認する。TSCS データに関して，分析対象期間は 1995 年から 2012 年まで，分析対象国は 16 カ国，非説明変数は，社会保護制度収入対 GDP 比，使用者拠出対 GDP 比，被保護者拠出対 GDP 比，一般政府拠出対 GDP 比，第 1 主成分得点および第 2 主成分得点，説明変数は，1 人あたり GDP（対数値），経済成長率，インフレーション率，経済開放度，失業率，65 歳以上人口比率，人口（対数値），右翼政党閣僚比率，中道政党閣僚比率，左翼政党閣僚比率および有効政党数である。

TSCS データの推計方法について，Beck and Katz（1995, 1996）によると，推定法を最小自乗法（Ordinary least squares, OLS）とし，1 期前のラグ非説明変数を説明変数とし，パネル修正誤差（Panel corrected standard errors, PCSE）を用いることを推奨している。この方法により，系列相関の影響が緩和され，より適切に標準誤差が算出される。そこで，本章の推計においては，1 期前のラグ非説明変数を説明変数とし，PCSE を用いることとする。

説明変数である，1 人あたり GDP（対数値），経済成長率，インフレーション率，経済開放度，失業率，65 歳以上人口比率，人口（対数値），右翼政党閣僚比率，中道政党閣僚比率，左翼政党閣僚比率および有効政党数について，本章の推計においては，1 期前のラグ変数を用いることにする。なぜならば，このような説明変数は，一定の時間を要する政府の社会保護制度に関する意思決定を経て，非説明変数である，社会保護制度収入対 GDP 比，使用者拠出対 GDP 比，被保護者拠出対 GDP 比，一般政府拠出対 GDP 比，第 1 主成分得点および第 2 主成分得点に対して影響を与える可能性が考えられるからである。また，先決変数である 1 期前のラグ変数を用いることによって，内生性の問題にも対応できると考えられる。

以上のことを考慮して，本章の分析では，まず，6 つの被説明変数（社会保護制度収入対 GDP 比，使用者拠出対 GDP 比，被保護者拠出対 GDP 比，一般政府拠出対 GDP 比，第 1 主成分得点および第 2 主成分得点）それぞれに対して，以下の式の推計を試みる。

表6-6 ユニット固定効果を導入した推計式1の推計結果（社会保護制度項目別収入対GDP比のケース）

| | 社会保護制度<br>収入の対GDP比 | 一般政府拠出<br>の対GDP比 | 使用者拠出<br>の対GDP比 | 被保護者拠出<br>の対GDP比 |
|---|---|---|---|---|
| 定数項 | −145.420** | −60.348* | −5.556 | −8.574 |
| | (50.680) | (27.428) | (11.811) | (8.793) |
| 被説明変数（−1） | 0.418** | 0.846** | 0.720** | 0.800** |
| | (0.144) | (0.058) | (0.070) | (0.073) |
| 1人あたりGDPの対数値（−1） | −4.696 | −0.288 | −0.727 | −0.827 |
| | (3.034) | (1.333) | (0.680) | (0.626) |
| 経済成長率（−1） | −0.184* | −0.084** | −0.034* | −0.005 |
| | (0.079) | (0.029) | (0.014) | (0.012) |
| インフレーション率（−1） | −0.059 | −0.023 | −0.008 | 0.002 |
| | (0.069) | (0.037) | (0.021) | (0.011) |
| 経済開放度（−1） | 0.032* | 0.026** | 0.011** | −0.003 |
| | (0.016) | (0.008) | (0.004) | (0.004) |
| 人口の対数値（−1） | 22.034** | 6.856+ | 1.835 | 1.944 |
| | (7.468) | (3.543) | (1.599) | (1.368) |
| 65歳以上人口比率（−1） | 0.155 | −0.138+ | −0.061* | 0.061* |
| | (0.174) | (0.078) | (0.030) | (0.031) |
| 失業率（−1） | 0.011 | −0.045 | −0.053** | −0.038** |
| | (0.071) | (0.031) | (0.016) | (0.013) |
| 左派政党閣僚比率（−1） | −0.005 | 0.011* | −0.007* | −0.003 |
| | (0.008) | (0.005) | (0.003) | (0.002) |
| 中道政党閣僚比率（−1） | −0.006 | 0.013* | −0.008** | −0.002 |
| | (0.009) | (0.005) | (0.003) | (0.002) |
| 右派政党閣僚比率（−1） | −0.002 | 0.012* | −0.008** | −0.003 |
| | (0.008) | (0.005) | (0.003) | (0.002) |
| 有効政党数（−1） | 0.065 | 0.076 | 0.022 | 0.007 |
| | (0.182) | (0.087) | (0.058) | (0.051) |
| サンプル数 | 272 | 272 | 272 | 272 |
| $R^2$ | 0.896 | 0.979 | 0.983 | 0.983 |

（注）各説明変数について，上段は係数，下段はPCSE．**：$p<0.01$，*：$p<0.05$，+：$p<0.1$
（出所）ESSPROSデータより筆者作成．

[推計式1]　　$Y_{i,t} = \alpha + \beta_1^0 Y_{i,t-1} + \sum_{j=1}^{n} \beta_1^j X_{i,t-1}^j + u_{i,t}$

推計式1は，$i$国の$t$年の推計式である．$Y_{i,t}$は$i$国の$t$年の被説明変数，$X_{i,t-1}^j$は$i$国の$t-1$年の$j$番目の説明変数，$u_{i,t}$は$i$国の$t$年の誤差項である．なお推計式1では，説明変数は，12個である．すなわち，1期前のラグ非説明変数，1人あたりGDP（対数値），経済成長率，インフレーション率，経済開放度，失業率，65歳以上人口比率，人口（対数値），右翼政党閣僚比率，中道政

表6-7　ユニット固定効果を導入した推計式1の推計結果（主成分得点のケース）

|  | 第1主成分得点 | 第2主成分得点 |  | 第1主成分得点 | 第2主成分得点 |
|---|---|---|---|---|---|
| 切片 | −2.389 | −26.994** | 65歳以上人口比率（−1） | −0.002 | 0.012 |
|  | (3.532) | (9.205) |  | (0.014) | (0.030) |
| 被説明変数（−1） | 0.619** | 0.630** | 失業率（−1） | −0.017** | −0.005 |
|  | (0.085) | (0.097) |  | (0.005) | (0.011) |
| 1人あたりGDPの対数値（−1） | −0.396+ | −0.570 | 左派政党閣僚比率（−1） | −0.003** | 0.001 |
|  | (0.231) | (0.524) |  | (0.001) | (0.001) |
| 経済成長率（−1） | −0.007 | −0.030* | 中道政党閣僚比率（−1） | −0.003** | 0.001 |
|  | (0.005) | (0.013) |  | (0.001) | (0.002) |
| インフレーション率（−1） | −0.001 | −0.006 | 右派政党閣僚比率（−1） | −0.003** | 0.002 |
|  | (0.007) | (0.012) |  | (0.001) | (0.001) |
| 経済開放度（−1） | 0.001 | 0.007** | 有効政党数（−1） | 0.001 | 0.014 |
|  | (0.001) | (0.003) |  | (0.018) | (0.030) |
| 人口の対数値（−1） | 0.743 | 3.423** | サンプル数 | 272 | 272 |
|  | (0.511) | (1.256) | $R^2$ | 0.981 | 0.937 |

（注）各説明変数について，上段は係数，下段はPCSE．**：$p<0.01$，*：$p<0.05$，+：$p<0.1$
（出所）ESSPROSデータより筆者作成．

党閣僚比率，左翼政党閣僚比率および有効政党数である．したがって，n=11である．

　さらに，推計式1について，文化，歴史的要因および政治制度など，国ごとの違いを考慮するために，ユニット固定効果を導入したモデルの推計を試みる．そのため，ユニット固定効果を導入する妥当性についても確認した．具体的には，F検定によって，プールしたOLSよりも固定効果モデルの方が妥当で，ハウスマン検定によって，変量効果モデルよりも固定効果モデルの方が妥当であることを確認した．

　ユニット固定効果を導入した推計式1に関して，表6-6には，被説明変数が各国の社会保護制度項目別収入対GDP比である推計結果，表6-7には，被説明変数が第3節で導出された各国の2つの主成分得点である推計結果が，それぞれ示されている．

　ところで，6つの被説明変数に関して，単位根を持つ可能性が考えられる．そこで，表6-6および表6-7の結果を解釈する前に，6つの被説明変数に対して，単位根検定を行うことにする．具体的には，Levin, Lin and Chu（2002）で

表6-8 社会保護制度項目別収入対 GDP 比の単位根検定

|  | 社会保護制度<br>収入対 GDP 比 || 使用者拠出<br>対 GDP 比 || 被保護者拠出<br>対 GDP 比 || 一般政府拠出<br>対 GDP 比 ||
|---|---|---|---|---|---|---|---|---|
|  | 統計値 | P 値 | 統計値 | P 値 | 統計値 | P 値 | 統計値 | P 値 |
| LLC |  |  |  |  |  |  |  |  |
| 個別効果 | 2.616 | 0.996 | −2.908 | 0.002 | −5.152 | 0.000 | 0.812 | 0.792 |
| 個別効果+トレンド | −1.820 | 0.034 | −2.691 | 0.004 | −2.708 | 0.003 | −1.674 | 0.047 |
| なし | 4.387 | 1.000 | 0.074 | 0.530 | 0.609 | 0.729 | 4.882 | 1.000 |
| IPS |  |  |  |  |  |  |  |  |
| 個別効果 | 2.130 | 0.983 | −2.616 | 0.005 | −3.951 | 0.000 | 2.816 | 0.998 |
| 個別効果+トレンド | −0.002 | 0.499 | −1.505 | 0.066 | −0.635 | 0.263 | 0.059 | 0.524 |
| Fischer ADF |  |  |  |  |  |  |  |  |
| 個別効果 | 29.499 | 0.594 | 55.886 | 0.006 | 78.757 | 0.000 | 15.793 | 0.993 |
| 個別効果+トレンド | 32.062 | 0.464 | 43.271 | 0.088 | 41.054 | 0.131 | 29.037 | 0.617 |
| なし | 8.245 | 1.000 | 13.841 | 0.998 | 26.673 | 0.733 | 6.545 | 1.000 |
| Fischer PP |  |  |  |  |  |  |  |  |
| 個別効果 | 25.328 | 0.793 | 40.000 | 0.157 | 167.096 | 0.000 | 19.863 | 0.954 |
| 個別効果+トレンド | 23.168 | 0.873 | 31.502 | 0.492 | 45.964 | 0.052 | 28.471 | 0.646 |
| なし | 7.953 | 1.000 | 13.361 | 0.999 | 23.034 | 0.877 | 6.664 | 1.000 |

(出所) ESSPROS データより筆者作成。

提案されたテスト (LLC), Im, Pesaran, and Shin (2003) で提案されたテスト (IPS), Maddala and Wu (1999) で提案されたテスト (Fischer 型 ADF テスト, Fischer 型 PP テスト) により, 単位根検定を行う。なお, 外生変数に関して, LLC, Fischer 型 ADF および Fischer 型 PP については, 個別効果, 個別効果＋トレンドおよびなしの3通りであり, IPS については, 個別効果, 個別効果＋トレンドの2通りを行っている。

上記の4種類の単位根検定に関して, 表 6-8 には, 各国の社会保護制度項目別収入対 GDP 比に対する単位根検定の結果, 表 6-9 には, 第3節で導出された各国の2つの主成分得点に対する単位根検定の結果が示されている。表 6-8 および表 6-9 において, LLC, IPS, Fischer 型 ADF および Fischer 型 PP に関して, 単位根があるという帰無仮説が 5％水準で棄却されるものが, 網掛けで示されている。表 6-8 および表 6-9 の結果より, 何れの被説明変数についても, すべての外生変数のケースにおいて, 帰無仮説が棄却されているわけではない。つまり, 何れの被説明変数についても, 単位根がないとは言い切れない。ゆえに, 推計式1の推計結果が頑健であるかどうか疑わしいとも考えられ

第6章　福祉国家再編期における EU 諸国の社会保護費負担構造と政治経済状況　151

表6-9　主成分得点の単位根検定

|  | 第1主成分得点 | | 第2主成分得点 | |
|---|---|---|---|---|
| LLC | 統計値 | P値 | 統計値 | P値 |
| 個別効果 | −2.262 | 0.012 | 1.840 | 0.967 |
| 個別効果＋トレンド | −1.653 | 0.049 | −2.906 | 0.002 |
| なし | −0.412 | 0.340 | −3.782 | 0.000 |
| IPS | 統計値 | P値 | 統計値 | P値 |
| 個別効果 | −1.574 | 0.058 | 2.698 | 0.997 |
| 個別効果＋トレンド | −0.117 | 0.453 | −0.198 | 0.422 |
| Fischer ADF | 統計値 | P値 | 統計値 | P値 |
| 個別効果 | 42.683 | 0.098 | 20.454 | 0.943 |
| 個別効果＋トレンド | 35.068 | 0.325 | 29.796 | 0.579 |
| なし | 41.249 | 0.127 | 56.155 | 0.005 |
| Fischer PP | 統計値 | P値 | 統計値 | P値 |
| 個別効果 | 38.345 | 0.204 | 21.819 | 0.912 |
| 個別効果＋トレンド | 28.879 | 0.625 | 20.786 | 0.936 |
| なし | 42.037 | 0.110 | 57.151 | 0.004 |

（出所）ESSPROS データより筆者作成。

る。そこで，単位根の存在を考慮した推計を行い，その結果と推計式1の結果を比較し，より頑健な結果を得ることを試みる。

　単位根の存在に対応する1つの推計方法として，Kittel and Winner（2005）が推奨する「差分の差分モデル（difference-in-difference model）」を選択肢として検討することができる。しかし，差分の差分モデルを用いて推計した場合，短期効果しか推計することができない。ところが，本章のような福祉国家分析の場合，長期的効果の分析は必要不可欠である。したがって，他の推計方法を模索する必要がある。

　単位根の存在に対応するもう1つの推計方法として，De Boef and Keele（2008）が推奨する「誤差修正モデル（error correction model）」を選択肢として検討することができる。この推計方法を用いる場合，短期効果だけではなく，長期効果も推計できる。福祉国家分析の場合，長期的効果の分析は必要不可欠であるので，差分の差分モデルによって推計するよりも，誤差修正モデルで推計する方が望ましいと考えられる。そこで，本章の分析では，推計式1で利用したデータに対して，誤差修正モデルを用いて，社会経済変数および政治変数が社会保護制度負担構造に与える短期効果と長期効果を推計する。そのうえで，

表 6-10 ユニット固定効果を導入した推計式 2 の推計結果
(社会保護制度項目別収入対 GDP 比のケース)

|  | Δ社会保護制度収入対 GDP 比 | Δ一般政府拠出対 GDP 比 | Δ使用者拠出対 GDP 比 | Δ被保護者拠出対 GDP 比 |
| --- | --- | --- | --- | --- |
| 切片 | −96.643** | −30.758$^+$ | 3.639 | −5.643 |
|  | (35.522) | (17.468) | (11.230) | (9.609) |
| 被説明変数 (−1) | −0.601** | −0.157** | −0.275** | −0.202** |
|  | (0.139) | (0.053) | (0.065) | (0.073) |
| 1 人あたり GDP の対数値 (−1) | −6.935** | −1.032 | −1.346* | −1.484* |
|  | (2.195) | (0.867) | (0.557) | (0.579) |
| Δ1 人あたり GDP の対数値 | 103.590* | 39.129$^+$ | 15.048 | 7.150 |
|  | (2.195) | (21.996) | (14.593) | (13.004) |
| 経済成長率 (−1) | −1.408** | −0.520* | −0.225 | −0.124 |
|  | (0.511) | (0.224) | (0.143) | (0.131) |
| Δ経済成長率 | −1.315** | −0.504* | −0.209 | −0.127 |
|  | (0.491) | (0.219) | (0.142) | (0.128) |
| インフレーション率 (−1) | −0.256** | −0.120** | −0.054* | −0.019 |
|  | (0.069) | (0.039) | (0.025) | (0.016) |
| Δインフレーション率 | −0.218** | −0.115** | −0.051** | −0.025* |
|  | (0.050) | (0.030) | (0.019) | (0.011) |
| 経済開放度 (−1) | 0.031* | 0.024** | 0.009* | −0.004 |
|  | (0.015) | (0.007) | (0.004) | (0.003) |
| Δ経済開放度 | −0.010 | 0.000 | −0.003 | −0.001 |
|  | (0.018) | (0.009) | (0.006) | (0.005) |
| 人口の対数値 (−1) | 19.776** | 4.664* | 1.626 | 2.432$^+$ |
|  | (5.276) | (2.301) | (1.371) | (1.364) |
| Δ人口の対数値 | 57.475$^+$ | 5.104 | 11.140 | 7.217 |
|  | (30.350) | (18.353) | (11.963) | (12.350) |
| 65 歳以上人口比率 (−1) | 0.096 | −0.146* | −0.066* | 0.051$^+$ |
|  | (0.165) | (0.070) | (0.026) | (0.026) |
| Δ65 歳以上人口比率 | −0.922 | −0.017 | 0.002 | −0.142 |
|  | (0.847) | (0.299) | (0.156) | (0.164) |
| 失業率 (−1) | −0.043 | −0.088** | −0.073** | −0.047* |
|  | (0.089) | (0.031) | (0.016) | (0.019) |
| Δ失業率 | −0.126 | 0.025 | −0.051 | −0.061* |
|  | (0.136) | (0.059) | (0.034) | (0.024) |
| 左派政党閣僚比率 (−1) | −0.014$^+$ | 0.013* | −0.009** | −0.005* |
|  | (0.008) | (0.005) | (0.003) | (0.002) |
| Δ左派政党閣僚比率 | −0.012 | 0.006 | −0.003 | −0.004 |
|  | (0.008) | (0.005) | (0.003) | (0.003) |
| 中道政党閣僚比率 (−1) | −0.015 | 0.015** | −0.010** | −0.003 |
|  | (0.011) | (0.005) | (0.004) | (0.002) |
| Δ中道政党閣僚比率 | −0.018 | 0.003 | −0.002 | −0.002 |
|  | (0.011) | (0.006) | (0.003) | (0.003) |

第6章　福祉国家再編期におけるEU諸国の社会保護費負担構造と政治経済状況　153

表6-10　（つづき）

|  | Δ社会保護制度収入対GDP比 | Δ一般政府拠出対GDP比 | Δ使用者拠出対GDP比 | Δ被保護者拠出対GDP比 |
| --- | --- | --- | --- | --- |
| 右派政党閣僚比率（-1） | -0.008 | 0.014* | -0.010** | -0.004[+] |
|  | (0.008) | (0.005) | (0.003) | (0.002) |
| Δ右派政党閣僚比率 | -0.009 | 0.004 | -0.001 | -0.001 |
|  | (0.007) | (0.005) | (0.003) | (0.002) |
| 有効政党数（-1） | 0.129 | 0.056 | 0.029 | 0.014 |
|  | (0.157) | (0.085) | (0.055) | (0.049) |
| Δ有効政党数 | 0.235 | 0.136 | 0.046 | -0.019 |
|  | (0.227) | (0.106) | (0.082) | (0.078) |
| サンプル数 | 272 | 272 | 272 | 272 |
| $R^2$ | 0.455 | 0.513 | 0.378 | 0.275 |

（注）各説明変数について，上段は係数，下段はPCSE。** : $p<0.01$，* : $p<0.05$，[+] : $p<0.1$
（出所）ESSPROSデータより筆者作成。

　推計式1の結果と誤差修正モデルにおける長期効果の結果を比較して，両者に共通する結果を抽出する。そのようにして得た両者に共通する結果を頑健であると考え，社会経済変数および政治変数が社会保護制度負担構造に与える影響を解釈するために利用する。

　社会経済変数および政治変数が社会保護制度負担構造へ与える短期効果および長期効果を推計するために，以下のような誤差修正モデルを用いる。

[推計式2] 　　$\Delta Y_{i,t} = \alpha + \beta_2^0 Y_{i,t-1} + \sum_{j=1}^{n} \beta_2^j Y_{i,t-1}^j + \sum_{j=1}^{n} \beta_\Delta^j \Delta X_{i,t}^j + u_{i,t}$

ただし，$\Delta Y_{i,t} = Y_{i,t} - Y_{i,t-1}$，$\Delta X_{i,t}^j = \Delta X_{i,t}^j - \Delta X_{i,t-1}^j$である。記号の意味は，基本的に推計式1と同じである。推計式2に関して，推計式1と異なる点は，左辺について，被説明変数が1階の階差になっていること，および右辺について，長期効果に関係する第3項$\sum_{j=1}^{n} \beta_2^j X_{i,t-1}^j$があるだけではなく，短期効果に関係する第4項$\sum_{j=1}^{n} \beta_\Delta^j \Delta X_{i,t}^j$もあることである。なお推計式2において，$\Delta Y_{i,t}$に対して影響を与える変数は，1期前のラグ非説明変数を除くと，推計式1で用いられた11個の経済変数，社会変数および政治変数，さらにその1階の階差であるので，n=11である。

　表6-10および表6-11は，PCSEを用い，ユニット固定効果を導入した推計

表 6-11 ユニット固定効果を導入した推計式 2 の推計結果（主成分得点のケース）

|  | Δ第1主成分得点 | Δ第2主成分得点 |  | Δ第1主成分得点 | Δ第2主成分得点 |
|---|---|---|---|---|---|
| 切片 | −0.696 | −17.928** | Δ65歳以上人口比率 | −0.064 | −0.107 |
|  | (3.098) | (5.715) |  | (0.065) | (0.129) |
| 被説明変数（−1） | −0.377** | −0.382** | 失業率（−1） | −0.021** | −0.017 |
|  | (0.080) | (0.089) |  | (0.007) | (0.013) |
| 1人あたりGDPの対数値（−1） | −0.667** | −0.972** | Δ失業率 | −0.032** | −0.016 |
|  | (0.179) | (0.341) |  | (0.012) | (0.021) |
| Δ1人あたりGDPの対数値 | 4.816 | 17.263* | 左派政党閣僚比率（−1） | −0.004** | 0.000 |
|  | (4.958) | (7.985) |  | (0.001) | (0.001) |
| 経済成長率（−1） | −0.076 | −0.233** | Δ左派政党閣僚比率 | −0.002$^+$ | −0.001 |
|  | (0.050) | (0.081) |  | (0.001) | (0.001) |
| Δ経済成長率 | −0.073 | −0.223** | 中道政党閣僚比率（−1） | −0.004** | 0.001 |
|  | (0.048) | (0.078) |  | (0.001) | (0.002) |
| インフレーション率（−1） | −0.017* | −0.041** | Δ中道政党閣僚比率 | −0.001 | −0.002 |
|  | (0.008) | (0.012) |  | (0.001) | (0.002) |
| Δインフレーション率 | −0.017** | −0.040** | 右派政党閣僚比率（−1） | −0.004** | 0.001 |
|  | (0.006) | (0.009) |  | (0.001) | (0.001) |
| 経済開放度（−1） | 0.000 | 0.006** | Δ右派政党閣僚比率 | −0.001 | −0.001 |
|  | (0.001) | (0.002) |  | (0.001) | (0.001) |
| Δ経済開放度 | −0.002 | −0.002 | 有効政党数（−1） | 0.007 | 0.020 |
|  | (0.002) | (0.003) |  | (0.017) | (0.026) |
| 人口の対数値（−1） | 0.899* | 2.965** | Δ有効政党数 | 0.008 | 0.046 |
|  | (0.415) | (0.775) |  | (0.024) | (0.037) |
| Δ人口の対数値 | 4.429 | 7.913 | サンプル数 | 272 | 272 |
|  | (3.995) | (5.183) | $R^2$ | 0.358 | 0.474 |
| 65歳以上人口比率（−1） | −0.007 | 0.006 |  |  |  |
|  | (0.013) | (0.027) |  |  |  |

（注）各説明変数について，上段は係数，下段はPCSE．**：$p<0.01$，*：$p<0.05$，$^+$：$p<0.1$
（出所）ESSPROSデータより筆者作成．

式2の推定結果である．なお回帰係数より，$j$番目の説明変数の長期効果は $-\dfrac{\beta_2^j}{\beta^0}$ であり，短期効果は $\beta_4^j$ である．これらの結果と表6-6および表6-7の結果を比較することにより，社会経済変数および政治変数が社会保護制度負担構造に与える頑健な影響を検討する．具体的には，まず，表6-7（表6-10）の説明変数 $X_{i,t-1}^j$ の回帰係数 $\beta_1^j$ および表6-8（表6-11）の説明変数 $X_{i,t-1}^j$ の回帰係数 $\beta_2^j$ のうち，両方の推計結果において5%未満で有意である説明変数の回帰係数（$\beta_1^j$ と $\beta_2^j$）に注目する．そのうえで，それぞれの説明変数について，推計式1の $\beta_1^j$ の符号と推計式2の長期効果を示す $X_{i,t-1}^j$ の符号が一致する場合，

第 6 章　福祉国家再編期における EU 諸国の社会保護費負担構造と政治経済状況　155

表 6-12　社会保護制度負担構造へ与える長期的効果

| 説明変数 | 被説明変数 |
|---|---|
| 経済成長率 | (−)　社会保護制度収入対 GDP 比 |
|  | (−)　一般政府拠出対 GDP 比 |
| 経済開放度 | (＋)　社会保護制度収入対 GDP 比 |
|  | (＋)　使用者拠出対 GDP 比 |
|  | (＋)　一般政府拠出対 GDP 比 |
| 人口の対数値 | (＋)　社会保護制度収入対 GDP 比 |
| 65 歳以上人口比率 | (−)　使用者拠出対 GDP 比 |
| 失業率 | (−)　使用者拠出対 GDP 比 |
|  | (−)　被保護者拠出対 GDP 比 |
| 左派政党閣僚比率 | (＋)　一般政府拠出対 GDP 比 |
|  | (−)　使用者拠出対 GDP 比 |
| 中道政党閣僚比率 | (＋)　一般政府拠出対 GDP 比 |
|  | (−)　使用者拠出対 GDP 比 |
| 右派政党閣僚比率 | (＋)　一般政府拠出対 GDP 比 |
|  | (−)　使用者拠出対 GDP 比 |

（出所）ESSPROSデータより筆者作成。

説明変数が被説明変数に与える頑健な影響であるとみなす。なお，すべての推計において 1 期前のラグ被説明変数の回帰係数 ($\beta_1^0$ と $\beta_2^0$) は，5％未満で有意である。

表 6-12 は，上記の基準にしたがって，説明変数が被説明変数に与える頑健な影響をまとめたものである。表の左側の列には説明変数が示され，右側の列には，それぞれの説明変数が影響をもたらす被説明変数が示されている。なお，被説明変数の前にある符号は，説明変数が被説明変数に与える変化の方向を示している。つまり，プラス（マイナス）は，説明変数が被説明変数に対して正（負）の影響をもたらすことを示している。

ここで，先に述べた先行研究などの結果を踏まえた説明変数の被説明変数に対する影響に関する予想を考慮して，表 6-12 の結果を解釈する。まず経済成長率は，社会保護制度収入対 GDP 比および一般政府拠出対 GDP 比に負の影響をもたらしている。これは，福祉国家再編期においては，社会保護制度収入の増大は大きくないと考えられ，一方で経済成長率は社会保護制度収入対 GDP 比の分母に正の影響をもたらすと考えられるので，社会保護制度収入対 GDP 比へ負

の影響を与えていると考えられる。したがって，この結果は，福祉国家形成期に関する近代化仮説とは異なる状況にあることを示しているとも考えられる。

経済開放度は，社会保護制度収入対 GDP 比，使用者拠出対 GDP 比および一般政府拠出対 GDP 比に対して正の影響をもたらしている。これは，経済開放度が高まることによって影響を受ける被保護者への社会保護制度の支出の増大が，被保護者以外の負担者である，使用者および一般政府に求められていることを示している。

人口の対数値は，社会保護制度収入対 GDP 比に正の影響をもたらしている。福祉国家形成期に関する近代化仮説にしたがうと，人口は社会保護制度収入対 GDP 比に正の影響をもたらすと考えられるが，分析対象期間は福祉国家再編期であるので，福祉国家形成期とは異なるメカニズムを検討する必要がある。この問題を考えるにあたり，福祉国家再編期においては，現役世代が直面する「新しい社会的リスク」に対応する政策が重視されていることに留意する必要がある。つまり，人口が多いと現役世代の占める割合が大きく，それらの世代に対する社会保護政策が重視されている状況において，社会保護制度支出が増加し，それに対応して社会保護収入が増大するというメカニズムが働いていると考えられる。

65 歳以上人口比率は，使用者拠出対 GDP 比に対して負の影響をもたらしている。これは，65 歳以上人口比率が大きくなると，生産年齢人口が減少し，それにあわせて雇用者も減少すると，使用者拠出も減少することを示していると考えられる。また失業率は，使用者拠出対 GDP 比および被保護者拠出対 GDP 比に対して負の影響をもたらしている。これは，失業率が上昇し，雇用者が減少すると，社会保険に関係する使用者拠出および被保護者拠出が減少することを示していると考えられる。

政治変数である政党閣僚比率の結果は，先に述べた各政党のイデオロギーの違いを考慮した結果と異なっている。つまり，左翼政党閣僚比率，中道政党閣僚比率，右翼政党閣僚比率，何れの場合も，一般政府拠出対 GDP 比に対して正の影響をもたらし，使用者拠出対 GDP 比に対して負の影響をもたらしてい

表 6-13 社会保護制度負担構造へ与える短期的効果

| 説明変数 | 被説明変数 |
|---|---|
| 1人あたり GDP の対数値 | （＋）　社会保護制度収入対 GDP 比 |
| 経済成長率 | （−）　社会保護制度収入対 GDP 比<br>（−）　一般政府拠出対 GDP 比 |
| インフレーション率 | （−）　社会保護制度収入対 GDP 比<br>（−）　使用者拠出対 GDP 比<br>（−）　被保護者拠出対 GDP 比<br>（−）　一般政府拠出対 GDP 比 |
| 失業率 | （−）　被保護者拠出対 GDP 比 |

（出所）ESSPROSデータより筆者作成。

る。この結果は，福祉国家再編期においては，それぞれの政党の政策を規定する要因として，イデオロギーよりも経済状況の方が重要であることを示唆しているとも考えられる。つまり，各政党は，イデオロギーとは関係なく，経済のグローバル化が同時に進行している福祉国家再編期においは，企業競争力の維持などのために使用者拠出を減らし，財政状況が厳しいとはいえ，一般政府拠出を増やすことで社会保護制度を維持せざるをえないということを示していると考えられる。

　表 6-13 には，推計式 2 において，短期的効果を示す右辺の第 4 項の回帰係数 $\beta_4^i$ のうち，5％水準で有意なものの符号を踏まえて，説明変数が被説明変数に与える影響をまとめたものである。経済成長率および失業率に関する符号は，表 6-12 に示された長期的効果の方向と整合的である。またインフレーション率について，長期的効果に関して有意な結果はなかったが，短期的効果に関して，すべての説明変数，つまり社会保護制度収入対 GDP 比，使用者拠出対 GDP 比，被保護者拠出対 GDP 比および一般政府拠出対 GDP 比に対して，負の影響を与える。先に述べたように，政府が貨幣価値の変化に対して合理的に対応するならば，インフレーション率はいかなる影響も与えないことを考慮すると，推計式 2 から得られたインフレーション率に関する結論は，社会保護制度は，制度上，長期的にはインフレーションに対して調整されるが，短期的には調整されないことを示していると考えられる。

表6-14 主成分得点へ与える長期的効果

| 説明変数 | 被説明変数 |
|---|---|
| 経済成長率 | (−) 第2主成分得点 |
| 経済開放度 | (+) 第2主成分得点 |
| 人口の対数値 | (+) 第2主成分得点 |
| 左翼政党閣僚比率 | (−) 第1主成分得点 |
| 中道政党閣僚比率 | (−) 第1主成分得点 |
| 右翼政党閣僚比率 | (−) 第1主成分得点 |

表6-15 主成分得点へ与える短期的効果

| 説明変数 | 被説明変数 |
|---|---|
| 経済成長率 | (−) 第2主成分得点 |
| インフレーション率 | (−) 第1主成分得点 |
|  | (−) 第2主成分得点 |

(出所) 2表とも，ESSPROSデータより筆者作成。

1人あたりGDPの対数値は，社会保護制度収入対GDP比に対して正の影響をもたらすことが示されている。福祉国家再編期においては，社会保護制度支出を増大させることは難しいため，1人あたりGDPは，社会保護制度収入対GDP比に対して，長期的には負の影響をもたらすと考えられるが，短期的な好況期には社会保護制度支出を増大させる余地があり，そのため短期的に正の効果をもたらしていると考えられる。なお，1人あたりGDPの長期的効果に関して，表6-6より，推計式1においては，何れの社会保護制度項目別収入対GDP比に対しても有意な影響をもたらしていないが，表6-10より，推計式2においては，一般政府拠出対GDP比を除く4つの社会保護制度項目別収入対GDP比に対して，5％水準で有意な負の影響をもたらしている。

表6-14には，表6-12と同様な基準にしたがって，経済変数，社会変数および政治変数が2つの主成分得点に与える頑健な長期的効果を示したものである。社会保険充実度と解釈した第1主成分は，使用者拠出対GDP比と被保護者拠出対GDP比の影響を強く受けていること，公的負担による社会保護制度充実度と解釈した第2主成分は，社会保護制度収入対GDP比および一般政府拠出対GDP比の影響を強く受けていることを考慮すると，表6-14の結果は表6-12の結果と整合的であると考えられる。なお，経済変数および社会変数は，第2主成分のみに影響をもたらし，政治変数は第1主成分のみに影響をもたらしているという，明確な違いも示されている。とりわけ，政治的影響に関しては，イデオロギーに関係なく，社会保険への使用者および被保護者拠出を引き下げていることがわかる。

表6-15には，推計式2において，短期的効果を示す右辺の第4項の回帰係

数 $\beta_{li}^{i}$ のうち，5％水準で有意なものの符号を踏まえて，説明変数が被説明変数に与える影響をまとめたものである。経済成長率については，表6-14 に示された長期的効果と同じ方向であることが示されている。また，インフレーション率については，長期的効果については有意なものがなかったが，短期的効果については 2 つの主成分得点に対して有意な影響が示されており，表6-13 に示された効果と整合的な結果が示されている。つまり，主成分得点から見ても，社会保護制度は，制度上，長期的にはインフレーションに対して調整されるが，短期的には調整されないことを示していると考えられる。

　本節においては，パネル分析によって，経済変数，社会変数および政治変数が，社会保護制度項目別収入対 GDP 比および社会保護制度負担構造に関する主成分得点に対して，どのような影響をもたらすかについて検討した。経済変数および社会変数の影響に関して，福祉国家再編期の状況を反映した，当初の予想に概ね一致する結果をえることができた。一方，政治変数の影響に関して，各政党のイデオロギーによる違いは検出されず，どのようなイデオロギーを持つ政党でも，社会保護制度項目別収入対 GDP 比および社会保護制度負担構造に対して，同じ方向の影響をもたらすことが判明した。

## 6. お わ り に

　本章では，ESSPROS の収入データを用いて，EU 諸国の社会保護制度の負担構造の特徴付け，およびその負担構造の要因分析を試みた。その結果，次のような主要な結論をえることができた。

　第 1 に，社会保護制度項目別収入対 GDP 比のデータに対して主成分分析を行い，社会保護制度の負担構造の特徴付けを試みた結果，第 1 主成分として「社会保険充実度」，第 2 主成分として「公的負担による社会保護制度充実度」が抽出された。なお，全体の情報のうち，第 1 主成分のみで 41.33％を説明することができ，第 2 主成分のみで 36.43％を説明することができる。したがって，2 つの主成分で，全体の情報の 77.75％を説明することができる。

　第 2 に，第 1 主成分「社会保険充実度」の分析対象国の主成分得点の平均値

は，分析対象期間中，傾向的な変化は認められないが，第2主成分「公的負担による社会保護制度充実度」のそれは，2000年代半ば以降急激に大きくなっている。

第3に，分析対象国の主成分得点に対して階層的クラスター分析を適用して，分析対象国を5グループに分けることができた。具体的には，第1グループとして，オーストリア，ベルギー，スイス，ドイツ，フランス，オランダ，第2グループとして，デンマーク，第3グループとして，ギリシャ，スペイン，イタリア，ポルトガル，第4グループとして，フィンランド，スウェーデン，第5グループとして，アイルランド，ノルウェー，イギリスである。

第4に，第2グループを除いた各グループを特徴付けるものは，第1主成分「社会保険充実度」である。具体的には，第1グループの水準が最も高く，第5グループの水準が最も低く，第3および第4グループの水準は中程度である。この結果は，Esping-Andersen（1990）が定式化した「階層化」という概念とある程度整合的である。一方，第2グループは，第1主成分「社会保険充実度」が低いのと同時に第2主成分「公的負担による社会保護制度充実度」が非常に高いという，際だった特徴を持っている。

第5に，福祉国家再編期では，社会経済状況および政治状況が社会保護費負担構造にあたえる影響は，福祉国家形成期における近代化仮説が示す影響とは，異なることが確認できた。経済状況の変化の社会保護費負担構造にあたえる影響は，経済のグローバル化および財政状況の厳しさを反映したものであると考えることができる。また政治状況の変化の社会保護費負担構造にあたえる影響は，政党のイデオロギーによる違いがなく，経済状況の変化と同様に，経済のグローバル化および財政状況の厳しさを反映したものであると考えることができる。

このように，本章では，社会保護制度の収入面のみに関する分析をした。しかし，社会保護制度の全体を把握するためには，その支出面とあわせて検討する必要がある。この問題については，今後の課題としたい。

## 参 考 文 献

内田治(2013)『主成分分析の基本と活用』日科技連出版社。
Armingeon K., Isler C., Knopfer L., Weisstanner D. and S. Engler (2015), Code Book: Comparative Political Data Set 1960-2013, Institute of Political Science, University of Berne.
Beck, N. and J. N. Katz (1995), "What to do (and not to do) with Time-Series Cross-Section Data", *American Political Science Review,* 89(3), pp. 634-647.
Beck, N. and J. N. Katz (1996), "Nuisance vs. substance: Specifying and estimating time-series cross-section models", *Political Analysis* 6, pp.1-34.
Bonoli, G.(2005), "The politics of the new social policies: Providing coverage against new social risks in mature welfare states", *Policy & Politics,* 33(3), pp.431-449.
Bonoli, G. (2007), "Time matters: Postindustrialization, new social risks, and welfare state adaptation in advanced industrial democracies", *Comparative Political Studies,* 40(5), pp.495-520.
De Boef, S. and L. Keele (2008), "Taking Time Seriously", *American Journal of Political Science,* 52(1), pp.184-200.
Esping-Andersen, G.(1990), *The Three Worlds of Welfare Capitalism*：Polity Press. (岡沢憲芙, 宮本太郎監訳『福祉資本主義の三つの世界：比較福祉国家の理論と動態』ミネルヴァ書房)
Im, K. S., Pesaran, H. and Y. Shin (2003), "Testing for Unit Roots in Heterogeneous Panel", *Journal of Econometrics,* 115(1), pp.53-74.
Kittel, B. and H. Winner (2005), "How reliable is pooled analysis in political economy? The globalization-welfare state nexus revisited", European Journl of Political Research, 44, pp.269-293.
Laakso, M. and R. Taagepera (1979), "Effective number of Parties: A measure with A pplocation to West,"*Comparative Political Studies,* 12(1): 3-27.
Levin, A. Lin, C. -F. and c-s. J. Chu. (2002), "Unit Root Tests in Panel Data: Asymptotic and Finite-Sample Properties", *Journal of Econometrics,* 108: 1-24.
Maddala, G. S. and S. Wu (1999), "A comparative study of unit root tests with panel data and a new simple test", *Oxford Bulletin of economics and statistics,* 61, pp.631-652.
Wilensky, H. L.(1975), *The welfare state and equality : structural and ideological roots of public expenditures*：University of California Press. (下平好博訳 (1984)『福祉国家と平等：公共支出の構造的・イデオロギー的起源』木鐸社)

# 第 7 章

## ネットワーク産業規制緩和と価格圧搾規制

川 島 康 男

## 1. はじめに

　ヨーロッパ各国では，ネット・ワーク産業，例えば電話通信，水道事業，電力業などの規制緩和は1980年代後半から始まった。それにより，多くの企業がそれぞれの市場に参入した。しかし，時には市場から退出せざるをえない企業が出た。それらの企業はその後ヨーロッパ委員会に既存企業の価格圧縮（Price Squeeze. これはアメリカの言い方。英国では，Margin Squeeze 利潤圧縮という。以下では，主に価格圧縮とする。）戦略により退出を余儀なくされた，と提訴した。ドイツの電話事業は1996年から自由化され，新しい企業の参入が可能となった。ドイツ・テレコムも価格圧縮戦略により退出させられた，として退出した企業から同委員会に提訴された。結局，この事件は，ドイツ・テレコムが価格圧縮により他企業を排除した，とされて同委員会から多額の罰金を課された。ヨーロッパ連合で裁判で争ったが，ドイツ・テレコムの主張は認められず，ヨーロッパ委員会の判断が認められたことになった。

　これに対して，アメリカでは価格圧縮は問題とされていない。シカゴ学派や Carlton（2008）は，企業がそのような戦略を取ることに否定的である。特に，後者は下流市場を独占化して利潤を増やしても，上流市場で顧客を失う。その結果，下流で得る利益増加が上流で失う利益を上回る保証は無い，と主張す

る[1]。また，Sidak（2008）は，既存企業が価格圧縮規制は生産性の低い企業に利益を与えることに失敗したための罰則で，その様な規制は競争政策上意味が無い，と主張している[2]。ここでの分析は，ヨーロッパ委員会のドイツ・テレコム事件の解決策が，価格圧縮規制に対して Sidak（2008）が批判した好例であることを明らかにする。

ここでは，価格圧縮の判定にヨーロッパ委員会が提唱した等質競争者テスト（Equally Efficient Competitor Test。以降，EECテストと略称。）が，以上のような司法判断をするための適切な情報を与えるかどうかを検討する。この呼び方は，Bruno et al. (2013) で提唱された。なぜなら，新規参入企業の平均費用は既存企業のそれと同じである，という仮定がされているからである。以後，これをEEC仮説と呼ぶ。Bouckaert and Verboven（2004）は統合市場への規制を3分類した。それらは，完全規制（Full Regulation），一部の市場に規制がある部分規制（Partial Regulation），無規制（No Regulation）である。ネットワーク産業のような上流市場と下流市場とが密接な関連を持つ統合市場のモデルはすでに Rey and Tirole (2007) で提示され，ここでも基本的枠組みや仮定は Armstrong（2002）や Bouckaert and Verboven（2004）に従う。これら諸仮定の下で，EECテストの性質を明らかにしたい。

ドイツの電気通信市場の規制については2つの見方がある。1つは部分規制の下にあるとする。その根拠は，ドイツでは電信サービスのタイプ分けをし，各サービス・タイプはそれ自体は規制下にあるが，その中の個別のサービスへの価格は自由に動かせる。他方，上流価格（Access rate）は規制当局が決める。しかし，そうであれば規制当局が上流価格決定をするから，価格圧縮の名目でドイツ・テレコムだけの責任は問えない。そこで，2003年5月21日のヨーロッパ委員会の決定[3]では，ドイツでは上流価格も実質的にはドイツ・テレコムが決めたのだから，無規制の市場である，と判断している。したがって，ここ

---

1) Yang and Kawashima（2011）では，Carlton（2008）の主張の正しさを示した。
2) このような，EECテストの弱点から，Salop（2010）は別のテストを提案している。
3) European Commission（2003）を参照。

でも等質競争者テストを分析するに際しては，以上の部分規制と無規制という2つの規制下での検討を試みる。

部分規制ゲームは，同時ゲームとしてモデル化される。上流価格は当局が指定する。等質競争者テストは事前にゲームが始まる前に，参加者に明示される。したがって，これは既存企業にとっては制約条件になる。分析の結果は，両企業のうちどちらが低いコストで生産できるかで，結論が分かれる。いずれの場合でも，上流価格が低いと両企業が市場で生産活動ができ，その価格が高いと参入企業は退出する。しかし，中間の価格帯では，どちらのコストが安いかにより，積極過誤や上下分離（既存企業は上流の財のみ，参入企業は下流の生産に特化）といったゲームが展開される。しかしながら，企業退出の原因は高すぎる上流価格にあり，その責任は規制当局にあることになる。

無規制のゲームは完備・完全情報の2段階ゲームとしてモデル化される。このゲームでは，上流価格は既存企業が決める。なぜなら，これが唯一の供給者であるからである。このゲームの部分ゲーム完全均衡解は，参入企業がよりコストが安い時のみ，市場で生産活動ができることを明らかにした。実際，この企業は投入物を既存企業から市場を通じて買うので，コスト面では不利である。他方，両者とも1単位の生産物を1単位の投入物で生産するから，生産性は同じとなる。それゆえ，参入企業はコスト面での不利さは生産性で補うことができず，市場の競争圧力に屈して退出をしてしまう。しかし，より安い費用で生産できる参入企業は，たとえ生産性が同じであっても，市場で既存企業と競争できる。但し，両企業が生産活動ができるゲームの部分ゲーム完全均衡解は，EECテストを満たさないが，参入企業は利益を挙げられるので退出しない。EECテストが適用されると，部分ゲーム完全均衡解は消極過誤となる。

無規制のゲームでEEC制約のない場合は，ヨーロッパ委員会の想定する等質競争者は不十分な生産性ゆえに，市場の競争で排除される。このような競争者には，排除的戦略を取る余地がない。それゆえ，等質競争者という委員会の想定と2003年の同委員会の決定は両立しない。しかし，事前に規制制約が公表され規制違反は多額の罰金を課されるなら，違反はしないので部分ゲーム完

全均衡にはならないから，このような消極過誤を引き起こす結果にはならない。制約条件が働く場合には，生産面での上下分離が生じ参入者が独占者となるから下流価格は上がる。よって，この制約は市場の厚生を低下させることが分かる。もちろん，既存企業は価格圧縮をする誘引を持たないことも証明される。

　この論文の構成は以下のようになっている。第2節は基本仮定とEECテストと利潤性基準を説明する。第3節は部分規制ゲームでの価格圧縮制約の役割を，どちらがよりコスト面で優れるか，によって2つの節に分かれる。その第1節では，既存企業がよりコストが低いゲームでは，ある範囲の上流価格では消極過誤が生ずることを示す。第2節では，上下分離が生じ既存企業は投入物生産に特化し，参入企業は下流の生産物に特化するゲームがあることを示した。第4節では，無規制ゲームで当局による制約の役割を検討し，価格圧縮制約により上下分離で参入者が独占者となる。EECテストの導入は市場の経済的効率性が高まることがあり得ることを示した。第5節はこの論文の結果を纏めた。

## 2. モデル

　既存企業（企業1）と参入企業（企業2）がある，ネットワーク産業を考えよう。前者は投入物を生産して，それを後者に上流市場で売る。その結果，両者は生産物市場である，下流市場では競争することになる。価格圧縮などの排他的戦略による市場閉鎖（Foreclosure）は無いものとする[4]。両企業は，1単位の投入物で1単位の生産物を生産する，と仮定する。彼らの生産物は，通常等質的である。例えば，電気産業，電話，水事業では生産物は等質的と考えられる。投入物の平均費用は $c_0$ とするが，議論を単純化のため 0 とする[5]。企業1，2の平均費用はそれぞれ $c_1$, $c_2+a$ とし，$c_i$ は企業 $i$ の，上流価格（access

---

[4] Yang and Kawashima (2011) は規制の無い情況で，既存企業は価格圧縮（price squeeze）をするインセンティブは無いことを示した。

[5] このように，平均費用を0とするモデルは，Armstrong (2002) でもされている。

rate）を除いた平均費用，$\alpha$ は上流価格（access rate）である。

需要関数は線形で，

$$P = A - (x_1 + x_2) = A - X, \tag{1}$$

ここで，$P$ は生産物の価格，$A$ は需要の強度を示す常数，$x_i$ は企業 $i$ の生産量である。分析の単純化のため，需要は十分大きい，と仮定する。これは，

$$A > 2 \times Max\{c_1, c_2\}, \tag{2}$$

とする。

価格圧縮をして参入企業を退出させたかどうかを判定する，ヨーロッパ委員会の価格圧縮テストは Bruno et al.（2013）により等質競争者テスト，とも呼ばれる[6]。このテストは

$$P - \alpha - c_1 > 0, \tag{3}$$

で表される。この式では，企業 2 は企業 1 と同じ効率性を持つと想定し（以下では，EEC 仮説と呼ぶ），企業 2 の（投入物価格を除いた）生産物の平均費用 $c_2$ の代わりに企業 1 の平均費用 $c_1$ が使われている[7]。費用の定義や推計が非常に困難で，問題も多いためか，と推測される。これがこのテストの呼び名の由来である。このテストはゲームが始まる前に提示される。ゆえに，既存企業にとっては制約条件となり得る。以降，このテストを EEC テストと呼ぶ。このテストの持つ意味を明確にするため，もう 1 つの条件を追加する。それは利潤性基準（Profitability criterion）で，以降 PR 基準と呼び，

$$P - \alpha - c_2 > 0, \tag{4}$$

で与えられる。

この基準は，この式が正なら参入した企業 2 の単位あたりの利益が正となり，彼は市場に残ることができることを，参入した企業自身が直接に判定することができる。勿論，参入した企業の平均費用の推計は困難だが，この基準は参入した企業自身が退出するかどうかを決めるのでその決定を明示的に示すた

---

6) 価格圧縮テストの良い説明は，Bouckaert and Verboven（2004）を参照。
7) この式では，等号を除いた。この式が等号でも成立するなら，参入した企業は市場から退出するからである。

め導入した。この基準により，以下でこの EEC 仮説が持つ意味について分析する。

## 3. 部分規制と価格圧縮制約

### 3-1 制約条件無しのゲーム

まず，制約条件の働かない，部分規制ゲームを考えよう。これは制約条件が働くゲームへの，基礎となるゲームとなる。ここでは，上流価格は規制当局によって決められる。この価格は一定で，$\bar{a}$ で示される。このゲームの下流市場はクールノーのゲームで定式化される。

ゲームのタイミングは以下のようになる：

1. 当局が上流価格 $\bar{a}$ を決める。
2. 当局が EEC テストを示し，その違反には巨額の罰金を課すことを表明する。
3. 企業 1 と企業 2 は生産物市場でクールノー競争をする。
4. 企業 2 は市場が PR 基準を満たすかを考える。もし満たされなければ，市場から退出する。
5. 当局が EEC テストを満たしているかどうかを判定する。違反していれば，企業 1 に罰金を課す。

この段階では，両企業間のコストの差異は問わない。より効率の低い企業でも参入できる。後で扱う無規制のゲームではこのコストの差異は重要で，参入企業が退出するかどうかを決める決定的要因となる。この点は，後の節を参照。また，生産量か利潤が 0 か負になると，その企業は市場から退出する。

当局が投入物価格を $\bar{a}$ としたとき，それぞれの利潤は，需要関数(1)を用いて，

$$\pi_1 = (P-c_1)x_1 + \bar{a}x_2 + \lambda(P-\bar{a}-c_1)$$
$$= (A-x_1-x_2)x_1 + \bar{a}x_2 + \lambda(A-x_1-x_2-c_1),$$
$$\pi_2 = (P-\bar{a}-c_2)x_2 = (A-x_1-x_2-\bar{a}-c_2)x_2,$$

となる。ここで，$\lambda$ はラグランジュ乗数，$(P-\bar{a}-c_1)$ は EEC 制約による制約条件である。特に，ゲームが始まる前に規制が知らされるから，企業 1 はそれ

を制約条件として，自己の利潤を最大化することになる。

このゲームには，2種類の異なるゲームがある。制約条件が働かないゲームと働くゲームである。制約条件の無いゲームの解は以下で示される。説明の簡単化のため，以下で記号の定義をする。

$$\alpha_{sq} = \frac{A + c_1 - 2c_2}{2}. \tag{5}$$

$\alpha_{sq}$ は新たに参入した企業の生産量が正になる上限の上流価格となる。

以上の設定の下で，以下の補題を得る。

**補題1．** 規制当局が上流価格 $\bar{\alpha}$ を $\alpha_{sq}$ より低く設定すれば，各企業の生産量，価格は以下のように決まる。

$$\bar{x}_1 = \frac{A - 2c_1 + c_2 + \bar{\alpha}}{3},$$

$$\bar{x}_2 = \frac{A + c_1 - 2c_2 - 2\bar{\alpha}}{3},$$

$$\bar{X} = \frac{2A - c_1 - c_2 - \bar{\alpha}}{3},$$

$$\bar{P} = \frac{A + c_1 + c_2 + \bar{\alpha}}{3}.$$

しかし，逆に上流価格 $\bar{\alpha}$ を $\alpha_{sq}$ より高くすると，企業2の生産量 $\bar{x}_2$ は0かそれ以下となり，企業2は退出し，市場は企業1による独占となる。その時の生産量 $x_m$ と価格 $P_m$ は

$$x_m = \frac{A - c_1}{2},$$

$$P_m = \frac{A + c_1}{2},$$

となる。

**証明．** 各企業の利潤 $\pi_i$ をそれぞれの生産量 $x_i$ で微分すると，

$$\frac{\partial \pi_1}{\partial x_1} = A - 2x_1 - x_2 - c_1 = 0,$$

$$\frac{\partial \pi_2}{\partial x_2} = A - x_1 - 2x_2 - \bar{\alpha} - c_2 = 0,$$

となる。これより，各生産量で解くと

$$\bar{x}_1 = \frac{A - 2c_1 + c_2 + \bar{\alpha}}{3} > 0,$$

$$\bar{x}_2 = \frac{A + c_1 - 2c_2 - 2\bar{\alpha}}{3} > 0,$$

ここで，仮定(2)と(5)を考慮すれば，各生産量は正になる。それらを足すと，総生産量と下流の市場価格が得られる。つまり，

$$\bar{X} = \bar{x}_1 + \bar{x}_2 = \frac{2A - c_1 - c_2 - \bar{\alpha}}{3} > 0,$$

$$\bar{P} = A - \bar{X} = \frac{A + c_1 + c_2 + \bar{\alpha}}{3},$$

となり，両企業の生産量が正だから，総生産量 $\bar{X}$ も正となる。

しかし，もし上流価格 $\bar{\alpha}$ を $\alpha_{sq}$ より高くすると，上の企業2の生産量 $\bar{x}_2$ は0か負となり，退出する。独占市場では企業1の利潤は

$$\pi_1 = (P - c_1)x_1 = (A - c_1 - x_1)x_1,$$

これより企業1の生産量は $x_m = \dfrac{A - c_1}{2}$ となり，価格は $\dfrac{A + c_1}{2}$ となる。 □

この補助定理から，以下の命題が得られる。

**命題1.** ヨーロッパ委員会の仮定，EEC仮説（つまり，$c_1 = c_2$）の下では

1). 当局が上流価格 $\bar{\alpha}$ を $\alpha_{sq}(=\tilde{\alpha})$ より小さくなるように設定するなら，EECテストを満たし，かつ新規参入企業は市場で生産活動ができる。その時の，各企業の生産量，価格は**補題1**で与えられる。

2). しかし，上流価格 $\bar{\alpha}$ を $\alpha_{sq}$ より大きく設定するなら，EECテストもPR基準も満たされず，企業2は退出する。その結果，市場は既存企業に独占される。

**証明.** 図7-1で見るように，EEC仮説の下では，EEC線とPR線は一致するから，EECテストとPR基準が一致する。当局が上流価格を $\alpha_{sq}$ 以下にすれば，(5)より前者のテストはパスし，$c_1 = c_2$ なのでPR基準も満たされ参入企業は市場に残る。他方，上流価格を $\alpha_{sq}$ より高く設定すれば，EECテストはパスせず，かつ(5)より参入した企業は市場に残れない。 □

図 7-1　ゲーム 1 ($c_1 < c_2$)

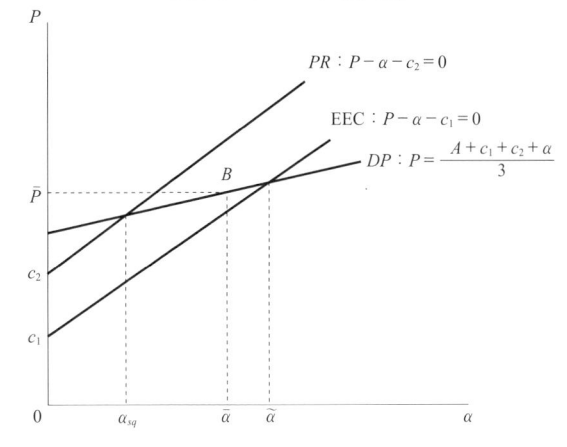

$PR : P - \alpha - c_2 = 0$

$EEC : P - \alpha - c_1 = 0$

$DP : P = \dfrac{A + c_1 + c_2 + \alpha}{3}$

これより，EEC 仮説が成立すれば，当初ヨーロッパ委員会が考えたように EEC テストが有効な判定手段となる。ここでは，企業の退出は投入物の規制価格がある水準より高いから起こり，既存企業の排除的戦略によるものでは無い。これより，部分規制のゲームでは，既存企業の価格圧縮によって参入企業が退出するのではないから，それを既存企業の責任にすることには経済学的な根拠は無い。

また，両企業の生産性が同じである，という仮説がドイツの電信市場で成立するかどうか，もはっきりとしない。一般論とすれば，仮説は成立しない可能性が高い。そこで，EEC 仮説が成立しないゲームを検討し，EEC テストの性質を示そう。以下では，企業 1 が企業 2 より効率的（$c_1 < c_2$）なゲームと，逆に企業 2 がより効率的（$c_1 > c_2$）であるゲームを考えよう。

今までの説明から，市場価格 $P$ と規制上流価格 $\bar{\alpha}$ の関係は EEC テスト，PR 基準と**補題 1** で得た下流市場の価格 $\bar{P}$ に注目して，図解することができる。そのため，前 2 者はそれぞれ，

$P - c_1 - \alpha = 0$,

$P - c_2 - \alpha = 0$,

として，上の式を EEC 線，下の式は PR 線と呼び，$P$ と $\alpha$ の式を DP 線とす

る。つまり，DP 線は

$$P=\frac{A+c_1+c_2+\alpha}{3}$$

で表せる。もし $c_1<c_2$ なら図 7-1 となり，逆の場合には図 7-2 となる。まず企業 1 がより効率的なである図 7-1 のゲームを扱う。ここで，EEC 線と DP 線の交点の上流価格の値は，先に定義した $\alpha_{sq}$ と一致する。もし上流価格がこの $\alpha_{sq}$ より少なら DP 線が PR 線より上にあるから，(5)より企業 2 の生産量が正，かつ単位利潤 $(P-\alpha-c_2)>0$ となる。逆の場合には，生産量は負，かつ単位利潤も負となる。EEC 仮説が成立しないゲームでは，積極過誤（False positive）や消極過誤（False negative）が生ずる[8]。

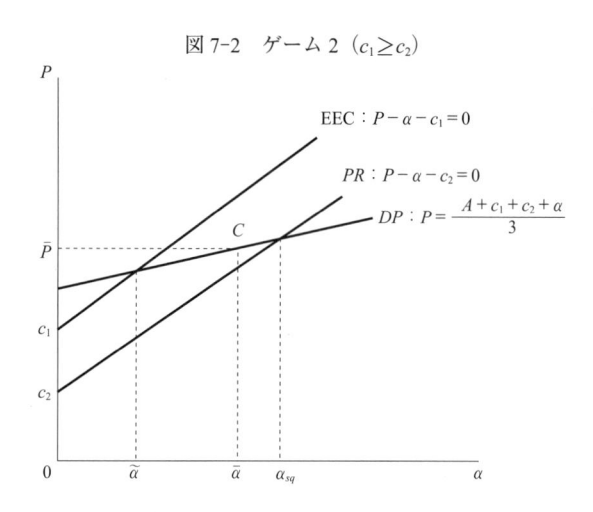

図 7-2 ゲーム 2 $(c_1 \geq c_2)$

説明の簡便化のために，記号 $\tilde{\alpha}$ を以下で定義する。

$$\tilde{\alpha}=\frac{A-2c_1+c_2}{2} \tag{6}$$

この値は，EEC 線と DP 線の交点の値である。この値 $\tilde{\alpha}$ より小さい上流価格なら，DP 線が EEC 線の上にあり，均衡値は制約を満たす。逆に，$\bar{\alpha}>\tilde{\alpha}$ なら

---

[8] Petulowa and Saavedra（2013）でも，これらの過誤が生ずることを示している。

均衡値は DP 線上なので，EEC テストを満たさない。また，先の $\alpha_{sq}$ との関係では，もし $c_1 > c_2$ なら (5) と (6) より $\alpha_{sq} > \tilde{\alpha}$ となり，その逆も真である。

**命題 2.** もし既存企業が参入企業より効率的なら消極過誤が生ずる。しかし，逆に参入企業がより効率的なら，積極過誤が生ずる。

**証明.** 最初に，企業 1 がより効率的なゲームを検討する。図 7-1 では，PR 線が EEC 線の上方にある。この時，当局が上流価格 $\bar{\alpha}$ を $\alpha_{sq}$ と $\tilde{\alpha}$ の間に，例えば点 B に決めたとしよう。この点 B は PR 線より下で，EEC 線より上にある。$\alpha_{sq}$ の定義より企業 2 の生産量は負で，かつ利潤性基準は満たさないが，EEC テストはパスする。テストはパスするから価格圧縮はされていない，と判定される。しかし，企業 2 が効率的でないので，少し高い上流価格でも利潤が圧縮されて負になり，企業 2 は退出する。よって，図中の点 B は消極過誤の状態となっている。

企業 2 がより効率的な場合は EEC 線が PR 線の上に来る。そのとき，$\tilde{\alpha}$ より大きいが $\alpha_{sq}$ より小さい $\bar{\alpha}$ の場合を検討しよう。例えば，図 7-2 の点 C では EEC テストはパスしないが，企業 2 は生産量は正で利益を挙げて生産し，市場に残ることができる。つまり，上流価格への規制が強すぎるから，たとえ制約に反しても企業 2 は利潤を得て，市場での活動ができる。これより，図中の点 C では積極過誤が起きている。 □

EEC 仮説が成立しない場合には，EEC テストは誤った情報を与える。このテストによりドイツ・テレコムが価格圧縮をして新規に参入した企業を退出させた，と判断するには EEC 仮説がドイツの電話産業では成立していることを立証して，初めて有効な判断材料になるはずである[9]。**命題 2** が示すように，EEC 仮説が成立しなければ EEC テストは必ずしも適切な情報を規制当局に伝えない。

---

[9] ドイツの電話市場を部分規制の下にあるとして，Equally Efficient Competitor テストによるドイツ・テレコム事件の判断の問題点については，Kawashima and Nishimura (2015) を参照。

**3-2 制約条件が働くゲーム**

以上は，当局の制約が働かないクールノー・ゲームである．しかし，制約が働くと企業1の利潤は条件付の最大化問題となる．その結果，EEC仮説が成り立つゲームは，先の**命題1**と同じ結果が得られよう．以下では，両企業の平均費用の大小によって異なる分析になるので，それらを別々に考える．最初は，企業1が企業2より効率的で，$c_1 < c_2$のゲームから扱う．それの分析は図7-1を用いて示されている．

そのゲームでは，以下の命題が得られる．

**命題3.** 企業1が企業2より効率的としよう．そのとき，

1). 当局が設定する上流価格$\bar{\alpha}$が$\alpha_{sq}$より低いなら，参入後各企業の生産量や価格は先の**補題1**で示される．

2). 当局が設定する投入物価格$\bar{\alpha}$が$\alpha_{sq}$より高ければ，企業2は市場から退出し，市場は企業1による独占市場となる．

**証明．** 企業1が2より効率的なので，$c_1 < c_2$である．図7-1で示すようにPR線はEEC線の上にある．投入物価格$\bar{\alpha}$が$\alpha_{sq}$より低い領域なら，$\alpha_{sq}$の定義より企業2の生産量は正で，かつDP線はPR線やEEC線の上にある．そのため，市場には制約条件は働かない．また，この領域では企業2は生産活動から利益を得られ，市場で生産活動をするので**補題1**に従う．しかし，投入物価格$\bar{\alpha}$が$\alpha_{sq}$より大きいと，DP線はPR線の下になり，かつ企業2の生産量は負になり退出することになる．よって，既存企業による独占市場となる． □

他方，参入企業がより効率的で$c_1 > c_2$の場合は，以上の結果とは異なる場合が出てくる．企業2がより効率的なので，それが簡単に退出せず全く異なるゲームが展開される．この情況は図7-2に示されている．ここでは，$c_1 > c_2$なので$\tilde{\alpha}$が$\alpha_{sq}$より小さい．このような状況では，規制された上流価格いかんにより，このゲームの結果は，以下の命題に要約される．

**命題4.** 参入企業が既存企業より効率的としよう．そのとき，

1). 当局が設定する上流価格$\bar{\alpha}$が$\tilde{\alpha}$より小さければ，両企業が市場で生産し，それらの生産量や市場価格は**補題1**で示される．

2). 当局が設定する上流価格 $\bar{a}$ が $\tilde{a}$ より大きく $(A-c_1)$ より小さいなら，生産の上下分離は起こる。つまり，既存企業は投入物生産に特化し，参入企業は下流の生産物生産に特化し，

$\hat{P}=\bar{a}+c_1,$

$\hat{x}_1=0,$

$\hat{x}_2=A-\bar{a}-c_1.$

となる。さらに，規制による制約は下流市場の効率性を下げる。

3). 設定された上流価格 $\bar{a}$ が $(A-c_1)$ より大きいなら，市場は既存企業の独占となる。

**証明．** 図 7-2 で示したように，上流価格 $\bar{a}$ が $\tilde{a}$ より小さければ，DP 線は EEC 線の上にあるから，両企業は制約無しで行動し，両企業が市場で活動する。市場は補題 1 で説明される。しかし，上流価格 $\bar{a}$ が $\tilde{a}$ より大きいときには，EEC 線は DP 線より上に来る。

したがって，この場合には制約条件が働き，市場価格 $\hat{P}$ は制約条件より，

$\hat{P}=\bar{a}+c_1,$

で与えられる。

この結果，需要関数(1)より各企業の利潤は

$\pi_1=(\hat{P}-c_1)x_1+\bar{a}x_2=(\bar{a}+c_1-c_1)x_1+\bar{a}x_2=(x_1+x_2)\bar{a},$

$\pi_2=(\hat{P}-\bar{a}-c_2)=(c_1-c_2)x_2.$

これら企業の等利潤線は図 7-3 で示されている。企業 1 の等利潤線は傾きが $-1$ の直線である。縦軸上の切片は以下で与えられる。

$\hat{P}=\bar{a}+c_1=A-(x_1+x_2),$

より，

$(x_1+x_2)=A-\bar{a}+c_1,$

となる。

この条件の下で，企業 1，2 は利潤の最大化を図る。企業 2 については，自身の生産量のみに依存するが，他企業は総生産量に依存する。この総生産量は一定なので，企業 1 の利潤も一定となる。しかし，企業 2 は生産量 $x_2$ を

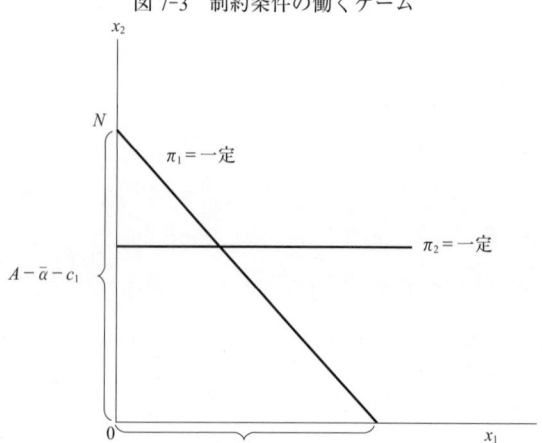

図 7-3　制約条件の働くゲーム

$A-\bar{a}-c_1$ まで増やして企業 1 の生産量は 0 にしても，企業 1 の利潤は不変である。なぜなら，この時，総生産量 $x_1+x_2$ は $A-\bar{a}-c_1$ となり，企業 1 の生産量 $x_1$ を変えてもその利潤は不変である。この点は，図 7-3 では点 N で示される。ここでは，両者の利潤はもはや増やすことができず，この点の両企業の生産量がナッシュ均衡となる。以上の議論は上流価格が $(A-c_1)$ に等しいかより大きくなると $A-\bar{a}-c_1$ は 0 か負になる。それゆえ，生産の上下分離が生ずるのは，上流価格 $\bar{a}$ が $(A-c_1)$ 以下のときまでである。

もし上流価格を当局が $(A-c_1)$ より大きい値に設定すると，この上流価格は企業 1 の意思決定に関係しないが，企業 2 は市場から退出する。よって，市場は企業 1 に独占される。　　　　　　　　　　　　　　　　　　　□

この命題から，ある上流価格水準では統合企業があっても，生産の面での上下分離が成立する。企業 1 は上下部門を統合しているが，上流の生産に特化し，下流部門は生産を中止する。他方，企業 2 は企業 1 から投入物を購入し，自身がより効率的な下流の生産に特化する。したがって，それぞれが自身の最も効率の高い分野で生産をすることになる。また，もし下流市場の価格が規制条件にしたがって（EEC 制約により）$\bar{P}=\bar{a}+c_1$ に決められると，この価格水準は Efficient Component Pricing Rule（以降，ECPR と略称）に基づく価格である[10]。

## 4. 無規制ゲームと価格圧縮制約

　まず，規制の無い情況で価格圧縮制約の無いゲームから始めよう。当局の役割は，価格圧縮をしたかどうかを監視することである。しかし，始めは当局の役割が無いゲームを考える。このゲームは，価格圧縮制約のあるゲームを検討する際に，有効な分析手法を与えてくれる。先に示したように，このゲームは完備・完全情報のゲームなので，バックワード・インダクションで解く。

　ここでの制約の無いゲームのタイミングは，
1. 企業1が上流価格を決めて，企業2に知らせる。
2. 企業2は投入物を企業1から買って生産物を作り，下流市場で企業1と競争する。

　ただし，当局がEECテストによる制約を課す場合には，最初に当局がEECテストで既存企業が価格圧縮をしたかどうか判断し，その違反には巨額の罰金を課すことを公表する。そのため，既存企業は制約を遵守する[11]。もちろん，罰金が低く制約が守られなければ，無規制ゲームになる。以下では，先ず価格制約の無いゲームから始める。それが，価格圧縮制約のあるゲーム分析のスタートになる。

　ここでは，企業2がより効率的と仮定するので(2)式は以下のように表せる。

$$A > 2c_1 \tag{7}$$

このゲームの第2段階は，規制の条件の無いときの生産量や価格は**補題1**で示されている。この解を企業1の利潤関数に代入する。それは

$$\pi_1(\alpha) = (\overline{P} - c_1)\overline{x}_1 + \alpha \overline{x}_2 = \left(\frac{A - 2c_1 + c_2 + \alpha}{3}\right)^2 + \frac{\alpha(A + c_1 - 2c_2 - 2\alpha)}{3}, \tag{8}$$

---

10) ECPRに基づく価格形成については，Weisman (2003) を参照。
11) 罰金が少ないと，利益を挙げるために敢えて違反をすることがある。例えば，名誉の毀損で訴えられるリスクを犯して，真偽の不確かなスキャンダル記事を週刊誌はしばしば掲載する事例が見られる。これは罰金覚悟で，真偽不明な記事を出しても，日本の低い罰金を考慮すれば，その記事が載っている雑誌の売り上げから十分に補える。アメリカの金融業では，倒産を誘発しかねないような額の罰金を課される例もある。

となる。この関数は $\alpha$ の二次関数で，上に凸型となる。それゆえ，唯一の最大値を持つ。この利潤関数を $\alpha$ で微分すると

$$\frac{\partial \pi_1(\alpha)}{\partial \alpha} = \frac{2(A-2c_1+c_2+\alpha)}{9} + \frac{(3A+3c_1-6c_2-12\alpha)}{9},$$

$$= \frac{(5A-c_1-4c_2-10\alpha)}{9} = 0.$$

これより，企業1の設定する上流価格 $\alpha^*$ は

$$\alpha^* = argmax\, \pi_1(\alpha) = \frac{5A-c_1-4c_2}{10} > 0, \tag{9}$$

となる。この値が $\alpha_{sq}$ より小さいことは，(5)より容易に確かめられる。この値を**補題1**で得た生産量や価格に代入すると，2段階ゲームの部分ゲーム完全均衡解が得られる。それは以下の補題に要約される。

**補題2.** 規制条件の働かない場合，部分ゲーム完全均衡での両企業の生産量や市場価格は以下で示される。つまり，

$$x_1^* = \frac{(A-2c_1+c_2+\alpha^*)}{3} = \frac{5A-7c_1+2c_2}{10} > 0,$$

$$x_2^* = \frac{(A+c_1-2c_2-2\alpha^*)}{3} = \frac{2(c_1-c_2)}{5} > 0,$$

$$X^* = x_1^* + x_2^* = \frac{(5A-3c_1-2c_2)}{10} > 0,$$

$$P^* = A - X^* = \frac{5A+3c_1+2c_2}{10} > 0.$$

となる。

この**補題2**から重要な結論が得られる。それは以下の命題で示される。

**命題5.** ヨーロッパ委員会が想定する等質競争者は市場から退出する。

**証明.** 上の**補題2**より，参入企業が等質競争者（$c_1=c_2$ なら）なら，その生産量が0になることは明らか。 □

この**補題2**が示すように，もし新規参入企業が既存企業より効率が良くないため，$c_1 \leq c_2$ なら，企業2は参入して生産活動をすることができない。つまり，生産効率が劣ることも，企業退出の原因となる。この理由は簡単に示せ

る。参入した企業2は費用面では既存企業に劣る。なぜなら，後者は平均費用$c_0(=0)$で投入物を得られるが，前者は$a^*$で買わねばならない。他方，両企業とも1単位の投入物から1単位の生産物をつくるから，物的生産性は等しい。これより，前者は費用面の不利を生産面で補うことができず，市場の競争で負けて退出するのである。

部分規制ゲームでは，**命題1**が示すように，参入した企業が退出するのは規制当局の設定する上流価格が高すぎるためであった。しかし，無規制ゲームでは，既存企業が上流価格を決めるけれど，参入した企業の退出の原因は参入した側の責任であることを，上の命題は示している。どのような規制環境であれ，退出の原因は2つあることが分かる。

ヨーロッパ委員会の2003年の決定では，もっぱら既存企業の排除的戦略のみを取り上げている。これは1つの可能性を示しただけであり，それ以外の理由で退出した可能性は全く考慮されていない。なぜなら，EEC仮説を前提にEECテストを用いて判断するから，参入した企業自身の生産面での非効率性を排除できない。それゆえに，既存企業だけの責任とする決定は適切さを欠く，と判断される。さらに，費用条件が既存企業と同じ参入企業は市場からは自ら退出するので，既存企業が価格圧縮をとる必要は無い。これより明らかなように，EEC仮説とヨーロッパ委員会の決定は論理的に整合性が無い[12]。

また，$a^*$の値は$\bar{a}$より大きく，$a_{sq}$より小さいことは容易に証明できる。ゆえに，無規制のゲームでは積極過誤が起こることもわかる。

次に，規制制約があるゲームを検討する。ここでは，上流価格を決めれば良いから，バックワード・インダクションによって解くので，第2段階から分析する。既存企業はこの制約を守るから，部分ゲーム完全均衡解は達成されない。なぜなら，上流価格が高くなり$\bar{a}$以上になると，制約条件に縛られるからである。その結果，ヨーロッパ委員会の価格圧縮の制約条件で価格が決まる。

---

12) ドイツの電話事業を無規制市場としてEECテストで判断するヨーロッパ委員会の2003年のドイツ・テレコム事件への適用の問題はKawashima and Nishimura (2015) を参照。

したがって，下流価格は $\overline{P}=\overline{\alpha}+c_1$ となる。この条件の下で，既存企業は自身の利潤の最大化を図る。ただし，無規制ゲームであるから，上流価格 $\alpha$ は既存企業が決める。なお，この情況での第2段階の各企業の生産量と価格は**命題4**で与えられ，それぞれ

$x_1=0,$

$x_2=A-\alpha-c_1,$

$P=\alpha+c_1,$

で与えられる。ただし，上流価格は第1段階で既存企業が決める変数であるから，バーを付けていない。それぞれの利潤関数は，

$\pi_1=(P-c_1)x_1+\alpha x_2+\lambda(P-\alpha-c_1),$

$\pi_2=(P-\alpha-c_1)x_2.$

これに，上の市場価格と各企業の生産量を代入すると，

$\pi_1=(P-c_1)x_1+\alpha x_2+\lambda(P-\alpha-c_1)=(x_1+x_2)\alpha=(A-\alpha-c_1)\alpha,$

$\pi_2=(P-\alpha-c_1)x_2=(c_1-c_2)(A-\alpha-c_1).$

を得る。既存企業の利潤は

$$\hat{\alpha}=\frac{A-c_1}{2}$$

のときに最大化される。さらに新規参入した企業は既存企業より費用面で効率的である（つまり，$c_1>c_2$）ことに注意すると，以下の式が成立することは容易に確かめられる。

$\tilde{\alpha}<\hat{\alpha}<\alpha^*.$

これより，規制制約の下で既存企業はその利潤を最大化できる。

以上の議論から以下の命題が得られる。

**命題6.** ヨーロッパ委員会の価格圧縮制約は，下流市場を新規参入した企業の独占とする。それゆえ，価格圧縮制約は市場の効率を下げる。それぞれの生産量，価格は以下で示される。

$\hat{x}_1=0,$

$\hat{x}_2=x_m,$

$$\hat{\alpha} = \frac{A-c_1}{2},$$

$$P = P_m > P^*,$$

となる。

**証明.** 無規制ゲームなので，上流価格は既存企業が決められる。ただし，それが $\tilde{\alpha}$ 以下では2企業が存在し，それぞれの生産量や市場の価格は**補題1**で与えられる。そのときの，既存企業の利潤は(8)で与えられる。それは $\alpha$ の2次式で，**補題2**の説明で示したように $\alpha^*$ のときに最大値を取ることがわかっている。しかし，上流価格 $\alpha$ が $\tilde{\alpha}$ を超えると規制制約により，生産量と市場価格は**命題4**で与えられている。それゆえに，上流価格が $\tilde{\alpha}$ までのゲームとそれが $\tilde{\alpha}$ を超えたときの最大利潤を比較する。

上流価格が $\tilde{\alpha}$ までのゲームでの既存企業の利潤は(8)なので，そこまでは単調増加関数である。それゆえ，上流価格が $\tilde{\alpha}$ までの利潤は上流価格が $\tilde{\alpha}$ で最大となる。それは，

$$\pi_1(\tilde{\alpha}) = (\frac{A-2c_1+c_2+\tilde{\alpha}}{3})^2 + \frac{\tilde{\alpha}(A+c_1-2c_2-2\hat{\alpha})}{3} = \frac{(A-2c_1+c_2)(A-c_2)}{4}.$$

となる。

他方，上流価格が $\tilde{\alpha}$ 以上のゲームでは**補題4**より，既存企業の利潤は

$$\pi_1(\alpha) = (\hat{P}-c_1)x_1 + \alpha x_2 = (x_1+x_2)\alpha = (A-\alpha-c_1)\alpha,$$

となる。これより，最大の利潤は，$\alpha = \hat{\alpha}$ のときに達成されることはすでに示した。以上の結果，既存企業の利潤は

$$\pi_1(\hat{\alpha}) = (A-\hat{\alpha}-c_1)\hat{\alpha} = (A-\frac{A-c_1}{2}-c_1)(\frac{A-c_1}{2}) = (\frac{A-c_1}{2})^2,$$

を得る。

無規制ゲームでは，既存企業が上流価格を決めるから，上流価格が $\tilde{\alpha}$ 以下のときの利潤とそれ以上のときの利潤を比較する。

$$\pi_1(\tilde{\alpha}) - \pi_1(\hat{\alpha}) = \frac{(A-2c_1+c_2)(A-c_2)}{4} - (\frac{A-c_1}{2})^2 = (\frac{c_1-c_2}{2})^2 > 0,$$

となるから，企業は上流価格を$\hat{a}$に決める。

先に得た最適な上流価格$\hat{a}$を代入して，価格圧縮制約があるときの価格は

$$\hat{P} = \hat{a} + c_1 = \frac{A-c_1}{2} + c_1 = \frac{A-c_1}{2} = P_m,$$

で与えられる。最後の等式は**補題1**による。他方，**補題1**により企業2の生産量は

$$\hat{x}_2 = A - \hat{a} - c_1 = A - \frac{A-c_1}{2} - c_1 = \frac{A-c_1}{2} = x_m,$$

となる。

**補題2**より，無規制ゲームで価格圧縮制約が無いときの市場価格は$P^* = \frac{5A + 3c_1 + 2c_2}{10}$であるから，無規制ゲームでの均衡価格との差は，

$$P_m - P^* = \frac{A+c_1}{2} - \frac{5A+3c_1+2c_2}{10} = \frac{c_1-c_2}{5} > 0,$$

となる。ここで，不等号は参入企業（企業2）はより効率的である，と言う前提（つまり，$c_1 > c_2$）から得られる。 □

**補題2**が示すように，退出する条件は唯一では無い。無規制ゲームの情況では，参入した企業自体の効率の低さからも起きる。新規に参入した企業が退出したのは既存企業の排除的戦略によって退出した，と判断し罰金を課すためには企業1のかかる戦略だけによることを証明する必要がある。EECテストで既存企業の排他的政策のみを退出の原因と判断することは，コストの重要さを全く無視することに等しい。したがって，新規に参入した企業が退出したときに既存企業が価格圧縮の名目で罰せられる事件は，Sidak (2008) の価格圧縮に対する批判の好例であろう。つまり，既存企業は参入企業が利益を出すのを手助けしないから罰せられた，ということになろう。EECテストのような規制では，競争政策としての意味は無い。ヨーロッパ委員会のドイツ・テレコム事件の解決は，まさにSidakのケースと呼ぶにふさわしい。

## 5. おわりに

　ネットワーク産業のように，上流市場と下流市場が統合された市場での価格圧縮規制の効果を，部分規制ゲームと規制無しゲームで検討した。その効果は，どちらがよりコスト面で優れるかによって，異なる。この重要性は，ヨーロッパ委員会の見解では，見過ごされている。同委員会は，参入者は既存企業と同じ生産コストで生産活動をする，という等質競争者テストで，価格圧縮は無い，という基本的前提に終始する。しかし，我々の分析ではコスト面の相違は，無視できない重要な結論の相違を起こすことを示した。

　確かに，投入物価格が低いときや高いときには，コストの差異で結論に差は出ない。しかし，上流価格が中間の領域では価格圧縮制約の効果に大きな差異が生ずる。例えば，部分規制の下では既存企業がより効率的なら制約の消極過誤が生ずる。しかし，逆に参入企業がコスト面で優れると，EEC 規制による積極過誤が生ずる。また，この制約が働くなら制約に従って下流価格が設定され，その価格は Efficient Component Pricing Rule による価格水準である[13]。そのときに，下流市場は参入者のみが生産活動をし，既存企業は投入物の生産に特化する，という生産の上下分離が生ずる。これは，比較優位を持つ生産に互いが特化する，という国際貿易の比較生産費の原理を思い起こさせる結果である。そうであっても，圧縮制約は，それが無い場合より市場化価格を上げるから，市場の効率性を下げる。

　無規制ゲームは完備完全情報の 2 段階ゲームとして定式化される。このゲームでは，参入企業がコスト面で有利であるときにのみ，市場の競争に対応できることが示された。そのときの部分ゲーム完全均衡解は当局が課した価格圧縮制約を満たさない。この均衡の上流価格が高すぎるからである。この市場に価格圧縮制約を課す場合には，既存企業の代わりに新規に参入した企業が独占者となる。その結果，無規制ゲームよりヨーロッパ委員会の価格圧縮制約は市場価格を高くし，市場の効率性を下げる。

---

[13]　この点の証明については Weisman（2003）を参照。

これらはコスト面で，両企業に差異があるから生じた結果である。しかし，いずれの場合でも，参入企業がよりコスト面での優位を持つことが重要である。規制のあるゲームであれ，それが無いゲームであれ，より効率の高い企業の参入は市場に良い効果を与えるようである。当局も，参入に際してはこの点の検討は必要であろう。そのような，生産性の高い参入企業であれば，価格圧縮のような排除的政策は採用しないであろう。

付記：論文を作成するに当たって，中央大学などの方々から丁寧かつ貴重なコメントをいただいた。また，中央大学経済学部の好意により研究の設備利用で便宜を受けた。以上を記して感謝したい。ただし，分析はすべて筆者が負うものである。

## 参 考 文 献

Armstrong, M. (2002), "The Theory of Access Pricing and Interconnection", *The Handbook of Telecommunications Economics,* Vol 1., ed. by M. Caves *et al.*, Amsterdam, The Netherlands: North-Holland; pp. 297-384.

Bork, R. (1978), *The Antitrust Paradox: A Policy at War with Itself*, New York: Basic Books.

Bouckaert, J. and Verboven, F. (2004), "Price Squeezes in a Regulatory Environment," *Journal of Regulatory Economics*, 26(3), pp. 321-351.

Bruno, J, Rey, P. and Saavedra, C. (2013), "The Economics of Margin Squeeze," IDIE Report.

Carlton, W. (2008), "Should "Price Squeeze" Be a Recognized Form of Anticompetitive Conduct?", *Journal of Competition Law and Economics*, 4(2), pp. 271-278.

European Commission (1998), "Notice on the Application of the Competition Rules to Access Agreements in the Telecommunications Sector," 98/ C: 265/ 02. (also in *Official Journal of the European Union C 265*, 22/ 08/ 1998: pp. 2-28)

European Commission (2003), "Commission Decision of 21 May 2003 relating a proceeding under Article 82 of the EC Treaty ", *Official Journal of the European Union L 263*, pp. 9-41.

Kawashima, Y. and Nishimura, N. (2015), "Equally Efficient Competitor and the Case of Deutsche Telekom: Economic Perspective," *International Journal of Economic Behavior and Organization*, 3(2-1), pp. 39-45.

Petulowa, M. and Saavedra, C. (2013), "Margine Squeeze in a Regulatory Environment: An Application to Differentiated Product Markets", mimeo.

Rey, P. and Tirole, J. (2007), "A Primer on Foreclosure," *Handbook of Industrial Organization,* Vol. 3, ed. by M. Armstrong and R. H. Porter, Amsterdam, The Netherlands: North-Holland, pp. 2145-2220.

Salop, S. (2010), "Refusals to Deal and Price Squeeze By an Unregulated, Vertically Integrated Monopolist," *Antitrust Law Journal*, 76(3), pp. 709-740.

Sidak, J. G. (2008), "Abolishing the Price Squeeze as a Theory of Antitrust Liability", *Journal of Competition Law and Economics*, 4(2), pp. 279-309.

Weisman, D. L. (2003),"Vertical Integration and Telecommunications", *The International Handbook of Telecommunications Economics*, Vol.1, ed. by G. Madden, Northampton, MA: Edward Elgar, pp. 232-255.

Yang, C. and Kawashima, Y. (2011), "Is Price Squeeze Optimal Strategy for Integrated Firms ?," Discussion Paper No. 171, *Institute of Economic Reseach*, Chuo Unversity.

## 第 8 章

## エネルギー効率と経済成長

## 本 間 聡

## 1. はじめに

　気候変動を軽減するためにはエネルギー消費を抑制し，二酸化炭素の排出を削減しなければならない。けれども，中国やインドなどの新興国は将来的にも経済成長を続け，エネルギーとりわけ化石燃料の需要を拡大していくと予想される。それによって二酸化炭素の排出が増大し，気候変動の進行を加速させてしまうことが懸念される。IEA（2014）の中心シナリオでは2012年から2040年にかけて，世界全体のエネルギー需要は1.37倍増加するが，発展途上国の経済成長によってアジアでは1.65倍，アフリカでは1.79倍にも増加すると予測されている。経済成長に悪影響を及ぼさずに，化石燃料の消費から発生する二酸化炭素の排出を削減し，新興国のエネルギー需要を世界のエネルギー供給が満たすためには，エネルギー効率の改善が不可欠といえよう。Yegin（2011）はエネルギー効率を石炭，石油，原子力，再生可能エネルギーに続く第五のエネルギー源であると位置づけ，その重要性を「消費にもっと知恵を使い，エネルギーをもっとうまく使って，より少ない使用量で，同等もしくはもっと大きな効果を上げる。名前は何であろうと，収入が増え，移動が高まり，人口が増える世界では，高品質の資源に違いない」と指摘する[1]。

---

1）　Yegin（2011），邦訳下巻303ページ。

エネルギー効率の評価に関して，伝統的に用いられてきた指標はエネルギー消費量を GDP などの産出で割ったエネルギー集約度（Sun, 2002; Alcántara and Duro, 2004; Markandya et al., 2006; Ezcurra, 2007; Liddle, 2010 など）であった。けれども，エネルギー集約度は，エネルギー以外の投入を考慮していない問題点を有する（Patterson, 1996）。線形計画法によって複数の投入と産出を持つ生産活動の効率性を評価できる包絡分析法（Data Envelopment Analysis; DEA）は，労働や資本などの他の投入を考慮に入れた全要素生産性の枠組みでエネルギー効率を評価するのに適している。Hu and Wang（2006）は DEA に基づいてエネルギー効率を評価する全要素エネルギー効率（total-factor energy efficiency, 以下 TFEE）を提案した[2]。TFEE の長所として，ノンパラメトリックな手法であるために関数形を特定する必要がない点や効率性評価の結果に基づいて投入の削減可能量を示すことができる点があげられる。一方，短所としては，統計的な検定ができない点や少数の外れ値に結果が影響されやすい点があげられる。

本章では，TFEE を世界データに適用してエネルギー効率が評価される。TFEE を適用したエネルギー効率評価の先行研究として，中国に関する Hu and Wang（2006），アジア太平洋経済協力（APEC）17 か国・地域に関する Hu and Kao（2007），日本に関する Honma and Hu（2008, 2009, 2013, 2014b）と本間（2015），発展途上国 23 か国をサンプルとした Zhang et al.（2011），先進国を中心に 14 か国をサンプルとした Honma and Hu（2014a），などがあげられる[3]。けれども，多数の国を含む世界データへの適用はこれまでなされてこなかった。

エネルギーの有効な利用を考える上で，エネルギー効率を評価することだけ

---

2) DEA は Charnes et al.（1978）によって考案されたノンパラメトリックな効率性評価手法であり，政府，企業，病院などさまざまな事業体の効率性を評価する手法として，幅広い分野で応用されてきた。
3) DEA によるエネルギー効率の評価には種々のバリエーションがあり，TFEE 以外の DEA によるアプローチとして，米国製造業を分析した Mukherjee（2008），京都議定書附属書 B 国に属する 28 か国を分析した Lozano and Gutiérrez（2008），OECD21 か国を分析した Zhou and Ang（2008），欧州 30 か国を分析した Sözen and Alp（2009），中国国内を分析した Wang et al.（2013）があげられる。

でなく，その決定要因を探究することも重要であろう．けれども，どのような要因がエネルギー効率に影響を与えているのかという点は，これまで必ずしも十分に分析がなされてきたとはいえない．上述の先行研究において，Hu and Kao（2007）と Zhang et al.（2011）は，1人あたり所得の増加に伴ってエネルギー効率が低下するが，ある所得水準を超えるとエネルギー効率が上昇することを示している．これは，経済成長の初期段階では1人あたり所得の増加に伴って環境が悪化するが，ある所得水準を超えると所得の増加とともに環境は改善するという環境クズネッツ曲線（Environmental Kuznets Curve；EKC）仮説（Grossman and Krueger, 1991; Shafik and Bandyopadhyay, 1992）に合致する結果である．

EKC 仮説が成立することは，長期的には経済成長と環境保全が両立する可能性を示唆することから，環境経済学の分野ではこれまで膨大な研究がなされてきた[4]．多くの研究では被説明変数に1人あたり汚染排出量がとられるが，環境効率を被説明変数にした先行研究として以下のものがある[5]．OECD25 か国を対象とした Zaim and Taskin（2000）やインドの地域別データを対象とした Managi and Jena（2008）が1人あたり所得と環境効率との間にクズネッツタイプの関係を見出している．一方，OECD17 か国を対象とした Halkos and Tzeremes（2009）や世界98か国を対象とした Honma（2015）は，クズネッツタイプの関係は成立しないとしている．また，アジア・太平洋31か国・地域を対象とした Honma（2014）は規模に関して収穫一定を仮定した場合のみクズネッツタイプの関係を観察している．以上のように，環境効率と1人あたり所得との間にクズネッツタイプの関係が成り立つかは，先行研究の間で一致していない．

本章では，気候変動の原因物質である二酸化炭素の排出を招く化石燃料由来

---

4) EKC 仮説については以下のサーベイを参照：Dinda（2004），Stern（2004），Kijima et al.（2010）．
5) DEA は上掲の TFEE への適用だけでなく，より少ない労働，資本，エネルギーなどの投入とより少ない汚染排出量の下で，どれだけ多くの産出が得られるかを評価する環境効率あるいはエネルギー効率の研究に幅広く応用されてきた（Song et al., 2012）．

のエネルギー消費に焦点を当てて，エネルギー効率と経済成長を考察する。具体的には，世界77か国のデータにDEAを適用してエネルギー効率を評価し，エネルギー効率の推移やエネルギー削減量を示す[6]。また，エネルギー効率を被説明変数とした実証分析によって，経済成長や国際貿易がエネルギー効率に与える影響を考察する。本章の分析は以下の特色を有する。第1に，上述のように先行研究の多くが一国内の地域間比較あるいは20か国から30か国程度の国際比較であるのに対して，77か国のデータを用いて1971年から2011年までの比較的長期の分析を行っていることである。第2に，DEAによる効率性評価に基づいて，経済に悪影響を及ぼさずに削減可能なエネルギーを定量的に示したことである。第3に，エネルギー効率の決定要因を経済成長や国際貿易との関係から考察していることである。

本章の構成は以下のとおりである。第2節では，本章でエネルギー効率の評価に用いられるTFEE（Hu and Wang, 2006）の計算手法と，得られたTFEEを被説明変数としてその決定要因を分析するためのパネルトービットモデルを説明する。また，分析に使用したデータの説明も行う。第3節では，エネルギー効率の評価結果を考察し，それに基づいてGDPの減少を伴わずにどの程度エネルギーが削減可能かを示す。第4節では，エネルギー効率を被説明変数とした実証分析の結果を全期間，リーマンショック直前までの10年間（1998〜2007年），先進国・発展途上国別の3つに分けて検討する。第5節では，総括を行う。

## 2. モデル

### 2-1 エネルギー効率の評価

本章で用いられるTFEEの計算方法は基本的にHu and Wang（2006）によるDEAモデルのアプローチに従う。いま$n$種類の投入物を投入して$m$種類の生

---

[6] 分析対象を化石燃料由来のエネルギーに限定しているのは，原子力発電所の事故や廃炉後の放射性物質といった原子力の利用に伴う環境問題を軽視しているのではなく，化石エネルギーと同列に分析することは困難であるためである。

産物を生産している $I$ だけの国があるとしよう。各 $i$ $(i=1, \cdots, I)$ 国の投入を列ベクトル $\mathrm{x}_i=(x_{1i}, x_{2i}, \cdots, x_{ni})^T$，産出を列ベクトル $\mathrm{y}_i=(y_{1i}, y_{2i}, \cdots, y_{mi})^T$ で表すことにする。効率性は期間ごとに計算されることから，ここでは期間を表す添え字 $t$ は省略する。投入と産出を表すデータ行列はそれぞれ

$$\mathrm{X} = \begin{pmatrix} x_{11} & x_{12} & \cdots & x_{1I} \\ x_{21} & x_{22} & \cdots & x_{2I} \\ \cdots & \cdots & \cdots & \cdots \\ x_{n1} & x_{n2} & \cdots & x_{nI} \end{pmatrix}$$

$$\mathrm{Y} = \begin{pmatrix} y_{11} & y_{12} & \cdots & y_{1I} \\ y_{21} & y_{22} & \cdots & y_{2I} \\ \cdots & \cdots & \cdots & \cdots \\ y_{m1} & y_{m2} & \cdots & y_{mI} \end{pmatrix}$$

で与えられる。

このとき，$i$ 国の軸的効率性（radial efficiency）は，以下の線形計画問題

$$\min \theta_i$$
$$\text{s. t.} \quad \theta_i x_i - \mathrm{X}\lambda \geq 0$$
$$\mathrm{y}_i - \mathrm{Y}\lambda \leq 0$$
$$e\lambda = 1$$
$$\lambda \geq 0 \quad\quad\quad\quad (1)$$

の解 $\theta_i$ として与えられる[7]。ここで，$e$ は要素がすべて1のベクトルを表し，凸制約 $e\lambda=1$ は規模に関して収穫可変を仮定して評価するために加えられている[8]。(1)を解いて得られる軸的効率性 $\theta_i$ は $i$ 国が $n$ 種類の投入を一律に縮小していったとき，産出 $\mathrm{y}_i$ を維持できる最小の縮小率を意味する[9]。産出を減少させることなしに削減可能な投入分 $(1-\theta_i)x_i$ は軸的調整（radial adjustment）とよばれる。すべての投入を一律に削減しても，産出を維持したままで一部の投入要素に関してのみ削減の余地がある場合はこれをスラック調整（slack adjustment）とよぶ。以上の定義から，投入の中のエネルギーに関して，各 $i$ 国

---

7) (1)のくわしい解法については Cooper et al. (2007) を参照。
8) 本章のモデルでは世界データが扱われることから規模に関して収穫一定を仮定することではないであろう。したがって規模に関して収穫可変が仮定される。
9) (1)による効率性評価は投入指向モデル（input-oriented model）と呼ばれる。

のエネルギー削減目標は

$$\text{エネルギー削減目標} = \text{軸的調整} + \text{スラック調整} \tag{2}$$

として定義することができる。(2)より，TFEE を

$$\text{TFEE} = 1 - (\text{エネルギー削減目標}/\text{エネルギー消費量}) \tag{3}$$

と定義できる。定義から TFEE は 0 と 1 の間をとる。1 のとき効率的であり，0 に近いほど非効率的である。

### 2-2 パネルトービットモデル

2 段階目の分析では，TFEE を被説明変数としてその決定要因が求められる。TFEE は上限 1，下限 0 をとる「制約された被説明変数（limited dependent variable)」であることから，通常の最小二乗法で推定するとバイアスが生じる。そのため，DEA で求めた効率性の決定要因を被説明変数として実証分析を行う場合，通常，制約された被説明変数を扱うのに適したトービット（Tobit）モデルが用いられる[10]。TFEE はパネルデータとして得られることから，本章では変量効果パネルトービットモデルが用いられる[11]。

観察された $i$ 国 $t$ 期の $TFEE_{it}$ は潜在変数 $TFEE_{it}^*$ によって，

$$TFEE_{it} = \begin{cases} 1 & \text{if} \quad TFEE_{it}^* \geq 1 \\ TFEE_{it}^* & \text{if} \quad 0 < TFEE_{it}^* < 1 \\ 0 & \text{if} \quad TFEE_{it}^* \leq 0 \end{cases} \tag{4}$$

と定まると仮定しよう。

$TFEE_{it}^*$ は

$$TFEE_{it}^* = \beta_0 + \beta_1 \text{In} z_{it} + \beta_2 (\text{In} z_{it})^2 + \beta_3 \ln M_{it} + \beta_4 \ln TI_{it}$$
$$+ \beta_5 Polity + \nu_i + \varepsilon_{it} \tag{5}$$

で与えられるとする。ここで，$z$ は 1 人あたり所得，$M$ は GDP に占める製造業の割合，$TI$ は貿易依存度（＝（輸出額＋輸入額）／ GDP），Polity は民主主義の

---

[10] 例えば，Zhang et al.（2011），Khoshroo et al.（2013）などを参照。
[11] 固定効果モデルをトービットモデルに適用することは，バイアスが生じることから好ましくないとされる。

程度を示す。$\nu_i$ は $i$ 国に固有の攪乱項で平均ゼロ・分散 $\sigma_\nu^2$ の正規分布に従い，$\varepsilon_{it}$ は $i$ 国の $t$ 期における攪乱項で平均ゼロ・分散 $\sigma_\varepsilon^2$ の正規分布に従うと仮定する。また，$\nu_i$ と $\varepsilon_{it}$ は独立であると仮定する。

予想される符号として，1人あたり所得の対数値とその2乗項の係数については，所得の増加に伴って当初は経済成長が優先されてエネルギー効率が低下するが，ある所得水準を超えると環境規制が強化されてエネルギー効率が上昇するというクズネッツタイプの関係が成立するならば，$\beta_1$ の符号は負，$\beta_2$ の符号は正となると考えられる。ここで注意するべき点として，通常の EKC 仮説の実証分析では左辺の被説明変数が環境負荷を表す変数となっているために，経済成長に伴って「環境悪化→環境改善」の関係が成立するためには所得の1次項の係数が正，2次項の係数が負でなければならないが，本章では被説明変数の TFEE は環境の良好さを意味するために EKC 仮説の成立は1次項の係数が負，2次項の係数が正となることである。

貿易依存度の対数値の係数の符号については，貿易はエネルギー効率に種々の経路を通じて影響を与えると考えられるために事前に予想することは困難である。貿易によって新しい技術の導入が促進されたり，所得が増加して環境規制が強化されたりしてエネルギー効率が向上する影響が強ければ正となると考えられる。一方，貿易によって経済規模が拡大してエネルギー需要が増大することによってエネルギー効率が低下する影響が強ければ負となると考えられる[12]。また，貿易による産業構造の変化がエネルギー効率に与える影響は，次のように国によって異なるので一概にはいえないであろう。輸出のためにエネルギー集約産業で財の生産が増加すればエネルギー効率に負の影響を与えると考えられるし，逆にエネルギー集約財を国内生産から輸入に切り替えればエネルギー効率に正の影響を与えると考えられる。

---

12) Antweiler *et al.*（2001）は貿易拡大が汚染排出に与える影響に関して，貿易によって経済規模が拡大することで汚染排出量が増大する規模効果，貿易によって産業構造が変化する構造効果，貿易自由化による所得の増加が環境規制を強化して汚染排出量が減少する技術効果という3つの要因に分解して分析している。ここでの議論は Antweiler たちの概念を援用している。

## 2-3 データ

本章で用いられたデータの出所は以下のとおりである。1段階目のDEAモデルでは，各国は労働，資本，エネルギーを投入して，GDPを産出すると想定される。労働，資本，実質GDPについては，Penn World Table 8.0の就業者数（100万人）[13]，資本ストック（2005年100万米ドル），実質GDP（2005年100万米ドル）のデータを利用した[14]。PWTには，分析目的に応じて使用できるようにいくつかの定義のGDPデータが提供されているが，横断面方向と時系列方向での比較に適した産出サイドの実質GDPを用いた。エネルギーは，世界銀行のWorld Development Indicators 2014から得たエネルギー消費量（原油換算キロトン）とエネルギー消費に占める化石燃料消費量割合（％）の積を用いた。

2段階目のパネルトービットモデルの説明変数では，PWTの支出サイド実質GDPをPWTの人口で除して算出した1人あたり実質GDP（2005年米ドル）を用いた。GDPに占める製造業の比率（％）は上述のWDIから，貿易依存度（％）はPWTからそれぞれ得た。民主主義度は，多くの研究で用いられているPolity Indexを用いた。Polity IV Projectによって提供されているPolity Indexは民主主義の度合いを－10（strongly autocratic）から＋10（strongly democratic）の範囲で評価したものである[15]。

1段階目のDEAモデルのデータセットは，77か国に関する1971年から2011年までの41年間のバランスド・パネルデータが用いられる。一方，2段階目のパネルトービットモデルは，各変数に欠損値を含むことからアンバランスド・パネルデータである。表8-1は基本統計量である。

---

13) 労働については，就業者数だけでなく労働時間や人的資本（教育年数）を考慮した方が望ましい。けれども，発展途上国は後者のデータが得られない場合が多く，サンプルが先進国に偏ってしまうという問題が生じる。そこで，本章では労働として就業者数データを用いた。

14) Penn World Table 8.0（https://pwt.sas.upenn.edu/）.

15) Polity IV Project（http://www.systemicpeace.org/polity/polity4.htm）.

表 8-1　基本統計量

| 変数名 | 観測数 | 平均 | 標準偏差 | 最小 | 最大 |
|---|---|---|---|---|---|
| 実質 GDP | 3,157 | 443,432 | 1,227,202 | 2,412 | 13,193,478 |
| 労働 | 3,157 | 25.453 | 80.824 | 0.093 | 784.427 |
| 資本ストック | 3,157 | 1,358,943 | 3,963,930 | 6,135 | 44,642,460 |
| 化石燃料エネルギー | 3,157 | 72,459.564 | 232,831.39 | 199.967 | 2,408,653.66 |
| TFEE | 3,157 | 0.715 | 0.267 | 0.039 | 1 |
| 実質1人あたり所得(対数値) | 3,157 | 8.65 | 1.178 | 5.294 | 11.311 |
| GDPに占める製造業付加価値の割合(対数値) | 2,331 | 2.752 | 0.45 | 0.88 | 3.701 |
| 貿易依存度(対数値) | 3,157 | 3.458 | 0.847 | -1.281 | 5.453 |
| 民主主義度 | 2,936 | 3.263 | 7.344 | -10 | 10 |

（注）TFEE は本稿の計算による。
（出所）筆者作成。

## 3. 結　果

### 3-1　エネルギー効率の結果

DEA モデルによって評価された各国の TFEE は付録の表 A1 にまとめられている。表では 10 年間ごと（2001～2011 年のみ 11 年間）と全期間について TFEE の平均値を載せている。すべての期間につねに TFEE が 1 であった国はアイスランド，トリニダード・トバゴ，米国の 3 か国であった。これらの 3 か国に次いで，全期間の平均 TFEE が高かった国は，4 位から順にモザンビーク（平均 TFEE は 0.999，以下カッコ内の数字は同様），ジンバブエ（0.984），日本（0.979），コスタリカ（0.969），フランス（0.960），カメルーン（0.951），スーダン（0.949）であった。以上のように，サンプル期間を通じて効率的な国々は先進国と発展途上国が混在している。これは本稿のエネルギー効率の測定手法の特徴によって，労働，資本，エネルギーを大量に投入しているが相対的により多くの GDP を産出している国は効率的と評価される一方で，産出された GDP が少なくても労働，資本，エネルギーがより少ない国もやはり効率的と評価されるためである。

一方，下位 10 か国は下から順に南アフリカ（0.274），イラン（0.331），アルゼ

ンチン（0.347），ポーランド（0.370），ブルガリア（0.394），ベネズエラ（0.429），ハンガリー（0.465），エクアドル（0.469），イラク（0.478），ボリビア（0.491）であった。以上のように，下位の国々はほとんどを発展途上国が占めていた。

図8-1は日本とサンプル国全体の平均値・中央値のTFEEを示したものである。全体のTFEEは平均値で見ても中央値で見ても1973年の第1次石油危機から1980年前半まで上昇傾向を示している。両者とも1980年代後半から1990年代前半は微増傾向を示し，1990年代後半から低下に転じて，2008年のリーマンショック以降は低下の度合いが大きくなっている。一方，日本は1973年に0.678に落ち込むが1974年には0.976となり，1975年からサンプル期末までは一貫してTFEEは1を保っている。

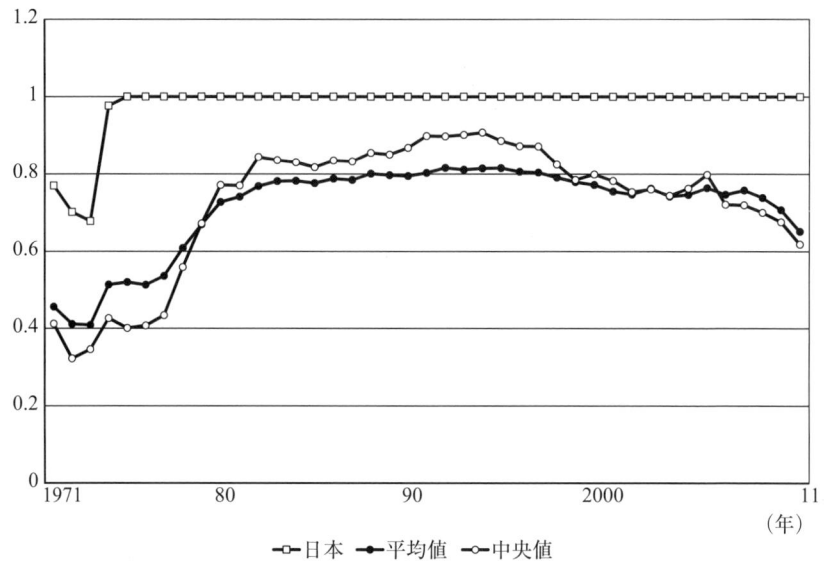

図8-1　日本およびサンプル国平均値・中央値のTFEEの推移

（注）平均値と中央値はサンプル77か国のものである。
（出所）筆者作成。

図8-2は，サンプル期間のTFEEの分布を示したものである。TFEEが0.2を下回るような非常に非効率的な国は，1970年代前半には20％から30％程度

観察される期間もあるが，1980年代の初めにはゼロになりその後はほとんど現れない。TFEEが0.2以上0.4未満の国々も70年代に減少し，2011年を除いて，その後ほぼ横ばいを示している。0.4以上0.6未満の国々の割合は，あまり大きな変化はない。一方，TFEEが0.6以上0.8未満の国々の割合は，概して増加傾向にある。TFEEが0.8以上1未満の国々の割合は，1970年代から1980年代にかけて一旦増加するものの，その後減少傾向にある。TFEEが1の国々は，1990年代まだ増加傾向にあるがその後減少に転じている。1990年代以降，TFEEが1の国と0.8以上1未満の国を合わせた割合が減少しているということは，エネルギー効率の国際間の違いは収束するよりもむしろ拡大していることを示唆している。これは，エネルギー集約度によるアプローチによってエネルギー効率が国際間で（条件付きで）収束するという結果を示す先行研究（Sun, 2002; Alcántara and Duro, 2004; Markandya *et al.*, 2006; Ezcurra, 2007; Liddle, 2010）と逆の結果である。この違いは主に本章のTFEEが期間ごとの相対評価であるということから生じていると考えられる。

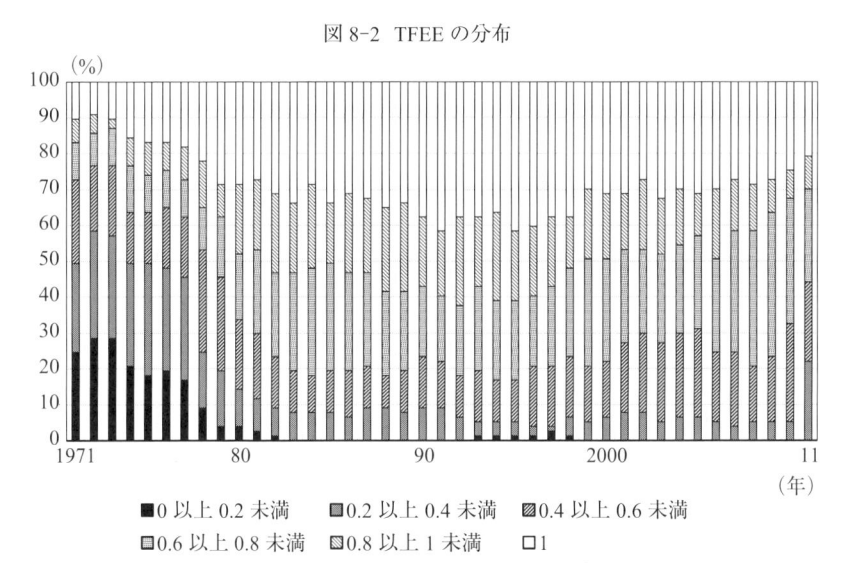

図8-2 TFEEの分布

(出所）筆者作成。

### 3-2 削減可能なエネルギー

次に,各国の GDP の減少を伴わずに削減可能なエネルギー消費を示そう。これは(2)式の計算結果から得られる。図 8-3 は結果に基づいて,サンプル国全体について実際のエネルギー消費量を目標エネルギー消費量と削減可能なエネルギー消費量に分解して示したものである。図では,灰色部分と黒色部分の合計が実際のエネルギー消費量を表しており,そのうち灰色部分が削減可能量を表している。サンプル期末の 2011 年では,エネルギー消費量 8,627 百万トン(原油換算)のうち 23.9%にあたる 2,066 百万トンが各国の GDP の減少を伴わずに削減可能なエネルギー消費量となる。

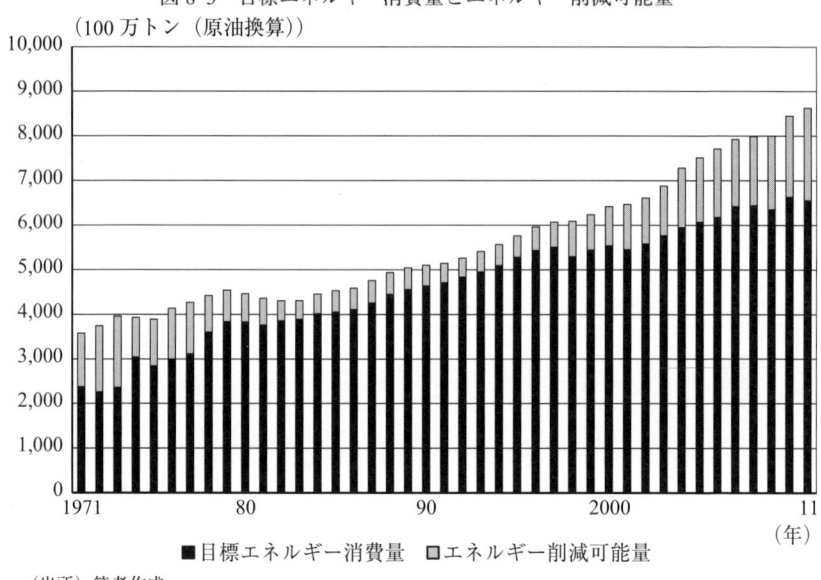

図 8-3 目標エネルギー消費量とエネルギー削減可能量
(100 万トン(原油換算))

■目標エネルギー消費量　□エネルギー削減可能量

(出所)筆者作成。

図 8-4 と図 8-5 は目標エネルギー消費量と削減可能なエネルギー消費量をそれぞれ OECD・非 OECD 諸国別に示したものである[16]。OECD 諸国ではエネルギー消費量は緩やかに増加しているが,削減余地はあまり大きくない。消費

---

16) ここでの OECD 諸国はサンプル期末の 2011 年時点の OECD 加盟国を意味する。

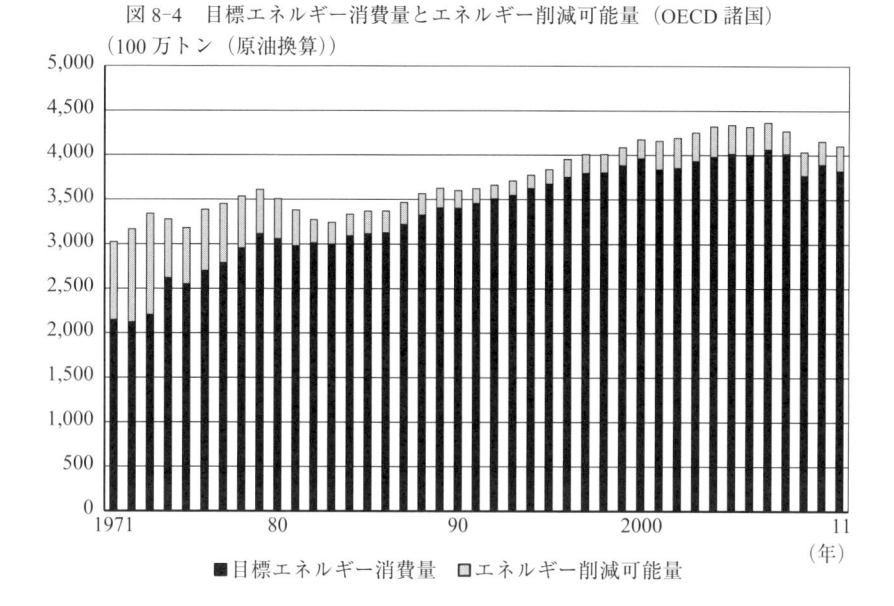

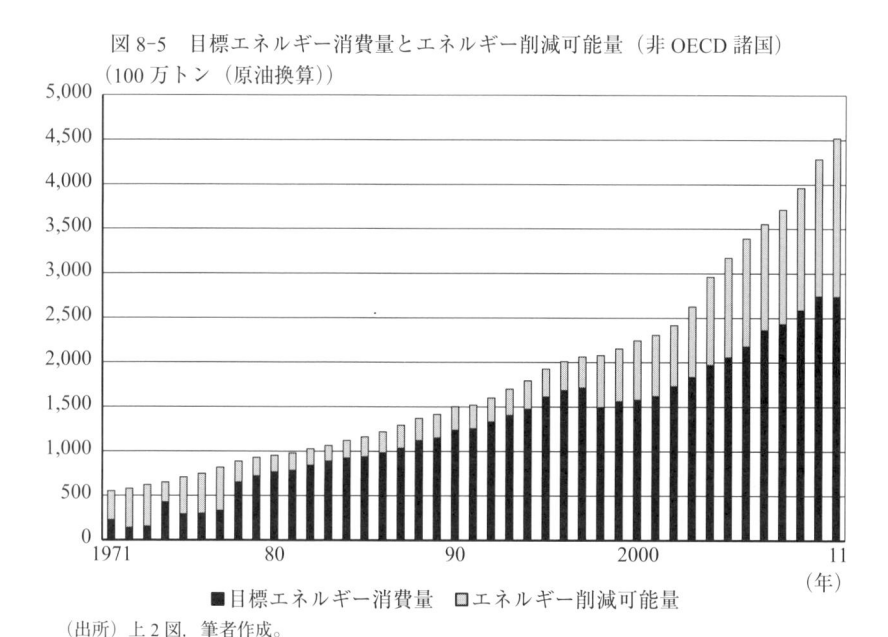

第8章　エネルギー効率と経済成長　199

図8-4　目標エネルギー消費量とエネルギー削減可能量（OECD諸国）
（100万トン（原油換算））

■目標エネルギー消費量　□エネルギー削減可能量

図8-5　目標エネルギー消費量とエネルギー削減可能量（非OECD諸国）
（100万トン（原油換算））

■目標エネルギー消費量　□エネルギー削減可能量

（出所）上2図，筆者作成。

量に対する削減可能量の割合は 2011 年で 7.0%である。一方，非 OECD 諸国ではエネルギー消費量は 1971 年から 2011 年までで 8.2 倍にも増大し，2011 年にはほぼ OECD 諸国と同じ程度に達している。と同時に，削減余地も増大している。消費量に対する削減可能量の割合は 2011 年で 39.4%にも達する。以上をまとめると，エネルギー消費量では，OECD 諸国全体と非 OECD 諸国全体では同程度であるが，削減可能量は 2011 年では OECD 諸国全体で 286 百万トンに対して非 OECD 諸国全体では 1,780 百万トンである。以上のように，発展途上国における省エネルギーの余地は非常に大きいといえる。これは先進国が発展途上国に対して省エネルギー・環境技術を支援することの重要性を示している。

## 4. エネルギー効率の決定要因

**4-1 全期間の分析**

TFEE を被説明変数としたパネルトービットの結果は表 8-2 のとおりである。尤度比検定の結果，プーリングトービットモデルが正しい特定化とする帰無仮説は棄却されたので，変量効果トービットモデルの結果のみを示す。

表 8-2 の特定化(1)は，TFEE について，1 人あたり所得の対数値およびその 2 乗項のみを用いて推定した結果を示している。係数はすべて 1%水準で統計的に有意である。(1)の係数は 1 人あたり所得の 1 次項が負，2 次項が正と符号の上ではクズネッツタイプの関係を示しているが，$\exp\left(-\frac{\beta_1}{2\beta_2}\right)$ を解いて転換点所得を求めると，非常に低く 327 ドルである[17]。したがって，エネルギー効率はほとんどの所得の範囲で経済成長にともなって改善すると解釈できる。(2)は製造業付加価値の比率と貿易依存度の対数値を加えたものである。これらの係数の符号は統計的に有意に負であった。ただし，所得の 1 次項は有意でなくなっている。(3)はコントロール変数に民主主義度を加えたものであ

---

17) サンプル 77 か国で 1 人当たり所得が 327 ドルを下回る国は，コンゴ民主共和国（1993～2011 年，カッコ内は 327 ドルを下回る年，以下同様），モザンビーク（1987, 1988, 1992～1995 年），ナイジェリア（1993～1999 年）のみである。

表 8-2　エネルギー効率の決定要因（1971-2011 年）

|  | (1) | (2) | (3) |
| --- | --- | --- | --- |
| 1 人あたり所得（対数値） | -0.552*** | 0.038 | 0.225*** |
|  | (0.090) | (0.103) | (0.111) |
| 1 人あたり所得 | 0.048*** | 0.010* | -0.001 |
| （対数値）の 2 乗 | (0.005) | (0.006) | (0.007) |
| 製造業付加価値の比率 |  | -0.095*** | -0.142*** |
| （対数値） |  | (0.021) | (0.022) |
| 貿易依存度（対数値） |  | -0.107*** | -0.121*** |
|  |  | (0.011) | (0.012) |
| 民主主義度 |  |  | 0.006*** |
|  |  |  | (0.001) |
| 定数 | 1.939*** | 0.37 | -0.208 |
|  | (0.390) | (0.429) | (0.461) |
| 対数尤度 | -502.626 | -185.456 | -192.496 |
| 尤度比検定 | 2146*** | 1660.03*** | 1558.61*** |
| 観測数 | 3157 | 2331 | 2199 |

（注） 1 ***, **, * はそれぞれ 1％, 5％, 10％水準で統計的に有意であることを示す。
　　  2 カッコ内は標準偏差を示す。
　　  3 尤度比検定は，帰無仮説：プーリングトービットモデル，対立仮説：変量効果トービットモデルとして，分散比率の相対的有意性を検定している。
（出所）筆者作成。

るが，(2)と同様に製造業付加価値の比率と貿易依存度の係数が統計的に有意に負であった。所得の係数は有意に正となった。民主主義度の係数は，予想どおり正でかつ統計的に有意であった。

### 4-2　サブサンプルの分析

本章のサンプル期間である 1971 年から 2011 年までの 41 年間は，1973 年と 1979 年の 2 度の石油危機や 2008 年のリーマンショックを含んでいる。これだけの長期間には，エネルギーと経済活動の関係に変化が生じている可能性があると考えるのが自然である。そこで，本節では頑健性チェックとして，リーマンショック以前の 10 年間である 1998 年から 2007 年までのサブサンプルを用いて分析を行った。結果は表 8-3 のとおりである[18]。

---

18) 1998～2007 年以外にもサンプル期間の後半を用いた分析を行ったが，得られた結果は表とあまり変わらなかった。

まず注目するべき点として，表8-2とは異なり，すべての特定化において，1％有意水準で，所得の係数の符号はすべて1次項が正，2次項が負となっていることである。これは，所得の上昇にともなってエネルギー効率が向上した後で悪化するというクズネッツタイプとは逆の関係を意味している。むしろ，一定水準以上の所得では，所得の上昇にともなってより多くのエネルギーを消費する傾向を示唆している。エネルギー効率が向上から悪化に転換する所得水準を求めると(1)では14,260ドルであり，(2)と(3)ではそれぞれ159,874ドルと317,003ドルとなった。これは所得が増加することで，環境規制が厳しくなってエネルギー効率が改善する影響よりも，エネルギー消費が増大してエネルギー効率が低下する影響の方が強いと解釈できるかもしれない。

もう1つ注目するべき点としては，貿易依存度の係数が(2)と(3)では負で，かつ1％水準で有意となっていることである。製造業付加価値割合の係数は負の符号を示しているが，統計的に有意なのはコントロール変数の民主主義度を

表8-3　エネルギー効率の決定要因（1998-2007年）

|  | (1) | (2) | (3) |
| --- | --- | --- | --- |
| 1人あたり所得（対数値） | 0.880*** | 0.671*** | 0.608*** |
|  | (0.153) | (0.140) | (0.153) |
| 1人あたり所得 | -0.046*** | -0.028*** | -0.024*** |
| （対数値）の2乗 | (0.009) | (0.009) | (0.009) |
| 製造業付加価値の比率 |  | -0.028 | -0.097*** |
| （対数値） |  | (0.030) | (0.032) |
| 貿易依存度（対数値） |  | -0.181*** | -0.216*** |
|  |  | (0.020) | (0.020) |
| 民主主義度 |  |  | 0.004 |
|  |  |  | (0.013) |
| 定数 | -3.297*** | -2.058*** | -1.516** |
|  | (0.626) | (0.600) | (0.672) |
| 対数尤度 | 269.8806 | 269.2536 | 289.812 |
| 尤度比検定 | 1107.4*** | 1043.67*** | 1042.22*** |
| 観測数 | 770 | 697 | 660 |

(注) 1　***，**，*はそれぞれ1％，5％，10％水準で統計的に有意であることを示す。
　　 2　カッコ内は標準偏差を示す。
　　 3　尤度比検定は，帰無仮説：プーリングトービットモデル，対立仮説：変量効果トービットモデルとして，分散比率の相対的有意性を検定している。
(出所) 筆者作成。

加えた(3)の場合のみであった。

**4-3 先進国・発展途上国別の分析**

ここでは先進国と発展途上国の政策の違いがエネルギー効率に与える影響を分析するために，サンプルを分けた分析を行う。前者は2011年時点でのOECD加盟国，後者はOECD非加盟国とする。結果は表8-4のとおりである。表8-2と表8-3と同様に，尤度比検定では変量効果モデルが採用された。ここでは，紙幅の都合からフルモデルの結果のみを示す。

所得の係数は(2)以外は有意で，1次項が正，2次項が負となった。ただし，有意な結果を得た(2)以外について $\exp\left(-\frac{\beta_1}{2\beta_2}\right)$ を解くと，(1)では117,132ドル，(3)では35,263ドル，(4)では32,860ドルと非常に大きな値となる。(3)と(4)は発展途上国のサブサンプルなので，実際には所得が3万ドルを超えることはない。以上から，リーマンショック以前の最近の10年間をみると，エネルギー効率は所得の増加関数であり，経済成長はエネルギー効率を改善すると解釈するのが妥当であると思われる。

注目するべき点として，全期間の推定に関して貿易依存度の係数の符号をみると，先進国に関する(1)では10%有意水準ではあるが正となるのに対して，発展途上国に関する(3)では1%有意水準で負となっていることである。この結果は，エネルギー集約産業は汚染集約産業とほぼ等しいことに注意すれば，発展途上国の環境規制が先進国よりも緩いために貿易自由化が進むと汚染集約産業が先進国から移管するという汚染逃避地仮説 (pollution haven hypothesis) を間接的に支持すると解釈できるかもしれない。ただし，残念ながら本稿の分析からだけでは，貿易が発展途上国のエネルギー効率に負の影響を及ぼしている理由が，発展途上国に汚染逃避効果が生じた影響なのか，貿易によって発展途上国の所得が増大した結果，エネルギー消費が増加した影響なのかはわからない。

先進国と発展途上国で貿易依存度の係数の符号が異なるのは全期間の場合だけで，1998〜2007年の結果では貿易依存度の係数の符号は先進国も発展途上

表 8-4　エネルギー効率の決定要因（先進国・発展途上国別）

|  | 先進国 | | 発展途上国 | |
| --- | --- | --- | --- | --- |
|  | 1971-2011 | 1998-2007 | 1971-2011 | 1998-2007 |
|  | (1) | (2) | (3) | (4) |
| 1人あたり所得（対数値） | 1.774*** | 1.993 | 0.712*** | 0.832*** |
|  | (0.627) | (1.276) | (0.144) | (0.198) |
| 1人あたり所得（対数値）の2乗 | -0.076** | -0.084 | -0.034*** | -0.040*** |
|  | (0.033) | (0.063) | (0.009) | (0.013) |
| 製造業付加価値の比率（対数値） | -0.06 | 0.169** | -0.158*** | -0.124*** |
|  | (0.067) | (0.078) | (0.024) | (0.035) |
| 貿易依存度（対数値） | 0.047* | -0.179*** | -0.149*** | -0.219*** |
|  | (0.027) | (0.040) | (0.013) | (0.025) |
| 民主主義度 | -0.010*** | 0 | 0.006*** | -0.002 |
|  | (0.004) | (0.021) | (0.001) | (0.002) |
| 定数 | -9.144*** | -10.378* | -1.820*** | -2.155*** |
|  | (2.880) | (6.303) | (0.575) | (0.816) |
| 対数尤度 | 440.44 | 331.15 | 1115.35 | 639.97 |
| 尤度比検定 | -30.43*** | 113.92*** | -110.84*** | 189.86*** |
| 観測数 | 673 | 232 | 1526 | 428 |

(注) 1　***，**，* はそれぞれ1％，5％，10％水準で統計的に有意であることを示す。
　　 2　カッコ内は標準偏差を示す。
　　 3　尤度比検定は，帰無仮説：プーリングトービットモデル，対立仮説：変量効果トービットモデルとして，分散比率の相対的有意性を検定している。
(出所) 筆者作成。

国も有意に負となっている。これは，貿易の拡大によって経済規模が拡大して，エネルギー消費が増加することがエネルギー効率を低下させる影響を及ぼしたと解釈できる。

1998～2007年の結果で，製造業付加価値比率の係数の符号が先進国では正，発展途上国では負と異なっている点は解釈が非常に難しいが，近年サプライチェーンのグローバル化が進展する中で，付加価値が高かったり相対的にエネルギー非集約的であったりする生産過程が先進国にシフトし，付加価値が低かったり相対的にエネルギー集約的であったりする生産過程が発展途上国にシフトした結果といえるかもしれない。

5. おわりに

本章では，1971年から2011年までの77か国に関するパネルデータを用い

て全要素エネルギー効率（total-factor energy efficiency, TFEE）を評価した。分析の主な結果をまとめると以下のとおりである。

(1) サンプル 77 か国全体に関する TFEE の平均値と中央値は 1973 年から 1980 年前半まで上昇傾向，1980 年代後半から 1990 年代前半は微増傾向を示し，1990 年代後半から低下に転じて，2008 年のリーマンショック以降は低下の度合いが大きくなった。

(2) 日本は 1975 年からサンプル期末の 2011 年まで効率的であった。

(3) エネルギー効率が収束する傾向は，少なくとも 1990 年代以降は観察されなかった。

(4) GDP を減らさずに削減可能なエネルギー消費量は増加しており，2000 年代以降ではその大部分は発展途上国（非 OECD 諸国）に属した。

(5) エネルギー効率と 1 人あたり所得について，全期間の分析で 1 次項と 2 次項だけを含む推定結果では経済成長とともにエネルギー効率が低下から改善に転じるクズネッツタイプの関係が観察された。ただし，他の変数を加えたり，分析期間を変えたりした推定結果では，クズネッツタイプの関係は観察されなかった。

(6) リーマンショック前の 10 年間（1998～2007 年）をとったサブサンプルでは，エネルギー効率は 1 人あたり所得の増加関数であり，経済成長はエネルギー効率を改善すると解釈するのが妥当である結果が観察された。

(7) 全期間と 1998～2007 年の分析の両方で貿易依存度の拡大はエネルギー効率に負の影響を及ぼす結果が得られた。ただし，先進国・発展途上国別に分析すると，全期間では貿易依存度の係数は，先進国では正，発展途上国では負となった。

以上の結果を踏まえて，最後に以下の 2 点を指摘しておきたい。第 1 に，1990 年代半ば以降はエネルギー削減可能量もエネルギー削減可能率も増加傾向にあることと，エネルギー非効率な国は発展途上国が大半を占めていることを考え合わせると，本章の結果は先進国から発展途上国に対する省エネルギー技術の支援が重要であることを示している。この点では，2 度にわたる石油危

機を契機にエネルギー効率の改善を推進してきた我が国が国際的に果たすべき役割は大きいといえる。

第2に,ある国で環境規制を強化すると産業の移転によって別の国の二酸化炭素排出量が増加してしまうという炭素リーケージ (carbon leakage) の概念と関連づけてエネルギー効率を議論しなければならないことである。なぜならば製造業とりわけエネルギー集約産業の生産拠点が先進国から発展途上国に移管する動きは,発展途上国のエネルギー効率を低下させ得るからである。京都議定書の第1約束期間でも第2約束期間でも温室効果ガス排出の削減義務は (一部の) 先進国のみが負っていることを考慮すれば,先進国の高いエネルギー効率に関して,先端の省エネルギー技術の成果の部分と,製造業とりわけエネルギー集約産業の生産拠点が先進国から発展途上国にシフトした効果の部分とに分解して把握する必要がある。言い換えれば,エネルギー効率改善の「中身」を仔細に検討しなければならないといえる。こうした分析の深化は今後の課題としたい。

付記:本稿は科研費基盤研究C(25380346)の助成を受けた。記して感謝の意を表します。

参 考 文 献

本間聡 (2015)「我が国の製造業における電力消費のエネルギー効率」(『中央大学経済研究所年報』第46号) 297-317ページ。

Alcántara, V. and Duro, J. A. (2004), "Inequality of energy intensities across OECD countries: a note", *Energy Policy,* 32, pp.1257-1260.

Antweiler, W, Copeland, B. R. and Taylor, M. S. (2001), "Is free trade good for the Environment?", *American Economic Review,* 91(4), pp. 877-908.

Charnes, A. C., Cooper, W. W. and Rhodes, E. (1978), "Measuring the efficiency of decision making units", *European Journal of Operational Research,* 2, pp. 429-444.

Cooper, W. W., Seiford, L. M. and Tone, K. (2007), *Data Envelopment Analysis: A Comprehensive Text with Models, Applications, References and DEA-Solver Software,* Springer Science & Business Media.

Dinda, S. (2004), "Environmental Kuznets curve hypothesis: A survey", *Ecological Economics,* 49(4), pp. 431-455.

Ezcurra, R. (2007), "Distribution dynamics of energy intensities: A cross-country analysis", *Energy Policy,* 35, pp. 5254-5259.

第 8 章　エネルギー効率と経済成長　207

Grossman, G. M. and Krueger, A. B.（1991）, "Environmental Impact of a North American Free Trade Agreement", *Working Paper* 3914. National Bureau of Economic Research, Cambridge, MA.

Halkos, G. E. and N. G. Tzeremes（2009）, "Exploring the existence of Kuznets curve in countries' environmental efficiency using DEA window analysis", *Ecological Economics,* 68（7）, pp. 2168-2176.

Honma, S. and Hu, J. L.（2008）, "Total-factor energy efficiency of regions in Japan", *Energy Policy,* 36, pp. 821-833.

Honma, S. and Hu, J. L.（2009）, "Total-factor energy productivity growth of regions in Japan", *Energy Policy,* 37, pp. 3941-3950.

Honma, S. and Hu, J. L.（2013）, "Total-factor energy efficiency for sectors in Japan", *Energy Source Part B,* 8, pp. 130-136.

Honma, S.（2015）, "Does international trade improve environmental efficiency? An application of a super slacks-based measurement of efficiency", *Journal of Economic structure,* 4（13）, pp. 1-12.

Honma, S.（2014）, "Environmental and economic efficiencies in the Asia-Pacific region", *Journal of Asia-Pacific Business,* 15（2）, pp. 122-135.

Honma, S. and Hu, J. L.（2014a）, "Industry-level total-factor energy efficiency in developed countries: A Japan-centered analysis", *Applied Energy,* 119, pp. 67-78.

Honma, S. and Hu, J. L.（2014b）, "A panel data parametric frontier technique for measuring total-factor energy efficiency: an application to Japanese", *Energy,* 78, pp. 732-739.

Hu, J. L. and Kao, C.H.（2007）, "Efficient energy-saving targets for APEC economies", *Energy Policy,* 35, pp. 373-382.

Hu, J. L. and Wang, S.C.（2006）, "Total-factor energy efficiency of regions in China", *Energy Policy* 34, pp. 3206-3217.

International Energy Agency（2014）, *World Energy Outlook 2014.* International Energy Agency: Paris.

Khoshroo, A., Mulwa, R., Emrouznejad, A. and Arabi, B.（2013）," A non-parametric Data Envelopment Analysis approach for improving energy efficiency of grape production", *Energy,* 63, pp. 189-194.

Kijima, M., Nishide, K. and Ohyama, A.（2010）, "Economic models for the environmental Kuznets curve: A survey", *Journal of Economic Dynamics and Control,* 34（7）, pp. 1187-1201.

Liddle B.（2010）, "Revisiting world energy intensity convergence for regional differences," *Applied Energy,* 87, pp. 3218-3225.

Lozano, S. and Gutiérrez, E.（2008）, "Non-parametric frontier approach to modelling the relationships among population, GDP, energy consumption and CO2 emissions", *Ecological Economics,* 66, pp. 687-699.

Managi, S. and Jena, P. R.（2008）, "Environmental productivity and Kuznets curve in India", *Ecological Economics,* 65（2）, pp. 432-440.

Markandya A., Pedroso-Galinato, S. and Streimikiene, D.（2006）, "Energy intensity in transition economies: Is there convergence towards the EU average? ", *Energy Economics,* 28, pp. 121-145.

Mukherjee, K. (2008), "Energy use efficiency in U.S. manufacturing: A nonparametric analysis", *Energy Economics,* 30, pp. 76-96.

Patterson M. G. (1996), "What is energy efficiency? Concepts, indicators, and methodological issues", *Energy Policy,* 24, pp. 377-390.

Shafik, N. and Bandyopadhyay, S. (1992), "Economic growth and environmental quality: time series and cross-country evidence", *Background Paper for the World Development Report.* The World Bank, Washington, DC.

Sözen, A. and Alp, I. (2009), "Comparison of Turkey's performance of greenhouse gas emissions and local/regional pollutants with EU countries", *Energy Policy,* 37, pp. 5007-5018.

Song, M., An, Q., Zhang, W., Wang, Z. and Wu, J. (2012), "Environmental efficiency evaluation based on data envelopment analysis: A review", *Renewable and Sustainable Energy Reviews,* 16(7), pp. 4465-4469.

Stern, D. I. (2004), "The rise and fall of the environmental Kuznets curve", *World Development,* 32(8), pp.1419-1439.

Sun J. W. (2002), "The decrease in the difference of energy intensities between OECD countries from 1971 to 1998", *Energy Policy,* 30, pp. 631-635.

Wang, K., Wei, Y. M. and Zhang, X. (2013), "Energy and emissions efficiency patterns of Chinese regions: A multi-directional efficiency analysis," *Applied Energy,* 104, pp. 105-116.

Yegin D. (2011), *The Quest.* William Morris Endeavoe Entertainment LLC., New York. (ヤーギン, D. (2012), 伏見威蕃訳『探究=エネルギーの世紀(上)・(下)』日本経済新聞社)

Zaim, O. and Taskin, F. (2000), "A Kuznets curve in environmental efficiency: an application on OECD countries", *Environmental and Resource Economics,* 17(1), pp. 21-36.

Zhang, X. P., Cheng, X. M., Yuan, J. H. and Gao, X. J. (2011), "Total-factor energy efficiency in developing countries", *Energy Policy,* 39(2), pp. 644-650.

Zhou, P. and Ang, B. W. (2008), "Linear programming models for measuring economy-wide energy efficiency performance", *Energy Policy,* 36, pp. 2911-2916.

(付録) 表 A1　77 か国の TFEE 平均値
(OECD 諸国)

| 国名 | 1971-1980年 TFEE平均値 | 1981-1990年 TFEE平均値 | 1991-2000年 TFEE平均値 | 2001-2011年 TFEE平均値 | 1971-2011年 TFEE平均値 |
|---|---|---|---|---|---|
| アイスランド | 1.000 | 1.000 | 1.000 | 1.000 | 1.000 |
| アイルランド | 0.414 | 0.864 | 1.000 | 1.000 | 0.824 |
| イタリア | 0.611 | 0.989 | 0.999 | 0.954 | 0.890 |
| 英国 | 0.684 | 0.982 | 1.000 | 1.000 | 0.918 |
| オーストラリア | 0.152 | 0.816 | 0.865 | 0.775 | 0.655 |
| オーストリア | 0.252 | 0.675 | 0.759 | 0.674 | 0.592 |
| カナダ | 0.152 | 0.947 | 1.000 | 0.633 | 0.682 |
| 韓国 | 0.200 | 0.604 | 0.710 | 0.682 | 0.552 |
| ギリシャ | 0.291 | 0.644 | 0.659 | 0.646 | 0.562 |
| スイス | 0.384 | 1.000 | 1.000 | 1.000 | 0.850 |
| スウェーデン | 0.211 | 0.921 | 0.984 | 0.999 | 0.784 |
| スペイン | 0.247 | 0.833 | 0.876 | 0.867 | 0.710 |
| チリ | 0.408 | 0.727 | 0.800 | 0.620 | 0.638 |
| デンマーク | 0.233 | 0.683 | 0.627 | 0.669 | 0.556 |
| ドイツ | 0.719 | 0.796 | 0.951 | 0.976 | 0.863 |
| トルコ | 0.454 | 1.000 | 1.000 | 1.000 | 0.867 |
| 日本 | 0.913 | 1.000 | 1.000 | 1.000 | 0.979 |
| ニュージーランド | 0.380 | 0.821 | 0.801 | 0.699 | 0.676 |
| ノルウェー | 0.408 | 0.997 | 1.000 | 0.997 | 0.854 |
| ハンガリー | 0.176 | 0.537 | 0.574 | 0.563 | 0.465 |
| フィンランド | 0.218 | 0.603 | 0.558 | 0.594 | 0.496 |
| フランス | 0.837 | 1.000 | 1.000 | 1.000 | 0.960 |
| 米国 | 1.000 | 1.000 | 1.000 | 1.000 | 1.000 |
| ポーランド | 0.064 | 0.294 | 0.501 | 0.598 | 0.370 |
| ポルトガル | 0.368 | 0.711 | 0.675 | 0.591 | 0.586 |
| メキシコ | 0.525 | 0.952 | 0.867 | 0.816 | 0.791 |
| ルクセンブルク | 0.170 | 0.647 | 1.000 | 0.836 | 0.667 |

(非 OECD 諸国)

| 国名 | 1971-1980年 TFEE平均値 | 1981-1990年 TFEE平均値 | 1991-2000年 TFEE平均値 | 2001-2011年 TFEE平均値 | 1971-2011年 TFEE平均値 |
|---|---|---|---|---|---|
| アルゼンチン | 0.085 | 0.245 | 0.547 | 0.495 | 0.347 |
| アルバニア | 0.463 | 0.444 | 0.915 | 0.898 | 0.685 |
| アンゴラ | 0.813 | 0.855 | 0.826 | 0.668 | 0.787 |
| イラク | 0.503 | 0.731 | 0.278 | 0.408 | 0.478 |
| イラン | 0.298 | 0.248 | 0.371 | 0.401 | 0.331 |
| インド | 0.838 | 0.942 | 1.000 | 1.000 | 0.947 |
| インドネシア | 0.480 | 0.850 | 0.903 | 0.608 | 0.708 |
| ウルグアイ | 0.516 | 0.875 | 0.967 | 0.843 | 0.801 |
| エクアドル | 0.414 | 0.540 | 0.474 | 0.452 | 0.469 |
| エジプト | 0.326 | 0.301 | 0.784 | 0.655 | 0.520 |
| エチオピア | 0.887 | 1.000 | 0.985 | 0.876 | 0.936 |
| ガーナ | 0.598 | 0.761 | 0.718 | 0.610 | 0.670 |
| ガテマラ | 0.699 | 0.984 | 0.920 | 0.762 | 0.839 |
| カメルーン | 0.995 | 0.996 | 0.999 | 0.828 | 0.951 |
| キプロス | 0.768 | 0.662 | 0.639 | 0.617 | 0.670 |
| ケニア | 0.567 | 0.876 | 0.965 | 0.693 | 0.773 |
| コートジボワール | 0.538 | 0.728 | 0.772 | 0.656 | 0.673 |
| コスタリカ | 0.953 | 1.000 | 1.000 | 0.928 | 0.969 |
| コロンビア | 0.445 | 0.956 | 0.849 | 0.705 | 0.738 |
| コンゴ民主共和国 | 0.774 | 0.722 | 0.615 | 0.803 | 0.730 |
| サウジアラビア | 1.000 | 0.850 | 0.545 | 0.332 | 0.673 |
| ザンビア | 0.407 | 0.647 | 0.862 | 1.000 | 0.736 |
| ジャマイカ | 0.555 | 0.599 | 0.929 | 1.000 | 0.776 |
| ジンバブエ | 0.935 | 1.000 | 1.000 | 1.000 | 0.984 |
| スーダン | 1.000 | 1.000 | 0.983 | 0.824 | 0.949 |
| スリランカ | 0.696 | 0.967 | 0.978 | 0.781 | 0.854 |
| セネガル | 0.587 | 0.770 | 0.820 | 0.621 | 0.698 |
| タイ | 0.352 | 0.802 | 0.616 | 0.471 | 0.558 |
| タンザニア | 0.754 | 0.930 | 0.921 | 0.871 | 0.869 |
| 中国 | 0.609 | 1.000 | 0.932 | 0.696 | 0.807 |
| チュニジア | 0.400 | 0.564 | 0.705 | 0.499 | 0.541 |
| ドミニカ共和国 | 0.561 | 0.661 | 0.612 | 0.628 | 0.616 |
| トリニダード・トバゴ | 1.000 | 1.000 | 1.000 | 1.000 | 1.000 |
| ナイジェリア | 0.947 | 0.648 | 0.198 | 0.782 | 0.647 |
| パキスタン | 0.362 | 0.731 | 0.673 | 0.632 | 0.600 |
| パナマ | 0.797 | 0.960 | 0.989 | 0.975 | 0.931 |
| パラグアイ | 1.000 | 1.000 | 0.870 | 0.888 | 0.938 |
| バングラデシュ | 0.832 | 1.000 | 0.979 | 0.605 | 0.848 |
| フィリピン | 0.365 | 0.933 | 0.932 | 0.635 | 0.714 |
| ブラジル | 0.358 | 1.000 | 0.992 | 0.883 | 0.810 |
| ブルガリア | 0.137 | 0.258 | 0.511 | 0.646 | 0.394 |
| ベトナム | 0.411 | 0.664 | 0.741 | 0.499 | 0.577 |

| 国名 | 1971-1980年 TFEE平均値 | 1981-1990年 TFEE平均値 | 1991-2000年 TFEE平均値 | 2001-2011年 TFEE平均値 | 1971-2011年 TFEE平均値 |
| --- | --- | --- | --- | --- | --- |
| ベネズエラ | 0.247 | 0.601 | 0.479 | 0.392 | 0.429 |
| ペルー | 0.259 | 0.598 | 0.660 | 0.734 | 0.567 |
| ボリビア | 0.430 | 0.469 | 0.499 | 0.559 | 0.491 |
| ホンジュラス | 0.848 | 0.988 | 0.882 | 0.666 | 0.842 |
| マレーシア | 0.525 | 0.635 | 0.535 | 0.381 | 0.515 |
| 南アフリカ | 0.122 | 0.408 | 0.278 | 0.286 | 0.274 |
| モザンビーク | 0.995 | 1.000 | 1.000 | 1.000 | 0.999 |
| モロッコ | 0.400 | 0.727 | 0.829 | 0.445 | 0.597 |

（注）OECD諸国・非OECD諸国の区別はサンプル期末の2011年の時点による。
（出所）筆者作成。

# 第 9 章

## 中国の経済成長と電力消費

### 谷 口 洋 志

## 1. はじめに

　中国首相の李克強氏は，遼寧省党書記時代（2004年12月～07年10月）の 2007年3月12日に，駐中米国大使 Clark Randt 氏とのディナーの席上で，遼寧省の経済成長の速度を評価するには電力消費量，鉄道貨物輸送量，銀行融資の3指標が適切であり，その他の指標，とりわけ GDP 統計は参考程度に過ぎないと述べたとされる[1]。この発言を捉え，中国の GDP 統計を信用していないにもかかわらず，2014年の全国人民代表大会で李首相が同年の GDP 成長目標を7.5％とすることを述べたことを皮肉る欧米メディアもある[2]。

　一方，英国 Economist 誌は，2010年12月11日号において，李克強氏が言及した3つの指標から「克強指数（Keqiang index）」を作成し，公式統計との比較を行って見せた[3]。その結果，克強指数は公式統計以上に，中国経済がダイナミックであることを示すものの，マイナス10％からプラス20％までの非常に不安定な動きを示した。これに対して，克強指数のほうが中国の GDP 統計

---

1) Reuters（2010）参照。
2) Minter（2014）参照。
3) Economist（2010）参照。李克強指数と呼ばれることもあるが，ここではエコノミスト誌の表記に従った。

よりも信用できると考える論者もいるが[4]，克強指数はかなり乱用されていると警告を発する者もいる[5]。

克強指数の乱用あるいは誤用という問題は，単純に考えてみればすぐに理解できることである。2012年の電力消費量のうち72.8％は工業部門の消費であり，生活消費は12.5％を占めるにすぎない。2012年のGDPに占める工業部門の付加価値の割合は38.4％であり，同年のGDE（国内総支出）に占める個人消費（農村住民と都市住民の消費合計）の割合は36.0％であるから，電力消費量の動向で経済全体を捉えようとすると，工業偏重・消費軽視とならざるをえない。

## 2. 実質GDPと電力消費量（全国）

表9-1は，集計ベースの実質GDPと電力消費量（kWh）の変化を見たものである。この表より，以下の点が観察される。

① 実質GDPの伸び率が電力消費量の伸び率を下回った期間は2000〜05年と2010〜13年であり，その他の期間は電力消費量の伸び率が相対的に低かった。

② 1990年代には，実質GDPの伸び率が電力消費量の伸び率を上回った。

③ 2000年代以降，実質GDPの伸び率が電力消費量の伸び率を相対的に下回った。

図9-1を見ると，さらに詳細が明確になる。図9-1は，電力消費のGDP弾力性（＝電力消費量変化率÷実質GDP変化率）を見たものである。

電力消費のGDP弾力性＞1.0ならば

実質GDPの変化率＜電力消費量の変化率

電力消費のGDP弾力性＝1.0ならば

実質GDPの変化率＝電力消費量の変化率

電力消費のGDP弾力性＜1.0ならば

実質GDPの変化率＞電力消費量の変化率

---

4) 例えば，産経新聞（2015）の記事では，鉄道貨物輸送量，輸入量や電力消費の動向から，中国の実質GDP成長率は7％台どころか，マイナス成長だと論じている。

5) Keohane（2014）参照。

図 9-1 より，

i　1990 年代の大部分 (1992～99 年) において弾力性が 1.0 を下回っている。これは上記の②と関係している。

ii　2000～11 年には，2008 年と 2009 年の 2 カ年を除き，弾力性が 1.0 を上回っている。これは上記の③と関係している。

iii　2008 年以降，2010 年と 2011 年の 2 カ年を除き，弾力性が 1.0 を下回っ

表 9-1　実質 GDP と電力消費量：1990～2014 年

| 期　間 | 実質 GDP | 電力消費量 |
|---|---|---|
| 1990～1995 年 | 1.78 倍 | 1.61 倍 |
| 1995～2000 年 | 1.51 倍 | 1.34 倍 |
| 2000～2005 年 | 1.59 倍 | 1.85 倍 |
| 2005～2010 年 | 1.70 倍 | 1.68 倍 |
| 2010～2013 年 | 1.27 倍 | 1.28 倍 |
| 2014 年 | 7.40 % | 3.80 % |

(注) 5 年間の伸び率。2014 年の数値は対前年比伸び率。
(出所) 中華人民共和国国家統計局編 (2014)『中国統計年鑑 2014』中国統計出版社；中華人民共和国国家統計局 (2014)『2013 年国民経済和社会発展統計公報』および，(同 2015)『2014 年国民経済和社会発展統計公報』より作成。以下の図 9-1 も同じ。

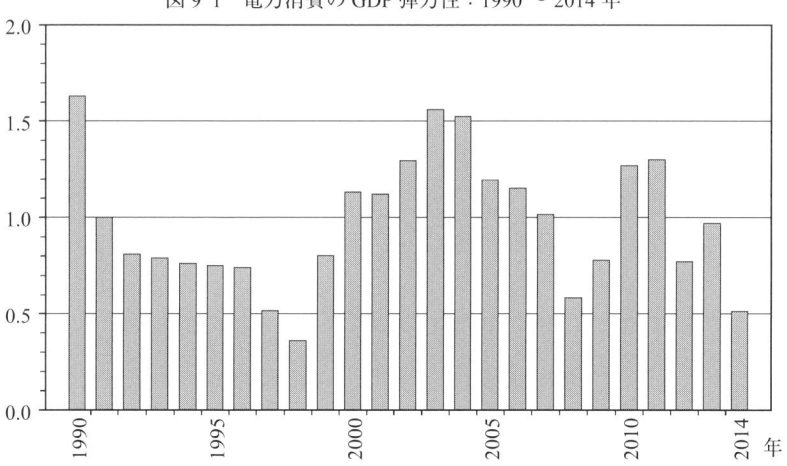

図 9-1　電力消費の GDP 弾力性：1990 ～ 2014 年

(出所) 表 9-1 と同じ。

ている。

iv 弾力性が 1.0 以上の年度 (12 回) と 1.0 未満の年度 (13 回) はほぼ半々である。

2 つの図表より，実質 GDP よりも電力消費量が中国経済の現実をより正確に反映しているならば，1990 年代の経済成長率は過大報告されていたことになり，2000 年以降の経済成長率は過小報告されていたことになる。したがって，GDP 数値の水増しがあったとすれば，2000 年以降よりも 1990 年代のほうがその可能性が高い。

しかし，中国の GDP 数値の信憑性を疑い，水増しの存在を強調する論者は，過去よりも最近のことを念頭においている。すでに周知の事実となっている近年の経済成長率の低下は，公表されている数値以上に大きいのではないかと疑うからである。その主張に多少の根拠があるとすれば，上記の iii，特に 2012 年以降の動きが関係しているかもしれない。つまり，最近の数値から，水増しが難しいと考えられる電力消費量の伸び率のほうが，水増し可能な実質 GDP の伸び率よりも，中国経済の現実をより正確に反映するという訳だ。

この主張は一見説得的に聞こえる。しかし，それならば，2000～2014 年の間に実質 GDP が 3.69 倍となったのに対し，電力消費量が同期間に 4.12 倍となり，実質 GDP の伸び率を上回ったことをどのように理解するのか。最近の数値だけを見れば GDP 数値の水増しが疑われるけれども，2000 年以降を見ると，逆に実質 GDP は水増しどころか過小であったということにならないか。

李克強首相は，遼寧省党書記時代の 2007 年に，GDP 数値水増しの可能性に言及し，信頼しうる指標の筆頭に電力消費量をあげたが，2000 年から 2007 年までは毎年，電力消費量の伸び率が実質 GDP の伸び率を上回っていたのである。そうであれば，李克強氏は 2007 年段階で，実質 GDP は水増しどころか過小報告されているので，もっと大きくなるはずだというべきであった。

ただし，李克強氏の発言にはさらに検討すべき余地が残されている。表 9-1 や図 9-1 の数値は中国全体の数値であるが，実質 GDP 数値水増しの可能性が指摘されてきたのは中国全体の GDP というより，地方政府が作成・公表する

GDP（正確には GRP = Gross Regional Product，地区総生産）のほうである[6]。実際，李克強氏は，遼寧省経済の成長速度を評価するためには GDP よりも電力消費量，鉄道貨物輸送量，銀行融資の3指標のほうが正確に測定できると述べたのであり，中国全体のことに言及したわけではない。そこで次に，中国 31 地区（22 の省，4 つの直轄市，5 つの自治区の 31 省級地区）の動向を見ることで，李克強氏の発言の妥当性について検討することにしよう。

## 3. GDP と電力消費量（地区計）

### 3-1 異なる数値

中国の GDP 統計と電力消費量統計のうちのどちらが中国経済の実態をより正確に反映するかを検討する前に，中国の GDP 統計には複数の数値があることを見ておこう。

GDP 統計を含む国民経済計算体系では，GDP の数値は，生産・分配・支出の三面等価の原則が成立するように作成される。しかし，中国では三面等価の原則が順守されていない。例えば，2013 年の中国の名目 GDP は 58 兆 8,019 億元であるが，支出面からみた GDP は 58 兆 6,673 億元であった。また，各地区の GRP（地区総生産）は労働者報酬，生産税純額，固定資本減耗，営業余剰から構成され，通常，これは分配面からみたものとして捉えられるので，各地区の GRP の合計を分配面からみた GDP と解釈すると，2013 年の数値は 63 兆 9 億元であった。

表 9-2 に示すように，生産面の GDP の数値に対し，支出面の GDP はこれを若干下回ることが多く，分配面の GDP は 5〜8％程度上回ることが多い。李克強首相のみならず，多くのアナリストも，地方政府の統計データに疑念を抱いているので，分配面の GDP が生産面や支出面の GDP をかなり上回ることは，一見すると水増しの証拠のように思われる。しかし，表 9-2 をよく観察すると，分配面の GDP が生産面・支出面の GDP を上回るという問題は，GDP の

---

[6] 中国の経済統計，とりわけ省級以下の経済統計に対して，アナリストたちは疑念を抱いてきたといわれる。Reuters（2010）を参照。

表 9-2 中国の GDP 統計における三面等価の不成立

| 年 | 名目 GDP 生産 | 名目 GDP 支出 | 名目 GDP 分配 | 指数（生産=100）生産 | 指数 支出 | 指数 分配 | 成長率 生産 | 成長率 支出 | 成長率 分配 |
|---|---|---|---|---|---|---|---|---|---|
| 2005 | 185,896 | 187,423 | 199,206 | 100 | 100.8 | 107.2 | | | |
| 2006 | 217,657 | 222,713 | 232,815 | 100 | 102.3 | 107.0 | 17.1 | 18.8 | 16.9 |
| 2007 | 268,019 | 266,599 | 279,736 | 100 | 99.5 | 104.4 | 23.1 | 19.7 | 20.2 |
| 2008 | 316,752 | 315,975 | 333,314 | 100 | 99.8 | 105.2 | 18.2 | 18.5 | 19.2 |
| 2009 | 345,629 | 348,775 | 365,304 | 100 | 100.9 | 105.7 | 9.1 | 10.4 | 9.6 |
| 2010 | 408,903 | 402,817 | 437,042 | 100 | 98.5 | 106.9 | 18.3 | 15.5 | 19.6 |
| 2011 | 484,124 | 472,619 | 521,441 | 100 | 97.6 | 107.7 | 18.4 | 17.3 | 19.3 |
| 2012 | 534,123 | 529,399 | 576,552 | 100 | 99.1 | 107.9 | 10.3 | 12.0 | 10.6 |
| 2013 | 588,019 | 586,673 | 630,009 | 100 | 99.8 | 107.1 | 10.1 | 10.8 | 9.3 |

（注）中国統計年鑑では，支出面からみた GDP を支出法国内総生産と呼び，分配面からみた GRP を収入法地区総生産と呼んでいる。2010 年度以降の中国統計年鑑では，2005 年以降の数値は同一であるが，2009 年度までの中国統計年鑑の数値と違うため，ここでは 2005 年以降の数値を取り上げた。
（出所）中華人民共和国国家統計局編（2010〜2014）『中国統計年鑑 2010〜14』中国統計出版社より作成。

水準に関わる問題であり，GDP の変化率，つまり成長率の水増しという問題とは関係ないことが判明する。

地方政府レベルでの成長率水増しが恒常的に行われているとすれば，分配面の GDP の成長率と生産・支出面の GDP の成長率の乖離が拡大していくはずであるが，実際にはそのような傾向は見られない。生産面の GDP の成長率が分配面の GDP の成長率よりも高い年度もあれば低い年度もある[7]。実際，2005 年から 2013 年の間に，生産面の GDP と分配面の GDP は共に 3.16 倍となっており，両者の間に大きな相違はない。言いかえると，生産面の GDP または分配面の GDP のいずれで見ても平均的には同じような動きを示すのである。

中国全体の GDP と各地区の GDP（GRP）を集計した GDP の間には 5〜8% 程度の差が見られたが，2 つの数値の不一致は電力消費量についても見られる。ただし，中国全体の電力消費量が各地区の電力消費量の集計値より大きい年度もあれば小さい年度もあるが，両者の差は ±1% 程度でしかない。

以上要するに，名目 GDP については，生産面の GDP と分配面の GDP の間

---

7) 支出面と分配面の GDP は名目値しかないので，ここでの比較も名目 GDP ベースでの比較である。

には無視できない差があるものの，成長率ベースで見た場合には大きな差は見られない。電力消費量については，全国の数値と各地区の集計値の差は無視しうるほど小さい。したがって，全体の数値を見る場合，どの数値を採用するかはあまり深刻な問題ではない。そこで以下では，各地区のGDP（GRP）と電力消費量を取り上げ，どちらが中国経済の実態をより正確に反映するかを検討することとしよう。

### 3-2　GDP対電力消費量

表9-3は，各地区の電力消費量，実質GDPや実質GDP単位あたり電力消費量が，2004年～2013年の間に，どれだけ変化したかを見たものである。この期間に電力消費量が最大の伸び率を示したのは新疆ウイグル自治区の5.78倍，第2位が内蒙古（内モンゴル）自治区の4.11倍であり，最小の伸び率を示したのは黒竜江省の1.61倍，次いで上海市の1.72倍である。31地区の単純平均は2.63倍である。このように，地区間の差は比較的大きい。一方，各地区の実質GDPが最大の伸び率を示したのは内蒙古自治区の3.87倍，第2位が天津市の3.62倍であり，最小の伸び率を示したのは上海市の2.37倍，次いで北京市の2.41倍である。31地区の単純平均は2.89倍であり，電力消費量と比べると地区間の差は比較的小さい。

各地区の電力消費量と実質GDPの変化から，以下のことが確認できる。

① 電力消費量の伸び率が非常に高い地区（伸び率上位5地区）を見ると，内蒙古自治区のように実質GDPの伸び率が非常に高い地区がある一方で，新疆ウイグル自治区のように実質GDPの伸び率が比較的低い地区もある。青海省，海南省，雲南省の実質GDPの伸び率も相対的に低い。

② 電力消費量の伸び率が比較的低い地区（伸び率下位5地区）を見ると，吉林省のように実質GDPの伸び率が比較的高い地区がある一方で，北京市や上海市のように実質GDPの伸び率が比較的低い地区もある。黒竜江省の実質GDPの伸び率も相対的に低い。

③ 電力消費量の伸び率と実質GDPの伸び率の間の相関係数は0.1498であ

り，相関関係はほとんどない。①と②の点も勘案すると，実質 GDP の伸び率が高ければ高いほど電力消費量の伸び率も高くなるという単純な関係はないと判断される。

④ 実質 GDP 単位あたりの電力消費量の伸び率が高い地区は，新疆ウイグル自治区・青海省・雲南省・寧夏回族自治区・内蒙古自治区の西部辺境地区と，東部の海南省である。

⑤ 実質 GDP 単位あたりの電力消費量の伸び率が低い地区は，天津市・上海市・北京市の直轄市と，吉林省・黒竜江省・遼寧省の東北3省である。

⑥ 実質 GDP 単位あたりの電力消費量が増加した地区は7地区であり，残り23地区では低下した。つまり，7地区では電力消費量の伸び率が実質 GDP の伸び率を上回り，23地区では電力消費量の伸び率が実質 GDP の伸び率を下回った。

⑦ 電力消費量の7割以上を工業部門が占めることから，工業部門や第2次産業の比重が高い地区ほど電力消費量の伸び率が大きいのではないかと考えられる。実際には，内蒙古自治区や青海省や安徽省のように，工業部門の比重[8]が非常に高く，かつ電力消費量の伸び率も非常に高い地区がある一方で，山西省や吉林省や遼寧省のように，工業部門の比重が非常に高いにもかかわらず，電力消費量の伸び率が比較的低い地区もある[9]。電力消費量の伸び率と工業部門の比重（2013年）の間の相関係数はマイナス0.0582 であり，相関関係はない。

⑧ 工業部門の比重よりも工業部門の比重の変化が電力消費量の伸び率と関係している可能性がある。そこで，名目 GDP に占める工業部門の比重について，2004年から2013年の間の変化（％ポイント）を見ると，大きな変化を示した地区には，江西省・青海省・安徽省・内蒙古自治区のように，電力消費量の伸び率が非常に高い地区がある一方で，四川省・湖南省・吉

---

8) 電力消費量の伸び率は2004年と2013年の比率であるが，工業部門や第2次産業の比重は2013年の名目 GDP に占める当該部門付加価値の数値である。

9) 電力消費量と第2次産業の比重の関係を見た場合にも，同様の結論が得られる。

第 9 章 中国の経済成長と電力消費　221

表 9-3　各地区の電力消費量，実質 GDP，GDP 単位あたり電力消費量の変化

| 地　区 | 倍率(2013年/2004年) A 電力消費量 | B 実質GDP | C=A/B 単位電力消費量 | 順位 A' 電力消費量 | B' 実質GDP | C' 単位電力消費量 | 2013年の総生産に占める比重(%) 第2次産業 | 工業 | 工業部門の比重変化(%ポイント) |
|---|---|---|---|---|---|---|---|---|---|
| 新　疆 | 5.78 | 2.55 | 2.27 | 1 | 27 | 1 | 45.0 | 36.2 | 2.3 |
| 内蒙古 | 4.11 | 3.87 | 1.06 | 2 | 1 | 6 | 54.0 | 47.2 | 9.7 |
| 青　海 | 3.56 | 2.93 | 1.21 | 3 | 12 | 5 | 57.3 | 46.2 | 12.1 |
| 海　南 | 3.46 | 2.78 | 1.25 | 4 | 19 | 2 | 27.7 | 17.5 | 2.0 |
| 雲　南 | 3.21 | 2.73 | 1.17 | 5 | 21 | 4 | 42.0 | 32.1 | ▲3.4 |
| 寧　夏 | 3.00 | 2.76 | 1.09 | 6 | 20 | 7 | 49.3 | 36.8 | ▲3.6 |
| 安　徽 | 2.96 | 2.92 | 1.01 | 7 | 13 | 8 | 54.6 | 46.9 | 10.8 |
| 江　西 | 2.82 | 2.88 | 0.98 | 8 | 16 | 9 | 53.5 | 44.9 | 13.1 |
| 江　蘇 | 2.72 | 2.89 | 0.94 | 9 | 15 | 11 | 49.2 | 43.3 | ▲6.8 |
| 広　西 | 2.71 | 2.99 | 0.91 | 10 | 9 | 12 | 47.7 | 40.0 | 8.5 |
| 重　慶 | 2.69 | 3.33 | 0.81 | 11 | 3 | 19 | 50.5 | 41.5 | 6.7 |
| 福　建 | 2.56 | 2.96 | 0.86 | 12 | 11 | 16 | 52.0 | 43.5 | 1.6 |
| 河　北 | 2.52 | 2.60 | 0.97 | 13 | 26 | 10 | 52.2 | 46.6 | 0.0 |
| 浙　江 | 2.50 | 2.52 | 0.99 | 14 | 28 | 8 | 49.1 | 43.6 | ▲4.3 |
| 山　東 | 2.49 | 2.84 | 0.88 | 15 | 17 | 14 | 50.1 | 44.3 | ▲6.1 |
| 貴　州 | 2.46 | 3.00 | 0.82 | 16 | 7 | 18 | 40.5 | 33.6 | ▲2.5 |
| 河　南 | 2.43 | 2.81 | 0.87 | 17 | 18 | 15 | 55.4 | 49.6 | 5.8 |
| 陝　西 | 2.42 | 3.24 | 0.74 | 18 | 4 | 24 | 55.5 | 46.8 | 9.9 |
| 甘　粛 | 2.38 | 2.67 | 0.89 | 19 | 22 | 13 | 45.0 | 35.5 | ▲1.5 |
| 湖　北 | 2.33 | 3.00 | 0.78 | 20 | 8 | 21 | 49.3 | 42.7 | 1.6 |
| 湖　南 | 2.31 | 2.98 | 0.77 | 21 | 10 | 20 | 47.0 | 40.8 | 9.1 |
| 天　津 | 2.28 | 3.62 | 0.63 | 22 | 2 | 28 | 50.6 | 46.5 | ▲2.5 |
| 四　川 | 2.27 | 3.05 | 0.75 | 23 | 6 | 23 | 51.7 | 44.1 | 11.1 |
| 山　西 | 2.20 | 2.62 | 0.84 | 24 | 25 | 17 | 53.9 | 47.9 | ▲3.7 |
| 広　東 | 2.02 | 2.65 | 0.76 | 25 | 23 | 22 | 47.3 | 44.1 | ▲5.8 |
| 遼　寧 | 1.97 | 2.90 | 0.68 | 26 | 14 | 27 | 52.7 | 46.2 | 5.0 |
| 北　京 | 1.78 | 2.41 | 0.74 | 27 | 29 | 25 | 22.3 | 18.1 | ▲12.0 |
| 吉　林 | 1.76 | 3.10 | 0.57 | 28 | 5 | 30 | 52.8 | 46.5 | 7.9 |
| 上　海 | 1.72 | 2.37 | 0.72 | 29 | 30 | 26 | 37.2 | 33.5 | ▲13.4 |
| 黒竜江 | 1.61 | 2.62 | 0.61 | 30 | 24 | 29 | 41.1 | 35.4 | ▲17.7 |
| 西　蔵 |  | 2.84 |  |  |  |  | 36.3 | 7.6 | 0.3 |
| Max | 5.78 | 3.87 | 2.27 |  |  |  | 57.3 | 49.64 | 49.64 |
| Min | 1.61 | 2.37 | 0.57 |  |  |  | 22.3 | 17.52 | 17.52 |
| Average | 2.63 | 2.89 | 0.92 |  |  |  | 47.88 | 40.73 | 40.73 |
| Stdev | 0.803 | 0.319 | 0.302 |  |  |  | 7.7595 | 7.7584 | 7.7584 |
| Cv | 0.305 | 0.111 | 0.328 |  |  |  | 0.1621 | 0.1905 | 0.1905 |

（注）max＝最大値，min＝最小値，average＝平均値，stdev＝標準偏差，cv＝stdev/average＝変動係数。西蔵（チベット）自治区はデータ不備により，平均・標準偏差・変動係数の計算からは除外した。

（出所）中華人民共和国国家統計局編（2010～2014）『中国統計年鑑 2010～14』中国統計出版社，より作成。

林省のように，電力消費量の伸び率が比較的低い地区もある。電力消費量伸び率と工業部門の比重の変化の間の相関係数は0.3447であり，相関関係は弱い。

実質GDPよりも電力消費量が経済の現実をより正確に反映しているならば，表9-3のC欄の実質GDP単位あたりの電力消費量伸び率が1.0より大きい7地区の成長率は，報告された数値よりもずっと大きいということになる。例えば，2004～13年における新疆ウイグル自治区の実質GDPの伸び率は2.55倍でなく，5.78倍となるべきであり，実質GDP成長率は，報告された平均年率11.0%でなく，電力消費量の変化に見合った21.5%となるべきであった。青海省の実質GDP成長率も，報告された平均年率12.7%でなく，15.2%となるべきであった。一方，吉林省の実質GDP成長率は，報告された平均年率13.4%でなく，電力消費量の変化に見合った6.5%であり，黒竜江省の実質GDP成長率は，報告された平均年率11.3%でなく，電力消費量の変化に見合った5.4%となるべきであった。

要するに，上記の④と⑤が示すように，西部辺境地区の成長率は，報告された数値をずっと上回る成長率であり，天津市・上海市・北京市の直轄市と吉林省・黒竜江省・遼寧省の東北3省の成長率は，報告された数値をずっと下回る成長率であったということになる。言いかえると，大幅な成長率水増しを行った地区は3直轄市と東北3省ということになる。一方，西部辺境地区は水増しどころか，大規模な過小報告を行ったことになる。

この結論が正しいかどうかを判断するためには，3直轄市と東北3省の電力消費量の伸び率が相対的に低かったのはなぜかを検討する必要がある。その前に，電力を含むエネルギーと実質GDP成長率に関する政府目標について見ておこう。

### 3-3 エネルギーと実質GDP成長率に関する政府目標

2006年3月に全国人民代表大会で採択された「国民経済・社会発展第11次5カ年計画綱要」（期間2006～10年）では，5カ年における主要目標の1つとし

て,「GDP単位あたりエネルギー消費量の20%削減」が掲げられた。この目標は,2005年の水準と比べて2010年の水準を20%削減するというものであり,拘束力を伴った「約束性」目標とされた。2011年3月に全国人民代表大会で採択された「国民経済・社会発展第12次5カ年計画綱要」(期間2011〜15年)では,5カ年の「GDP単位あたりエネルギー消費量の16%削減」が掲げられ,これも「約束性」目標とされた。

表9-4は,1980年以降の中国における実質GDP単位あたりのエネルギー消費量と電力消費量の変化を見たものである。表より,実質GDP単位あたりのエネルギー消費量は一時期を除いて長期下落傾向にあり,実質GDP単位あたりの電力消費量も一時期を除いて下落の傾向が見られるものの,エネルギー消費量に比べると下落幅は小さい。

特に,2006〜10年の第11次5カ年計画期間を見ると,実質GDP単位あたりのエネルギー消費量は19%の下落を示している。これは,約束性目標の20%を1%ポイント下回るので,目標未達成であったかのように見える。しかし,20%削減目標は,実質GDPの成長率目標を年平均7.5%としたときのものであり,実際には実質GDPの成長率は年平均11.2%であったので,20%目標が達成されたかどうかは簡単には判断できない。「国民経済・社会発展第12次5カ年計画綱要」における第11次5カ年計画期間の総括では,「エネルギー節約・排出量削減と生態環境保護は直実に前進した」としている。

「国民経済・社会発展第12次5カ年計画綱要」では,資源節約型,環境友好型の社会建設を目指すとし,資源節約と環境保護は基本的国策であるとして,

表9-4 実質GDP単位あたりエネルギー・電力消費量の変化:1980〜2014年

| 期　間 | 基　準 | エネルギー<br>消費量変化率(%) | 電力消費量<br>変化率(%) |
|---|---|---|---|
| 1980〜1990年 | 1980年価格 | ▲ 32.6 | ▲ 14.7 |
| 1990〜2000年 | 1990年価格 | ▲ 45.7 | ▲ 20.4 |
| 2000〜2005年 | 2000年価格 | 1.8 | 16.2 |
| 2005〜2010年 | 2005年価格 | ▲ 19.0 | ▲ 1.1 |
| 2010〜2012年 | 2010年価格 | ▲ 5.5 | 0.8 |

(注) ▲はマイナス。
(出所) 中華人民共和国国家統計局編(2014)『中国統計年鑑2014』中国統計出版社より作成。

省エネルギー，温室効果ガス排出強度の低下，循環経済の発展，低炭素技術の普及，地球温暖化への積極的対応，経済社会発展と人口資源環境の調和促進，持続可能な発展の前進を掲げている。このように，省エネルギーは国策に沿うものであるが，その場合の節約とは，絶対量の節約ではなくて，（実質 GDP の変化と比較しての）相対量の比較である。言いかえると，エネルギー消費量の伸び率を実質 GDP の伸び率以下に抑えるという政策目標の追求である。

エネルギー消費量の削減（省エネルギー）と電力消費量の削減は同一ではないが，エネルギー消費量の抑制は電力消費量の抑制を含意していると考えられる。なぜなら第 1 に，エネルギーの総消費量に占める水力・原子力・風力発電の比重は，1980 年の 4.0％から，2000 年の 6.4％，2013 年の 9.8％へと上昇し，全体の 1 割を占めるまでになっている[10]。第 2 に，総発電量に占める水力・原子力・風力発電の比重は長期的にほぼ 20％前後と変わらず，残りの約 80％は，石炭・石油・天然ガスによる火力発電であることから，エネルギー総消費量のうちの多くが，石炭・石油・天然ガスによる火力発電によると考えられる[11]。要するに，エネルギー消費量のかなりの部分が電力関連と考えられるので，エネルギー消費量抑制は電力消費量抑制を含意すると考えられる。

しかし，実際には，エネルギー消費量の相対的抑制はある程度進んでいるものの，電力消費量の相対的抑制は進んでいない。表 9-1 と表 9-4 の数値が示すように，2000 年代以降，電力消費量と実質 GDP は同程度の増加を示しており，実質 GDP 単位あたりの電力消費量の削減は進捗していない。実際，「国民経済・社会発展第 12 次 5 カ年計画綱要」においても，電力消費量の相対的抑制は目標に掲げられておらず，その代わりに，1 次エネルギー消費量に占める

---

10) 中華人民共和国国家統計局（2015）の解説文書は，資源節約・環境保護型クリーン・エネルギーの比重が徐々に高まり，エネルギー総消費量に占める水力・原子力・風力発電・天然ガスの比重が 2014 年に 16.9％となったことを指摘している（中国信息報（2015））。実際，これらの比重は 1990 年の 7.2％，2000 年の 8.6％，2010 年の 13.0％から 2014 年の 16.9％へと上昇している（2014 年以前の数値は，中華人民共和国国家統計局編（2014）による）。

11) ここで用いた数値は，中華人民共和国国家統計局編（2014）に掲載された数値である。

非化石燃料の比重や GDP 単位あたり二酸化炭素排出量の削減が「約束性」目標に掲げられ，また，省資源推進の一環として，資源管理と電力需給管理の推進が掲げられている。

電力消費量の抑制よりも電力の需給管理が強調される背景には，電力需給の不均衡の問題がある。そして，これが李克強氏の発言内容に関連しているのである。

### 3-4 電力需給の不均衡：地域

中国の各地域には電力需給の不均衡という大問題が存在する。すなわち，地域内の電力消費量に対して電力生産量が大きい中部・西部地域がある一方で，電力生産量が小さい東部・東北地域がある（図9-2参照）。電力の需給不均衡問題は，経済発展が進むとともに地域内・地区内で顕在化していった。その背景には，長期に及ぶ高度成長と資源・エネルギーの地域的偏在がある。

高度成長に伴って，中国全体の発電量は，1980〜90年の10年間で2.07倍，1990〜2000年の10年間で2.18倍，2000〜10年の10年間で3.10倍と，10年で倍増以上を記録し，しかもその数値が10年ごとに大きくなっていった。電力消費量も同じ期間に，2.07倍，2.16倍，3.11倍と急増を示した。電力の国内生産と国内需要はほぼ同程度の成長を示したものの，地域別では不均衡が発生し，例えば2000年の地域の電力消費量に対して地域の発電量は東部が6.8％の不足，東北が6.5％の不足を示す一方で，西部が5.8％の超過，中部が3.9％の超過を示した。各地域の電力需給不均衡は，電力超過地域（西部・中部）から電力不足地域（東部・東北）への電力融通を通じて基本的に調整された[12]。

電力需給の全国的調整は，2000年の西部大開発戦略以降，本格化した。政府が西部大開発戦略に取り組んだのは，経済発展が急速に進む東部地域に対して，相対的に遅れた西部地域の発展を促すためであった。第10次5カ年計画

---

12) もちろん，電力の輸入と輸出があるので，国内だけで完全に調整されるわけではない。

(期間2001~05年）における西部大開発戦略の目玉プロジェクトとして[13]，青蔵鉄道（青海省とチベット自治区を結ぶ鉄路），西汽東輸（西部の天然ガスを東部へ送る計画），南水北調（南部の水を北部へ送る計画），退耕還林（農地を森林に戻す計画）とともに，西電東送（西部の電力を東部へ送る計画）の各プロジェクトが計画された。

西電東送プロジェクトは，文字どおりに中国の西部地域から東部地域へ電力を輸送（送電）する計画である[14]。その基本的考えは，資源や電源が地域的に偏在する中国の自然地理環境を前提として，インフラ整備を通じて西部・中部地域の発展を促す一方，目覚ましい経済発展を遂げながら電力不足に直面する東部地域を支援するというものである。

図9-2が示すように，西部大開発以降，各地域の電力需給不均衡が拡大し，地域間電力融通が拡大している。近年は，地域内の電力消費量に対して東部地

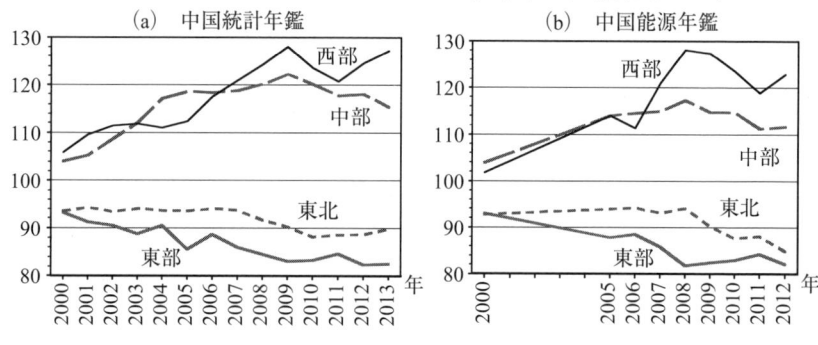

図9-2 地域別の電力需給ギャップ（=（生産量／消費量）×100）

(注）データの関係で，(a) の西部地域には西蔵（チベット）自治区を含み，(b) の西部地域には含まない。また，(b) の2001～04年についてはデータなし。
(出所）(a) 2005年までは，国家統計局国民経済総合統計司編（2010）『新中国六十年統計資料匯編』中国統計出版社。2006年以降は，中華人民共和国国家統計局編『中国統計年鑑』中国統計出版社，各年版より作成。(b) 国家統計局能源統計司編（2013）『中国能源統計年鑑2013』中国統計出版社より作成。

---

13) 西部大開発戦略については，拙稿「農村貧困対策」谷口・朱・胡(2009)第7章を参照。
14) 西電東送プロジェクトについては，谷口(2009)を参照。

域の発電量が2割近く不足し，東北地域も約1割不足している。これに対して，西部地域では2〜3割の供給超過，中部地域も1〜2割の供給超過となっている。

西電東送プロジェクトの推進が，各地域の需給不均衡拡大と地域間電力融通強化を可能にした要因の1つであるとしても，2002年に導入された電力産業再編成の影響も無視できない。2002年2月10日，国務院は5号文件「電力体制改革方策」を発表し，独占の打破と競争の導入により，効率を高め，コストの低減を図るため，国家電力公司を解体して発送電分離を実現し，以下の企業を設立するとした。

送電会社として，国家電網公司と南方電網公司の2社を設立する。南方電網公司の営業区域は，雲南省・貴州省・広西壮族自治区・広東省・海南省の5地区であり，残り26地区が国家電網公司の営業区域となる。国家電網公司の下には，さらに華北（山東省を含む），東北（内蒙古自治区東部を含む），西北，華東（福建省を含む），華中（重慶市と四川省を含む）の5社の電網公司を設立する。発電会社として，4,000万kW前後の発電設備を持つ全国型発電会社を3，4社設立する。

2002年12月29日，新電力会社の発足大会が北京で開催され，送電会社として国家電網公司と中国南方電網公司の2社，発電会社として中国華能集団公司，中国大唐集団公司，中国華電集団公司，中国国電集団公司，中国電力投資集団公司の5社，このほかに電力サービス会社として中国電力工程顧問集団公司，中国水電工程顧問集団公司，中国水利水電建設集団公司，中国葛州壩集団公司の4社が新たに発足した[15]。こうした発送電分離を中心とする電力産業再編成や，複数地区を営業区域とする電力会社の誕生によって，電力の地域間・地区間融通が促進されたことは間違いない。

---

15) 2011年9月29日，中国水電工程顧問集団公司と中国水利水電建設集団公司が統合されて中国電力建設集団が，中国電力工程顧問集団公司と中国葛州壩集団公司が統合されて中国能源建設集団がそれぞれ誕生した。

### 3-5 電力需給の不均衡：地区

電力の需給不均衡は，地域間の問題であるだけでなく，地区間の問題でもある。地域別では1～3割の需給不均衡が生じているが，地区別でも同様に大きな不均衡が生じている（表9-5参照）。地区の電力消費量（需要量）に対する発電量（供給量）の比率を見ると，北京市の電力不足（供給不足）が最大で，電力消費量の約3分の1を地区発電量で賄い，残りの3分の2を他地区からの融通で賄っている。北京市ほど極端でないとしても，上海市でも電力消費量の約3割が電力不足にあり，また，同じ東部地域の河北省，天津市や広東省も約2割が電力不足で，他地区からの融通で賄っている。福建省や海南省を除けば，東部地域の各市・省はいずれも電力消費量のかなりの部分を他地域からの融通に依存している。

これに対して，西部地域では重慶市と最近の青海省を除けば，軒並み発電量が電力消費量を大きく超過し，他地域へ融通を行っている。とりわけ内蒙古自治区，貴州省，雲南省や寧夏回族自治区では電力の供給超過が大きく，発電量の3分の1を他地区へ融通している。中部地域では電力不足の地区があるものの，それ以上に山西省，湖北省や安徽省の供給超過が目立っている。このように，西部・中部地域では電力の供給超過地区が多く存在する一方，東部地域の多くの地区では電力不足が生じている。

ところで，東北地域は，電力の供給超過となることが多い吉林省と黒竜江省と，電力の慢性的不足が続く遼寧省とに大きく分かれる。李克強氏が党書記を務めた遼寧省では，電力不足が電力消費量の2割を越えることが多い。2012年の場合，電力消費量は1,890億kWh，うち他地区からの移入が522億kWh，他地区への移出が110億kWhであり，純移入（＝移入－移出）の電力消費量に占める割合，つまり他地区への電力依存度（融通電力量÷電力消費量）は21.7％であった[16]。

地区の生産量と消費量の比率で測った「電力の需給ギャップ」の度合いを電

---

16) この段落で使用されるデータは，中華人民共和国国家統計局能源統計司編（2013）に基づく。

表 9-5　地区別の電力需給ギャップ（＝（生産量/消費量）×100）

| 地域 | 地区 | 2000 | 2005 | 2006 | 2007 | 2008 | 2009 | 2010 | 2011 | 2012 | 2013 |
|---|---|---|---|---|---|---|---|---|---|---|---|
| 東部 | 北京 | 38 | 38 | 35 | 34 | 34 | 32 | 32 | 31 | 32 | 37 |
| | 天津 | 89 | 93 | 80 | 77 | 71 | 72 | 87 | 85 | 77 | 81 |
| | 河北 | 104 | 89 | 84 | 82 | 73 | 74 | 74 | 78 | 78 | 77 |
| | 上海 | 99 | 80 | 73 | 69 | 68 | 67 | 68 | 71 | 65 | 68 |
| | 江蘇 | 94 | 97 | 99 | 91 | 90 | 88 | 87 | 88 | 87 | 87 |
| | 浙江 | 84 | 89 | 93 | 87 | 82 | 91 | 91 | 89 | 87 | 85 |
| | 福建 | 100 | 103 | 104 | 104 | 98 | 96 | 103 | 104 | 103 | 104 |
| | 山東 | 101 | 97 | 102 | 104 | 97 | 97 | 92 | 87 | 85 | 86 |
| | 広東 | 97 | 82 | 82 | 80 | 77 | 76 | 80 | 86 | 81 | 82 |
| | 海南 | 93 | 100 | 99 | 102 | 98 | 96 | 97 | 94 | 95 | 99 |
| 中部 | 山西 | 123 | 139 | 139 | 131 | 137 | 148 | 147 | 142 | 144 | 143 |
| | 安徽 | 105 | 111 | 111 | 114 | 131 | 139 | 134 | 134 | 130 | 129 |
| | 江西 | 97 | 90 | 97 | 97 | 105 | 88 | 95 | 87 | 84 | 92 |
| | 河南 | 97 | 102 | 104 | 103 | 95 | 90 | 89 | 92 | 90 | 99 |
| | 湖北 | 111 | 149 | 146 | 157 | 170 | 154 | 144 | 133 | 136 | 132 |
| | 湖南 | 87 | 82 | 83 | 84 | 82 | 83 | 91 | 87 | 88 | 95 |
| 西部 | 内蒙古 | 171 | 158 | 116 | 167 | 179 | 174 | 162 | 162 | 157 | 161 |
| | 広西 | 90 | 87 | 90 | 100 | 114 | 110 | 104 | 93 | 103 | 102 |
| | 重慶 | 55 | 73 | 72 | 84 | 94 | 89 | 81 | 81 | 83 | 77 |
| | 四川 | 108 | 108 | 116 | 107 | 114 | 116 | 116 | 101 | 107 | 133 |
| | 貴州 | 121 | 164 | 169 | 174 | 178 | 184 | 166 | 146 | 155 | 149 |
| | 雲南 | 94 | 112 | 117 | 121 | 130 | 131 | 136 | 129 | 134 | 147 |
| | 陝西 | 87 | 106 | 101 | 108 | 120 | 123 | 129 | 124 | 126 | 131 |
| | 甘粛 | 86 | 103 | 99 | 101 | 103 | 99 | 99 | 111 | 111 | 111 |
| | 青海 | 116 | 104 | 115 | 107 | 99 | 112 | 101 | 83 | 97 | 89 |
| | 寧夏 | 119 | 102 | 103 | 103 | 107 | 102 | 107 | 130 | 136 | 135 |
| | 新疆 | 99 | 100 | 100 | 99 | 102 | 100 | 103 | 104 | 107 | 105 |
| 東北 | 遼寧 | 81 | 81 | 83 | 82 | 81 | 78 | 76 | 74 | 76 | 77 |
| | 吉林 | 104 | 115 | 108 | 107 | 117 | 105 | 105 | 113 | 88 | 118 |
| | 黒竜江 | 108 | 105 | 108 | 107 | 105 | 105 | 102 | 102 | 103 | 99 |
| （電力不足率）順位 | 第1位 | 北京 | 北京 | 北京 | 北京 | 北京 | 北京 | 北京 | 北京 | 北京 | 北京 |
| | 第2位 | 重慶 | 重慶 | 重慶 | 上海 | 上海 | 上海 | 上海 | 上海 | 上海 | 上海 |
| | 第3位 | 遼寧 | 上海 | 上海 | 天津 | 天津 | 天津 | 河北 | 遼寧 | 遼寧 | 河北 |
| | 第4位 | 浙江 | 遼寧 | 天津 | 広東 | 河北 | 河北 | 遼寧 | 河北 | 天津 | 遼寧 |
| | 第5位 | 甘粛 | 広東 | 広東 | 河北 | 広東 | 広東 | 広東 | 重慶 | 河北 | 重慶 |
| | 第6位 | 陝西 | 湖南 | 遼寧 | 遼寧 | 遼寧 | 遼寧 | 重慶 | 青海 | 広東 | 天津 |

（注）電力不足率＝（生産量/消費量）×100。西蔵自治区は，データ不足により除外した。
（出所）2013年のみ中華人民共和国国家統計局編（2014）『中国統計年鑑2014』中国統計出版社。その他の年は国家統計局能源統計司編（2013）『中国能源統計年鑑2013』中国統計出版社より作成。

力過不足の指標とすると，遼寧省は，北京市・上海市・天津市・重慶市や河北省・広東省とともに，電力不足上位地区の常連となっている。電力需給ギャップの絶対量（＝電力消費量－発電量）においても，2012年には広東省・河北省・北京市・山東省・江蘇省・上海市に次ぐ電力不足地区となっている。遼寧省における電力不足は，GDP統計よりも電力消費量データのほうが信頼できると李克強氏が述べた2007年時点でも変わらない。

表9-3より，2004～13年における実質GDP単位あたりの電力消費量の伸び率が低い地区として，天津市・上海市・北京市の直轄市と，吉林省・黒竜江省・遼寧省の東北3省があげられたが，このうちの天津市・上海市・北京市・遼寧省は，絶対的にも相対的にも電力不足状態にある代表地区だったのである。しかも，遼寧省は，河北省・北京市・天津市・山東省といった巨大な電力不足地区とは地理的に近い。その一方で，2007年以降，中国最大の電力超過地区（電力融通地区）となっている内蒙古自治区と隣接していることから，遼寧省の電力消費量のかなりの部分が内蒙古自治区からの電力融通で賄われてきたものと推測される[17]。

## 4. おわりに

### 4-1 数値水増しの影響

もし地方政府がGDPの数値を水増ししていたとしても，それはGDPの水準に影響を及ぼすだけで，GDPの変化率には影響を及ぼさないかもしれない。表9-6は，数値水増しを行った場合の影響についてシミュレーションしたものである。

初期の実質GDPが1,000億元で，実際に，毎期5％の成長を遂げたと仮定しよう（表9-6のA欄）。10年後の実質GDPは1.629倍の1,629億元となり，年平均成長率は5％である。ここで毎期5％ポイントの水増しが行われ，実際

---

[17] 同じ東北地域の吉林省と黒竜江省は余剰発電量を持つことがあるものの，これら2省の余剰発電量合計は，遼寧省の電力不足分の最大でも4割しか賄えない規模である。したがって，遼寧省の電力不足分の少なくとも6割以上は吉林省・黒竜江省以外の地区からの融通に頼らざるをえない。

表9-6 水増しの影響に関するシミュレーション

| 期 | 正しい数値 A (億元) | 毎期 5%ポイント水増し B | 初期時点のみ 5%水増し C | 水増し B 水増し額億元 | 水増し B 水増し率%ポイント | 水増し C 水増し額億元 | 水増し C 水増し率%ポイント |
|---|---|---|---|---|---|---|---|
| 0 | 1,000 | 1,000 | 1,050 | 0.0 | 0.0 | 50.0 | 5.0 |
| 1 | 1,050 | 1,100 | 1,103 | 50.0 | 5.0 | 52.5 | 0.0 |
| 2 | 1,103 | 1,210 | 1,158 | 107.5 | 5.0 | 55.1 | 0.0 |
| 3 | 1,158 | 1,331 | 1,216 | 173.4 | 5.0 | 57.9 | 0.0 |
| 4 | 1,216 | 1,464 | 1,276 | 248.6 | 5.0 | 60.8 | 0.0 |
| 5 | 1,276 | 1,611 | 1,340 | 334.2 | 5.0 | 63.8 | 0.0 |
| 6 | 1,340 | 1,772 | 1,407 | 431.5 | 5.0 | 67.0 | 0.0 |
| 7 | 1,407 | 1,949 | 1,477 | 541.6 | 5.0 | 70.4 | 0.0 |
| 8 | 1,477 | 2,144 | 1,551 | 666.1 | 5.0 | 73.9 | 0.0 |
| 9 | 1,551 | 2,358 | 1,629 | 806.6 | 5.0 | 77.6 | 0.0 |
| 10 | 1,629 | 2,594 | 1,710 | 964.8 | 5.0 | 81.4 | 0.0 |

(出所) 筆者作成。

の成長率は5%であるにもかかわらず，報告された成長率は常に10%（報告された年平均成長率）であったとしよう（B欄）。すると，水増し額が徐々に拡大し，10年後の実質GDPは2,594億元となる。水増しが行われた場合の10年後の実質GDP（2,594億元）は，水増しがなかった場合の実質GDP（1,629億元）の1.59倍となる。こうした水増しが30年続くとすると，水増しされた実質GDPは，真の実質GDPの4.04倍となる。

このように，実質GDPの成長率が毎期5%ポイント水増しされると，水増しされた数値と真の数値との乖離が徐々に拡大し，その間，全体の実質GDP増大と歩調を合わせるように他部門の数値も水増しさせて全体の整合性を図ることが必要となる。このことは，毎期5%ポイントの水増しは非常に難しいことを示唆する。もちろん，水増し率が5%ポイントでなく，例えば2%ポイントであれば，水増しされた数値と真の数値との乖離幅が縮小されるが[18]，乖離幅の拡大や，他部門での水増しと全体の整合性確保の必要性がともなう点は共通している。

---

18) 例えば，成長率を2%ポイント水増しして7%として報告された場合の実質GDPは，10年後に真の実質GDP（毎期5%の成長率）の1.21倍，20年後に1.46倍，30年後に1.76倍となる。5%ポイント水増しの場合よりも乖離幅がかなり縮小されるが，それでも真の数値との乖離幅が徐々に拡大していく点は変わらない。

次に，初期時点（0期）において，報告された実質 GDP が真の実質 GDP より5%高いものの，報告された毎期の成長率は真の成長率と同じであったとしよう（C欄）。この場合，成長率の水増し率は0.0%ポイント（水増しなし）であり，報告された実質 GDP は常に真の実質 GDP の1.05倍，つまり5%分大きな数値となる。このように，実質 GDP の水増しがあることを仮定したとしても，実質 GDP 水準の水増し（真の数値を常に5%ポイント上回る）があるだけで，成長率の水増しは存在しないという可能性も考えられる。

### 4-2 地区限定の水増しの可能性

表9-3で見たように，遼寧省における電力消費量の伸び率は実質 GDP の伸び率を下回り，結果として GDP 単位あたり電力消費量が低下する傾向にある。表9-7は，実質 GDP と電力消費量の変化をさらに詳細に見たものである。表より，遼寧省では，実質 GDP の伸び率が電力消費量の伸び率を4～5%ポイント上回る傾向にある。したがって，電力消費量の伸び率が実際の経済成長を適切に反映するならば，遼寧省経済の報告された実質 GDP の成長率は真の成長率を年平均4～5%ポイント水増ししたものとなるはずである。

遼寧省だけでなく，どの地区においても，報告された実質 GDP 成長率よりも電力消費量のほうが適切な指標と見なされるならば，3-2で触れたように，実質 GDP 成長率の過大報告だけでなく過小報告の可能性も存在する。表9-7の内蒙古自治区のケースが示すように，2000～10年には，電力消費量の伸び率が実質 GDP の伸び率を上回っており，この期間の成長率は水増しされたどころか，逆に低めの数値が報告されたことになる。

新疆ウイグル自治区のケースでは，1995年以降，継続的に電力消費量の伸び率が実質 GDP の伸び率を上回っているので，過小報告が常態化していると判断されることとなる。表9-3における伸び率の順位が示すように，新疆ウイグル自治区の実質 GDP 伸び率は30地区中の27位であり，他地区と比べて相対的に低い成長率であることから成長率水増しの誘因を強く持っているはずである。しかし，経済の実態をより適切に反映するとされる電力消費量の伸び率

を下回る実質 GDP の伸び率が報告されてきたことは，どのように理解すべきか。遼寧省では成長率水増しが行われ，内蒙古自治区と新疆ウイグル自治区では水増しが行われなかったということか，つまり，遼寧省では実質 GDP 成長率を水増しするという強い誘因が働くような特殊要因が存在するのだろうか。

表9-7　遼寧省，内蒙古自治区，新疆ウイグル自治区における実質 GDP と電力消費量

| 地区 | 指標 | | 1990-95年 | 1995-2000年 | 2000-05年 | 2005-10年 | 2010-13年 |
|---|---|---|---|---|---|---|---|
| 遼寧省 | 実質 GDP | 年平均変化率(%) | 10.2 | 8.6 | 11.1 | 14.0 | 10.1 |
| | 電力消費量 | | 6.2 | 5.0 | 6.9 | 9.1 | 5.4 |
| | 実質 GDP | 指数(基準年=100) | 162.8 | 150.9 | 169.6 | 192.4 | 133.6 |
| | 電力消費量 | | 134.8 | 127.9 | 139.4 | 154.4 | 117.1 |
| 内蒙古自治区 | 実質 GDP | 年平均変化率(%) | 10.3 | 11.1 | 17.1 | 17.6 | 11.6 |
| | 電力消費量 | | 8.9 | 6.5 | 21.1 | 18.1 | 5.6 |
| | 実質 GDP | 指数(基準年=100) | 163.1 | 169.0 | 220.3 | 224.8 | 133.6 |
| | 電力消費量 | | 153.3 | 136.9 | 260.9 | 230.1 | 131.2 |
| 新疆ウイグル自治区 | 実質 GDP | 年平均変化率(%) | 11.8 | 7.7 | 10.1 | 10.6 | 11.7 |
| | 電力消費量 | | 11.4 | 8.8 | 11.1 | 16.4 | 32.5 |
| | 実質 GDP | 指数(基準年=100) | 174.4 | 144.9 | 161.4 | 165.3 | 139.2 |
| | 電力消費量 | | 171.1 | 152.5 | 169.4 | 213.5 | 232.6 |

(出所) 実質 GDP については，1990〜2005 年は国家統計局国民経済総合統計司編 (2010)『新中国六十年統計資料匯編』中国統計出版社，2005〜13 年は中華人民共和国国家統計局編 (2014)『中国統計年鑑 2014』中国統計出版社。電力消費量については，2013 年のみ『中国統計年鑑 2014』，その他の年は国家統計局能源統計司編 (2013)『中国能源統計年鑑 2013』中国統計出版社より作成。

### 4-3　遼寧省における特殊誘因

遼寧省は，一次エネルギーや電力に関して，消費量が生産量を大きく上回るエネルギー不足・電力不足状態にある。例えば，1990 年〜2005 年の間に，遼寧省における一次エネルギーの総消費量は 7,171 万トン（標準炭換算，以下同じ）から 1 億 3,592 万トンへと 1.90 倍に増加したものの，一次エネルギーの総生産量は 5,959 万トンから 6,771 万トンへと，1.14 倍に増加したに過ぎない。その結果，一次エネルギーの地区内調達率（= 総生産量/総消費量）は 82.1％から 49.8％にまで低下し，他の地区・地域への依存度が上昇した。

「国民経済・社会発展第 11 次 5 カ年計画綱要」（期間 2006〜10 年）では，5 カ年での「GDP 単位あたりエネルギー消費量の 20％削減」が掲げられたように，

エネルギー消費量の伸び率を実質 GDP の伸び率以下に抑制することが近年の国家目標となっている。したがって，エネルギーの省外依存度が高い遼寧省にとっては，エネルギー消費量の相対的抑制が強く求められることとなる。そして，エネルギー消費量の相対的抑制が次に電力消費量の相対的抑制を要請することになる。

　李克強氏が遼寧省党書記を務めていた 2005 年時点で，遼寧省は，名目 GDP 単位あたりの電力消費量が比較的高く，30 地区中の 9 位であった。北京市・上海市・天津市・重慶市・河北省・広東省といった電力不足上位地区の中で，2005 年の名目 GDP 単位あたりの電力消費量が遼寧省を上回るのは河北省だけであった。要するに，電力不足地区の代表であり，名目 GDP 単位あたりの電力消費量が比較的高い地区である遼寧省にとって，電力消費量の相対的抑制の推進が重要な課題であり，こうした事情が，実質 GDP の伸び率をかなり下回る電力消費量の伸び率（表 9-3 における単位電力消費量の欄）につながったと考えられる。

　このように，遼寧省においては，エネルギー消費量や電力消費量を抑制するだけの強い動機があり，このことが実際にもエネルギー消費量や電力消費量の伸び率の相対的抑制，つまり実質 GDP の伸び率を下回る伸び率を実現したと考えられる。しかし，それでも GDP 数値水増しの可能性はないのだろうか。

　実質 GDP の成長率の水増しが行われたと仮定してみよう。それは，一方では経済発展への貢献度が高いことを（誇張して）表すだけでなく，GDP 単位あたりエネルギー消費量削減や GDP 単位あたり電力消費量削減への貢献度が高いことも（誇張して）表すことになる。いずれも国家目標の実現に貢献するものであり，その意味では GDP 数値水増しの誘因は確かに存在するといえる。

　しかし，水増しされた数値と真の数値との乖離が徐々に拡大し，その間，全体の実質 GDP 増大と歩調を合わせるように他部門の数値も水増しさせて全体の整合性を図ることが必要となる。その意味で，実質 GDP 成長率を継続的に水増しすることにはかなりの苦労と困難が伴うことになる。GDP 数値の水増しが実際に行われているとしても，それを矛盾なく，かつ継続的に続けること

は，中国の GDP 統計に対する批判者たちが思っているほど簡単には実現できないことを理解すべきであろう．

## 参 考 文 献

産経新聞（2015）「日曜経済講座：人民元現預金 2,400 兆円，日本の 3 倍！ 膨らむ中国マネー・バブル」2015 年 3 月 1 日．

谷口洋志（2009）「西電東送」長谷川啓之監修，上原秀樹・川上高司・谷口洋志・辻忠博・堀井弘一郎・松金公正編『現代アジア事典』文眞堂，576 ページ．

谷口洋志（2014a）「中国における地域間・地区間格差問題」斎藤道彦編『中国への多角的アプローチⅢ』中央大学出版部，229-265 ページ．

谷口洋志（2014b）「成長率鈍化は既定の事実―中国経済は過大評価も過小評価も間違い―」『改革者』7 月号，42-45 ページ．

谷口洋志・朱眠・胡水文（2009）『現代中国の格差問題』同友館．

中国信息報（2015）「2014 公報解読：単位 GDP 能耗下降 4.8％意味着什麼」2015 年 3 月 9 日（http://www.stats.gov.cn/tjsj/sjjd/201503/t20150308_690781.html）．

中華人民共和国国家統計局（2014）『2013 年国民経済和社会発展統計公報』2014 年 2 月 24 日．

中華人民共和国国家統計局（2015）『2014 年国民経済和社会発展統計公報』2015 年 2 月 26 日．

中華人民共和国国家統計局編（2010-14）『中国統計年鑑 2010～2014』中国統計出版社．

中華人民共和国国家統計局国民経済総合統計司編（2010）『新中国六十年統計資料匯編』中国統計出版社．

中華人民共和国国家統計局能源統計司編（2013）『中国能源統計年鑑 2013』中国統計出版社．

Economist（2010），"China's economy: Keqiang ker-ching," Dec. 9.

Keohane, David（2014），"Abusing the Li Keqiang index?," *FT Alphaville*, Oct. 28.（http://ftalphaville.ft.com/2014/10/28/2021252/abusing-the-li-keqiang-index/）

Minter, Adam（2014），"China's Li Doesn't Believe His Own Numbers," *BloombergView*, Mar. 5.（http://www.bloombergview.com/articles/2014-03-05/china-s-li-doesn-t-believe-his-own-numbers）

Reuters（2010），"China's GDP is "man-made," unreliable: top leader," Dec. 6.（http://www.reuters.com/article/2010/12/06/us-china-economy-wikileaks-idUSTRE6B527D20101206）

# 第10章

## 中古住宅市場の活性化のための理論的検討
──住宅市場が住宅投資に与える影響を踏まえて──

前 川 俊 一

## 1. はじめに

日本の人口は国勢調査によれば，図10-1に示すように2005年をピーク（1億2768万人）にして減少しはじめ，2030年には1億1500万人程度になると予測され，65歳以上の人口も30％超となる。

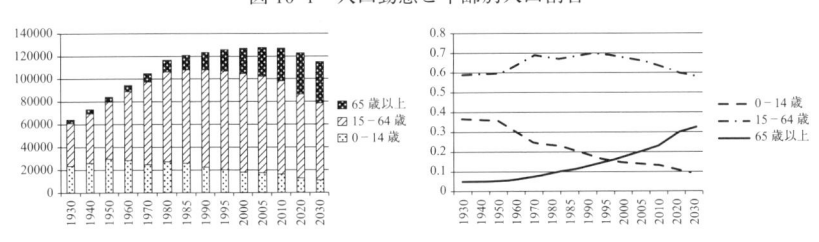

図10-1 人口動態と年齢別人口割合

（出所）2010年までは国勢調査，2020年以降の予測は社会保障・人口問題研究所より筆者作成。

江戸時代後期には2600万人程度で人口が横ばいになり経済も停滞したが，今後予想されるような急激な人口減少は経験したことはない。人口減少，高齢化による労働者人口の減少は国民経済に大きな影響を与えるが，住宅市場にも直接的な影響を与える。人口減少が住宅市場に与える影響は住宅需要の減少であるが，住宅流通市場が円滑に機能し既存住宅が活用されるのでなければ，減

少する住宅需要に対して新設住宅が過剰に供給され空き家が急増する可能性がある。現在，空き家の増加は深刻な問題になりつつある。

　我が国の場合中古住宅流通量が極めて少なく，住宅市場が新設住宅着工により構成されていることが明らかであるが，空き家問題も深刻となってきており既存住宅の活用が重要であり，中古住宅市場の整備が必要とされている。一方で民間住宅投資は新設住宅着工に主導されており，新設住宅着工が我が国の経済に寄与していたことは無視できない。後に述べるように1970年代後半から民間住宅投資のGDPに占める割合は継続的に低下しており，1970年代からの実質経済成長率の低下傾向と符合している。民間住宅投資の低下が経済成長率低下の主因であると主張している訳ではないが，住宅投資の減少がGDP低下の1つの要因であることは間違いない。

　民間住宅投資への寄与は日本の場合圧倒的に新設住宅着工であるが，海外に目を転じると，リフォーム投資も大きなシェアを占めており，リフォーム市場と中古住宅市場の活性化によって新設住宅着工の減少をある程度補う可能性もある。空き家を増加させずに住宅投資の減少を軽減させるためには，中古住宅市場の活性化は重要である。

　我が国の中古住宅市場の規模が諸外国に比べて小さいのは，買い手側からは中古住宅の質に関する情報が少なく質を判定するのが難しいこと，売り手側からは中古住宅の質を評価してもらえないことから住宅の価値を高めるためのリフォームが行われにくいこと，および取引を仲介する不動産業者に対する信頼が得られていないことなどのためである。中古住宅市場を活性化するためには中古住宅市場のシステムをいかにすべきかを検討することが必要である。

　本稿の目的は，中古住宅市場の活性化のための理論的検討を行うことであるが，その前に住宅市場の現況を説明し，今後の経済成長の1つのポイントとなる住宅投資を説明する要因を明確にして，今後の住宅投資を占う意味で重要となる新設住宅着工戸数の分析を行ったうえで，低迷が予測される住宅投資を下支えするためにも中古住宅・リフォーム市場の活性化が必要であることを明らかにする。

## 2. 住宅市場の現状

### 2-1 新築住宅市場と住宅流通市場

住宅市場は住宅分譲市場（新築住宅市場）と住宅流通市場（中古住宅市場）からなるが，日本の住宅市場の特徴は相対的に新設住宅着工戸数が多い一方で，住宅流通市場での中古住宅の取引が少ないことである。新設住宅着工戸数の推移をみたものが図10-2であり，図10-3が利用関係別新設住宅着工戸数割合を示したものである。

それらによれば，高度成長期が終了する1973年まで，住宅の量的不足もあり新設住宅着工戸数が急増する。日本列島改造ブームの1972年，73年には

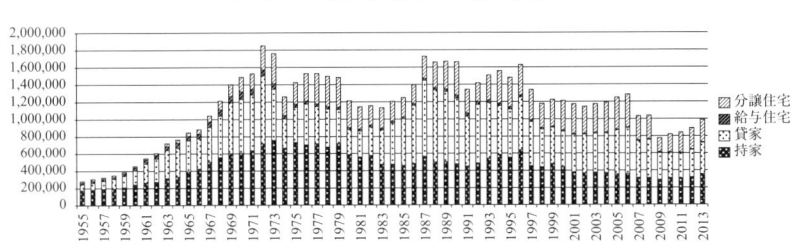

図10-2 新設住宅着工戸数の推移

（注）数値は年度である。
（出所）国土交通省，建築統計年報より筆者作成。

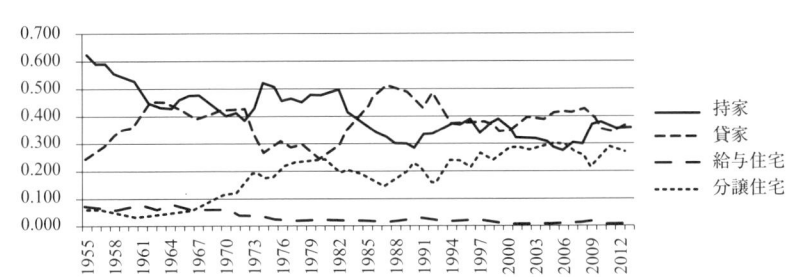

図10-3 利用関係別新設住宅着工戸数の割合の推移

（出所）国土交通省，建築統計年報より筆者作成。

180万戸前後にまで達する。資産バブル期（1985年から1990年）投資ブームから貸家の着工戸数の割合が増加（図10-3）し、再び160万戸を超える。リーマンショック（2008年）後の2009年には80万戸を割り込む。2013年は100万戸まで回復した。2013年で利用関係別着工戸数をみると、持ち家と貸家の着工戸数が35万戸超であり、分譲住宅の着工戸数が25万戸超である。

中古住宅流通市場を含めた住宅市場の規模を図10-4によってみると、中古住宅流通量のシェアは増加しているとはいえ、2008年で13.5％にすぎない。図10-5によって日本の中古住宅流通量のシェア（13.5％）を他の先進国と比較すると、アメリカは90％、イギリスは86％であり、かなり低いことが分かる。

図10-4　住宅市場の規模

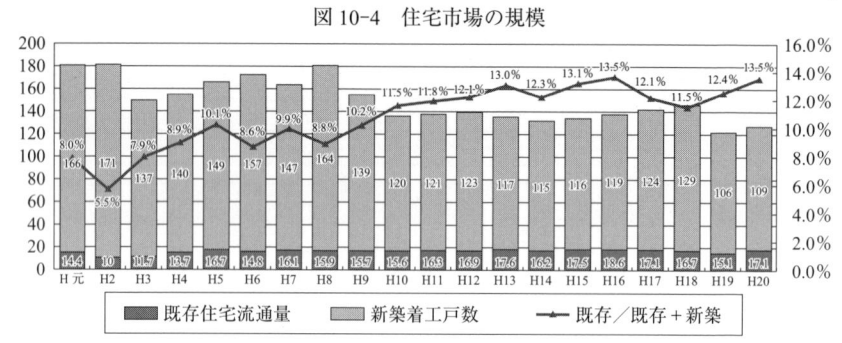

(出所) 住宅・土地統計調査（総務省）、住宅着工統計（国土交通省）。

図10-5　住宅市場の規模の国際比較

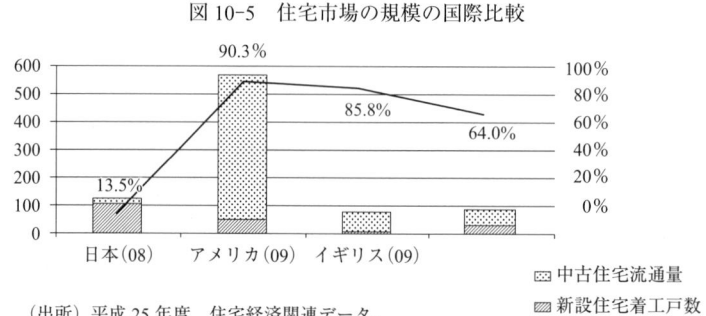

(出所) 平成25年度　住宅経済関連データ。

## 2-2 空き家数の現状と問題

1968年に住宅総数が世帯数を超え，その後堅調な住宅着工により住宅総数は世帯数以上に増加し，空き家が急増することになる。空き家数の推移をみたものが図10-6であり，2013年の圏域別の空き家率をみたものが図10-7である。それによれば，空き家数は急激に増加し，2013年には800万戸を超え，空室率も13.5%に達した。

図10-7によって圏域別にみると地方圏の空室率は2次的住宅（別荘）を除いても13.9%に達し，関東大都市圏の11.1%に比べ2.8ポイントも高い。地方圏において人口の減少，高齢化が進んでおり，空き家率が高くなっているのである。

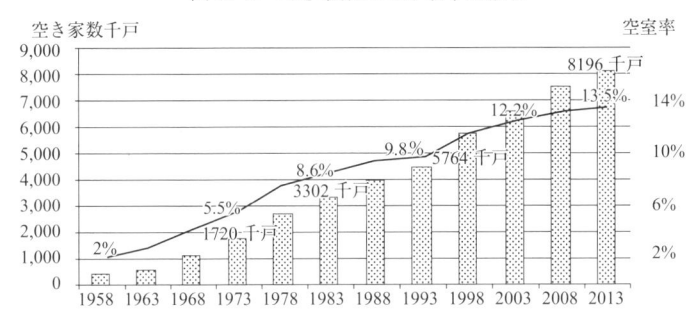

図10-6 空き家数と空き家率の推移

（出所）土地・住宅統計調査。

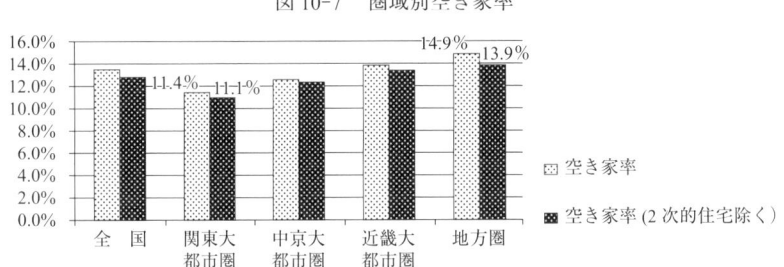

図10-7 圏域別空き家率

（出所）2013年土地・住宅統計調査より筆者作成。

放置された空き家が増加し,防犯,防災および周辺地域の環境の悪化など深刻な問題を起こしており,2014年4月1日現在355の地方自治体で空き家条例を制定し,2014年11月27日には「空き家等対策の推進に関する法律」が制定された。同法では①空き家などの実態把握,データーベースの整備,②空きなど対策計画の策定,③空き家などおよびその跡地の活用促進,④特定空き家など[1]に対する措置,⑤空き家などに関する対策の実施に必要な財政上の措置・固定資産税など税制上の措置などの指針を定めている。

空き家増加の要因は,直観的には人口の減少と必要な住宅数を超えた新設の住宅着工である。放置された空き家の処理は勿論必要であるが,新設住宅の着工を抑制して既存住宅を活用することも必要であり,そのために中古住宅流通市場の活性化も重要となる。

**2-3 住宅投資の動向**

前項で空き家問題から新築住宅着工を抑制して中古住宅流通市場の活性化の必要性を述べた。しかし,新設住宅着工を中心とした民間住宅投資が日本の経済を支えた1つの要因であることも否定できない。図10-8によって実質経済

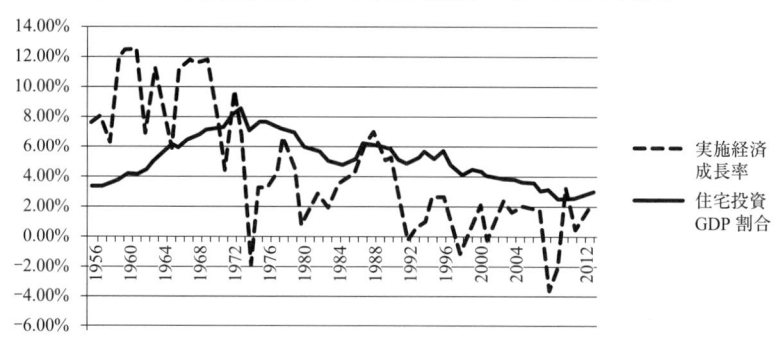

図10-8 実質経済成長率と民間住宅投資のGDPに占める割合

(出所)国民経済計算年報より筆者作成。

---

1) 特定空き家とは周辺の生活環境の保全を図るために放置することが不適切な状態にある空き家などである。

成長率と民間住宅投資の GDP 割合の推移をみると，高度成長期後期の 1967 年から 1980 年まで民間住宅投資の GDP 割合は 6% を超える水準にあったが，バブルが崩壊して以降割合は低下し，現在は 2% 台となっている。現在の低成長を説明する 1 つの要因である。

## 3. 住宅市場に関する実証分析

前節では住宅市場の現況について統計を用いて簡単に説明した。本節では，まず民間住宅投資が何によって構成され，影響されているかを明らかにして，その中心的な構成要素である新設住宅着工戸数の決定要因について分析することにより新設住宅着工戸数の今後の動向を検討する。また，空き家の発生要因についても簡単に分析することにする。

### 3-1 民間住宅投資の構成要素

民間住宅投資の構成要素を考えてみよう。日本の場合，新設住宅着工が中心的な要素と考えられる。日本の住宅リフォームが住宅投資に占める割合を欧州諸国と比較したものが，表 10-1 である。それによれば，日本の場合，住宅リフォームが住宅投資に占める割合は英国，フランス，ドイツと比べるとかなり低いことが分かる。

民間住宅投資（単位 100 億円）と広義のリフォーム[2]（単位 100 億円）および新設住宅着工戸数（単位千戸）の推移を示したものが図 10-9 である。当然ではあ

表 10-1　住宅リフォームが住宅投資に占める割合の国際比較

|  | 日本<br>(2008 年) | 英国<br>(2008 年) | フランス<br>(2008 年) | ドイツ<br>(2008 年) |
| --- | --- | --- | --- | --- |
| リフォーム比 | 30.1% | 62.3% | 52.3% | 77.0% |

（資料）日本：国民経済計算（内閣府）及び（財）住宅リフォーム・英国，フランス，ドイツ：ユーロコンストラクト資料
（出所）国土交通省「既存住宅・リフォーム市場の活性化」

---

2) 広義のリフォームとは住宅統計に計上されている増築・改築工事（狭義のリフォーム）に，エアコンや家具などリフォーム時に調達する耐久消費財，インテリア商品の購入費を含む。

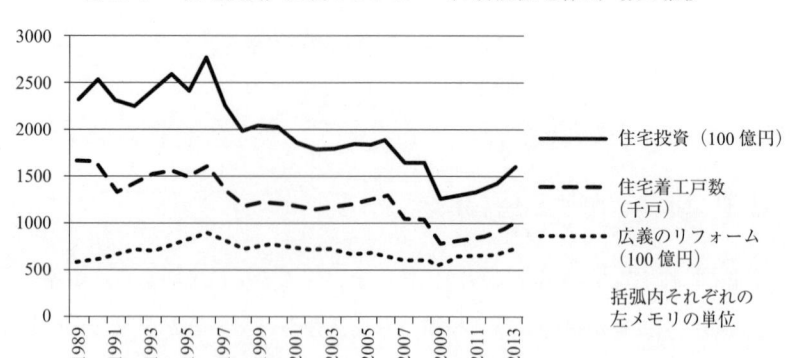

図 10-9　住宅投資，広義のリフォーム，新設住宅着工戸数の推移

(出所) 住宅投資：国民経済計算，広義のリフォーム：住宅経済関連データ，住宅着工戸数：建設統計年報より筆者作成。

るが3者，特に住宅投資と住宅着工戸数は密接な関連を持っている。

確認の意味で，特に住宅投資の要因分析ではないが，被説明変数を住宅投資額（$Y$），説明変数を新設住宅着工戸数（$X_1$）と広義のリフォーム（$X_2$）とした単純なモデルを作成することとする。各説明変数の弾性値をみるために下記のような対数線形モデルとする。

$$\log Y = \alpha_0 + \log X_1 + \log X_2 + \varepsilon \tag{1}$$

分析結果を示したものが表 10-2 である。

表 10-2　住宅投資モデルの分析結果

|  | 偏回帰係数 | $t$ 値 |  |
|---|---|---|---|
| 新設住宅着工戸数 | 0.912 | 23.9 | ＊＊＊ |
| 広義のリフォーム | 0.332 | 4.5 | ＊＊＊ |
| 定数項 | -3.543 | -7.2 | ＊＊＊ |
| 自由度調整済み決定係数 | 0.971 |  |  |

(注)　＊＊＊は1％有意
(出所) 分析，作成は筆者による。

それによれば，新設住宅着工戸数の偏回帰係数は 0.912 であり，新設住宅着工戸数が1％増加すると，住宅投資額は 0.91％増加することになる。図 10-9 からも明らかではあるが住宅投資と新設住宅着工戸数には密接な関係があるこ

とがわかる。新設住宅着工戸数の決定要因については次項で分析することとする。広義のリフォームの偏回帰係数は0.332であり、広義のリフォームが1％増加すると、住宅投資額は0.33％増加することになる。新設住宅着工戸数ほどでないが、これはリフォームが住宅投資に占めるシェアが30％程度であることと関連する。

### 3-2 新設住宅着工戸数および空き家の要因
#### 3-2-1 新設住宅着工戸数
民間住宅投資が新設住宅着工戸数と密接な関連を持つことを前項で示したが、今後の民間住宅投資を占う意味で新設住宅着工戸数のモデルを作成する。
新設住宅着工戸数を説明する要因として表10-3の要因を採用する。

表10-3 新設住宅着工戸数を説明する要因

|  | 変数の説明 | 出典 | 符号条件 |
|---|---|---|---|
| 30・40代人口 | 潜在的住宅需要の代理変数 | 「住民基本台帳に基づく人口」 | プラス |
| 前期空き家 | 前期空き家は住宅過剰状況を示す | 「土地・住宅統計調査」 | マイナス |
| 長期プライムレート | 購入資金の借り入れコスト | 「日銀統計年報」 | マイナス |
| 前期実質GDP | 住宅購入者の所得要因の代理 | 「国民経済計算」 | プラス |
| 実質GDP成長率 | 住宅購入者の所得伸び要因の代理 | 「国民経済計算」 | プラス |

（出所）整理、作成は筆者による。

30・40代人口は潜在的住宅需要を示す要因として採用した。住宅取得は世帯主の年齢が30代になったことから始まり、持ち家層では50代前に取得を終えている場合が多いことを考慮した。空き家は新設住宅着工戸数との関連で内生変数となるので逐次モデルを構築する。すなわち、前期の空き家が今期の新設住宅着工戸数に影響を与え、今期の新設住宅着工戸数が今期の空き家に影響するといったモデルである。前者はマイナスの関係で、後者はプラスの関係である。なお、土地・住宅統計調査は5年おきであり、5年おきにしか空き家数

を把握できないので，年データに修正するときは直線補完をした。

住宅需要者の住宅取得能力を計る要因として金利と所得がある。金利については長期プライムレートを採用し，所得の代理変数として実質国内総生産とその伸び率（経済成長率）を採用することとした。符号関係は前者がマイナスであり，後者がプラスである。

分析期間は1956年から2013年とした。長期の時系列分析を行う場合変数が同じトレンドを持つ可能性が高いため，分析結果は系列相関を持つ可能性が大きい。ここでは幾つかのモデルを作成し，ダービンワトソン比をみて系列相関があるかを判定し，系列相関がある場合はコクラン・オーカット法を適用して修正することとする。

モデルの基本は対数線形モデルとするが，30・40代人口については対数とは別に増加数（実数）も採用し，実質成長率については実数を採用することとする。

モデルは表10-4に示したように5つ作成した。モデル1と4は説明変数として前期の空き家（対数），前期の実質国内総生産（対数）に30・40代人口について増加数（実数）を採用したもので，モデル1はこれらに長期プライムレートも加えたものである。モデル3と5は説明変数として前期の空き家，前期の実質国内総生産，30・40代人口の対数値を採用したもので，モデル3はこれらに長期プライムレートも加えたものである。モデル2は説明変数として30・40代人口，前期の空き家，長期プライムレートの対数値を採用し，これらに実質経済成長率（実数）を加えたものである。

表10-4に示したようにモデル1の長期プライムレートの符号を除き，有意

表10-4　5つの新設住宅着工戸数モデルの推定結果の概要

|  | 30・40代人口総数（対数） | 30・40代人口増加（実数） | 前期空き家（対数） | 長期プライムレート（対数） | 前期実質GDP（対数） | 実質GDP成長率（実数） | 自由度調整済み決定係数 | ダービンワトソン比 |
|---|---|---|---|---|---|---|---|---|
| モデル1 | — | プラス，*** | マイナス*** | プラス* | プラス*** | — | 0.879 | 0.929 |
| モデル2 | プラス*** | — | マイナス** | マイナス* | — | プラス*** | 0.791 | 0.395 |
| モデル3 | プラス*** | — | マイナス*** | マイナス** | プラス*** | — | 0.88 | 0.659 |
| モデル4 | — | プラス** | マイナス*** | — | プラス*** | — | 0.859 | 0.756 |
| モデル5 | プラス*** | — | マイナス*** | — | プラス*** | — | 0.87 | 0.604 |

（注）*** は1%有意，** は5%有意，* は10%有意
（出所）分析，作成は筆者による。

であり符号条件も整合的であった。また決定係数も高い水準にある。しかし，ダービンワトソン比はすべてのモデルで1以下であり，正の系列相関が認められた。

ダービンワトソン検定で正の系列相関が認められたので，コクラン・オーカット法によりモデルを修正することとする。

表10-5がコクラン・オーカット法により修正したモデルの推計結果である。決定係数はかなり低下したが，ダービンワトソン比は1.5を超えており正の系列相関があるという結果にはならなかった。ただし，系列相関がなしと判定できたのはモデル2だけであり，他のモデルは判定できずとなった[3]。しかし，モデル2の決定係数は極めて低いので，正の系列相関があるとはいえない他のモデルで検討する。

長期プライムレートがどのモデルでも有意でなくなった。30・40代人口は対数を採用したものも増加数（実数）を採用したものも有意であり，実質国内総生産，実質成長率も1%有意であった。前期の空き家もモデル2を除いて有意であった。

表10-5　5つの新設住宅着工戸数モデルの推定結果（Cochrane-Orcutt法）

|  | モデル1 |  | モデル2 |  | モデル3 |  | モデル4 |  | モデル5 |  |
|---|---|---|---|---|---|---|---|---|---|---|
|  | 偏回帰係数 |  | 偏回帰係数 |  | 偏回帰係数 |  | 偏回帰係数 |  | 偏回帰係数 |  |
| 30・40代人口総数(対数) |  |  | 2.002 | ** | 2.855 | *** |  |  | 2.163 | *** |
| 30・40代人口増加(実数) | 0.00018 | ** |  |  |  |  | 0.000155 | * |  |  |
| 前期空き家(対数) | -1.414 | *** | -0.042 |  | -1.323 | *** | -1.452 | *** | -1.040 | *** |
| 長期プライムレート(対数) | 0.105 |  | 0.023 |  | -0.123 |  |  |  |  |  |
| 前期実質GDP(対数) | 2.498 | *** |  |  | 1.554 | *** | 2.445 | *** | 1.369 | *** |
| 実質GDP成長率(実数) |  |  | 1.877 | *** |  |  |  |  |  |  |
| 定数項 | -2.748 | *** | -1.293 |  | -8.311 | *** | -1.993 | * | -5.311 | *** |
| 自由度調整済み決定係数 | 0.594 |  | 0.158 |  | 0.433 |  | 0.465 |  | 0.377 |  |
| ダービンワトソン比 | 1.557 |  | 1.815 |  | 1.7 |  | 1.561 |  | 1.664 |  |

（注）***は1%有意，**は5%有意，*は10%有意
（出所）分析，作成は筆者による。

---

3) 5%の有意水準で系列相関があるなしの判定される下限（$d_L$）と上限（$d_U$）は3説明変数で$d_L=1.45$，$d_U=1.68$であり，4説明変数で$d_L=1.41$，$d_U=1.72$である。算定されたダービンワトソン比（$d$）が$d<d_L$のとき正の系列相関があり，$d>d_U$のとき系列相関なし，$d_L<d<d_U$のとき判定できずと判断される。

モデル1が最も決定係数が高いが、長期プライムレートが有意でなく、符号も整合的でない。モデル1から長期プライムレートを除いたモデル4と30・40代人口について対数を採用し長期プライムレートが有意ではないが符号は整合的なモデル3を加えた3モデルで検討する。

モデル3の30・40代人口の弾性値は2.855である。すなわち、30・40代人口が1％減少すれば、着工戸数は2.9％減少することを意味する。モデル1とモデル4では30・40代人口が100万人減少すれば着工戸数はモデル1では18％、モデル4では15.5％減少することになり、モデル3より効果は大きくなっている[4]。いずれにしても30・40代人口の減少は住宅着工戸数の大きな減少となる。

空き家の弾性値は-1.3から-1.4であり、空き家の1％の減少が着工戸数の1.3％から1.4％の増加につながることを示す。前期実質GDPの弾性値はモデル1と4では2.5程度であり、30・40代人口の弾性値ほどではないが大きいことが分かる。30・40代人口の減少が確実に予測される中で、住宅着工戸数を維持するためにはそれ以上の経済成長をしなければならないことになり、厳しい条件であるといえる。

住宅投資額がこれまでのように新設住宅着工に依存するようだと、さらなる住宅投資額の低下は避けられない。リフォームを中心とした住宅投資にシフトしてゆくことが必要である。

3-2-2　空き家

空き家の増加要因も検討しておく。被説明変数は空き家数増加数（万戸）であり、説明変数は空き家が基本的に世帯数の増加と住宅着工戸数に依存する[5]ので、この2つの説明変数を軸にモデルを作成する。ただし、土地・住宅統計調査によれば人口が減少しても世帯数が減少しないという現象が生じているので、人口も変数として採用する。土地・住宅統計調査による空き家のデータは

---

[4]　2013年時点で30・40代人口は3250万人、100万人減少は3.1％の減少となり、モデル3の2.855を乗じると着工戸数の約9％の減少となる。

[5]　住宅滅失統計は十分ではないと考え除いた。

5年おきなので，世帯数増加，人口増加，住宅着工戸数のフローデータは5年間を合算して5年間のデータとした。分析期間は1963年から2013年であり，サンプル数はわずか11である。したがって，モデルの結果は参考程度にしか使えないことを断っておく。

表10-6 空き家モデルの説明変数（空き家数増加数の単位は万戸）

|  | 空き家への影響 | 符号条件 |
| --- | --- | --- |
| 5年間世帯数増加(万世帯) | 世帯数が増加すれば空き家は減少 | マイナス |
| 5年間人口増加(万人) | 人口が増加すれば空き家は減少 | マイナス |
| 5年間住宅着工戸数(万戸) | 住宅着工が増加すれば空き家は増加する | プラス |

（出所）表現，作成は筆者による。

モデルは線形モデルである。分析結果は表10-7に示した。それによれば，世帯数増加を説明変数とした場合（モデル2）有意な結果が得られず，人口増加を説明変数とした場合（モデル1）有意水準は低いもののある程度の結果が得られた。したがって，モデル1に従って説明する。それによれば人口増加の偏回帰係数は-0.5であり，人口が1万人減少すると空き家が5千戸増加することになる。世帯数は2分の1以下なので，住宅の必要数の減少と同数の空き家が増加することになる。住宅着工戸数の偏回帰係数は1.17であり，新設住宅着工戸数1戸の増加がおおよそ空き家1.17戸の増加になっていることが分かる。

表10-7 空き家モデルの分析結果

|  | モデル1 |  | モデル2 |  |
| --- | --- | --- | --- | --- |
|  | 偏回帰係数 | $t$値 | 偏回帰係数 | $t$値 |
| 5年間世帯数増加 |  |  | -0.021 | 0.89 |
| 5年間人口増加 | -0.524 | -1.70 |  |  |
| 5年間住宅着工戸数 | 1.173 | 2.53 | 1.041 | 1.87 |
| 定数項 | 172.3 | 0.57 | 141.9 | 0.30 |
| 自由度調整済み決定係数 | 0.371 |  | 0.146 |  |

（出所）分析，作成は筆者による。

以上からも明らかなように，空き家の減少のためには，人口減少が予測され

る中で住宅着工戸数を減少させてゆく必要がある。先に述べたように，このような状況下でも住宅投資の減少を緩和させるためにはリフォーム市場の活性化が必要となる。

## 4. 我が国の中古住宅市場の実態と問題

2節で住宅市場の現況について統計を使って説明し，我が国において中古住宅市場，リフォーム市場が他の先進諸国に比べて極めて小さいことを明らかにし，3節で新設住宅着工戸数のモデルを中心に実証分析により人口の減少が住宅着工戸数の減少をもたらし，住宅投資を減少させることを述べ，住宅投資の減少を少しでも緩和させ，空き家の増加を防ぐためにはリフォーム市場，中古住宅市場を活性化させることが必要であることを述べた。本節では，次節の理論的検討の前提として我が国の中古住宅市場の実態について説明し，問題点を明らかにしておく。

### 4-1 我が国の中古住宅市場の実態

我が国の中古住宅市場の実態を示したものが図10-10である。それによれば中古住宅の売り手（個人の住宅需要者）は自己居住住宅を売却するために仲介業者と媒介契約を締結する。その際仲介業者と相談の上登録価格を設定する。媒介契約には専任媒介契約，専属専任媒介契約，一般媒介契約があるが，前2者の専任媒介契約をした場合，7日以内にレインズに登録することが必要である。レインズの売り物件情報は会員（業者）以外みることはできない。また，売り主の実費で広告を出すことがある。売り主と媒介契約を交わした業者だけでなく他の業者もレインズの情報から売り物件を店頭に張り出す。住宅の需要者は不動産業者の店頭，新聞の折り込み広告，住宅情報誌，インターネットなどから住宅を探索する。住宅の売り手も買い手も売り物件情報と取引事例の情報から相場などを判断して，売り手であれば登録価格の決定の参考にするし，買い手であれば住宅の探索の参考とする。

住宅の売り手と買い手がマッチングし，交渉をして取引が成立すれば買い手

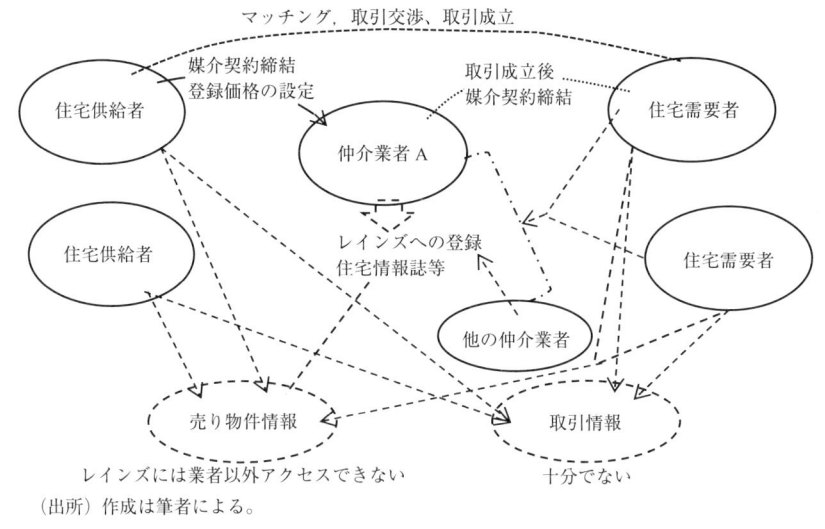

図 10-10　我が国の中古住宅流通市場

(出所) 作成は筆者による。

を連れてきた仲介業者と買い手の間で媒介契約が締結される。

　我が国の中古住宅市場の特徴を整理してみよう。
① 住宅の売り手，買い手が利用できる売り物件情報，取引情報が少ない。
　　取引情報に関しては不動産取引価格情報提供システムがある。全体の取引の30％弱をカバーするにすぎないがインターネット上で見ることができる。ただし，プライバシー問題もあり，場所は特定できない，物件を目視できないなど情報としては不完全である。曹雲珍・前川俊一 (2015) によれば同じアジアの香港では過去の取引情報など含む登記情報を土地登記局に手数料を支払って見ることができ，正確な情報の入手が可能である。売り物件情報に関してはレインズ情報を見ることができないが，不動産業者の店頭，住宅情報誌，新聞の折り込み広告，インターネットの情報サイトなどで情報を収集することになる。
② 品質に関する情報が不十分である。
　　我が国の場合売り主の情報の開示義務はなく，業者に法定開示義務が課されている。重要事項説明である。しかし，開示が義務付けられた情報は，土

地の権利関係，都市計画法・建築基準法などの法令上の規制，道路，下水道など公共公益施設，取引条件など限定的であり，取引履歴，土地利用履歴，リフォーム履歴は開示されないし，住宅の状態（修繕の必要性），性能の情報も開示されず，地域の災害危険度，周辺状況も開示されない。齊藤広子・中城康彦（2012）によれば，アメリカでは，売り手は住宅について知りえる情報を開示する責任があり，TDR（Transfer Disclosures Statement　物件情報開示レポート）を買主に渡さなければならない。開示される情報も我が国より多い。本稿では情報開示について問題にする。

③　欧米に比べると取引に介在する専門家の数が少ない。

　アメリカでは売り手の仲介業者と買い手の仲介業者は別の業者であるが，我が国の場合は必ずしも別の業者でなければならないことはない。アメリカは登記制度が契約書（deed）を綴っただけのものであり真の所有者が分かり難いこともあるが権限保険会社が介在する。権限保険会社は売り手が真の所有者か，他者の権利の存否など権利の内容，固定資産税が支払われるかなどの確認を行う。売り手と買い手と仮契約を結んだ段階でエスクロー会社が介在することになる。エスクロー会社は資金管理，取引決済，登記などの事務，公的な法規制の調査，法律への適合性の確認，資金の預かりなどの業務を行う。また，多くの場合買い主が建物検査会社（インスペクター）に建物検査（インスペクション）を依頼する。

　我が国の場合，多くの専門家が介在することなく媒介契約を締結した不動産業者に仕事が集中する。買い手が建物検査会社に建物検査を依頼することもほとんどない。専門家の関わりについてはコスト効果を考えなければ一概にはいえないが，不動産業者に専門ではない仕事も集中するのは問題があり，信頼性も低くなる可能性もある。ただし，専門家の関わりについては本稿では特に扱わない。

④　双方と媒介契約を結ぶことができる。

　先に説明したように，アメリカでは売り手と買い手の代理人として別々の業者と契約するが，我が国では売り手と買い手の両方と媒介契約を結ぶこと

ができる。代理契約ではないのでこれが可能となるのである。いわゆる「両手問題」である。双方から仲介手数料を3%ずつ取れば大きな利益になることから，優良物件を抱え込むインセンティブが存在することになる。専任媒介契約の場合7日以内にレインズに登録すればよい（アメリカのMLSは48時間以内）ので，契約を遅らせることを含めて登録前に買い手を見つけてくる努力をすることが考えられる。本稿では仲介業者と買い手又は売り手との間のエージェンシー問題として議論することにする。

**4-2 中古住宅市場における情報の非対称性問題**

前項で議論した問題は情報の非対称性問題として整理できる。情報の非対称性とは，ある主体が情報を十分に持っているのに対して一方の主体が十分な情報を持っていないことであり，情報の非対称性は「隠れた情報」と「隠れた行動」で整理される。

隠れた情報とは，財の品質またはエージェント（代理人）の特性などの情報をプリンシパル（依頼者）が持っていないことをいい，隠れた行動とはプリンシパルがエージェントの行動を観察できないことをいう。

本稿では隠れた情報に関しては「住宅の品質」を扱うが，この場合逆選抜問題が生じる。逆選抜問題としてはAkerlof（1970）が議論した「レモンの原理」が有名である。レモンの原理は，中古自動車市場において売り手は品質を知っているが買い手が十分に知らない場合，買い手は中古自動車の品質を平均的な質と判断して取引する。この場合，良質の中古自動車を保有している売り手は自分の中古自動車を正しく評価されないことから市場を撤退する。良質な中古自動車が市場から撤退すると市場で流通する中古自動車の平均的な質は低下するので，次に良質な中古自動車の売り手が市場から撤退することになる。市場は小さくなり，質の悪い中古自動車だけが市場に残ることになるとするものである。このような逆選抜が起こらないように情報の開示を含めたシステムの構築が必要となる。

住宅に関する質の情報としては表10-8のような情報がある。

表10-8　中古住宅に関する品質の情報

| 住宅(建物)に関する情報 | 権利関係，施行者，築年次，構造，間取り，リフォーム履歴，維持修繕履歴，現在の物的な状況，現在の居住性など |
|---|---|
| 土地に関する情報 | 権利関係，土地利用規制，地勢・地盤，土地利用履歴，震災などの被害履歴，土壌汚染などの危険性など |
| 利便性に関する情報 | 最寄り駅，最寄り駅までの距離，最寄り駅から都心までの時間，商業施設への接近性，公共施設への接近性，前面道路，道路系統など |
| 住環境に関する情報 | 周辺の土地利用状況，緑被率，火災の危険性，地震発生時の危険性，周辺住民の状況など |

(出所) 作成は筆者による。

　仲介業者が「重要事項説明」において開示しなければならない情報（法定開示情報）が定められているが，住宅のリフォーム履歴，維持修繕履歴，現在の住宅の物的状況，土地利用履歴など隠れた情報が数多く存在する。隠れた情報に対する対策としては「瑕疵担保責任」，「売り手による無償保証」。「情報開示ルールの確立」および売り手による「シグナリング」などがある。これらについて次節（5節）で検討する。

　隠れた行動に関しては，買い手または売り手（プリンシパル）が仲介業者（エージェント）の行動を観察できない場合，仲介業者は買い手または売り手のために働かなければならないが，彼らの利益を最大にするようにではなく自分の利益を最大にするように行動するインセンティブが働く。モラルハザードの発生である。

　仲介業者に対する報酬（仲介手数料）は取引価格の3%という上限が設けられているだけであるが，競争が働かず多くの場合上限の取引価格の3%の報酬が支払われる。このため仲介手数料は取引価格が高いほど高いことになる。したがって，仲介業者と買い手は完全に利益相反する。仲介業者が高い住宅を買わせるといったモラルハザードが生じやすいといえる。仲介業者と売り手との間には双方とも取引価格が高ければ利益が大きいことから利益相反がないようにみえるが，先に議論した両手問題から登録価格を低く設定して買い手を見つけやすくするように行動する可能性があり，登録価格の設定に関して利益相反問題がある。2タイプのエージェンシー問題を6節で検討する。

## 5. 隠れた情報に対する対応

隠れた情報として瑕疵担保責任，売り主による無償責任，情報開示を扱うとともに，売り主の立場からシグナリングを議論する。

### 5-1 瑕疵担保責任と無担保保証
#### 5-1-1 瑕疵担保責任

瑕疵担保責任とは，目的物に隠れた瑕疵（買主が瑕疵について善意・無過失）がある場合売り主が買い主に負うべき責任（民法570条の責任）のことである。

瑕疵担保責任には法定責任説と契約責任説がある。法定責任説は瑕疵担保責任が契約の義務の例外規定として法が特に設けた責任とするものであり，契約責任説は瑕疵のある物の引渡しは債務不履行であるとするものである。なお，長期にわたって売り主が瑕疵担保責任を持つのはかなり厳しいので，瑕疵担保責任の行使期間は瑕疵を知ったときから1年である。

瑕疵担保責任が問われるとなれば正確な情報を十分に提供しようとすることになるが，隠れた情報問題を瑕疵担保責任で解決するのには無理がある。中古住宅の売り手に2,3ヶ月という時限を設けたとしても瑕疵担保責任を課すのは厳しい。我が国では，売り手が生産者でもないことから中古住宅の売り手に瑕疵担保責任はないとしている。また，アメリカにおいても中古住宅の売り手に瑕疵担保責任を課していない。

#### 5-1-2 売り主による無償保証

継続取引を前提とすると質の悪い商品を売ると次の取引に影響を与えるので，売り手が良質な商品を供給しブランドを獲得しようとして，「無償保証」をすることがある。しかし，中古住宅市場の売り手は唯一の住宅を売却する主体で継続取引をしない。したがって，無償保証を宣言することはない。

### 5-2 情報開示

隠れた情報に関して有効な方法として，中古住宅に関する情報を開示するこ

とを義務付けるルールを確立することがある。

### 5-2-1 情報開示の現状

我が国では売り手に情報開示義務はない。仲介業者には法定開示情報がある。「重要事項説明」といわれるものである。先にも述べたように「重要事項説明」の開示情報は不十分である。また，我が国では重要事項以外の情報は任意であり開示されないことが多い。アメリカでは，すでに述べたように売り手に情報を開示する責任がある（TDR（Transfer Disclosures Statement）物件情報開示レポート）を買主に渡さなければならない。有害物資情報開示については売り主が開示し，業者が著名することとなっている。自然災害情報宣言書の開示義務については法定で定めている。

### 5-2-2 情報開示ルールの有効性

情報開示ルールが有効であるためには，取引当事者以外の第三者が開示された情報の適否を判断できなければならない（立証可能性）。立証可能であれば自発的な情報開示ルールができるが，立証可能でない場合売り手の情報を開示するインセンティブが存在しない。

たとえば，売り出されている住宅が耐震化対策を講じているかが立証可能であるとする。耐震化対策を講じていない住宅を販売している売り手は，「耐震化対策を講じている」と嘘をつくと買い手が購入後そのことが分かったら裁判所に訴えることができ，裁判所も耐震化対策が講じられているかを判断できるので，このような住宅を販売している売り手は「耐震化対策を講じている」という嘘の情報は流さない。「耐震化対策を講じている」住宅を売り出している売り手はその情報を開示しないと，耐震化対策を講じていないとみなされるのでその情報を開示することになる。これは立証可能であるときの「解きほぐし」といわれ，売り手が自発的に情報開示を行うことになる。

しかし，立証可能でなければ，耐震化対策，住宅の損傷，性能などに関する「売り手の情報開示をしないという行動」から買い手は何の情報を引き出せない。この場合売り手が自発的に情報開示を行うことはない。中古住宅の場合，さらに売り手が正確に自分の住宅の質の情報を知らない可能性すらある。

### 5-2-3 情報開示ルールの確立のための政策

完全な立証可能性を確立させることは難しいが，ある程度立証可能性を持たせることは可能である。地盤，震災などの災害の危険性などに関しては行政がデータベースを構築することが考えられるし，個人の住宅のリフォーム工事，大規模な修繕については届け出を義務付け，届け出を情報として蓄積して検索可能なデータベースをつくることが考えられる。我が国の場合建築確認が必要なのは $10 m^2$ 以上の建築（増築）であり，それ以下の増築および増築を伴わないリフォーム，大規模修繕は届け出る必要がない。行政のコストは大きくなるが，コストを考慮して簡易な届け出も行うようにして住宅の質に関する立証可能性を高めることが考えられる。立証可能性をある程度担保したうえで，売り手に対しても情報開示義務を負わせることが必要である。

### 5-3 シグナリング

売り手がシグナリングとして情報開示を行うかを考えてみよう。

良質な住宅の売り手は，自分の住宅が良質であることをアナウンスするというインセンティブがある。情報を持つ売り手が自分の行動を通じて買い手に情報を伝達することが「シグナリング」である。たとえば，「一定の質を持っていなかった場合には保証金を支払う」というのはシグナリングである。質の悪い住宅を持っている場合はこのようなことを宣言することはできない。

シグナリングが有効に働くかに関して検討してみよう。

売り手 $L$ の所有住宅は比較的優良でなく，買い手に優良であることをアナウンスするコスト（事前の修繕コストを含む） $C_L(X)$ は高く，売り手 $H$ の所有住宅は比較的優良で，買い手に優良であることをアナウンスするコスト（事前の修繕コストを含む） $C_H(X)$ は低いとする。優良住宅価格は $Y_1$ で，優良でない住宅価格は $Y_2$ として（$Y_1 > Y_2$），各売り手の効用は次のように表されるとする。

$$u_j = Y_i - C_j(X) \quad j = L, H \quad i = 1, 2 \tag{1}$$

図10-11は縦軸を住宅価格 $Y$ とし，横軸をシグナリングレベル $X$ として，優良住宅として買い手に認められれば売却収入は $Y_1$ となり，そうでなければ

図 10-11 シグナリング

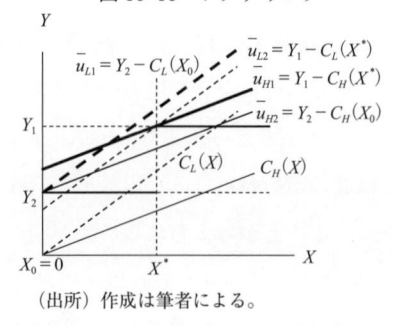

(出所) 作成は筆者による。

売却収入は $Y_2$ となる。買い手はシグナリングレベルが $X^*$ に達すると優良住宅と認めるとする。

図 10-11 にシグナリングレベルを関数とした売り手 $L$ の所有住宅のシグナリングコスト $C_L(X)$ と売り手 $H$ の所有住宅のシグナリングコスト $C_H(X)$ が原点からの直線で表され，$C_H(X)$ の勾配が $C_L(X)$ の勾配より小さく描かれている。図 10-11 の $\bar{u}_{L1}$ と $\bar{u}_{L2}$ は売り手 $L$ の無差別曲線を，$\bar{u}_{H1}$ と $\bar{u}_{H2}$ は売り手 $H$ の無差別曲線を示し，上方の無差別曲線ほど効用が高い。

$\bar{u}_{L1}=Y_2-C_L(X_0)$ の直線は売り手 $L$ がなんのシグナルも送らず ($X_0=0$) 良質でない住宅として販売したときの効用水準に相当する無差別曲線であり，$\bar{u}_{L2}=Y_1-C_L(X^*)$ の直線は売り手 $L$ が $X^*$ の水準のシグナルを送り良質な住宅として販売したときの効用水準に相当する無差別曲線である。前者の無差別曲線が上方に位置し，売り手 $L$ は何のシグナルも送らず不良なままで住宅を販売する。$\bar{u}_{H2}=Y_2-C_H(X_0)$ の直線は売り手 $H$ がなんのシグナルも送らず ($X_0=0$) 良質でない住宅として販売したときの効用水準に相当する無差別曲線であり，$\bar{u}_{H1}=Y_1-C_H(X^*)$ の直線は売り手 $H$ が $X^*$ の水準のシグナルを送り良質な住宅として販売したときの効用水準に相当する無差別曲線である。後者の無差別曲線が上方に位置し，売り手 $H$ は $X^*$ の水準のシグナルを送り良質な住宅を販売する。これは，優良な住宅を持つ売り手 $H$ はシグナリングコストが安く，シグナルレベルを $X^*$ まで高めて買い手に優良な住宅と認識してもらうインセンティブを持つが，優良でない住宅を持つ売り手 $L$ はシグナリング

コストが高いため,何のシグナルを送らずに優良でない住宅として販売するという選択をすることを意味する。

すなわち,シグナリングが有効に働くのは,優良な住宅と認めてもらうためのシグナリングコストが優良な住宅と認めてもらうことによる価格の上昇を下回る場合である。

アメリカ,イギリスでは中古住宅の取引において買い手がインスペクション（住宅検査）をインスペクター（住宅検査会社）に依頼し行われるのが一般的である。売り手がインスペクションを行ってシグナルを送ることはほとんどない。これは売り手が依頼してもインスペクションがシグナルとならないことを意味すると思われる。売り手が依頼して行うインスペクションを買い手が信用しないために,優良住宅として販売価格をインスペクション費用ほど引き上げることができないためと考えられる。

## 6. エージェンシー問題

### 6-1 はじめに

依頼者（プリンシパル）である売り手または買い手は代理人（エージェント）である仲介業者の行動を観察できない。この場合エージェントはプリンシパルのために働くのではなく,自分の利益を最大にするように行動するインセンティブが働く（モラルハザード）。これがエージェンシー問題である。

本節ではこの問題を理論的に検討することとする。中古住宅市場を扱った論文は数多くある。Horowitz（1992）はアクティブに探索活動を行う主体が供給者のみであるとして登録価格（list price）の分析を行い,Knight, Sirmans and Turnbull（1994）は登録価格が成約価格を推定するための有用な情報を含むかに関して理論的,実証的な研究をした。Yavas and Yange（1995）は供給者のほか需要者と仲介業者の行動にも着目し,探索活動の強度をも考慮し,不動産売買における登録価格の戦略的な役割について理論的に検討したうえで,登録価格と滞留期間の関係を実証的に分析している。

本節のようにエージェンシー問題を扱った文献も幾つかみられる。Arnord

(1992) は，Lippman and McCall (1976) のサーチモデルを使い，売り手の最適留保価格が仲介業者のそれに等しくなるような最適報酬契約を検討し，売り手の住宅の持ち越し費用と仲介業者の探索費用から適切な報酬率を定めることにより固定報酬率の仲介手数料が誘因両立条件を満たすことを証明する。なお，Arnord (1992) は登録価格を明示しないで，留保価格を仲介業者が誘導可能なものとして扱う。また，曹偉如・前川 (2007) は，J-REITと外部運用会社の現行の報酬体系が「外部運用会社がJ-REITのために働く」形になっていないことを不動産取得の場合に焦点をあて理論的に説明し，取引価格が低いほど報酬が高くなるインセンティブ報酬を提案する。この議論は外部運用会社を仲介業者に，J-REITを買い手に置き換えればそのまま適用できる。前川・曹雲珍 (2010) は売り手と仲介業者の間のエージェンシー問題を扱った。彼らは登録価格を定義し，登録価格の設定に関するエージェンシー問題および探索努力に関するエージェンシー問題に焦点をあてて議論している。

本節では，買い手と仲介業者との間のエージェンシー問題を扱った曹偉如・前川 (2007) と売り手と仲介業者との間のエージェンシー問題を扱ったのは前川・曹雲珍 (2010) を参考にして議論する。

## 6-2 買い手と仲介業者との間のエージェンシー問題

先に述べたように，エージェント (仲介業者) はプリンシパル (買い手) のために働かなければならないが，プリンシパルはエージェントの行動を観察できず，観察できるのは成果のみである。この場合，エージェントはプリンシパルの利益が最大となるように行動するのでなく，自己の利益を最大となるように行動する (エージェンシー問題)。

現行の仲介手数料は取引価格の一定割合 (上限が定められているが上限で契約されることが多い) であることから，両者の間に明らかな利益相反がある。すなわち，仲介業者は取引価格が高いほど利益が大きいが，買い手は取引価格が低いほど利益が大きい。

現行の報酬体系が利益相反をもたらしているので，理論的にエージェントが

プリンシパルのために働くようなインセンティブを与える次善の報酬体系を検討する必要がある。

単純化のため以下の想定をして議論する。①全く同一の便益をもたらす2つの住宅（住宅1と住宅2）があるが、2つの住宅価格は違う。住宅1の価格が$Y_1$、住宅2の価格が$Y_2$であり、住宅1の価格は住宅2の価格より安い（$Y_1<Y_2$）。②仲介業者の行動は$a$と$b$があり、行動$a$を採用すると住宅1を取得する確率は$P_a$となり、探索のコストは$C_a$となる。行動$b$を採用すると住宅1を取得する確率は$P_b$となり、探索のコストは$C_b$となる。そして、行動$a$を採用した方が住宅1を取得する確率が高くなり（$P_a>P_b$）、探索費用は行動$a$を採用した方が大きくなる（$C_a>C_b$）。

### 6-2-1　ファーストベストの状況

まず、買い手が仲介業者の行動を観察でき、仲介業者が社会的に最適な行動（ファーストベスト）を採用した場合の報酬体系を検討する。

以下の式が成立するとき、社会的に仲介業者が行動$a$を採ることが望ましい。本論ではこれを仮定する。

$$(P_a-P_b)(Y_2-Y_1)>C_a-C_b \tag{2}$$

(2)式左辺は行動$a$を採用することによる購入コストの削減を意味し、右辺は行動$a$と$b$のコスト差である。

ファーストベストの状況ではプリンシパルがエージェントの行動を観察でき望ましい行動をとるようにエージェントに指示でき、最適なリスク（本論では住宅1を取得するか2を取得するかといった不確実性）の配分を決定できる。したがって、ファーストベストの状況では(2)式の仮定の下で行動$a$を採用させ

表10-9　ファーストベストの報酬体系

| 買い手・仲介業者 | | 最適な報酬体系 |
|---|---|---|
| 買い手リスク中立者 リスクを持てる | 仲介業者リスク回避者 リスクの影響を受ける | 固定報酬 仲介業者リスクなし |
| 買い手リスク回避者 リスクの影響を受ける | 仲介業者リスク中立者 リスクを持てる | 住宅1を取得したとき報酬高 仲介業者がリスクを持つ |

（出所）分析、作成は筆者による。

る。そして，最適なリスクの配分に関してはプリンシパルとエージェントのリスク回避度に依存する。表10-9は買い手，仲介業者がリスク中立か，リスク回避かによる最適な報酬体系を示したものである。

買い手がリスク中立であり仲介業者がリスク回避であればファーストベストの状況では一定の報酬を与える（結果として買い手がリスクを持つ）ことが最適である。なぜなら，買い手がリスク中立的であるのでリスクを持つことができ，仲介業者はリスク回避者なのでリスクを避けることから，固定報酬が最適となる。

仲介業者がリスク中立であり買い手がリスク回避であれば，仲介業者に支払われる仲介手数料が変化しても構わないので，住宅1（価格が安い住宅）を取得したとき高い報酬を支払い，住宅2（価格が高い住宅）を取得したとき低い報酬を支払う（結果として買い手の支払額は一定）形の報酬体系が最適となる。

本論では，モラルハザード問題を単純に示すために，買い手がリスク中立であり仲介業者がリスク回避者であることを仮定する。この仮定の下でファーストベストの状況では一定の報酬を与えることが最適である。

### 6-2-2　セカンドベストの報酬体系

買い手が仲介業者の行動を観察できない状況では，仲介業者は報酬が一定なら費用が最小になる行動 $b$ を採用することになる。

セカンドベストの報酬体系は，仲介業者が行動 $a$ の行動を採用するようなインセンティブを与えた下で，買い手の利益が最大となるような報酬体系である。

まず，仲介業者が行動 $a$ の行動を採用する誘因制約・合理性条件を検討する。

仲介業者の期待効用は次式で示すことができる。

$$P_j u(\beta_1) + (1-P_j) u(\beta_2) - C_j \quad j=a,b \tag{3}$$

仲介業者に行動 $a$ を採用させるための誘因制約（$IC$）は次式で示される。

$$P_a u(\beta_1) + (1-P_a) u(\beta_2) - C_a \geq P_b u(\beta_1) + (1-P_b) u(\beta_2) - C_b \tag{4}$$

(4)式の左辺が仲介業者が行動 $a$ を採用したときの期待効用で右辺が行動 $b$ を採用したときの期待効用であり，(4)式は行動 $a$ を採用させるためにはそのときの期待効用が行動 $b$ を採用したときのそれ以上であることを要求している。

(4)式の誘因制約条件（IC）は次のように整理される。

$$(P_a - P_b)(u(\beta_1) - u(\beta_2)) \geq C_a - C_b \qquad (5)a$$

$$\therefore \quad u(\beta_2) \leq u(\beta_1) - \frac{C_a - C_b}{P_a - P_b} \qquad (5)b$$

(5)a式の左辺は行動 $a$ を採用したときの効用の増加を示し，右辺が費用の増加を示す。

また，エージェントの行動 $a$ を採用したときの期待効用が非負であることが要求される。これは合理性条件（IR）といわれ，(6)a式のように示される。

$$P_a u(\beta_1) + (1 - P_a) u(\beta_2) - C_a \geq 0 \qquad (6)a$$

$$\therefore \quad u(\beta_2) \geq -\frac{P_a}{1 - P_a} u(\beta_1) + \frac{1}{1 - P_a} C_a \qquad (6)b$$

(5)b式と(6)b式を図10-12の第1象限に示す。(5)b式が等号で成立している状況を図10-12の IC 曲線で示し，(5)b式の誘因制約条件（IC）を満たす領域は IC 曲線の下方の領域である。(6)b式が等号で成立している状況を図10-12の IR 曲線で示し，(6)b式の合理性条件（IR）を満たす領域は IR 曲線の上方の領域である。したがって，誘因制約条件（IC）と合理性条件（IR）を同時に満たす領域は IC 曲線の下方でかつ IR 曲線の上方であり，図10-12の扇型状の斜線の領域となる。

この領域において買い手の効用が最大になる報酬体系を選択すればよいことになる。買い手の効用は(7)式で示される。

$$U_{buy} = u(H) - (P_a Y_1 + (1 - P_a) Y_2) - (P_a \beta_1 + (1 - P_a) \beta_2) \qquad (7)$$

(7)式右辺第1項は住宅から受ける効用を示し，仮定により住宅1でも住宅2でも同じである。第2項は住宅の期待価格（期待支払額）であるが，仲介業者が行動 $a$ の行動を採ったときの期待支払額（第2項）は一定である。第3項が仲介業者に対する仲介手数料の期待支払額である。現在検討している報酬体系は第3項のみに着目できる。第1項と第2項が一定なので，第3項のみに着目した無差別曲線を図10-12の第3象限に示すことができる。買い手はリスク中立的であるので，45°の直線で示される。支払額が少ないほど効用が高いので原点に近いほど高い効用を持つ無差別曲線である。この買い手の無差別曲線を

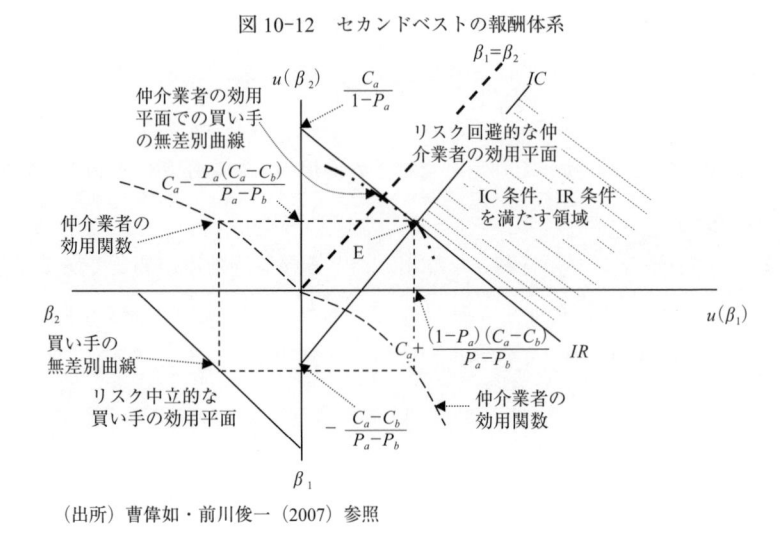

図 10-12　セカンドベストの報酬体系

(出所) 曹偉如・前川俊一 (2007) 参照

リスク回避的な仲介業者の効用平面に移転する。

　各報酬を仲介業者の効用平面に移転するために，第2象限と第4象限に仲介業者の危険回避的な効用関数を示し，この効用関数を変換の関数として，第3象限の買い手の無差別曲線を第1象限の仲介業者の効用平面に移転する。その結果が図10-12の第1象限の2点破線である。これも原点に近いほど買い手の効用が高くなる。第1象限の仲介業者の効用平面で示す買い手の無差別曲線は上方に凸になる。

　誘因制約条件 (IC) と合理性条件 (IR) を同時に満たし，買い手の効用が最大になる点は図10-12の第1象限のE点である。

　E点はセカンドベストの報酬体系を示すもので，(5)b式と(6)b式を等号で成立した (IC曲線とIR曲線) 式を解いたものとなり，(8)式がセカンドベストの報酬体系となる。

$$u(\beta_1) = C_a + \frac{(1-P_a)(C_a-C_b)}{P_a-P_b} \quad u(\beta_2) = C_a - \frac{P_a(C_a-C_b)}{P_a-P_b} \quad (8)$$

　(8)式で示される買い手の最適な契約の意味を検討する。なお，最適契約の下で住宅1を取得したときと住宅2を取得したときの報酬格差は(9)式で示さ

れる。すなわち，質が同じで安い住宅1を買ったときの方が報酬は高くなるようにする必要がある。

$$u(\beta_1) - u(\beta_2) = \frac{C_a - C_b}{P_a - P_b} \tag{9}$$

なお，第1象限の45°線（破線）は固定報酬（$\beta_1 = \beta_2$）を示す直線である。

### 6-2-3 提案される報酬体系

現在の報酬体系は図10-12の第1象限の45°線（＝固定報酬）の左側であり，前項で議論したセカンドベストの報酬体系は45°線（破線）の右側にある。現在の報酬体系では仲介業者が行動 $a$ を採用するインセンティブはない（IC条件を満たさない）。

提案される報酬体系は(8)式で示される報酬体系であるが，少なくとも買い手のために安い住宅を取得したとき報酬が高くなるものである。現行のような高い住宅を買わせた方が高い報酬になるような報酬体系は是正すべきである。

### 6-3 売り手と仲介業者との間のエージェンシー問題

#### 6-3-1 売り手と仲介業者の最適登録価格の決定について

売り手と仲介業者の間のエージェンシー問題は最適登録価格の決定に注目して議論する。まず，最適な登録価格の決定について説明する。

図10-13は売り手の登録価格の決定の考え方を示したものである。登録価格を定めるとその登録価格をみて買い手が探索してくる。登録価格が高いと探索する可能性がある買い手が減少して，売却までに要する時間（市場滞留期間）が長くなる。また，登録価格が定められると探索してきた買い手との交渉で決定する価格が影響される。我が国の中古住宅市場では取引価格は登録価格以上にならず，また売り手は買い手の値下げ交渉に応じる。取引価格は交渉により売り手の留保価格[6]と登録価格の間で決まってくる[7]。登録価格を高くすると

---

[6] 留保価格は取引するか否かの基準価格で，売り手の留保価格は売ってもよいと思う下限値である。留保価格に関する詳しい議論は前川・曹雲珍（2010）を参照。

[7] 我が国では登録価格を超える価格で取引することを禁止しているので，取引価格

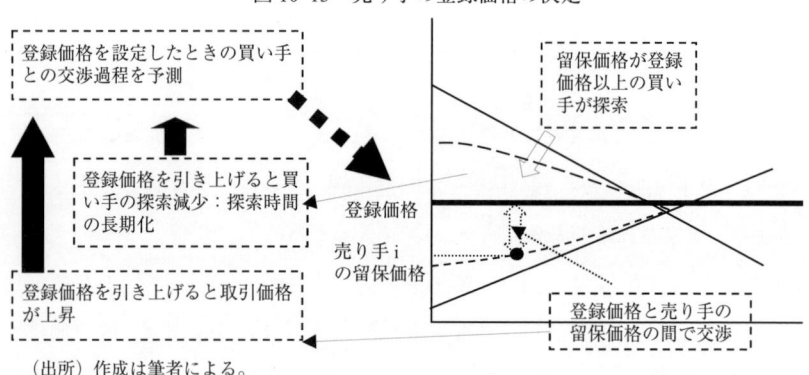

図 10-13　売り手の登録価格の決定

（出所）作成は筆者による。

取引価格が高くなる可能性が高くなる。売り手はある水準に登録価格を設定したときの市場滞留期間，買い手との交渉による取引価格を予測し，売り手の期待利益が最大になるように登録価格を決定する。これが最適登録価格の決定である。図 10-13 はこれを示す。

　売り手の最適登録価格の決定について説明したが，仲介業者の期待利益を最大にする登録価格が存在する。売り手にとっての最適な登録価格と仲介業者にとっての最適登録価格が異なるとき，仲介業者は自分にとっての最適な登録価格に誘導する可能性がある。これが売り手と仲介業者の 1 つのエージェンシー問題である。仲介業者が媒介契約における両手を取ることを狙う場合は売り手の最適登録価格とさらに乖離する可能性がある。以下これについて検討する。

### 6-3-2　売り手の最適登録価格

　売り手の期待超過利益（$\pi_{si}$）は次のように書かれる。なお，探索努力に対するコストはすべて仲介業者が負担することとする。

$$\pi_{si} = \max_{\overline{S}_i} \left( E \left( \delta(TOM(\overline{S}_i \cdots)) \right) \left( (1-\lambda_s) P(z_i, \overline{S}_i) - z_i \right) \right) \tag{10}$$

$\delta(TOM(\overline{S}_i))$ は市場滞留期間（$TOM(\overline{S}_i)$）によって説明される割引因子であ

---

が登録価格を超えることはないが，欧米では禁止されていないので需給が逼迫しているとき業者が複数の買い手に競争をさせることから取引価格が登録価格を超えることがある。ここでは日本型の流通市場を想定する。

る。市場滞留期間（$TOM(\overline{S}_i)$）は登録価格（$\overline{S}_i$）に依存する。$P(z_i, \overline{S}_i)$は取引価格であり，売り手iの留保価格（$z_i$）と登録価格（$\overline{S}_i$）に依存して決定する。$\lambda_s$は仲介手数料が取引価格に比例するとした仲介手数率である。なお，売り手は探索費用を負担せずすべて仲介業者が負担すると仮定する。

登録価格（$\overline{S}_i$）を引き上げると，市場滞留期間（$TOM(\overline{S}_i)$）が長くなり，割引因子（$\delta(TOM(\overline{S}_i))$）が小さくなる一方，取引価格（$P(z_i, \overline{S}_i)$）は上昇すると仮定する。

割引因子を$\delta(TOM(\overline{S}_i)) = e^{-r \cdot TOM}$と定義すると，登録価格（$\overline{S}_i$）で微分すると負となる。

$$\frac{\partial \delta}{\partial \overline{S}_i} = \frac{\partial \delta}{\partial TOM} \frac{\partial TOM}{\partial \overline{S}_i} = -re^{-r \cdot TOM} \frac{\partial TOM}{\partial \overline{S}_i} < 0$$

$$\frac{\partial TOM}{\partial \overline{S}_i} > 0, \quad \frac{\partial^2 TOM}{\partial \overline{S}_i^2} > 0 \tag{11}$$

また，取引価格を$P(z_i, \overline{S}_i) = \alpha \cdot z_i + (1-\alpha)\overline{S}_i$と定義する（$\alpha$は交渉係数）と，登録価格（$\overline{S}_i$）で微分すると次のようになる。

$$\frac{\partial P}{\partial \overline{S}_i} = (1-\alpha) - (\overline{S}_i - z_i)\frac{\partial \alpha}{\partial \overline{S}_i} \tag{12}$$

(12)式右辺は$1-\alpha > -(\overline{S}_i - z_i)\frac{\partial \alpha}{\partial \overline{S}_i}$であり，$\frac{\partial P}{\partial \overline{S}_i} > 0$を仮定する。売り手の期待利益（$\pi_{si}$）を示す(10)式を登録価格（$\overline{S}_i$）で微分して最適な登録価格を求める。

$$\frac{\partial \pi_{si}}{\partial \overline{S}_i} = \frac{\partial \delta}{\partial \overline{S}_i} \left( (1-\lambda_s) P(z_i, \overline{S}_i) - z_i \right) + \delta(1-\lambda_s)\frac{\partial P}{\partial \overline{S}_i} = 0 \tag{13}$$

(13)式を$\delta(1-\lambda_s)P(z_i, \overline{S}_i)$で割って展開すると(14)式のようになる。

$$-\frac{\frac{\partial \delta}{\partial \overline{S}_i}}{\delta}\left(1 - \frac{z_i}{(1-\lambda_s)P}\right) = \frac{\frac{\partial P}{\partial \overline{S}_i}}{P} \tag{14}$$

$\frac{\frac{\partial \delta}{\partial \overline{S}_i}}{\delta}$は登録価格を引き上げることによる割引因子の変化率で$\Omega$ありで示し，

$\dfrac{\frac{\partial P}{\partial \overline{S_i}}}{P}$ は登録価格を引き上げることによる取引価格の変化率であり $\Gamma$ で示すと，(15)式のようになる。

$$-\Omega\left(1-\frac{z_i}{(1-\lambda_s)P}\right)=\Gamma \tag{15}$$

(15)式は陰関数であるので，登録価格 ($\overline{S_i}$) の変化による左辺と右辺の値の変化から(15)式を安定的に成立させる登録価格 ($\overline{S_i}$) の存在を検討する。登録価格 ($\overline{S_i}$) の変化による左辺と右辺の値の変化を示し，安定的解が存在することを示したものが図 10-14 である。

左辺と右辺の値の変化の形状を検討すると，左辺は $\Omega<0$ から正となるが，登録価格 ($\overline{S_i}$) が極めて低いときは $\Omega=0$ で，登録価格 ($\overline{S_i}$) が高くなるほど割引因子が小さくなる効果が大きくなり ($\frac{\partial \Omega}{\partial \overline{S_i}}<0$)，左辺の正値は大きくなることから左辺の値の点の軌跡は右上がりの曲線で示される。右辺は $\Gamma>0$ であり正であるが，登録価格 ($\overline{S_i}$) が留保価格 ($z_i$) と等しいときは登録価格引き上げによる取引価格の上昇効果 ($\Gamma$) は大きく，登録価格 ($\overline{S_i}$) が高くなるほど取引価格が大きくなる効果が小さくなり ($\frac{\partial \Gamma}{\partial \overline{S_i}}$)，右辺の正値は小さくなることから右辺の値の点の軌跡は右下がりの曲線で示される。

図 10-14 売り手の最適登録価格

(出所) 作成は筆者による。

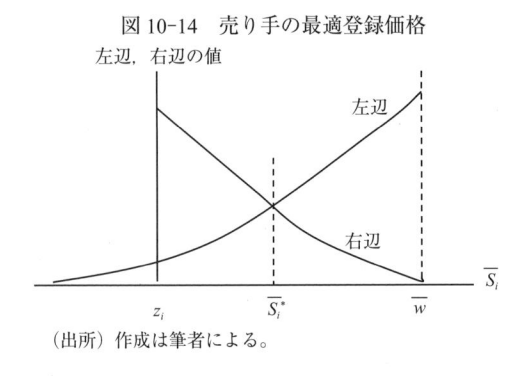

左辺と右辺を等しくさせる登録価格 ($\overline{S_i}$) が売り手の最適登録価格 ($\overline{S_i}^*$) である。

### 6-3-3　仲介業者の最適登録価格

仲介業者の期待利益（$\pi_{in}$）は次のように書かれる。

$$\pi_{in}=\max_{\overline{S}_i}\bigl(E\bigl(\delta(TOM(\overline{S}_i\cdots))\bigr)\lambda_s P(z_i,\overline{S}_i)\bigr)-C_{in}(a,\overline{S}_i)\bigr) \tag{16}$$

なお，(16)式の第1項は仲介手数料の期待現在価値，第2項の$C_{in}(a,\overline{S}_i)$は探索費用であり探索努力（$a$）と登録価格（$\overline{S}_i$）に依存する。そして，$\dfrac{\partial C_{in}}{\partial a}>0$，$\dfrac{\partial^2 C_{in}}{\partial a^2}>0$である。

仲介業者の最適登録価格を求めるため$\overline{S}_i$で偏微分すると(17)式のようになる。

$$\frac{\partial \pi_{in}}{\partial \overline{S}_i}=\frac{\partial \delta}{\partial \overline{S}_i}\lambda_s P+\delta\cdot\lambda_s\frac{\partial P}{\partial \overline{S}_i}-\frac{\partial C_{in}}{\partial \overline{S}_i}=0 \tag{17}$$

(17)式を$\delta\lambda_s P(z_i,\overline{S}_i)$で割って展開すると(18)式のようになる。

$$-\frac{\dfrac{\partial \delta}{\partial \overline{S}_i}}{\delta}+\frac{\dfrac{\partial C_{in}}{\partial \overline{S}_i}}{\delta\lambda_s P}=\frac{\dfrac{\partial P}{\partial \overline{S}}}{P} \tag{18}$$

$\dfrac{\dfrac{\partial \delta}{\partial \overline{S}_i}}{\delta}=\Omega$，$\dfrac{\dfrac{\partial P}{\partial \overline{S}}}{P}=\Gamma$とし，$\dfrac{\dfrac{\partial C_{in}}{\partial \overline{S}_i}}{\delta\lambda_s P}=\Phi$すると，(19)式のようになる。

$$-\Omega+\Phi=\Gamma \tag{19}$$

(19)式は(15)式と同様に陰関数であるので，安定的な解が存在するか確認する（図10-15）。(19)式と(15)式を比較すると，右辺は同じである。左辺を比較すると，$\dfrac{\partial C_{in}}{\partial \overline{S}_i}>0$から$\Phi>0$であり，かつ$-\Omega>-\Omega\left(1-\dfrac{z_i}{(1-\lambda_s)P}\right)$であること

図10-15　仲介業者の最適登録価格

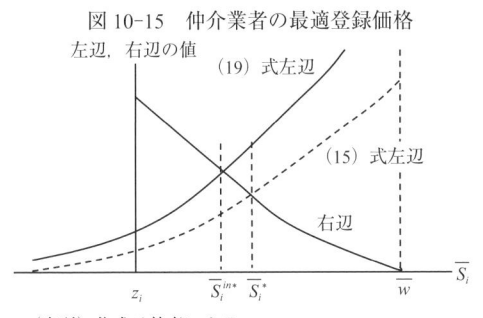

(出所)　作成は筆者による。

から，(19)式左辺は(15)式左辺より大きいことになる．すなわち，仲介業者の最適登録価格を求めるための右辺は売り手のそれより大きいことになる．したがって，図10-15に示す仲介業者の最適登録価格 ($\overline{S}_i^{in*}$) は売り手にとっての最適登録価格 ($\overline{S}_i^*$) より低くなる．

### 6-3-4 仲介業者が両手を取ることを考慮した場合の最適登録価格

売り手と買い手の両手仲介を考慮した場合の仲介業者の期待利益は(20)式のようになる．

$$\pi_{ind} = \max_{\overline{S}_i} \left( E\left(\delta(TOM(\overline{S}_i\cdots))\lambda_s(1+\kappa(\overline{S}_i\cdots))P(z_i,\overline{S}_i)\right) - C_{in}(a,\overline{S}_i) \right) \quad (20)$$

$\kappa(\overline{S}_i\cdots)$ は仲介業者が両手仲介を行う確率であり，登録価格 ($\overline{S}_i$) に依存する．登録価格が高いほどその確率が低下するので，$\frac{\partial \kappa}{\partial \overline{S}_i}<0$ である．両手を取ることを考慮した期待仲介手数料は $(1+\kappa(\overline{S}_i\cdots))\lambda P(z_i,\overline{S}_i)$ である．(20)式を $\overline{S}_i$ で偏微分して両手を考慮した仲介業者の期待利益の最大化の条件を求めると(21)式のようになる．

$$\frac{\partial \pi_{in}}{\partial \overline{S}_i} = \frac{\partial \delta}{\partial \overline{S}_i}\lambda_s(1+\kappa)P + \delta\cdot\lambda_s\cdot P\frac{\partial \kappa}{\partial \overline{S}_i} + \delta\cdot\lambda_s(1+\kappa)\frac{\partial P}{\partial \overline{S}_i} - \frac{\partial C_{in}}{\partial \overline{S}_i} = 0 \quad (21)$$

(21)式は次のように整理される．

$$-\left(\frac{\partial \delta}{\partial \overline{S}_i}\lambda_s(1+\kappa)P + \delta\cdot\lambda_s\cdot P\frac{\partial \kappa}{\partial \overline{S}_i}\right) + \frac{\partial C_{in}}{\partial \overline{S}_i} = \delta\cdot\lambda_s(1+\kappa)\frac{\partial P}{\partial \overline{S}_i} \quad (22)$$

(22)式の両辺を $\delta\lambda_s(1+\kappa)P$ で割って整理すると(22)式は(23)式のようになる．

$$-\frac{\frac{\partial \delta}{\partial \overline{S}_i}}{\delta} - \frac{1}{1+\kappa}\frac{\partial \kappa}{\partial \overline{S}_i} + \frac{\frac{\partial C_{in}}{\partial \overline{S}_i}}{\delta\cdot\lambda_s(1+\kappa)P} = \frac{\frac{\partial P}{\partial \overline{S}}}{P} \quad (23)$$

$\frac{\frac{\partial \delta}{\partial \overline{S}_i}}{\delta} = \Omega$，$\frac{\frac{\partial P}{\partial \overline{S}}}{P} = \Gamma$，とし，$\frac{\frac{\partial C_{in}}{\partial \overline{S}}}{\delta\cdot\lambda_s(1+\kappa)P} = \phi'$，すると，(24)式のようになる．

$$-\left(\Omega + \frac{1}{1+\kappa}\frac{\partial \kappa}{\partial \overline{S}_i}\right) + \Phi' = \Gamma \quad (24)$$

$\frac{\partial \kappa}{\partial \overline{S}_i}<0$ であり，$0<\Phi'<\Phi$ であるので(24)式左辺は(15)式左辺より大きいが，

(19)式左辺との比較ではどちらが大きいかは不定である。登録価格の引き上げが両手仲介の確率への効果（$\frac{\partial \kappa}{\partial \overline{S}_i}<0$）が大きいとき(24)式左辺が(19)式左辺より大きくなる確率が高くなるが，逆に登録価格の引き上げが両手仲介の確率への効果（$\frac{\partial \kappa}{\partial \overline{S}_i}<0$）が小さいとき(24)式左辺が(19)式左辺より大きくなる確率は低くなる。図10-16は前者のケースを想定し，両手を考慮した仲介業者の最適登録価格（$\overline{S}_i^{in*}$）は考慮しない仲介業者の最適登録価格（$\overline{S}_i^{in*}$）よりさらに低くなることを示している。

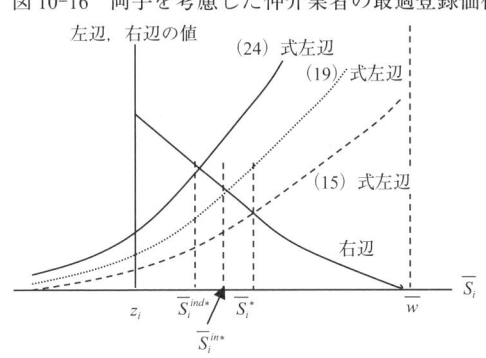

図10-16 両手を考慮した仲介業者の最適登録価格

（出所）作成は筆者による。

### 6-3-5　提案される報酬体系

前項の買い手と仲介業者の間のエージェンシー問題ではIC条件とIR条件から検討した。ここでのIC条件は仲介業者にとっての最適登録価格を設定したときの利益を維持した下で売り手の利益を最大にするような報酬体系を考えることであるが，仲介業者が両手を取ることを認めた下での利益を確保することには違和感がある。まず，両手を取ること（双方代理的なもの）を禁止することが必要である。

ここでは両手を取ることを禁止した下での最適報酬を考える。これについては前川・曹雲珍（2010）を参照としてインセンティブ報酬を提案する。すなわち，両手を考慮しない仲介業者の最適登録価格の下での仲介業者の利益を下回らない条件（IC条件）の下で売り手の利益を最大にするような報酬体系を考え

る。

　図10-17によりインセンティブ報酬を検討する。図10-17において売り手の期待超過利益を最大にする登録価格（$\bar{S}_i^*$）と仲介業者の期待利益を最大にする登録価格（$\bar{S}_i^{in*}$）が示されている。インセンティブ報酬は仲介業者の最適登録価格における期待利益を維持するように登録価格を引き上げることによる仲介業者の期待利益の減少分を補てんするものである。次に売り手のインセンティブ報酬支払い後の期待超過利益が最大になるように登録価格を引き上げればよい。図10-17では売り手のセカンドベストの登録価格は$\bar{S}_i^s$となる。なお，この登録価格（$\bar{S}_i^s$）は売り手と仲介業者の合計の期待利益を最大にするものでもある[8]。

　インセンティブ報酬は実際どのような基準で設定すればよいかであるが，登録価格を高く設定すればするほど報酬を高くすることが適切である。

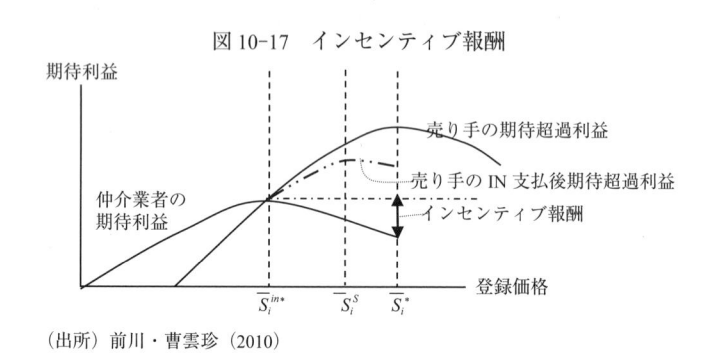

図10-17　インセンティブ報酬

（出所）前川・曹雲珍（2010）

## 7．おわりに

　本稿では，まず，我が国では中古住宅流通量が欧米に比べ少なく，住宅投資にリフォームの投資額の割合も低いことを明らかにしたうえで，住宅投資の今後を占う意味で新築住宅着工戸数のモデルを作成して，人口減少が予測される中で住宅着工戸数が減少してゆくことが確実であり，住宅投資の減少を補う意味でも中古住宅市場，リフォーム市場の活性化が必要であることを明確にし

---

8）　前川・曹雲珍（2010）を参照。

た。

　しかし，我が国の中古住宅市場をみると情報開示が不十分であり，登場する専門家が少なく，責任が集中する仲介業者に対する信頼が得られている訳ではない。本稿では 5 節において品質に関する隠れた情報に対する対応として，リフォーム，大規模修繕，増築などの届け出制度を充実させて情報を蓄積することで立証可能性を確保したうえで売り主に対して情報開示を義務付けることが必要であることを示した。そして，6 節において仲介業者に対する信頼の問題をエージェンシー問題と捉えて，仲介業者が依頼者である売り手または買い手のために働くための報酬体系を提案した。この報酬体系を法律的にいかに設定するかは難しい問題であるが，少なくとも問題の所在を明らかにしている。

参 考 文 献

新井富雄（2006）「契約理論とコーポレイトガバナンス」高森・井手編『金融。契約技術・エージェンシーと経営戦略』東洋経済新報社，55-78 ページ。

齊藤広子・中城康彦（2012）「米国カリフォルニア州の住宅取引における住宅・土地・住環境の情報の開示と専門家の役割」（『都市住宅学会』79 号）131-139 ページ。

曹偉如・前川俊一（2007）「J-REIT と運営会社の最適な契約」（『日本不動産学会平成 23 回学術講演会）論文集』）17-24 ページ。

曹雲珍（2009）「住宅流通市場のシステムに関する研究」明海大学大学院不動産学研究科，博士論文。

曹雲珍・前川俊一（2015）「アジア不動産流通市場における比較分析—住意識，流通システム，市場の効率性の 3 つの視点から—」（『明海大学不動産学部論集』第 23 巻）75-94 ページ。

前川俊一（1997）「土地市場に関する不完備情報下の逐次交渉ゲーム」（『応用地域学研究』No.2）145-158 ページ。

前川俊一（2003a）「不動産における取引価格のばらつきと社会的な損失」刈谷・藤田編『不動産金融工学と不動産市場の活性化』東洋経済新報社，67-96 ページ。

前川俊一（2003b）『不動産経済学』プログレス。

前川俊一（2008）「非完備市場における各主体の市場選択：サーチ Versus オークション」（Meikai University Discussion Paper Series No.22）。

前川俊一・曹雲珍（2010）「住宅流通市場における売り手と仲介業者間のエージェンシー問題」（『応用経済学研究』第 4 巻）94-112 ページ。

Akerlof, G, (1970), "The Market for 'Lemon': Quality Uncertainty and the Market

Mechanism", *Quarterly Journal of Economics*, 84, pp. 488-500.
Arnord, M. A. (1992), "The Principal-Agent Relationship in Real Estate Brokerage Service", *Journal of American Real Estate and Urban Economics Association*, V20.1, pp. 89-106.
Horowitz, Joel L. (1992), "The Role of the Listing Price in Housing Market: Theory and Econometric Model", *Journal of Applied Econometrics*, 7, pp. 115-129.
Ines Macho-Stadler and J. David Perez -Castrillo (2001), *An Introduction to the Economics of Information: Incentives and Contracts*: Oxford Univ Pr.
Knight, J.R, C.F. Sirmans and G.K. Turnbull (1994), "Listing Price Signaling and buyer Behavior in the Housing Market" *Journal of Real Estate Finance and Economics* 9, pp. 177-192.
Laffont, J.J. and D. Martimort (2002), *The Theory of Incentives: The Principal-Agent Model*: Princeton Univ Pr.
Lippman, S., and J. McCall (1976), "The Economic of Job Search; A Survey", *Economic Inquiry*, XIV, pp. 155-189.
Muthoo, A. (1999), *Bargaining Theory with Application*: Cambridge University Press.
Nishimura, K.G. (1999), "Expection Heterogeneity and Excessive Price Sensitivity in the Land Market" *Japanese Economic Review*, 50(1), pp. 26-43.
Patrick Bolton and Mathias Dewatripont (2004), *Contract Theory*, MIT Press.
Rubinstain, A. (1982), "Perfect Equilibrium in a Bargaining Model", *Econometrica*, 50, pp. 97-109.
Rubinstain, A. (1985), "A Bargaining Model with Incomplete Information about the Preferences", *Econometrica*, 53, pp. 1151-1172.
Salanie, B. (1997), *The Economics of Contracts*: MIT Press 1997. (細江・三浦・堀訳『契約の経済学』勁草書房 2000)
Yavas, A and S. Yange (1995), "The Strategic Role of Listing Price in Marketing Real Estate: Theory and Evidence", *Journal of Real Estate Economics*, 23(3), pp. 347-368.

第 11 章

## 地方創生戦略における「制度」選択と政策
——「集約化とネットワーク化」に基づく地域・都市のデザイン——

矢尾板 俊平

### 1. はじめに

　本稿の目的は，政府や地方自治体が取り組みを進めている「地方創生」戦略について検討を行い，人口減少，少子化，高齢化が進展する中で，今後の政策の方向性を示すことである。

　人口減少，少子化，高齢化が進展する中で，地域経済の衰退や地域コミュニティの機能の持続可能性が問われている。一方，多くの地域において，さまざまな創意工夫のある取り組みがなされ，その成功事例も多く見受けられる。たとえば，徳島県上勝町「葉っぱビジネス」の事例は，高齢化が進展する時代背景の中で，「生きがい」を通じたシニアビジネスの可能性を示し，さらには医療費削減などの成果もあることを示している。また島根県海士町の事例は地域の「弱み」が「強み」に変わることを示している。この他にも長野県小布施町，香川県直島町，徳島県神山町など，多くの成功事例がある。また佐賀県武雄市は，映画のロケ地の誘致，図書館改革，インターネットを利用した特産品の通信販売などの多くの取り組みを行い，全国的にも注目が集まっている。さらに，住民主体型のまちづくりに向けては，富山県氷見市では住民ワークショップを活用し，住民参加型で市役所の建て替え，公共施設の建て替えなどの施策を実施したり，地方創生戦略の策定を進めていたりする。三重県松阪市では

小学校区単位での住民協議会の設立を通じて，まちづくりや地域活性化，身近な地域の課題解決に，住民が主体的に関与し，役割と責任を分担する仕組みを構築している。

大都市問題に関する動向としては，大阪府知事・大阪市長であった橋下徹氏をリーダーとする大阪維新の会が「大阪都構想」を掲げ，2015年5月に住民投票の実施された。住民投票で問われた「大阪都構想」は，大阪市，堺市などの政令指定都市と近隣市と大阪府を合併したうえで，「都区制度」を導入する当初案から，大阪市を廃止して大阪府に特別区を設置するものに変更されていた。住民投票の結果は，僅差で「反対票」が上回り，「大阪都構想」は実現されなかったが，道府県と政令指定都市との二重行政問題，それによる非効率性の問題を含む都市行政のあり方について，大きな問題提起となった。一連の政策動向を背景に改正された地方自治法に基づく新たな制度，さらには「特別自治市」制度が検討されるなど，「大阪都構想」は地方ガバナンスの議論に大きな一石を投じるとともに，新たな設計図を提供したという意味では，一定の意義があったといえる。

このような中で，政府も2014年度から「地方創生」というスローガンを掲げ，取り組みを進めている。この背景には，2014年5月に日本創成会議人口減少問題検討分科会（座長：増田寛也氏）が発表した提言（「ストップ少子化・地方元気戦略」）がある。この提言は「消滅可能性都市」というキーワードを通じて，人口減少，少子化という社会構造の進展とそれに伴う地方都市が直面する課題を浮き彫りにし，地方部だけではなく都市部にも強い危機感を与える警鐘となった。そこで，政府は，2014年9月の内閣改造において，地方創生担当相を閣内に置き，地方創生戦略本部を立ち上げた。そして12月27日に「まち・ひと・しごと創生長期ビジョン」と「まち・ひと・しごと創生総合戦略」を策定し，閣議決定を行った。さらに全国の都道府県，市町村にも「長期人口ビジョン」と「地方版総合戦略」を2015年秋までに策定することを求め，地方創生の流れを加速させている。

「地方創生」を考えるときに，人口減少，少子化，高齢化の進展の中で，地

方経済をいかに衰退させず,持続可能な経済にしていくかという点が注目される。しかしながら,地域経済の活性化という視点だけに目を奪われれば,これまでの地域振興,地域活性化策と同じ過ちと同じ道を進むだけかもしれない。佐々木（2015）が指摘するように,これまでも竹下内閣の「ふるさと創生事業」,小渕内閣の「地域振興券」など地方経済の活性化を目指した取り組みが行われてきた。これらの取り組みは,「地域振興券」に関する消費刺激効果について Hori, Hsieh, Murata, and Shimizutani（2012）[1]が指摘しているように,経済効果はあるとしても,それは一時的なものであり,持続的な地域振興策にはなり得なかった。

社会構造の変動の大きな趨勢は,人口減少,少子化,高齢化,さらにグローバル化である。こうした趨勢を前提に,日本の「グランドデザイン」を描きながら,その「グランドデザイン」をゴールにした戦略を策定することこそが,地方創生戦略に求められていると考えられる。

そのためには,人口や国土構造,さらには行政ガバナンスの視点も合わせて考えていかなければならないし,経済の持続可能性を高め,経済活性化に結び付くような規制改革を始めとする構造改革を伴う必要がある。この点は,すでに矢尾板（2014）が,地方創生の主軸には,「成長戦略」だけではなく,「構造改革」も置かれなければならないことを指摘している。ここでいう「構造改革」とは,いわゆる中央集権から地方分権へ,という国家構造の改革も含まれるし,地域マネジメント手法の改革を通じた地域経営のあり方も含まれる。まさに,現在,総務省,国土交通省,経済産業省が検討を進めている国土構造や都市・地域のグランドデザインに関わる構想,富山県氷見市や三重県松阪市における地域マネジメント手法の改革は,地方創生戦略の基盤となり得る。こうした基盤は,パーソナルコンピュータでいえば,パーソナルコンピュータを動かすための「OS（オペレーションシステム）」であるといえよう。基盤となる OS

---

[1] Hori, Hsieh, Murata, and Shimizutani（2012）では,地域振興券の経済効果について,「振興券策は有意な消費刺激効果を有したものの,その効果は時間とともに減衰していった」と指摘している。

の上に個別のアプリケーションソフトウェア，すなわち，それぞれの地域の特色を生かした取り組みをインストールし，個別のアプリケーションを動かしていくという視点が地方創生戦略には重要となる。

「地方創生」の問題意識の第一歩目は，「東京・首都圏もしくは三大都市圏への人口集中問題」である。本稿では，地方創生の最初の議論として，「東京・首都圏もしくは三大都市圏への人口集中問題」に特に焦点を当てて，地方創生戦略のOSとなる日本の地域，都市のグランドデザインについて検討する。なぜ，このような議論が経済政策の議論において必要なのかといえば，経済パフォーマンスは「制度」に大きな制約条件を受けるとともに，制度が異なったり，変化したりすれば，経済的なパフォーマンスも大きく異なる可能性があるからである[2]。経済政策の選択は，制度の選択でもある。そこで本稿において，経済政策の前提となる「制度」に着目し，今後の地方創生戦略の前提となる「制度」の姿を検討することは，経済政策の議論にも示唆を与えることができると考えられる。

## 2. 東京・首都圏・三大都市圏への人口集中問題

「地方創生」における「長期ビジョン」や「総合戦略」の基本的な考え方は，①東京一極集中，②若い世代の就労・結婚，子育ての希望の実現，③地域の特性に即した地域課題の解決，の3つにある。この背景には，次のような問題意識がある。

これまでのように東京一極集中が続き，さらに2020年の東京オリンピック・パラリンピックの開催に伴い，人口移動が加速するのであれば，次の指摘は的を射ていると言えよう。「「人口減少が地域経済の縮小を呼び，地域経済の

---

2) 制度と経済的なパフォーマンスに関する議論は，North（1990），Greif（2006），青木（2001）等，これまでも多くの先行研究が存在する。Acemoglu and Robinson（2012）は，長期的な経済発展の成否を決める重要な要因を政治経済制度の違いであると説明した。すなわち，包括的な政治制度と包括的な経済制度，収奪的な政治制度と収奪的な経済制度を比較し，前者が持続的な経済成長をもたらしていることを説明している。

縮小が人口減少を加速させる」という負のスパイラル（悪循環の連鎖）に陥るリスクが高い。そして，このまま地方が弱体化するならば，地方からの人材流入が続いてきた大都市もいずれ衰退し，競争力が弱まることは必至である。（『まち・ひと・しごと創生戦略』1 ページ）」。また『まち・ひと・しごと創生戦略』では東京一極集中の弊害について，次のように指摘をしており，地方創生の意義を説明している。「厳しい住宅事情や子育て環境などから，地方に比べてより低い出生率にとどまっている東京圏に若い世代が集中することによって，日本全体としての人口減少に結び付いていると言える。」

このように東京，首都圏，三大都市圏への人口集中への対策が，地方創生戦略における大きなテーマであり，政策の柱となっている。

ここで国勢調査の結果を踏まえて，東京一極集中の状況について図 11-1 で確認する。図 11-1 は，全国の人口における東京都の人口の比率，全国の人口における首都圏（東京都，神奈川県，埼玉県，千葉県）の人口の比率，全国の人口における三大都市圏（東京都，神奈川県，埼玉県，千葉県，愛知県，大阪府，京都府，兵庫県）の人口の比率をそれぞれ算出し，時系列で並べたものである。

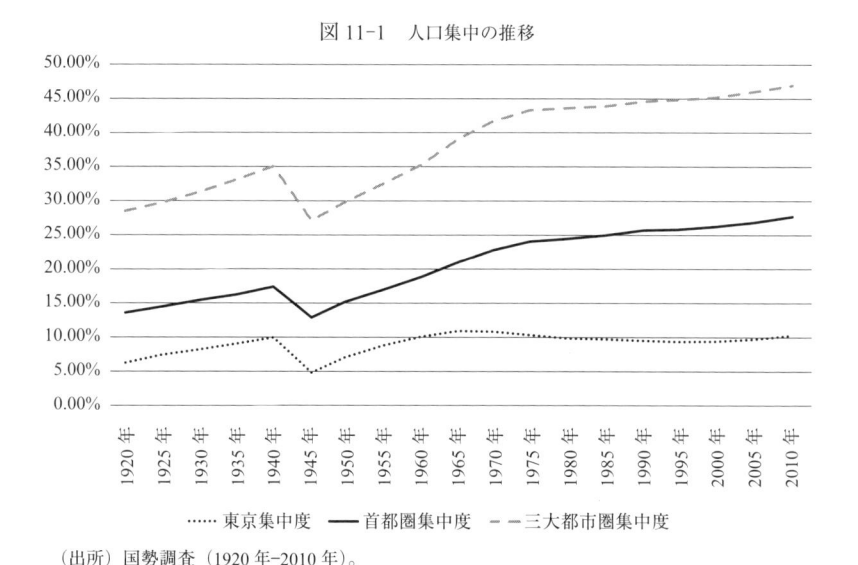

図 11-1 人口集中の推移

……東京集中度　―首都圏集中度　- - 三大都市圏集中度

（出所）国勢調査（1920 年-2010 年）。

2010 年の国勢調査時点では，東京集中度は 10.28%，首都圏集中度は 27.81%，三大都市圏集中度は 46.95% である。なお，内閣府「県民経済計算」のデータに基づき，2010 年の県民所得の集中度を確認すると，東京集中度[3]は 15.42%，首都圏集中度[4]は 32.67%，三大都市圏集中度[5]は 51.62% であり，人口も県民所得も都市部に大きく集中していることがわかる。

都市部への人口集中の推移を時系列的に確認すると，戦後の人口集中は，1950 年代から 1970 年代の期間に大きく進展していることがわかる。その後，2000 年代に入ると，再び，人口集中の進展が始まっていることもわかる。こうした傾向を確認するために，国勢調査のデータに基づき，5 年ごとの人口数の変化を図 11-2 で表してみる。

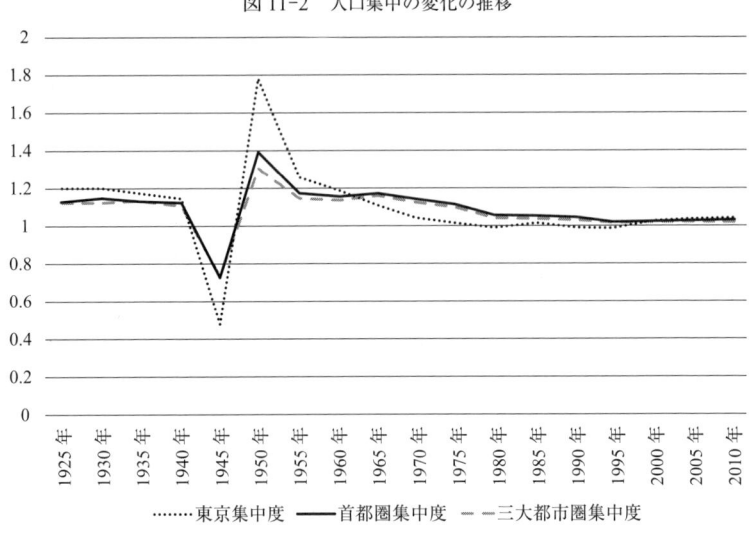

図 11-2 人口集中の変化の推移

……… 東京集中度　―― 首都圏集中度　--- 三大都市圏集中度

（出所）国勢調査（1920 年-2010 年）。

---

[3] 全県合計の県民所得のうち東京都の県民所得の割合。
[4] 全県合計の県民所得のうち東京都，神奈川県，埼玉県，千葉県の県民所得の合計の割合。
[5] 全県合計の県民所得のうち東京都，神奈川県，埼玉県，千葉県，愛知県，大阪府，京都府，兵庫県の県民所得の合計の割合。

図11-2からわかることは，都市の人口増加は東京の増加（東京への集中）から1970年代に入ると，東京を軸としながらも，首都圏もしくは三大都市圏の人口増加（首都圏・三大都市圏への集中）へと，その圏域が拡大していることがわかる。これは都市部の郊外地域におけるベッドタウン化などのいわゆるドーナツ化現象を表しているといえる。また1980年から1985年の変化と1990年と1995年の変化では，東京はわずかながらマイナスになっている。そして，2000年代に入ると，東京の人口増加率は，首都圏や三大都市圏の人口増加率よりもやや大きくなる傾向を示している。これらは，東京の地価の低下，都心の高層マンションの建築などの都市開発の影響が考えられる。

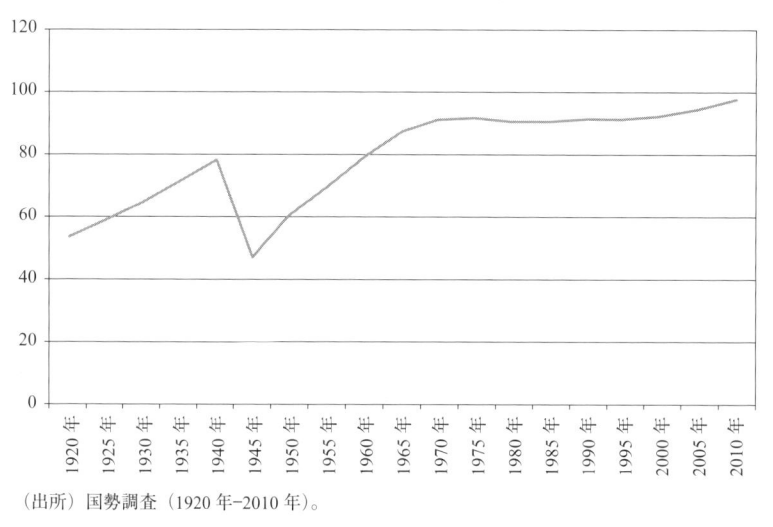

図11-3　人口の変動係数の推移

(出所) 国勢調査（1920年-2010年）。

また国勢調査のデータに基づき，各都道府県の人口の変動係数を算出すると，図11-3のような傾向を示すことがわかった。この結果からも，1980年代，1990年代は人口集中（人口の格差・偏在）の拡大は大きくなかったものの，2000年代に入り，人口集中（人口の格差・偏在）は拡大しているということがわかる。

ここで年齢別人口の集中度，格差・偏在の状況についても確認する。図11-4 は，2010 年の国勢調査のデータに基づき，各都道府県の 1 歳刻み年齢について，東京都，首都圏，三大都市圏への人口集中度を算出した。また図11-5 は各都道府県の 1 歳刻みの変動係数を算出した結果である。

　その結果は，20 歳代から 40 歳代までの年齢層で，都市部に人口が集中し，格差・偏在が顕著に表れていることがわかる。さらに都市部への人口集中は 18 歳から始まる傾向を示しており，これは大学への進学の機会に，人々が都市部に移動しているということがみて取れる。また変動係数は 45 歳をピークに減少を始め，57 歳を谷として，再び微少ながら増加をするという傾向がみて取れる。このことから，1953 年生まれから 1965 年生まれの世代の人々の人口の地域格差，偏在は他の世代に比べれば小さいことがわかる[6]。

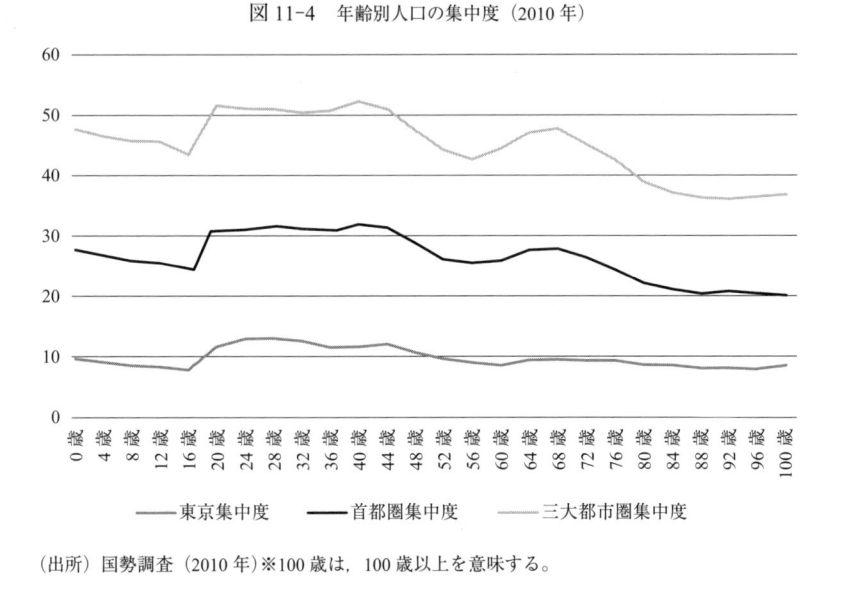

図 11-4　年齢別人口の集中度（2010 年）

（出所）国勢調査（2010 年）※100 歳は，100 歳以上を意味する。

---

[6]　日本の年齢別人口構成の趨勢においても 2010 年時点での 45 歳から 56 歳の世代は，他の世代よりも人口が少ない世代であることがわかるが，この世代は地域間の人口格差，偏在も他の世代と比べると小さいという特徴を持つことがわかる。この理由については，別に検証をしていく必要がある。

第11章　地方創生戦略における「制度」選択と政策　283

図11-5　年齢別人口の変動係数（2010年）

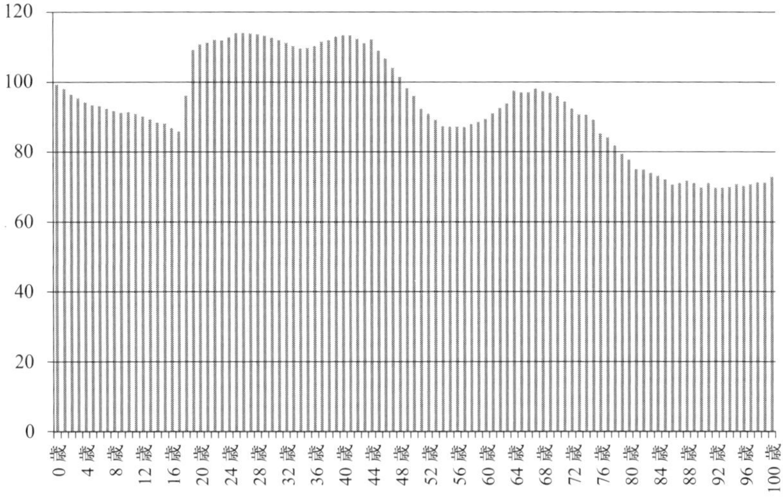

（出所）国勢調査（2010年）※100歳は，100歳以上を意味する。

さらに表11-1において，三大都市圏と三大都市圏以外の地域の世代別の人口割合を比較すると，三大都市圏以外の地域の50歳代以上の人口割合が三大都市圏の50歳代以上の人口割合よりも大きいことがわかる。

この点について10年前の状況と比較する表11-2は，2000年時点での三大都市圏と三大都市圏以外の地域の年齢層別の人口割合を示しており，2000年

表11-1　三大都市圏と三大都市圏以外の世代別人口割合（2010年）

|  | 0歳代 | 10歳代 | 20歳代 | 30歳代 | 40歳代 | 50歳代 | 60歳代 | 70歳代 | 80歳代 | 90歳代 | 100歳代 |
|---|---|---|---|---|---|---|---|---|---|---|---|
| 三大都市圏 | 8.42% | 9.09% | 11.67% | 15.39% | 14.03% | 11.87% | 14.12% | 9.39% | 4.23% | 0.80% | 0.01% |
| 三大都市圏以外 | 8.56% | 9.60% | 9.87% | 13.07% | 12.28% | 13.50% | 14.36% | 10.68% | 6.22% | 1.23% | 0.02% |

（出所）国勢調査（2010年）※100歳は，100歳以上を意味する。

表11-2　三大都市圏と三大都市圏以外の世代別人口割合（2000年）

|  | 0歳代 | 10歳代 | 20歳代 | 30歳代 | 40歳代 | 50歳代 | 60歳代 | 70歳代 | 80歳代 | 90歳代 | 100歳代 |
|---|---|---|---|---|---|---|---|---|---|---|---|
| 三大都市圏 | 9.20% | 10.51% | 16.15% | 14.71% | 12.69% | 15.68% | 11.36% | 6.62% | 2.66% | 0.43% | 0.01% |
| 三大都市圏以外 | 9.59% | 11.55% | 12.91% | 12.20% | 13.61% | 14.68% | 12.01% | 9.02% | 3.78% | 0.64% | 0.01% |

（出所）国勢調査（2000年）※100歳は，100歳以上を意味する。

時点では，40歳代において三大都市圏以外の地域の人口割合が三大都市圏の人口割合よりも大きいことがわかる。これにより，2000年から2010年の10年間で2000年時点において40歳代であった世代の人々が三大都市圏から三大都市圏以外の地域に移動することで，人口割合が変化した（三大都市圏以外の地域が上回った）わけではないことがわかる。

つまり，地域間の人口格差，偏在は他の世代と比べて小さいということは，この世代の特徴であるといえる。また，この世代の大学進学時の年齢や就職時の年齢を考えれば，図11-1や図11-2で示されるように，人口の集中度が緩和されていく時代とも重なる。これは，都市部への人口集中問題，または地域間格差の是正に対応するために計画された全国総合開発計画，新全国総合開発計画，第三次全国総合開発計画の各次計画，さらには田中角栄内閣が1972年に発表された「日本列島改造論」などの政策に一定の効果があったといえるかもしれない。

一方，図11-4，図11-5から18歳から44歳までの年齢の世代の人々の人口の格差，偏在は大きいことがわかる。この点は図11-1，図11-2，図11-3において1990年代以降，再び，都市部への人口集中が進んだことと一致する。つまり，1966年生まれ以降の世代は，雇用の機会，もしくは就学機会を求めて，1990年代以降のいずれかの時期に，都市部に移動をしていることがわかる。この点は，バブル経済の崩壊以降，いわゆる「失われた20年」と呼ばれる時期とも一致する。また経済的な要因だけではなく，1990年代以降，規制緩和などの政策が推進されたことも影響していると考えられる。

ここで特に人口移動の可能性が高いと考えられる15歳から29歳までの世代について，5歳刻みのコーホートの変化を都道府県別に確認する。比較するデータは，2005年と2010年の国勢調査結果に基づいている。

まず，2010年に15歳から19歳までの間の世代について，2005年からの5年間で減少している県は以下のようになる。青森県，岩手県，山形県，福島県，新潟県，富山県，福井県，長野県，静岡県，和歌山県，鳥取県，島根県，山口県，徳島県，香川県，愛媛県，佐賀県，長崎県，宮崎県，鹿児島県におい

て，90％以上95％未満の減少となっている。また秋田県は90％以下の減少となっている。一方，宮城県，埼玉県，千葉県，東京都，神奈川県，石川県，愛知県，滋賀県，京都府，大阪府，奈良県，岡山県，福岡県が100％以上となっており，人口が増加していることがわかる。このコーホートの特徴としては，高校進学などのライフイベントが考えられる。ここで宮城県，石川県，岡山県など，その後の世代で人口が減少する県が増加していることに注目すると，高校進学時においては，自分が住む地域圏の都市部を選択する可能性があることが示唆される。

次に2010年に20歳から24歳までの間の世代について，2005年からの5年間で減少している県は以下のようになる。北海道，宮城県，茨城県，石川県，兵庫県，奈良県，岡山県，広島県は90％以上95％未満の減少となる。栃木県，群馬県，新潟県，富山県，福井県，山梨県，長野県，岐阜県，静岡県，三重県，山口県，徳島県，香川県，熊本県，大分県，沖縄県は80％以上90％未満の減少となっている。青森県，岩手県，秋田県，山形県，福島県，和歌山県，鳥取県，島根県，愛媛県，高知県，佐賀県，長崎県，宮崎県，鹿児島県では80％以下の減少となり，大きな人口流出が起きていることがわかる。特に秋田県では，69.3％と大きな人口流出となっている。一方，埼玉県，千葉県，東京都，神奈川県，愛知県，滋賀県，京都府，大阪府が100％以上となっており，人口流入となっている。特に東京都は139.6％と大きな増加となっている。このコーホートの特徴としては，大学進学などのライフイベントが考えられる。ここから三大都市圏，首都圏への人口流入は，大学進学が大きなきっかけになることが推測できる。

そして2010年に25歳から29歳までの間の世代について，2005年からの5年間で減少している県は以下のようになる。北海道，青森県，宮城県，石川県，山梨県，滋賀県，徳島県，高知県，福岡県では，90％以上95％未満の減少となっている。また京都府は79.13％と大きな減少となっている。一方，東京都は110.4％の増加となり，神奈川県，愛知県も微増となっている他，栃木県，群馬県，富山県，福井県，長野県，静岡県，三重県，島根県，香川県，愛

媛県，大分県，宮崎県，沖縄県がわずかながらプラスに転じている点が興味深い。このコーホートの特徴としては，就職などのライフイベントが考えられる。都市部だけではなく，地方都市においてもプラスになっているということを考えると，就職の機会を求めて，Uターン，Jターン，Iターンという動きがあることが推測できる。

このようなコーホート別の人口変化を確認すると，人口の増減に最も大きな影響を与えるのは大学進学と就職であることがわかる。この点が東京，首都圏，三大都市圏への人口集中の緩和を考える際に，大きな論点となり得る。

経済成長し，地域間再分配の仕組みが機能している状況においては，都市への人口集中問題も，地域間再分配を通じて緩和することができると考えられる。つまり，人口も増加し，経済成長が持続していく中で，国土利用計画と地域間再分配制度を適切に組み合わせることにより，企業誘致，工場誘致などを通じて，各地域に経済の「溜め」が出来上がり，それが「人口ダム」機能として効果を及ぼし，人口流出をある程度引き止め，地域経済を支えてきたと考えられるかもしれない。こうした時代の最後の「地域活性化策」は竹下内閣が1988年から1989年に実施した「ふるさと創生事業」である。しかしながら，経済成長率が低下し，全体のパイとして地域間における再分配の余地が少なくなれば，各地域経済の「溜め」を作り出すことができなくなり，「人口ダム」が決壊し，地方からの人口流出を増加させてしまうことになる。それにより，都市部への人口集中が促進されるとともに，地域経済が衰退していくことになる。このように考えれば，増田 (2014) が「人口ダム」を設けるような提言をしていることは，説得的である。

近年，直面する問題は，経済の低成長化だけではなく，人口減少の趨勢である。これまでは，人口流出が進んだとしても，人口増加社会において，地域に人口の再生産機能が有効に働けば，ある程度の人口規模を持つ地域都市であれば，地域の持続可能性を維持するための人口規模を保つことができたかもしれない。現在，危機として指摘されているのは，人口増加社会から人口減少社会に転じた中で，そうした危機が切迫していなかった地域に危機が訪れていると

いうことである。

　そこで，「地方創生」戦略において，若年層をいかに各地域に定着させるか，もしくはいかに地方に回帰させるか，という点が検討されているのである。

## 3．人口集中を緩和させる「コンパクト化とネットワーク化」

　「地方創生戦略」で想定しなければいけない人口減少，経済の低成長化という前提は，少なくとも戦後のわが国において初めて経験する前提になるということである。すなわち，人口増加，経済成長が前提となるこれまでの地域振興策，地域経済活性化策から抜本的に発想の転換をしていくことが求められる。つまり，地域振興，地域経済活性化を目指す経済政策の基盤（OS）そのものを検討し，設計することが求められる。

　そのポイントとしては，いかに効率的な国土ビジョンを描くか，ということになる。これは，地方分権改革の流れにも大きな影響を与えるポイントになろう。

　こうした政策転換はすでに始まっている。伊藤（2015）は，総務省が「合併から連携へ」と舵を切ったことを指摘し，「市町村が基礎自治体としての役割を持続可能な形で果たしていけるようにするためには，市町村が単独で「フルセットの行政」を担うことから脱却し，自治体が連携して行政サービスを提供する体制を組むことが望ましいとされた」と述べている。具体的に，2014年5月の地方自治法の改正に伴い，「連携協約」制度と「事務の代替執行」制度が創設されている。自治体間同士の連携協約としては，たとえば，2014年10月に締結された横浜市と川崎市の「待機児童対策に関する連携協定」がある。この協定は，横浜市と川崎市の隣接地域において，相互の保育ニーズに応じて，保育資源を相互に活用していく内容となっている。これまでも一部事業組合や広域連携などの制度があったが，これらの制度では自治体から独立した組織を設立する必要があった。しかし連携協約制度では，こうした組織を設立する必要はなく，より柔軟に「連携」，「ネットワーク化」を図れることになった。

　2014年5月に公表された日本創成会議・人口減少問題検討分科会（座長：増

田寛也・元総務大臣）のレポート（いわゆる「消滅可能性都市」）においても，「コンパクト化（集約化）」と「ネットワーク化」を求めている。

増田（2014）は，「2010年から2040年までの間に「20歳～39歳の女性人口」が5割以下に減少する市区町村数は，現在の推計に比べ大幅に増加し，896自治体，全体の49.8％にものぼる結果となった。実に自治体の約5割は，このままいくと将来急激な人口減少に遭遇する」と示唆し，この896自治体のうち，2040年時点で人口が1万人を切る523自治体は，消滅可能性が高いと指摘している。そこで「地方から若者が大都市へ流出する「人の流れ」を変えること」が必要であり，そのために「地方において人口流出を食い止める「ダム機能」を構築し直さなければならない」と示唆する。また「いったん大都市に出た若者を地方に「呼び戻す，呼び込む」機能の強化も図る必要がある」と示唆する。そこで，「選択と集中」を通じて，地域資源の再配置，地域間の機能分担と連携の推進が必要であると指摘する。

増田（2014）のいう「ダム機能」を持つ都市として「地方中核都市」を挙げているが，これは，基本的には政府の「地方中枢拠点都市」（現在の連携中枢拠点都市）をベースとしている。政府は地方中枢拠点都市[7]を，三大都市圏（首都圏，名古屋圏，大阪圏）を除く政令指定都市と人口20万人以上の中核市のうち，昼夜間人口比率が1以上で，平均人口は約45万人の都市をイメージし，全国で61都市を想定している。これらの地方中枢拠点都市を総務省の資料に基づいて整理すると，表11-3となる。

総務省の第30次地方制度調査会の答申では，「地方中枢拠点都市を核に，産業振興，雇用確保，広域観光，高度救急医療，介護，障害者福祉，広域防災，人材育成等の分野において，都市機能の「集約とネットワーク化」を図っていくことが重要である」と指摘し，その役割として「地方中枢拠点都市を中心とする広域連携を進め，三大都市圏と並んで地域の個性を発揮し，我が国の経済をけん引する役割を力強く果たしていくこと」を求めている。

---

7) 総務省第30次地方制度調査会の答申によると，地方中枢拠点都市を「指定都市，中核市，特例市のうち地域の中枢的な役割を果たすべき都市」であるとしている。

表 11-3　地方中枢拠点都市（連携中枢拠点都市）の一覧

| 北海道 | 旭川市，札幌市，函館市 |
|---|---|
| 東　北 | 青森市，八戸市，盛岡市，秋田市，山形市，仙台市，福島市，郡山市，いわき市 |
| 関　東 | 宇都宮市，前橋市，高崎市，伊勢崎市，太田市，水戸市，つくば市，甲府市 |
| 北信越 | 新潟市，長岡市，上越市，長野市，松本市，富山市，金沢市，福井市 |
| 東　海 | 沼津市，富士市，静岡市，浜松市，豊田市，四日市市，津市，岐阜市 |
| 関　西 | 和歌山市，姫路市 |
| 中　国 | 岡山市，倉敷市，鳥取市，松江市，福山市，広島市，呉市，下関市 |
| 四　国 | 高松市，徳島市，高知市，松山市 |
| 九　州 | 北九州市，福岡市，久留米市，佐賀市，佐世保市，長崎市，大分市，熊本市，宮崎市，鹿児島市，那覇市 |

（出所）総務省「基礎自治体による行政サービス提供に関する研究会」資料に基づき，著者作成。

　また地方中枢拠点都市を核とする圏域以外の地域についても，「中心市と近隣の基礎自治体との間で都市機能の「集約とネットワーク化」を進めることによって，引き続き住民が安心して生活できる基盤を維持していくことが必要である」と指摘している。

　また総務省「基礎自治体による行政サービス提供に関する研究会」の資料では，地方中枢拠点都市の役割として，①圏域全体の経済成長のけん引，②高次の都市機能の集積，③圏域全体の生活関連機能サービスの向上を挙げている。さらに 2015 年 1 月に総務省は地方中枢拠点都市圏構想推進要綱の改正を行い，「地方中枢拠点都市」を，国土交通省の「高次地方都市連合」や経済産業省の「都市雇用圏」の考え方と調整を行い，新たに「連携中枢都市圏」という考え方を示している。

　この連携中枢都市圏構想では，「コンパクト化」と「ネットワーク化」を通じて，「経済成長のけん引」，「高次都市機能の集積・強化」および「生活関連機能サービスの向上」を行うことで，「人口減少・少子高齢社会においても一定の圏域人口を有し活力ある社会経済を維持するための拠点を形成する」ことを目的としている。具体的には，地方自治法上の連携協定を活用することにより，圏域としての政策を継続的・安定的に推進し，コンパクト化とネットワーク化を進めながら，連携中枢都市に資源を集中させ，持続可能な成長を促していくという発想である。さらに都道府県を超えて相互に連携することも可能に

するとともに，民間事業者を巻き込むことで，広域的・複層的な連携を可能にする，という発想がある。これは連携中枢都市圏構想において，「「シティリージョン」の形成」と呼ばれている。

このように整理していくと，地方創生戦略のベースとなる「核」は，「選択と集中」と「連携とネットワーク化」にあることがわかる。そうしたベースの上に，各地域の持続的な成長を促すとともに，地域の身近な課題を地域自らが解決していくための力を高めていくような具体的な施策を構成することが地方創生戦略の骨子になるといえる。

ここで考えるべき点は，「ネットワークの設計図」であろう。その設計図を描くためには，大きくは大都市，連携中枢拠点都市，地方都市，離島・中山間地域の4つに分類する必要がある。

大都市は，東京23区をはじめ，横浜市，川崎市，相模原市，千葉市，さいたま市の東京圏の政令指定都市，中京圏の政令指定都市である名古屋市，大阪市，京都市，神戸市の関西圏の政令指定都市を考える。

連携拠点都市は，総務省の連携中枢拠点都市（地方中枢拠点都市）の定義を当てはめ「三大都市圏（首都圏，名古屋圏，大阪圏）を除く政令指定都市と人口20万人以上の中核市のうち，昼夜間人口比率が1以上の都市」を考える。地方都市は，三大都市圏の政令指定都市と連携拠点都市を除く市を想定する。

現在，「コンパクト化とネットワーク化」で考えられているのは，この中で連携拠点都市と地方都市で，都市機能を「コンパクト化（集約化）」し，ネットワークで結び，地域経済圏を構築していくということである。また離島・中山間地域においては，「小さな拠点」を構築し，公共交通機関などでネットワークを形成していくことが考えられている。国土交通省（2014）は，「小さな拠点」のイメージとして，食料品や日用雑貨などを扱う商店，小規模な医療施設，ガソリンスタンドなどのサービス施設，飲食店，市役所出張所，郵便局，銀行，道の駅などを挙げている。

さらに，連携中枢拠点都市と地方都市で構築される地域経済圏と離島・中山間地域をネットワークで結ぶことにより，ネットワーク化を通じた集積効果に

より，地域経済圏ごとに経済基盤を築き，大都市への人口流出の抑制を促すというビジョンであるといえる。

こうしたネットワーク化を進めるためには，ネットワークの基盤となる社会資本整備（インフラ整備）が重要となる。こうしたインフラ整備は，都市間を結ぶ道路（高速道路も含む），鉄道などの施設整備も求められる一方，コミュニティバスの運行などの公共交通サービスの拡充も検討していく必要がある。ここで施設（ハード）面のインフラ整備は，国や都道府県，サービス（ソフト面）のインフラ整備は，基礎自治体という役割分担を検討する必要がある。

ここで考えるべき，もう1つの視点は，各地域経済圏と大都市との関係である。

2014年度の総務省『住民基本台帳人口移動報告』に基づき，東京都（図11-6），愛知県（図11-7），大阪府（図11-8）への人口転入元の地域を確認する。

図11-6，図11-7，図11-8からわかるように，東京都への転入は首都圏からが多く，愛知県への転入は，東京都と大阪府の大都市，東海地方からが多く，大阪府への転入は東京都と愛知県，そして関西地方からが多いことがわかる。

この点からわかることは，大都市への転入は，大都市間での移動と，その大都市が位置する広域的な経済圏の圏内における移動が多いということである。

国土交通省は，「国土のグランドデザイン2050」の中で，三大都市圏をネットワークで結び，世界最大の大都市圏（スーパー・メガリージョン）を形成するビジョンを示している。

このように考えると，今後のわが国のグランドデザインは，次のように描くことができると考えられる。まず都市機能がコンパクト化（集約化）がなされたうえで，三大都市圏および近隣経済圏がそれぞれネットワークで結び付き，集積を通じた相乗効果を発揮させる。さらに三大都市圏間をネットワークで結びスーパー・メガリージョンを形成し，集積効果を高めるとともに，連携中枢拠点都市を軸とした各経済圏と首都圏，中京圏，関西圏をネットワークで結び，ヒト，カネ，モノ，情報の対流を効果的に円滑にすることで，連携中枢拠点都市の付加価値を高め，人口を各経済圏で定着させていく，というビジョン

図 11-6　他道府県から東京都への転入状況（2014 年度）

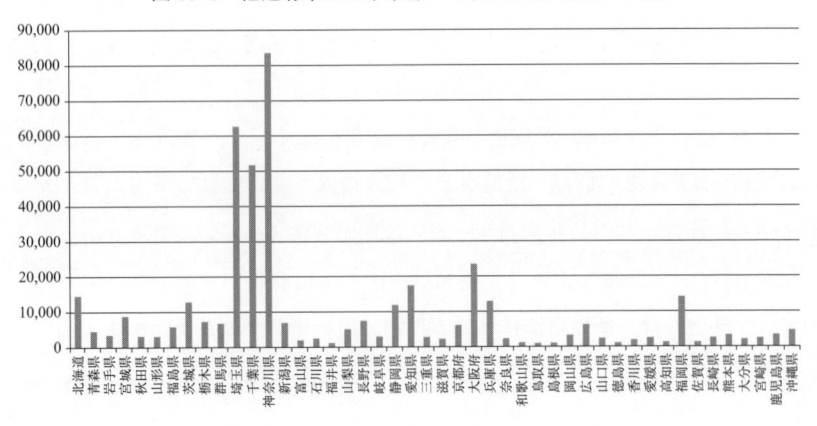

（出所）総務省『住民基本台帳人口移動報告』（2014 年度）。

図 11-7　他都道府県から愛知県への転入状況（2014 年度）

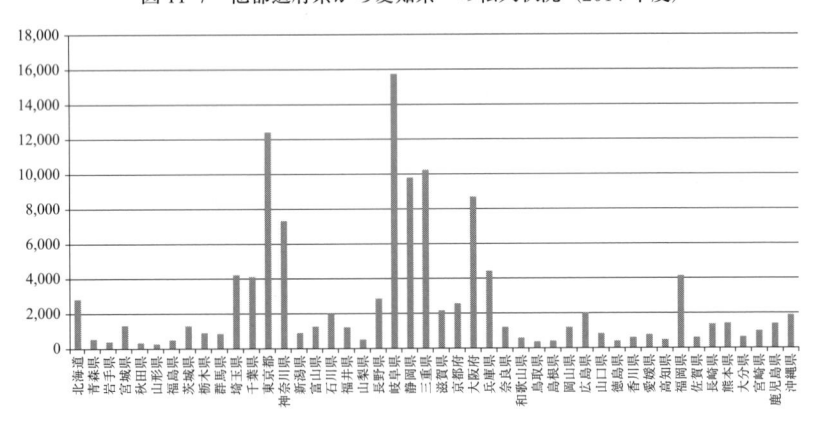

（出所）総務省『住民基本台帳人口移動報告』（2014 年度）。

を想定することができる。

　すなわち，日本全体を首都圏，中京圏，関西圏という主要な「核」と各地域経済圏の「核」を結び，さらに三大都市圏間の主要な「核」も結ぶとともに，地域経済圏内においても「核」を結び，いわゆる「蜘蛛の巣」のようなネット

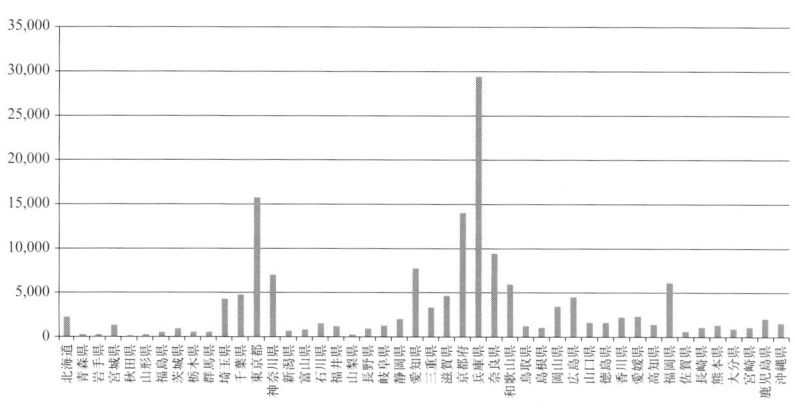

図 11-8　他都道府県から大阪府への転入状況（2014 年度）

（出所）総務省『住民基本台帳人口移動報告』（2014 年度）。

ワークを張り巡らすことで，多核型，多中心的な都市圏，都市間連携（ポリセントリックな連携）型[8]の構造に転換させていくということである。

## 4. 教育と雇用の集中

なぜ，人々は首都圏もしくは三大都市圏に一極集中をするのか。その理由の1つとして，「教育」の機会や「仕事」（職）を求めて移動するという行動が考えられる。図 11-9 は，文部科学省の平成 26 年度学校基本調査に基づき，各都道府県の大学数を整理したものである。

東京都には国立，公立，私立合わせて，139 大学が所在し，全国の大学数のうち，17.8％を占めている。また首都圏でみれば，大学数は 224 となり，全国の 28.68％を占める。さらに三大都市圏でみれば，大学数は 405 となり，全国の 51.86％を占める。このように 18 歳人口が都市部に移動する流れは，大学という社会インフラの集中度にも影響を受けている。

また「仕事」（職）の機会という観点でもみてみる。総務省の「平成 24 年経

---

8）ポリセントリシティについては，Wagher and Yokoyama（2014），Yokoyama（2015）を参照のこと。

図 11-9　都道府県別の大学数

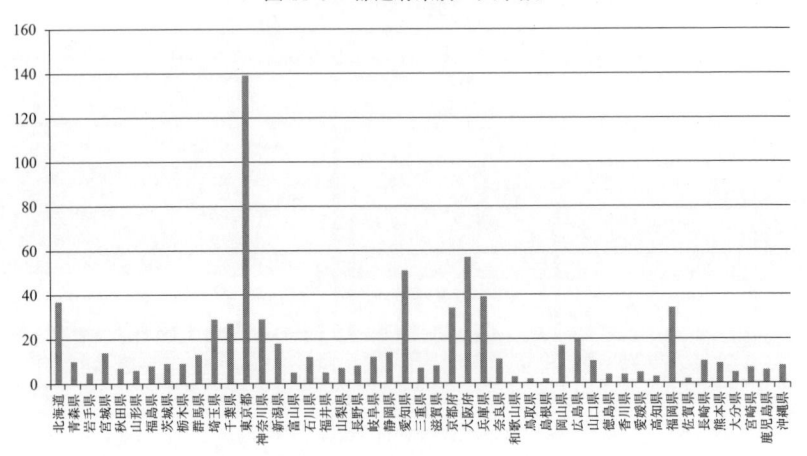

(出所) 文部科学省「学校基本調査」(平成 26 年度)。

図 11-10　全国の事業所数に占める各都道府県の事業所数

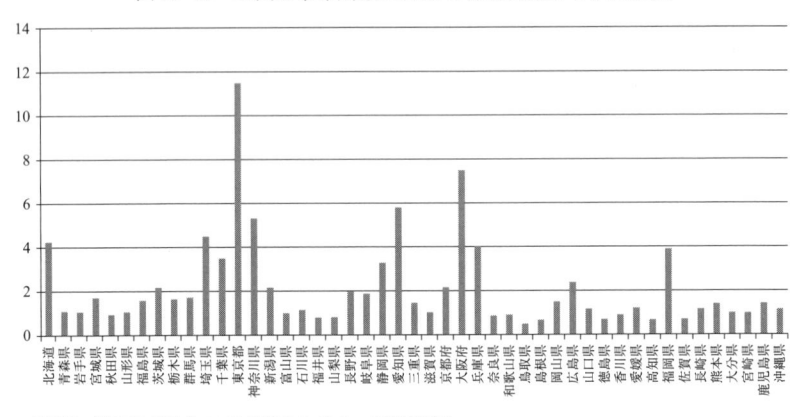

(出所) 総務省「平成 24 年経済センサス―活動調査」

済センサス―活動調査」において，都道府県別の総事業所数を確認し，全国の事業所数に占める割合を算出すると，図 11-10 となる。

東京都の事業所数は 627,357 事業所であり，全国の約 11.50％を占めていることがわかる。また首都圏では 1,353,024 事業所となり，全国の 24.81％を占

図 11-11　全国の事業所数(法人(会社))に占める各都道府県の事業所数(法人(会社))

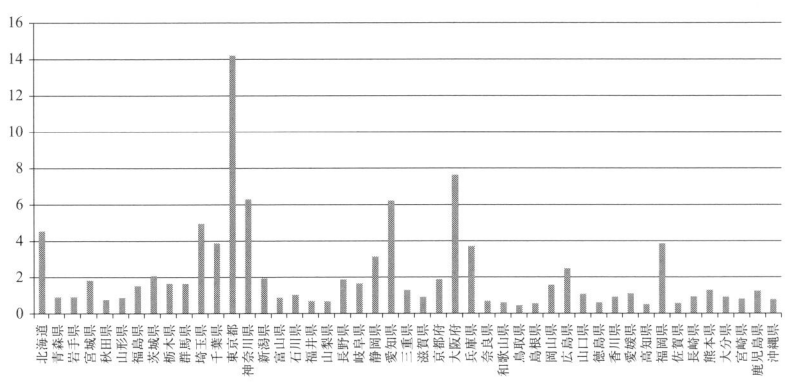

(出所) 総務省「平成 24 年経済センサス―活動調査」

めている。さらに三大都市圏では 2,415,410 であり，全国の 44.29％を占めていることがわかる。

さらに，総事業所数のうち，法人（会社）の事業数を確認し，全国の法人（会社）の事業所数に占める割合を算出すると，図 11-11 となり，その格差（偏在）は，変動係数を算出すると，総事業所数の変動係数 96.29 から法人（会社）の変動係数 114.50 と大きくなる。

東京都の法人（会社）の事業所数は 402,536 事業所であり，全国の約 14.18％を占めている。また首都圏では 831,740 事業所となり，全国の 29.29％を占めている。さらに三大都市圏では 1,381,757 であり，全国の 48.67％を占めていることがわかる。

つまり，「教育」，「職」の機会とも，東京都だけでみれば，全国の 1 割から 2 割，首都圏でみれば約 3 割，三大都市圏でみれば約 5 割を占めており，社会構造，経済構造としても人口が都市部に集中するような構造となっていることがわかる。

つまり，人口の都市部への集中を緩和させるためには，このような社会的なインフラ，経済構造を集中型から分散型に変化させるような政策が重要となる。

次に，地方別の「仕事」の状況について確認する。図11-12は，東日本大震災が発災した2011年以降の有効求人倍率の推移をまとめたものである。2011年1月時点で比較すると，どの地方も有効求人倍率は1を下回っていたが，北陸，東海，中国，四国は0.7を上回っていた。そして，東海地方では，2012年5月から有効求人倍率は1を上回った。一時的に1を下回るものの，2013年2月から継続して1を上回っている。また東北，北陸，中国では2013年5月から有効求人倍率は1を上回っている。さらに四国は2013年7月に1を上回るという傾向を示している。一方，東京都を含む南関東で有効求人倍率が1を上回るのは，2013年10月，近畿で有効求人倍率が1を上回るのは2014年3月であった。

この背景には，東日本大震災の復興事業，アベノミクスの経済効果があると考えられる。有効求人倍率が増加する要因としては，有効求人数が増加する，もしくは有効求職者数が減少する，さらにはその両方が考えられる。アベノミクス以降の景気回復の影響で，有効求人数が増加する中で，求職者が職を得る

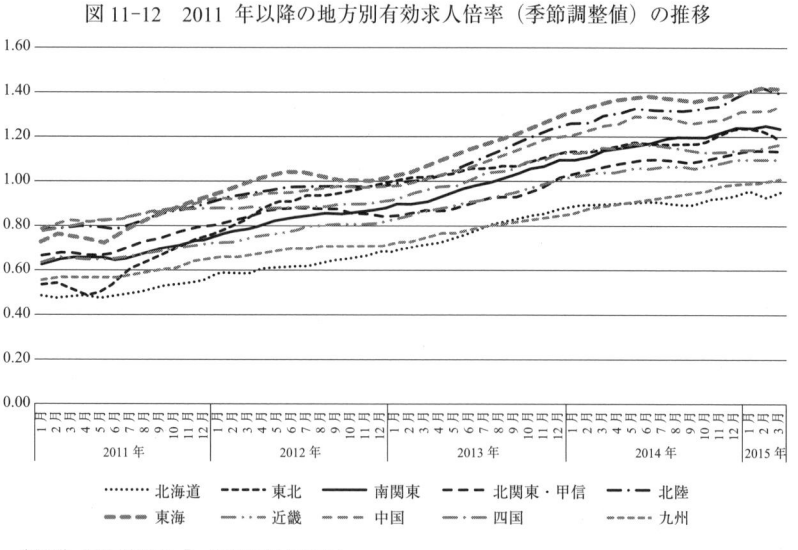

図11-12　2011年以降の地方別有効求人倍率（季節調整値）の推移

（出所）厚生労働省『一般職業紹介状況』。

ことにより，有効求職者数が減少してきていることが大きな要因であると考えられる。特に，人口減少の影響により労働力供給が地方ほど不足している可能性が考えられる。

　たとえば，筆者らが 2015 年 3 月に実施した東北地方の水産業の復興に関するヒアリング調査では，水産業の復興には，労働力不足が大きな課題であることが明らかになった。

　ヒアリング調査で明らかになったことは，人口，特に若年層の人口が減少することにより，労働力不足が生じるとともに，復興関連事業の賃金水準が高いため，本来であれば獲得できていたはずの労働力を獲得することがさらに困難になっているということであった。このような状況において，労働力を獲得するためには，賃金水準を引き上げる必要がある。しかし，それは企業の収益性に負の影響を与えるため，過度な賃金水準の引き上げも難しく，労働力不足が常態化しているということであった。こうした傾向は，地域経済にも負の影響を与えることが予測される。森川（2013）では，都道府県別の実質最低賃金が起業の収益に及ぼす影響を分析しており，「相対的に経済活動密度が低い都道府県の経済活力に対して，高めの最低賃金がネガティブな影響を持ってきた可能性が高く，現在でもそうした影響が残っていると考えられる」と指摘している。また，以下のような指摘もしている。「全体としての賃金水準が高くない地域において過度な最低賃金引き上げが行われる場合には，地域経済を支える中堅企業の活力を殺ぐ可能性がある。」

　過度な労働力不足の傾向は，地域内における職種間移動（もしくは職業選択）のみならず，地域間における職業選択においてもみることができるかもしれない。

　図 11-13 は，2014 年の厚生労働省『賃金構造基本統計調査』に基づく，都道府県別所定内給与の比較である。月間の所定内給与が最低額なのは，青森県の 226.6 千円で，最高額は東京都の 377.4 千円である。また首都圏の平均額を算出すると 326.9 千円で，三大都市圏の平均額を算出すると 320.5 千円である。全国の平均額を算出すると 273.2 千円で，月間の所定内給与に基づき賃金

水準を考えれば,その金額差は大きい。人々が賃金水準の高い地域で職を求めようとすれば,都市圏に人口が集中することが容易に想定できる。

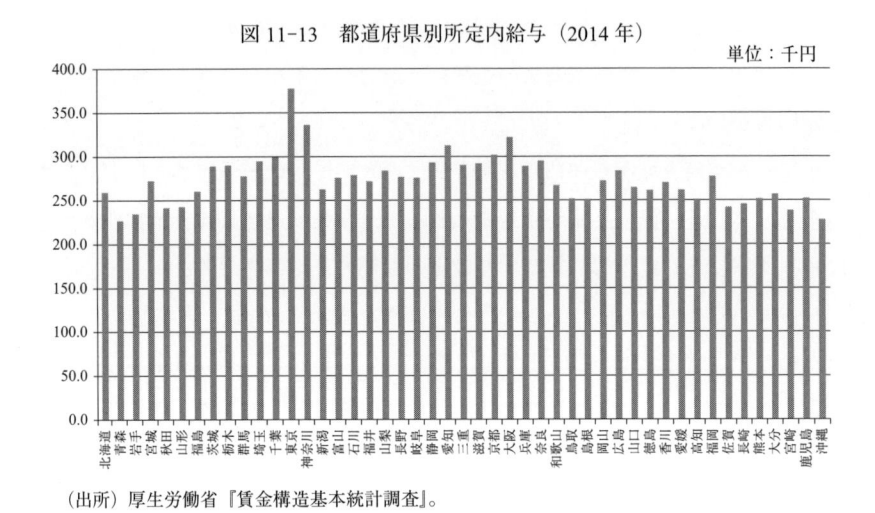

図 11-13 都道府県別所定内給与（2014 年）
単位：千円

(出所) 厚生労働省『賃金構造基本統計調査』。

つまり,名目賃金の高さが都市圏への集中の誘因効果になっている可能性が示唆される。人々が名目賃金をみながら,どこで働くかを考えた場合,地方の労働力不足は深刻化していく。それによって,地方企業の収益は低下するなど,負のスパイラルが生じる。そこで重要なのは,地方企業の生産性をいかに高めていくか,ということであり,そのためには起業と廃業という「入口」と「出口」を産業内や地域内で促していくための改革が必要となる。

しかし,都市圏が選ばれる理由は賃金だけではないだろう。経済活動の規模,教育機会,さらには生活の利便性,交通アクセス,情報の集積など,様々な要素[9]が都市圏に集中,集積していることが「選ばれる」要因として考えら

---

9) Florida (2010) では,若者は「「就職に漕ぎ着け,キャリアの階段を登り,個人の幸福を勝ち取るには,活発な社会のネットワークが何よりも大切だ」ということを感覚的に理解している」と示唆する。そして「どれだけ他人との出会いがあり友人を作れるか」という点が若者が住む場所を選ぶ際の要因になっていると指摘している。

れる。さらには，Florida（2011）の示唆を参考にすれば，技術，才能，寛容性という3つのTに関わる条件，開放性，集積性，集中性などが「選ばれる」要因を形成しているかもしれない。

このように考えれば，地方創生戦略における「集約化とネットワーク化」は，単なる地域資源の集約化とネットワーク化を進めるだけではなく，都市圏に集中，集積する「選ばれる」要素を地域に分散させることが重要になる。つまり，それぞれの地域において，教育の機会を高め，仕事（雇用）を生み出すことだけでは「地方創生」は進まない。都市圏が選ばれる要素を分散させ，そしてそれぞれの地域ごとに集中，集積させるという，いわゆる「グレートリセット」[10]の発想が地方創生には求められるかもしれない。

## 5．地方創生戦略における経済政策のアプリケーション

首都圏もしくは三大都市圏への人口集中問題から，地方創生に関わる議論を進めると，個別の具体的戦略（取り組み）の基盤となる制度選択や制度設計も重要であることがわかる。その意味では，地方創生戦略は，単なる地域振興策，地域経済活性化策としての側面ではなく，人口減少，少子化，高齢化，グローバル化が進展する中で，国家戦略としてどのようにガバナンス構造（制度）を変革させるのか，という議論として認識すべきであるし，そうした「制度」を基盤としたうえで，それぞれの地域がどのような政策選択を行うのか，ということを検討していく必要があるといえる。

まず，地方創生戦略の基盤となる「制度」については，本稿でみてきたように，首都圏もしくは三大都市圏への人口集中を緩和させ，地方の人口流出を抑制させる取り組みが必要となる。また，現在，首都圏や三大都市圏に住む人々を地方に自ら移動することを望むような取り組みを行っていく必要がある。

---

10） Florida（2010）のタイトルである。Florida（2010）は「経済・社会秩序の幅広く根本的な変革」と定義する。「グレートリセット」を通じて，「経済を活性化させ，産業は拡大し，生産性は向上する。新しくて条件のいい仕事も創出される」と述べている。「大阪都構想」を進めた橋下徹氏も当初，「グレートリセット」という言葉を用いていた。

東京が選ばれる理由は，名目の賃金水準だけではなく，生活の質，さまざまな「機会」が集まり，魅力ある都市であるからだろう。一方で，人口が集中することで，待機児童問題[11]や「東京圏介護破綻問題[12]」などの社会的コストを高めるような課題もある。このような社会的コストを低下させるような工夫も含め，東京とのネットワークを強め，地方においても東京の魅力を得られるような都市設計のデザインが必要となる。

また地方で仕事（雇用）を生み出すだけではなく，地方部の経済の生産性を上げる必要がある。そこで，「集約化とネットワーク化」を進め，資源が集積された「核」が多核的に存在し，それがネットワークで結ばれ，全体としても集積効果が高まるようなポリセントリックな国土構造，都市間構造を制度として選択していく必要がある。Florida（2010）は，「旧来の郊外をもっと人口密度の濃い，多目的コミュニティに仕立て直すことだ」と指摘する。つまり，それぞれの「核」の人口密度を高め，様々なニーズ，目的に応えることができるようなコミュニティにしていく必要がある。そこで，各地域の都市（まち）のコンパクトシティ化を進め，人口密度を上げるとともに，都市機能や資源を集中させる[13]。そのうえで，都市間の交通インフラを整備し，それぞれの「核」を結び，ネットワーク化を図ることで，集積性を高め，全体としての生産性を引き上げていくことができるだろう。

こうした地方創生戦略の基盤（制度）を構築したうえで，各地域の特色を生かすようなアプリケーションとしての政策を選択していく必要がある。そのアプリケーションのモデルとなるのが，たとえば，第一次産業の高度化（六次産業化）と地域マーケティングを組み合わせた DMO（Destination Marketing/Management Organization）の仕組み[14]である。たとえば，地域マーケティングの

---

11) 子育て支援にかかわる社会的インフラの問題については，中澤・矢尾板・横山（2015）で議論を行っている。
12) 日本創成会議首都圏問題検討分科会は，2015 年 5 月に東京圏の医療・介護不足が深刻化する問題を指摘するとともに，それに伴う地方からの人材流入増加の可能性を指摘している。
13) コンパクトシティの成功事例としては，たとえば，米国ポートランド市などの事例がある。

プロセスを踏まえて，各地域の特産品の生産・加工・販売のプロセスを効率化することで，付加価値を高め，売上を増加させることが可能である。さらに販路を海外に展開していくことで，新たなビジネスチャンスを生むことができる。このような地域マネジメント手法の導入が地方創生戦略の中で重要な位置づけになる。

またCCRC（継続的ケア付きリタイアメント（高齢者）コミュニティ）は，政府の地方創生戦略本部も分科会を設置し，検討を行っている取り組みである。定年退職後の高齢者が健康に地域活動に参加したり，ソーシャルビジネスやコミュニティビジネスなどの仕事に従事したり，必要に応じて介護や医療などの適切なケアを受けたりしながら，地域の課題解決に関与していく。また自治体やコミュニティが大学などと連携して，生涯学習講座を開講し，学び，それを地域活動に役立たせることもできるという仕組みである[15]。CCRCのメリットは，「CC（継続的ケア）」の側面では，医療，介護などの仕事（雇用）を創出することができるというものである。すなわち，地方部でCCRCを展開することにより，雇用を創出し，若年層の地元定着率を高める可能性が考えられる。また「RC（リタイアメント（高齢者）コミュニティ）」では，高齢世代が地域課題の解決に参加し，相互に支え合う仕組みを創り出す可能性が考えられる。

増田等（2015）は，東京圏の高齢者の地方への移住の促進を提案している。確かに，図11-14のように2014年度の総務省『住民基本台帳人口移動報告』における60歳代の人口移動の動向を確認すると，東京都，埼玉県，神奈川県，大阪府では人口が流出している。一方で，地方に移住した高齢世代の人々が，自動車の運転などに自信がなくなる，医療機関への通院の必要性や救急医療への不安を感じるなど，年齢を重ねることによって生じる問題により，都心に再び回帰するという事例もある。この点を考えると，増田等（2015）の提言は，CCRCの整備だけではなく，コンパクトシティ化や公共交通の整備など，まちのインフラ整備などの「制度」の視点が重要になる。

---

14) DMOの成功事例としては，たとえば，米国ナパバレーの事例がある。
15) 具体的なイメージとしては，楡周平氏の小説『プラチナタウン』が詳しい。

図 11-14　60 歳代の人口移動

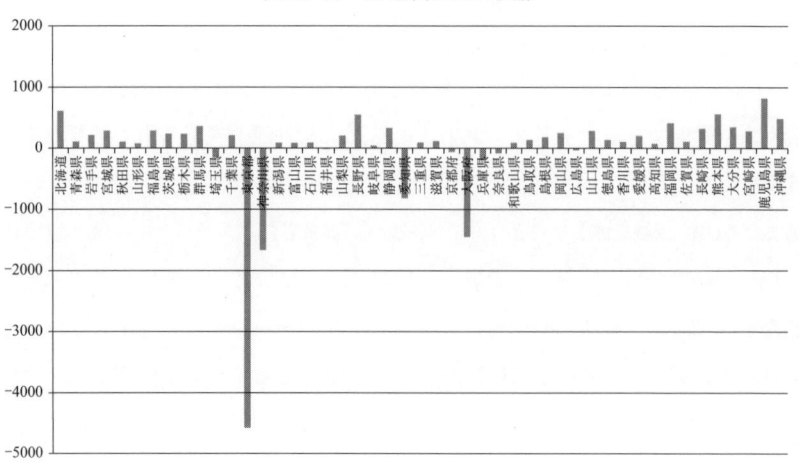

（出所）総務省『住民基本台帳人口移動報告』（2014 年度）。

## 6. おわりに

　本稿では，政府が取り組みを進めている「地方創生」にかかわる問題を検討してきた。特に，首都圏もしくは三大都市圏への人口集中問題を整理し，人口，教育，雇用の視点から検討するとともに，地方創生戦略の基盤となる「制度」としての国土構造，地域・都市構造を検討してきた。

　従来の地域振興，地域活性化のための経済政策は，人口が増加し，経済が成長していく中で，いかに地域間格差を是正していくのか，という視点に重きが置かれていたように考えられる。戦後 70 年が経過し，日本の国土構造，地域・都市構造は，少なくとも 3 つの局面があった。第 1 の局面では，人口においても，経済的にも資源が東京に一極集中する中で，生産性を高め，日本経済は高度成長を果たすという恩恵を享受することができた。しかしながら，東京への一極集中は，住宅問題，環境問題，さらにはさまざまな社会問題も同時に顕在化させた。そこで第 2 の局面として，東京から郊外に「まち」は拡大し，大学などもキャンパスを郊外に移転させることで広域の都市圏を形成した。また地方都市は，工場などの誘致を行い，地域経済の活性化を進めた。しかし，

グローバル化に伴う工場などの海外進出による産業空洞化，経済成長の低迷に伴う企業の効率化，集中化により，各地域から地域経済を支えてきた産業が撤退するなどの「リセッション期」を迎え，第3の局面として規制緩和などの影響もあり，都心回帰が進んだ。そして，今後，人口減少，少子化，高齢化という新たな制約条件，社会環境の下で，「地方創生」の取り組みの流れの中で，第4の局面に向かおうとしている。

　現在の「地方創生戦略」の大きな流れは，1980年の大平正芳内閣で検討された「田園都市国家構想」を思い出させる要素も多くある。しかしながら「田園都市国家構想」と現代の「地方創生戦略」では，人口減少，少子化，高齢化，グローバル化など，社会環境が大きく異なる。このような社会環境を前提として，国土構造，地域・都市構造という基盤も転換し，社会環境に合った「制度」を選択することが「地方創生戦略」の第一歩として求められているのである。

　本稿では，地方創生戦略という経済政策の基盤となる制度をいかに選択すべきか，という点に注目し，検討を行った。そうした「制度」のキーワードとしては，「集約化」，「ネットワーク化」，「ポリセントリシティ」，そして「多様性」，「開放性」などであろう。こうしたキーワードで，魅力的な「まち」を創ることが重要となる。次に，各地域の特色に応じた個別の取り組みを戦略として実施していくことで「しごと」を生み出す。そこで初めて「ひと」が「まち」に集まり，地方創生が始まるのである。

　本稿で残された課題としては，まず選択された制度に基づき，どのような取り組みを組み立てていくべきかという点である。この点については，各地域の特色に応じた取り組みを組み立てていくべきであると考えられる。次に，地方創生戦略の合意形成である。合意形成においても，「制度」選択のプロセスにおける合意形成と個別の取り組みに関する合意形成の2つがある。これらの課題については，別稿で検討していきたい。

　地方創生において重要なのは，「逆転の発想」であるといえる。つまり「危機」こそが新たな「機会」になる。人口減少，少子化，高齢化，グローバル化

といった要素は，危機であり，かつ，機会でもある。こうした要素を「危機」から「機会」に変え得る制度変化こそが，地方創生の議論には必要だと考えられる。

付記：本稿の執筆にあたり著者が務める静岡県川根本町総合計画策定委員会委員長，静岡県川根本町行政改革推進委員長として地方版総合戦略の策定にかかわった経験をはじめ，自身の地域活動から得た経験や示唆を得ている。三重県松阪市長の山中光茂氏，富山県氷見市長の本川祐治郎氏，静岡県川根本町の鈴木敏夫氏を始め，松阪市役所，氷見市役所，川根本町役場の関係の皆様，千葉市市議会議員の山本直史氏，ハリウッド化粧品メイウシヤマ SBM 研究所長の岩本高明氏，株式会社 iPLUS ONE 代表取締役社長の石井伸一氏には，さまざまな活動を支援していただいているとともに，多くの知見を提供していただいている。また慶應義塾大学経済学部教授の川本明氏には有益な知見を提供していただいた。中央大学戦略経営研究科助教の野坂美穂氏には，共同研究を通じて，多くの示唆をいただいた。さらに株式会社カラーコード代表取締役，静岡県地域づくりアドバイザーの浅井由剛氏，ソーシャルデザインラボ事務局長の朝重倫太郎氏，淑徳大学コミュニティ政策学部 4 年生の木村有花さんには，研究会活動を通じて，本稿を執筆するために有益な議論をいただいた。皆様に，心から感謝を申し上げます。（肩書きは，2015 年 4 月 1 日現在）。

参 考 文 献

伊藤正次（2015）「人口減少社会の自治体間連携―三大都市圏への展開に向けて―」（『ガバナンス』vol.23）公益財団法人日本都市センター，3-9 ページ。

国土交通省（2014）『国土のグランドデザイン 2050』が描くこの国の未来』大成出版社。

小林勇治・波形克彦『「地方で創生」まちは活性化する』同友館。

佐々木信夫（2015）『人口減少時代の地方創生論』PHP 研究所。

中澤克佳・矢尾板俊平・横山彰（2015）「子育て支援に関わる社会インフラの整備とサービスに関する研究―出生率・子どもの移動に与える影響と先進事例の検討―」（『フィナンシャル・レビュー』平成 27 年第 4 号（通巻第 124 号））財務省財務総合政策研究所，7-28 ページ。

増田寛也(2014)『地方消滅―東京一極集中が招く人口急減』中公新書。

増田寛也・日本創成会議首都圏問題検討分科会（2015）「提言　東京圏高齢化危機回避戦略」（『中央公論』2015 年 7 月号）30-50 ページ。

森川正之（2013）「最低賃金と地域間格差：実質賃金と企業収益の分析」（『RIETI Discussion Paper Series 13-J-011』）2013 年 3 月。

（http:/ / www.rieti.go.jp/ jp/ publications/ dp/ 13j011.pdf）
矢尾板俊平（2014）「いまこそ「改革」の旗を掲げよ＝地域創生のためには政治的資本の結集が必要＝」（『改革者』，2014 年 12 月号）政策研究フォーラム，6-9 ページ。
Acemoglu, Daron and Robinson, James A.（2012）, *Why Nations Fail: The Origins of Power, Prosperity, and Poverty,* : Crown Publishers.
Aoki, Mahiko（2001）, *Toward a Comparative Institutional Analysis,* MIT Press.
Florida, Richard（2010）, *The Great Reset,*: HarperBusiness.
Florida, Richard（2011）, *The Rise of The Creative Class, Revisited*: Basic Books
Greif, Avner（2006）, *Institutions and Path to the Modern Economy: Lessons from Medieval Trade,* Cambridge University Press.
Hori Masahiro, Hsieh Chang-Tai, Murata Keiko and Shimizutani Satoshi（2012）, "Did the Shopping Coupon Program Stimulate Consumption? Evidence from Japanese Micro Data,"ESRI Discussion Paper Series No.12, Economic and Social Research Institute: Cabinet Office.（http:/ / www.esri.go.jp/ jp/ archive/ e_dis/ e_dis012/ e_dis012.html）
McGinnis, Michael D. ed（1999）, *Polycentricity and Local Public Economies: Readings from the Workshop in Political Theory and Policy Analysis,*: University of Michigan Press.
North, Douglass C.（1990）, *Institutions Institutionl change and Econmic Performance,* Cambridge Universty Press.
Yokoyama, Akira（2015）, "Federalism and Intergovernmental Networks: Reflections on Friedrich and Tullock", Public Choice Society, 2015 Conference.
Wagner, Richard E. and Yokoyama, Akira（2014）, Polycentrism, Federalism, and Liberty: A Comparative Systems Perspective, *George Mason University, Department of Economics, Working Paper,* No.14-10.

（資料）
総務省「基礎自治体による行政サービス提供に関する研究会」，第 1 回（2013 年 7 月 17 日），「資料 4「地方中枢拠点都市」関連資料」。
　（http:/ / www.soumu.go.jp/ main_content/ 000256142.pdf）
総務省地方制度調査会答申「大都市制度の改革及び基礎自治体の行政サービス提供体制に関する答申」，2013 年 6 月 25 日。
　（http:/ / www.soumu.go.jp/ main_content/ 000233789.pdf）
総務省「連携中枢都市圏構想推進要綱」2015 年 1 月 28 日。
　（http:/ / www.soumu.go.jp/ main_content/ 000337009.pdf）
まち・ひと・しごと創生本部 基本政策検討チーム（第 4 回）資料「「新たな広域連携」について」（総務省自治行政局）2014 年 10 月。
　（http:/ / www.kantei.go.jp/ jp/ singi/ sousei/ kihonseisaku/ dai4/ s5.pdf）
まち・ひと・しごと創生本部「まち・ひと・しごと創生長期ビジョン」。
　（http:/ / www.kantei.go.jp/ jp/ singi/ sousei/ pdf/ 20141227siryou3.pdf）
まち・ひと・しごと創生本部「まち・ひと・しごと創生総合戦略について」。

（http://www.kantei.go.jp/jp/singi/sousei/pdf/20141227siryou5.pdf）
総務省自治行政局市町村課「連携中枢都市圏構想の推進」2015 年 3 月 19 日。
（http://www.mlit.go.jp/common/001083361.pdf）

**執筆者紹介**（執筆順）

栗林　　世　客員研究員（中央大学元教授）
丸尾直美　客員研究員（尚美学園大学名誉教授）
寺本博美　客員研究員（追手門学院大学経済学部教授）
塩見英治　研究員（中央大学経済学部教授）
中野　　守　研究員（中央大学経済学部教授）
飯島大邦　研究員（中央大学経済学部教授）
川島康男　客員研究員（中央大学名誉教授）
本間　　聡　客員研究員（東海大学政治経済学部教授）
谷口洋志　研究員（中央大学経済学部教授）
前川俊一　客員研究員（明海大学教授）
矢尾板俊平　客員研究員（淑徳大学コミュニティ政策学部准教授）


経済成長と経済政策　　　　　中央大学経済研究所叢書　65

2016 年 3 月 7 日　発行

編　者　中央大学経済研究所
　　　　経済政策研究部会
発行者　中央大学出版部
　　　　代表者　神崎茂治

東京都八王子市東中野 724-1
発行所　中央大学出版部
電話 042(674)2351　FAX 042(674)2354

Ⓒ 2016　　　　　　　　　　　　　　藤原印刷

ISBN978-4-8057-2259-6

## 中央大学経済研究所研究叢書

6. 歴史研究と国際的契機  中央大学経済研究所編 A5判 1400円
7. 戦後の日本経済——高度成長とその評価——  中央大学経済研究所編 A5判 3000円
8. 中小企業の階層構造  中央大学経済研究所編 A5判 3200円
——日立製作所下請企業構造の実態分析——
9. 農業の構造変化と労働市場  中央大学経済研究所編 A5判 3200円
10. 歴史研究と階級的契機  中央大学経済研究所編 A5判 2000円
11. 構造変動下の日本経済  中央大学経済研究所編 A5判 2400円
——産業構造の実態と政策——
12. 兼業農家の労働と生活・社会保障  中央大学経済研究所編 A5判 4500円〈品切〉
——伊那地域の農業と電子機器工業実態分析——
13. アジアの経済成長と構造変動  中央大学経済研究所編 A5判 3000円
14. 日本経済と福祉の計量的分析  中央大学経済研究所編 A5判 2600円
15. 社会主義経済の現状分析  中央大学研究所編 A5判 3000円
16. 低成長・構造変動下の日本経済  中央大学経済研究所編 A5判 3000円
17. ME技術革新下の下請工業と農村変貌  中央大学経済研究所編 A5判 3500円
18. 日本資本主義の歴史と現状  中央大学経済研究所編 A5判 2800円
19. 歴史における文化と社会  中央大学経済研究所編 A5判 2000円
20. 地方中核都市の産業活性化——八戸  中央大学経済研究所編 A5判 3000円

中央大学経済研究所研究叢書

| | | | |
|---|---|---|---|
| 21. | 自動車産業の国際化と生産システム | 中央大学経済研究所編 A5判 | 2500円 |
| 22. | ケインズ経済学の再検討 | 中央大学経済研究所編 A5判 | 2600円 |
| 23. | AGING of THE JAPANESE ECONOMY | 中央大学経済研究所編 菊判 | 2800円 |
| 24. | 日本の国際経済政策 | 中央大学経済研究所編 A5判 | 2500円 |
| 25. | 体制転換――市場経済への道―― | 中央大学経済研究所編 A5判 | 2500円 |
| 26. | 「地域労働市場」の変容と農家生活保障 ――伊那農家10年の軌跡から―― | 中央大学経済研究所編 A5判 | 3600円 |
| 27. | 構造転換下のフランス自動車産業 ――管理方式の「ジャパナイゼーション」―― | 中央大学経済研究所編 A5判 | 2900円 |
| 28. | 環境の変化と会計情報 ――ミクロ会計とマクロ会計の連環―― | 中央大学経済研究所編 A5判 | 2800円 |
| 29. | アジアの台頭と日本の役割 | 中央大学経済研究所編 A5判 | 2700円 |
| 30. | 社会保障と生活最低限 ――国際動向を踏まえて―― | 中央大学経済研究所編 A5判 | 2900円 〈品切〉 |
| 31. | 市場経済移行政策と経済発展 ――現状と課題―― | 中央大学経済研究所編 A5判 | 2800円 〈品切〉 |
| 32. | 戦後日本資本主義 ――展開過程と現況―― | 中央大学経済研究所編 A5判 | 4500円 |
| 33. | 現代財政危機と公信用 | 中央大学経済研究所編 A5判 | 3500円 |
| 34. | 現代資本主義と労働価値論 | 中央大学経済研究所編 A5判 | 2600円 |
| 35. | APEC地域主義と世界経済 | 今川・坂本・長谷川編著 A5判 | 3100円 |

## 中央大学経済研究所研究叢書

| | | | |
|---|---|---|---|
| 36. | ミクロ環境会計とマクロ環境会計 | A5判 | 小口好昭編著 3200円 |
| 37. | 現代経営戦略の潮流と課題 | A5判 | 林・高橋編著 3500円 |
| 38. | 環境激変に立ち向かう日本自動車産業<br>——グローバリゼーションさなかのカスタマー・サプライヤー関係—— | A5判 | 池田・中川編著 3200円 |
| 39. | フランス—経済・社会・文化の位相 | A5判 | 佐藤 清編著 3500円 |
| 40. | アジア経済のゆくえ<br>——成長・環境・公正—— | A5判 | 井村・深町・田村編 3400円 |
| 41. | 現代経済システムと公共政策 | A5判 | 中野 守編 4500円 |
| 42. | 現代日本資本主義 | A5判 | 一井・鳥居編著 4000円 |
| 43. | 功利主義と社会改革の諸思想 | A5判 | 音無通宏編著 6500円 |
| 44. | 分権化財政の新展開 | A5判 | 片岡・御船・横山編著 3900円 |
| 45. | 非典型型労働と社会保障 | A5判 | 古郡鞆子編著 2600円 |
| 46. | 制度改革と経済政策 | A5判 | 飯島・谷口・中野編著 4500円 |
| 47. | 会計領域の拡大と会計概念フレームワーク | A5判 | 河野・小口編著 3400円 |
| 48. | グローバル化財政の新展開 | A5判 | 片桐・御船・横山編著 4700円 |
| 49. | グローバル資本主義の構造分析 | A5判 | 一井 昭編 3600円 |
| 50. | フランス—経済・社会・文化の諸相 | A5判 | 佐藤 清編著 3800円 |
| 51. | 功利主義と政策思想の展開 | A5判 | 音無通宏編著 6900円 |
| 52. | 東アジアの地域協力と経済・通貨統合 | A5判 | 塩見・中條・田中編著 3800円 |

## 中央大学経済研究所研究叢書

53. 現代経営戦略の展開　A5判　高橋・林編著　3700円
54. ＡＰＥＣの市場統合　A5判　長谷川聰哲編著　2600円
55. 人口減少下の制度改革と地域政策　A5判　塩見・山﨑編著　4200円
56. 世界経済の新潮流　A5判　田中・林編著　4300円
　　――グローバリゼーション，地域経済統合，経済格差に注目して――
57. グローバリゼーションと日本資本主義　A5判　鳥居・佐藤編著　3800円
58. 高齢社会の労働市場分析　A5判　松浦　司編著　3500円
59. 現代リスク社会と3・11複合災害の経済分析　A5判　塩見・谷口編著　3900円
60. 金融危機後の世界経済の課題　A5判　中條・小森谷編著　4000円
61. 会計と社会　A5判　小口好昭編著　5200円
　　――ミクロ会計・メソ会計・マクロ会計の視点から――
62. 変化の中の国民生活と社会政策の課題　A5判　鷲谷　徹編著　4000円
63. 日本経済の再成と新たな国際関係　A5判　中央大学経済研究所編　5300円
　　（経済研究所創立50周年記念）
64. 格差対応財政の新展開　A5判　片桐・御船・横山編著　5000円

＊価格は本体価格です．別途消費税が必要です．